국제개발

사회경제이론, 유산, 전략

Anna Lanoszka 지음

김태균, 문경연, 송영훈, 최규빈, 김보경 옮김

명인문화사

국제개발: 사회경제이론, 유산, 전략

제1쇄 펴낸 날 2021년 7월 23일

지은이 Anna Lanoszka
옮긴이 김태균, 문경연, 송영훈, 최규빈, 김보경
펴낸이 박선영
주 간 김계동
디자인 전수연
사 진 ⓒ 김계동, 김유원

펴낸곳 명인문화사
등 록 제2005-77호(2005.11.10)
주 소 서울시 송파구 백제고분로 36가길 15 미주빌딩 202호
이메일 myunginbooks@hanmail.net
전 화 02)416-3059
팩 스 02)417-3095

I S B N 979-11-6193-041-1
가 격 23,000원

ⓒ 명인문화사

. . . .

International Development: Socio-Economic Theories, Legacies and Strategies

Anna Lanoszka

간략
목차

세부목차

도해목차

도표

10년 전만 해도 국제개발학(개발학)은 한국 학계에서 익숙하지 않은 신생 학문에 불과하였다. 개발학의 태생 자체가 사실상 학문적 요구에서 시작되었다기보다 정책적 가치와 효용에서 출발되었다고 평가해도 무방할 것이다. 2010년 한국이 OECD 개발원조위원회(DAC)에 가입하면서 공적개발원조(ODA)의 국제기준을 만족시키기 위한 정책의 선진화가 당면과제였고, 이를 이론적으로 지원할 수 있는 학문적 토대가 동원될 필요가 있었다. 따라서, 한국이라는 척박한 국제개발 불모지에 개발학은 사회과학의 새로운 분야로 등장하였지만 사실상 학문적 정체성을 확립하는 데에는 쉽지 않은 길을 걷게 된다.

급조된 신생학문임에도 불구하고, 지난 10년 동안 한국의 국제개발학 학계는 지속적으로 성장해 왔다. 개발학의 속성상 사회학, 정치학, 국제관계학, 인류학 등 사회과학의 전 분야와 연결이 되고, 공학, 의학, 농학과 같은 비사회과학과의 적극적인 연계를 통해 저개발국가의 발전을 위한 다양한 분야에서의 협업과 이론적 작업을 도모한다. 다학제적이고 융복합적인 시도를 통해 한국의 개발학은 그 정체성과 위상을 정립하여 왔다. 이에 국제개발협력학회와 국제개발정책학회 등의 개발학 관련 학회가 설립되었고, 많은 대학교에서 국제개발학 전공과 프로그램이 신설되었다. 개발학을 전공하고자 하는 대학생, 대학원생 수가 지속적으로 증가하였고 이를 수용하기 위한 대학의 강의와 다양한 프로그램이 확장되었다.

　그러나 신생학문이라는 특성 때문에 국내 개발학 분야는 해외의 이론과 사례를 수입하여 소개하는 경향이 강하다. 이러한 한계로 인하여 학문적 독립성에 대한 문제의식이 확산되고 있으며 한국적 시각과 경험에 기반한 개발학 연구의 필요성이 부각되고 있다. 한국적 개발학의 정립은 개발학의 가장 기초적인 이해를 한국적 시각에서 재해석하는 개발학 교과서 발굴에서 시작되어야 한다. 안타깝게도 아직까지 개발학의 객관적인 실제와 이론, 보편적인 가치와 논쟁 등 전반적으로 개발학 지형과 역사를 아우를 수 있는 개발학 교과서가 국내에서 집필된 경우가 많지 않다.

　이러한 이유로, 명인문화사에서 기획한 안나 라노스즈카(Anna Lanoszka)의 『국제개발(*International Development*)』 번역작업은 한국 학계와 독자들에게 개발학 교과서의 모델을 제공한다는 중요한 의미를 갖는다. 본 번역서는 국제개발의 이론과 역사, 경제발전, 분쟁과 평화, 젠더와 개발, 환경과 지속가능성, 농촌개발과 식량안보, 도시개발과 이주문제 등 개발과 발전 연구에 필요한 보편적인 그리고 포괄적인 내용을 제공하고 있어서 개발학 기초 교과서로 높은 효용성을 가지고 있다. 이 번역서를 통해 한국의 개발학 신진학자와 학문후속세대, 그리고 일반 대중이 개발학의 전반적인 지식을 습득하고 한국적 경험을 체계적으로 정리하는데 일조할 수 있기를 희망한다.

　마지막으로, 이렇게 중요한 번역작업을 먼저 기획하고 번역의 기회를 준 명인문화사 박선영 대표와 모든 관계자분들에게 깊이 감사드린다. 또한, 바쁜 일정에도 불구하고 선뜻 번역 프로젝트에 참여해 준 서울대학교 김보경 박사, 전북대학교 문경연 교수, 강원대학교 송영훈 교수, 통일연구원 최규빈 박사에게 심심한 감사의 뜻을 전한다.

한국의 개발학이 지난 10년 동안 성장기를 거쳤다면 이제는 양적 발전보다 질적 도약이 필요한 때이다. 이 번역서가 한국 학계의 질적 도약을 위한 기초적인 토대의 역할을 제공할 수 있기를 간절히 희망한다.

2021년 7월

역자들을 대신해서 서울갈터 갓메 기슭에서

김태균

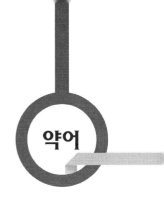

약어

AAY (Antyodaya Anna Yojana) 안트요다야 안나 요자나

Btu (British thermal units) 영국 열량단위

CAP (Common Agricultural Policy) 공동농업정책

CCP (Chinese Communist Party) 중국공산당

CDP (Committee for Development Policy) 유엔 경제사회이사회 개발정책위원회

CIAT (International Center for Tropical Agriculture) 국제열대농업센터

Comecon (Council for Mutual Economic Assistance) 경제상호원조협의회

DSU (Dispute settlement understanding – WTO) WTO 분쟁해결규칙 및 절차에 관한 양해

EIA (Energy Information Administration) 미국 에너지관리청

EVI (Economic Vulnerability Index) 경제취약지수

FAO (Food and Agriculture Organization – UN) 유엔식량농업기구

FPR (Front Patriotique Rwandais[Rwandan Patriotic Front]) 르완다 애국전선

GAD (Gender and development approach) 젠더와 개발

GATS (General Agreement on Trade in Services – WTO) WTO 서비스 무역에 관한 일반협정

GATT (General Agreement on Tariffs and Trade) 관세 및 무역에 관한 일반협정

GDI (Gender-related Development Index) 성개발지수

GDP (Gross domestic product) 국내총생산

GEM (Gender Empowerment Measure) 여성권한척도

GII (Gender Inequality Index) 성불평등지수

GMO (Genetically modified organism[s]) 유전자변형 농산물

GNI (Gross national income) 국민총소득

GNP (Gross national product) 국민총생산

GVC (Global value chain[s]) 글로벌 가치사슬

GWh (Gigawatt hours) 기가와트(전력량 단위)

HAI (Human Assets Index) 인간자산지수

HDI (Human Development Index) 인간개발지수

HLPF (High-level Political Forum on Sustainable Development – UN) 지속가능발전에 대한 유엔 고위급정치포럼

IBRD (International Bank for Reconstruction of Development – World Bank) 국제부흥개발은행 – 세계은행

ICA (International Coffee Agreement) 국제커피협정

ICSID (International Center for Settlement of Investment Disputes – World Bank) 국제투자분쟁해결기구

ICTR (International Criminal Tribunal for Rwanda) 르완다 국제형사재판소

IDA (International Development Association – World Bank) 국제개발협회 – 세계은행

IEA (International Energy Agency) 국제에너지기구

IFC (International Finance Corporation – World Bank) 국제금융공사 – 세계은행

IGO (Intergovernmental organization) 정부간 기구

ILO (International Labor Organization) 국제노동기구

IMF (International Monetary Fund) 국제통화기금

IOM (International Organization for Migration) 국제이주기구

IPC (International Patent Classification) 국제특허분류

IPR (Intellectual property right[s]) 지식재산권

ISI (Import Substitution Industrialization) 수입대체 산업화

ITO (International Trade Organization) 국제무역기구

LDC (Least developed country) 저개발국

MFN (Most Favored Nation) 최혜국

MGE (Mainstreaming Gender Equality) 성주류화

MIGA (Multilateral Investment Guarantee Agency – World Bank) 국제투자보증기구 – 세계은행

MPLA (Popular Movement for the Liberation of Angola) 앙골라 해방인민운동

NAFTA (North American Free Trade Agreement) 북미자유무역협정

nGDI (New Gender Development Index) 신규성개발지수

NGO (Non-governmental organization) 비정부기구

ODA (Official development assistance) 공적개발원조

OECD (Organization for Economic Cooperation and Development) 경제협력개발기구

OPEC (Organization of Petroleum Exporting Countries) 석유수출국기구

PDS (Public distribution system) 공공배급제

PPP (Purchasing power parity) 구매력평가

SOE (State-owned enterprise) 국영기업

TKDL (Traditional Knowledge Digital Library) 전통지식디지털도서관

TKRC (Traditional Knowledge Resource Classification) 전통지식자원분류안

TRIPS (Agreement on Trade-Related Aspects of Intellectual Property Rights – WTO) 무역관련 지식재산권에 관한 협정

UN (United Nations) 유엔(국제연합)

UNAVEM (United Nations Angola Verification Mission) 유엔앙골라진상조사단

UNCTAD (United Nations Conference on Trade and Development) 유엔무역개발회의

UNDP (United Nations Development Programme) 유엔개발계획

UNFPA (United Nations Population Fund) 유엔인구기금

UNHCR (United Nations High Commissioner for Refugees) 유엔난민기구

UNICEF (United Nations International Children's Emergency Fund) 유엔아동기금 (유니세프)

UNITA (National Union for the Total Independence of Angola) 앙골라완전독립민족동맹

UNODC (United Nations Office on Drugs and Crime) 유엔마약범죄사무소

UPOV (International Union for the Protection of New Varieties of Plants) 국제식물신품종보호연맹

USAID (United States Agency for International Development) 미국국제개발처

USPTO (United States Patent and Trademark Office) 미국특허청

WAD (Women and development) 여성과 개발

WHO (World Health Organization) 세계보건기구

WID (Women in development) 개발에의 여성통합

WIPO (World Intellectual Property Organization) 세계지식재산권기구

WTO (World Trade Organization) 세계무역기구

개발과 사회전환

1. 개발의 개념화

경제개발은 쉽게 정의되기 어렵지만, 습관적으로 물질적 진보라는 개념과 연결된다. 개발기관들은 의도적인 노력을 통해 우리가 동떨어진 사회 내 복지를 향상시킬 수 있다는 신념을 공유하고 있다. 목표는 빈곤을 종식시키고 빈부 간의 불평등을 최소화하는 것이다. 그러나 빈곤은 물질적 필요가 충족되지 않은 것 그 이상의 상태를 나타낸다. 결핍과 경제적 박탈은 사회적 배제와 절망의 감정을 초래한다. 빈곤층은 일상적으로 정치적·사회적 주변화를 겪기 때문에 의식주와 같은 기본적인 생계보장의 수준을 넘어서는 해결책을 바라게 된다. 개개인의 역량을 제고하지 못하는 개발의제가 결국 핵심을 놓치게 되는 이유는 바로 여기에 있다. 빈곤한 이들은 생계유지뿐 아니라 안전하고 품위 있는 삶을 영위할 수 있는 기회를 원한다.

물론 개발이란 임무는 대단히 복잡한 것이다. 행동역량을 통해 드러나는 개인이라는 주체는 정치·사회·문화·경제적 규범에 배태된 수많은 요인과 개인의 주거를 포함한 환경으로서의 제도적 요인에 의해 형성된다. 역기능적 혹은 강압적인 국가의 경우, 이러한 규범과 제도는 정부와 연결된 한정된 엘리트를 위해서만 작동한다. 다른 국가의 경우에도 강압적으로 부과된 규범은 불평등과 소수자에 대한 소외로 점철된 체제를 지탱하는 제도가 유지되도록 영속화하는 역할을 수행한다. 다시 말해, 권력·토지·자원을 위한 폭력적인 분쟁이 지속되어 제도와 규범이 철저히 붕괴되어버린 국가들이 존재한다.

이 책은 커뮤니티의 웰빙이 자유, 권리, 그리고 개인의 접근 가능한 기회와 긴밀하게 관련되어 있다는 이해로부터 시작된다. 사람들이 진보할 수 있는 가능성은 커뮤니티에 영향을 주는 개발정책을 결정하고 이행하는 정책결정자의 민주적인 책무성에서 나온다. 빈곤한 사회에 건설적인 지원을 제공하는 일은 개인적인 측면과 거시사회적인 측면의 두 가지를 동시에 고려하여 개발을 개념화하는 과정을 수반한다. 개발계획이 지나치게 많게 되면 빈곤층에게 가장 절실히 필요한 것을 적절하게 평가하지 못하고 빈곤층이 처한 제한사항의 범위를 간과하게 되어 본래 예상했던 결과물을 얻지 못하게 된다. 이렇게 될 경우 위험성이 높아 잃을 것이 많다. 잘못된 개발 프로젝트의 실패는 최소한 무력화 등의 역효과를 만들어낸다. 불완전한 개혁 또는 실패한 개혁은 경제적 불안정과 불평등 심화로 이어지고, 결과적으로 사회의 구조를 파괴하게 된다.

사람을 개발담론의 중심에 두어야 한다는 필요성을 강조한 주장 중 가장 주목을 끈 것은 아마도 문학계에서 나왔을 것이다. 사회적으로 불평등한 개인 사이에서의 진정한 우정은 불가능하다는 것에 의문을 던진 소설을 보면, 우리는 만성적인 경제적 불안정 속에 살고 있는 한 국가의 어려움을 어렴풋이 이해할 수 있다. 『연을 쫓는 아이(*The Kite Runner*)』 소설은 국가를 통치하는 방법에 관한 일련의 실패한 실험들, 그리고 이러한 실험이 보통사람들의 삶에 어떠한 영향을 주었는가에 대한 이야기이다.[1] 이 소설을 통해 우리는 아프가니스탄의 최근 역사에 대해 살펴볼 수 있다. 이 소설의 핵심 인물인 아미르는 아프가니스탄이 아직 왕정일 때 파슈툰족(Pashtun)의 명문가에서 태어난다. 아미르는 같은 집에서 살고 있는 하산과 함께 지내는 것을 즐겨하지만 하산은 다른 행성에 살고 있다고 할 수 있는 정도로 다른 조건에 처해 있다. 하산은 어떤 권리도 주장할 수 없고 심지어 학교에도 가지 못하는 하인의 신분이다. 소수민족이고 종교적으로도 소수집단인 하자라족의 일원으로 아무런 힘이 없는 하산은 언제나 학대의 대상이 되고 결국 정변이 일어났을 때 죽음을 당하게 된다. 소설을 통해 우리는 하산과 아미르의 삶이 다르다는 것을 목격할 수 있는 한편, 이와 함께 아프가니스탄이 어떻게 군주제에서 권위주의체제로 전환되었고 외국 군대에 의해 전복되고 파괴적인 탈레반에 의해 다시 구조되는지 그 과정을 관찰할 수 있다. 이 책은 또 다른 서방의 개입 이후 긍정적인 결론으로 끝을 내고 있는데, 여기서 서방의 개입이란 하미드 카르자이(Hamid Karzai)의 리더십 하에 아프가니스탄을 재건하려는 임무로 2001년 12월에 체결된 본협정(Bonn Conference)을 의미한다. 애석하게도, 그 후 10년이 넘도록 이 나라는 사회적으로 심각하게 분열되어 있고 경제적으로 불균형한 상태이다.

아프가니스탄의 격동적인 역사를 통해 우리는 만성적으로 불안정한 국가에 관하여 중요한 함의를 다양하게 얻을 수 있다. 이러한 국가는 국민의 곤궁과 고통으로 점철되며, 이 국민은 자신이 통제할 수 없는 환경의 덫에 걸리게 된다. 소설 중 개발과 관련하여 고려해야 할 대단히 중요한 두 구절을 공유하고자 한다. 첫 번째 문단은 아미르의 대사를 통해 확인할 수 있다.[2]

탈레반이 밀려 들어와 매일 계속된 전투를 끝냈던 1996년에 우리 모두가 얼마나 자축했는지 나는 너에게 말했다. 나는 그날 밤 집으로 돌아와 부엌에서 라디오를 듣고 있는 하산을 발견한 것을 기억한다. 하산은 진지한 얼굴로 나를 보았다. 나는 무엇이 잘못되었는지 물었고 하산은 그저 고개를 가로저었다. "신이시여 하자라인들을 도와주소서, Rahim Khan sahib"라고 그는 말했다. "하산, 전쟁은 끝났어"라고 나는 말했고 이어서 "이제 평화로울 거야, 인샬라, 그리고 행복과 평온이 찾아올 거야. 더 이상의 로켓탄은 없고, 더 이상의 죽음도 없으며, 더 이상의 장례식도 없어!"라고 말했다. 그러나 그는 라디오를 끄고 자러 가기 전에 해 드릴 것이 있는지 나에게 물었다. 몇 주 후 탈레반은 연싸움(kite fighting)을 금지시켰다. 그리고 2년 뒤인 1998년 탈레반은 마자리샤리프(Mazar-i-Sharif)에 있는 하자라족을 대학살하였다.

이 구절은 권리가 없는 빈곤층이 얼마나 취약한 상태에 놓여있는가를 보여준다. 이들은 공포에 질려 살고 있으며 특히 정치적·경제적 전환기에는 무방비 상태가 된다.

두 번째 문단은 다음과 같다.[3]

그날 밤, 나는 나의 첫 단편 소설을 적었다. 이를 적는데 30분 정도가 소요되었다. 소설은 요술 컵을 발견하고 컵 안을 자신의 눈물로 채우게 되면 눈물이 진주로 변한다는 것을 알게 된 한 남자에 관한 어둡고 짧은 이야기이다. 항상 가난하였음에도 불구하고 그는 늘 행복한 사람이었으며 눈물을 흘린 적이 거의 없었다. 그랬기 때문에 그는 자신을 부자로 만들어줄 눈물을 만들기 위해 스스로 슬픔에 빠질 수 있는 방법을 찾아내었다. 진주가 쌓여 갈수록 그는 탐욕스럽게 변해 갔다. 이 이야기는 산처럼 쌓인 진주더미 위에 앉은 남자가 손에는 칼을 쥐고 그의 팔에 사랑스러운 아내의 사체를 안은 채 하염없이 흘러내리는 눈물을 컵에 담아내는 장면으로 끝을 맺고 있다.

두 번째 구절은 부의 타락적인 면모를 상기시킨다. 돈 자체는 다른 목적으로 사용될 수 있는 하나의 수단일 뿐이다. 경제학적 관점에서 볼 때, 돈은 교환의 수단으로, 회계의 단위로, 또는 가치의 저장으로 사용될 수 있다. 또한, 돈은 안정성을 제공할 수 있지만, 행복을 보증할 수는 없다. 사람들에게 보호, 더 나은 삶을 영위할 수 있는 중장기적인 전망, 성취감을 제공하지 못한다면, 돈은 사실 아무런 의미가 없을 수 있다. 빈곤퇴치의 목적은 반드시 물질적 소유를 제공하는 것 그 이상이어야 한다.

개발이라는 미션의 복합성을 고려할 때, 개발을 간단히 정의한다는 것은 불가능한 일이다. 개발 분야를 접근하는 방법에 대한 단서는 복합적인 자료와 현재 진행 중인 논쟁에서 나온다. 각기 다른 배경을 가진 여러 학자들과 실천가들은 개발학이 풍부해지는 데에 일조한다. 케냐의 환경정치 운동가 왕가리 마타이(Wangari Maathai)라는 여성은 개발에 관한 사고의 본질을 의미 있는 방향으로 담아내었다. 그녀의 이러한 통찰은 우리를 다음과 같이 인도한다.

모든 사람이 품위 있는 삶과 굶주림 및 무주택의 공포 없는 삶을 영위하기 위해서는 충분한 물질적 풍요가 필요하지만, "개발(발전)"은 단순히 이러한 물질적 소유만을 의미하지 않는다. 반면, 개발은 지속가능한 삶의 질을 성취하고 창조성과 인간애를 폭넓게 표현할 수 있는 수단이다.

노벨평화상을 수상하면서 나의 업적과 철학을 설명하는 기회에 나는 하나의 좌석과 세 개의 다리로 이루어진 전통적인 아프리카 의자를 생각하게 되었다. 첫 번째 다리는 인간·여성·아동·환경 등의 모든 권리가 존중되어야 한다는 민주적 공간을 대표한다. 두 번째 다리는 사회의 주변화된 사람들을 포함하여 현재 그리고 미래의 인류를 위한 천연자원을 정당하고 공평한 방식으로 지속가능하고 책임 있게 관리하는 것을 상징한다. 세 번째 다리는 내가 명명한 '평화의 문화'를 대표한다. 평화의 문화는 공정, 존중, 긍휼, 용서, 보상, 그리고 정의의 형식을 취한다.

아프리카 의자가 하나의 나무토막으로 만들어지듯이, 각각의 다리는 다른 다리에 의해 지탱되고 같은 성분으로 구성된다. 따라서 우리는 의제를 함께 그리고 동시에 공유해야 한다. …

의자의 세 다리는 좌석을 지지하게 되는데, 이는 발전이 이루어질 수 있는 환경을 의미한다.[4]

2. 진보와 저발전 측정의 문제점

개발은 논쟁적인 용어인데, 특히 스스로 발전되었다고 생각하는 사람들이 저발전된 사람들에게 가르칠 수 있는 권한이 있다고 해석될 때 더욱 논쟁적이다. 의도된 주관적 행위를 통해 발전적 진보가 가능하다고 생각되는 방식 때문에 더 많은 혼란이 발생한다.[5] 인류가 더 좋은 시대로 점차 발전하고 있다는 믿음은 계몽주의 시대에 들어와 대중화되었다. 16세기 과학의 발명은 한 세대의 유럽 사상가들이 진보를 찬양하도록 고취시켰고, 이는 곧 개인의 자유, 세속적인 합리성, 그리고 물질적 풍요로 간주되었다. 흄(David Hume), 밀(John Stuart Mill), 칸트(Immanuel Kant), 베이컨(Francis Bacon), 제퍼슨(Thomas Jefferson)과 같은 학자들에게는 교회와 왕권이 지배한 억압적인 과거와 달리 미래가 대단히 매력적으로 보였다. 그러나 사상가들은 계몽된 이기심과 과학을 열정적으로 수용하면서도 인류에게 도움이 되는 발명을 항상 촉진하는 것은 아니었다. 일부 학자들은 이른바 진보의 덫에 관해 우려를 표명했는데, 진보의 덫은 기술진보가 지구에 영구적인 피해를 입힐 수 있다는 위협에서 발생한다.[6]

예를 들어, 전 지구를 한순간에 파괴할 수 있는 군사기술과 핵무기의 위험한 측면을 생각해 볼 수 있다. 또한, 급격한 산업화로 인하여 유해한 환경파괴가 발생하는 사례도 있다. 근자에 급성장하는 중국의 수도 북경에서는 삶의 질이 심각한 수준의 오염으로 위협을 받고 있다. 2015년 북경시에 스모그 수준의 적색경보가 발령되었을 때, 모든 학교가 폐쇄되었고 외부활동이 자제되었으며 대중교통이 축소되었을 뿐 아니라 자가용도 제한되었다. 이러한 적색경보는 2016년 동안 북경에서 더욱 자주 발령되었으며, 이전에 없었던 대기오염을 경험한 다른 중국 도시에서도 적색경보가 내려졌다. 또한, 이러한 중국의 도시들은 새로운 건축 디자인의 경이로운 업적을 대표하고 중국 경제성장의 상징이었던 도시들에 해당하였다.

중국은 전환국가의 흥미로운 사례를 보여준다. 지난 30여 년 동안, 중국은 강력한 무역국가로 변모하였으며 수백만의 국민을 빈곤으로부터 탈출시켰다. 국내총생산(GDP)으로 측정된 중국의 경제성장은 1980년대 후반부터 인상적인 기록을 보여 왔다. GDP는 유용한 통계지표이지만 한계를 가지고 있다. GDP는 소비자·비즈니스·정부의 지출, 투자, 그리고 국가의 순수출을 포함한 국내총소비로 측정된다. GDP = C(민간소비) + G(정부지출) + I(투자) + NX(순수출). 결과적으로, 이 중요한 경제지표는 — 왜곡되지 않는다는 전제 하에 — 특정 국가의 경제 상태에 관하여 제한된 국면만 보여준다. 정부가 무리하게 적자지출을 채택한 상황이나 신용대출의 용이성이 민간소비를 무리하게 늘어나도록 자극하는 경우를 생각해 보자. 두 시나리오 모두 장기적으로 경제에 부정적인 결과를 가져오게 되지만, 단기적으로는 GDP를 높이고 그 가치를 부풀리는 효과를 만들 수 있다. 또한, GDP 측정은 지식기반 경제, 그리고 글로벌 생산네트워크에 의지하는 경제의 실제 규모를 과소평가하게 된다. 이러한 문제를 해결하기 위해서 UN이 '포용적 부(inclusive wealth)'라는 새로운 통계를 개발해 왔다. 이 통계기법은 다음과 같은 사항을 포함하여 한 국가의 부를 측정한다. 1. 제조업 자본(도로, 건물, 기계, 장비), 2. 인간자본(숙련, 교육, 건강), 3. 자연자본(심토 자원, 생태계, 대기). 이런 방식으로 측정하게 되면, 중국의 포용적 부는 그다지 인상적이지 않으며 미국의 부에 비해 4.5배 작게 나온다.[7] 그러나 높은 수준의 공공부채로 인한 불평등의 확장 또한 미국경제의 강점에 의문을 제기하게끔 한다.[8]

진보를 결정하고 저발전을 측정하는 것이 얼마나 어려운 일인지 인식하는 과정에서 원조 적합성(aid eligibility)을 위하여 다양한 국가를 범주화하는 데 필요한 여러 지표가 개발되었다. 유엔 경제사회이사회(UN Economic and Social Council)가 표준화한 기준이 있는데, 이는 저개발국(LDCs)의 현황을 모니터링하고 검토하는 책임을 맡고 있는 유엔 경제사회이사회 산하의 개발정책위원회(CDP: Committee for Development Policy)가 관련 되어 있다. 특정 국가가 LDC 지위를 만족시키는지를 평가하는 방식은 세 가지가 있다. 가장 보편적이며 세계은행이 사용하고 있는 방식은 1인당 국민총소득(GNI)으로 측정하는 소득기준이다. GDP에서 외국인이나 외국기업의 소득을 제외하고, 외국에 있는 국민이나 기업의 소득을 포함한 총합이 GNI이며, 미화달러로 표현된다. 3년 동안 평균 1인당 미화 1,035달러의 GNI를 기록하는 국가는 LDC로 구분된다.[9] 두 번째 방식은 인간자산지수(HAI: Human Assets Index)로, HAI는 영양실조 상태인 인구 비율, 5세 이하 아동사망률, 중등학교 총입학률, 성인문해율의 네 가지 지표를 측정하여 인간자본의 수준을 평가한다. 2014년, 개발정책위원회는 LDC의 포함임계치(inclusion threshold)를 60으로 영구히 고정하였다. 60의 수치는 모든 LDC 국가들과 여타 저소득국가들로 구성되는 준거집단의 HAI 가치 분포에서 제3사분위수에 해당한다. LDC 졸업임계치(graduation threshold)는 66으로 10퍼센트 더 높게 설정되어 있다. 마지막 방식은 외부 충격에 국가가 구조적으로 얼마나 취약한가를 측정하도록 고안된 경제취약지수(EVI: Economic Vulnerability Index)이다. EVI는 특정 국가가 처한 지리적 구조, 농업 및 제조업 구조, 그리고 인구 조건하에서 국가가 경제·환경 충격에 얼마만큼 노출되어 있는가를 측정하는 8개의 지표로 구성되어 있다. 2014년, 개발정책위원회가 LDC의 포함임계치를 36에 영구히 고정하였다. 36의 가치는 모든 LDC 국가들과 여타 저소득국가들로 구성되는 준거집단의 EVI 가치 분포에서 제1사분위수에 해당한다. LDC 졸업임계치는 32로 10퍼센트 더 낮게 설정되어 있다. 그럼에도 불구하고, 특정 국가가 다음 단계로 졸업하여 진입할 때 어떤 일이 발생하는가, 그리고 이것이 그 개발도상국에게 어떤 의미가 있는가에 대한 공통된 해석은 아직 합의되지 못하였다.

상술한 세 가지 방식을 토대로 2015년에 48개 국가가 LDC로 구분되었다 — 미주대륙에서 1개국, 아프리카에서 34개국, 아시아태평양 지역에서 13개국.[10] 세계에서 가장 가난한 국가의 요건을 충족시킨다는 것은 다른 원조 프로그램의 자격요건에도 부합한다는 것을 의미한다. LDC로 인식된다는 것은 그 국가에 문제가 있다는 것을 가리키지만, 이 국가 내부의 정치와 제도적 장치에 어떤 문제가 있는지는 거의 논의하지 않는다. 그러나 우리는 많은 사람들이 빈곤 문제로 고통을 받고 있다는 사실을 알고 있다. UN에 따르면, 2014년 LDC의 인구가 총 8억 9,800만 또는 세계 전체 인구의 8분의 1로 집계되고 있다.[11] 개발기구들은 LDC에게 원조를 제공하려고 노력해왔다. 대외원조 원칙은 트루먼(Harry S. Truman) 미국 대통령이 1949년 저개발 지역 사람들의 고통을 경감하기 위한 프로그램 계획을 제안했던 취임사에서 찾을 수 있다.

트루먼 대통령의 개발원칙은 유럽 중심주의적이며 선진국의 행동을 정당화하기 위해 기획되었다는 거센 비판을 받아 왔다. 처음에는 개발이 자본주의의 급속한 성장이 많은 사람들을 혼란에 빠뜨렸던 유럽의 산업혁명 기간에 사회질서를 제도화하기 위한 시도를 설명하기 위해 사용되었으며, 나중에는 선진사회와 저개발사회 간의 피상적인 구분을 강조하기 위해 사용되었다.[12] 이러한 개발에 대한 도구적 시각은 미성숙 단계에 놓인 국가들의 진보를 유도하는 데 기여하였고, 이런 이유로 해당 국가들은 외부의 지원이 필요한 국가들이라고 인식되었다. 또한, 제2차 세계대전 이후에 창설된 개발기구와 원조기관들은 이러한 시각에서 제안된 프로그램을 수행하게 되었다. 그러나 해외원조산업에 대한 비판적인 평가 때문에, 도움이 필요한 사회에 우리가 대응을 하지 않는 일이 발생해서는 안 된다. 누군가가 도움을 요청할 때, 특히 외부지원을 통해 수원주체인 개인의 역량과 권한이 강화된다면 원조는 이롭게 사용될 수 있다.

3. 개발경제학의 사회적 측면

개발경제학은 이론과 실천 모든 측면에서 진화하고 있다. 이 분야에서 잘 알려진 경제학자 중 일부는 고전주의 및 신고전주의 접근을 넘어서 정치경제와 신제도주의 분석의 도입으로 개발경제학의 범주를 확장하려는 노력을 시도하고 있다. 이들에 따르면, 개발경제학은 "부족한(또는 가동되지 않는) 생산자원의 효율적인 분배와 지속가능한 성장에 대한 관심, 더불어 경제적, 사회적, 정치적, 그리고 제도적 메커니즘(공적, 사적 모두)을 다루어야 한다."[13] 개발경제학의 이러한 사회적 측면으로의 방향 전환은 새로운 시각과 정책제안으로 이어지게 되었다.

아마도 개발담론에 가장 획기적인 영향을 준 경제학자는 노벨경제학상을 수상한 센(Amartya Sen)일 것이다. 『자유로서의 발전(*Development as Freedom*)』이라는 저작에서, 센은 정치적·경제적 자유와 개발 간의 상호강화라는 연계성을 탐구한다. 그는 개인 자유의 확장을 "개발의 주요 목적이자 수단"으로 간주하고 있다.[14] 고전주의 경제학이 소득과 부의 증대에 매몰되었던 것에 반해, 센은 역량박탈(capability deprivation)과 정치적 자유·경제적 기능·사회적 기회·투명성 보증·안전보호를 포함하는 도구적 자유에 대한 장애물 제거에 집중한다. 센의 시각은[15]

> 개발의 과정에서 수많은 다양한 제도의 필수적인 역할을 동시에 중요하게 간주한다. 이러한 제도에는 시장, 시장과 관련된 조직들, 정부와 지방자치단체, 정당과 사회제도, 교육제도와 열린대화 및 토론(대중매체와 다른 소통기제) 등이 포함된다.

로드릭(Dani Rodrik)과 같은 경제학자는 세계화된 경제 네트워크와 개인과 국가 간에 확장되고 있는 상호연결성이라는 측면에서 개발을 바라보고 있다. 이러한 세계화 경향은 사회 규범과 기대에 변혁적인 영향력을 제공하고 있다. 로드릭은 글로벌 압력이 어느 정도까지 국가의 경제정책 결정 과정을 제한할 수 있는가에 관심을 갖는다. 고전주의 전통에 기반한 경제학 자로서 그는 경제성장을 빈곤퇴치를 위한 가장 강력한 도구라고 평가하고 있다. 그러나 로드릭은 경제적 진보의 사회적 측면에 주목하고 있으며 정부 가 국내 경제를 활성화시키는 데 긍정적인 역할을 한다고 믿는다. 로드릭은 국제경제기구의 활동범위가 깊이 확장되는 것을 걱정하기 때문에, 전면적 인 조화보다는 국가 간의 규제 조정을 지지하고, 본질적으로 경제적 세계화 자체를 목적으로 삼고 있는 하이퍼 세계화(hyperglobalization)에 반대한 다.[16] 대신, 그는 상당한 기간 동안 경제적 세계화에 의해 주변화되었던 사 람들의 실질적인 개발 요구를 우선시하는 노력을 강조하고 있다.

개발경제학의 사회적 측면은 확실히 이제 그 입지를 다졌다고 볼 수 있 고, 이는 과거에 저개발국가와 선진국 간에 분리되었던 개발에 관한 접근 법을 점차 통합으로 인도하고 있다. 과거에는 빈곤국이 스스로의 개발전략 을 기획할 역량이 부족하다고 판단했기 때문에 원조기관들은 개발의 기술 관료적 모델을 쉽게 전파하였다. 이렇게 외부로부터 강요된 방식의 과거 모 델은 대부분 기술적인 해법과 일반적인 청사진을 가지고 개발 이슈에 접근 하였다. 이 모델은 저개발국가의 역사적 지식을 소홀히 다루었던 반면, 거 대하지만 검증되지 않은 기획을 선호하였다. 외부의 전문가에 의해 고안되 었던 거대한 기획은 원조를 받는 국가의 권위주의적 지도자에 의해 이행되 었다. 대부분의 경우, 이러한 모델은 현존하는 사회 내 분열을 조장하였고, 독재자의 권력을 강화시켰으며, 빈곤퇴치에는 별다른 성과를 보이지 못했 다. 이렇게 비효과적인 개발 접근법에서 벗어나기 위해 이스털리(William Easterly)가 내세운 새로운 주장은 설득력을 갖게 되는데, 이는 바로 역사 로부터 배우는 것의 중요성을 강조할 뿐 아니라 개인의 권리에 초점을 맞춰 자발적인 해법을 위한 실현가능한 환경구현을 지지하자는 것이다.[17]

개발에 대한 미시적 접근법과 거시적 접근법을 조화시키기 위하여 본서는 다양한 학문분야에서 많은 식견과 성찰을 동원할 것이다. 물론 경제학 분야는 중요한 지식을 제공하지만, 사회과학의 여러 다른 분야들도 의미 있는 기여를 상당 부분 하고 있다. 예를 들어, 민주적인 굿거버넌스(good democratic governance)의 중요성을 고려하는 것은 건설적인 일인데, 굿거버넌스를 구성하는 요소에는 신뢰(건전한 은행, 보험회사, 투명한 규제정책), 법과 질서(법치, 계약의 집행력), 보안과 보호(모든 개인과 재산), 사회이동과 노동이동, 경쟁적 선거 등으로 다양한 요소가 필요하다. 이러한 통합적 노력을 통해 우리는 사회경제적 진보 과정을 촉진하거나 방해할 수 있는 국가제도의 중핵적 가치를 주목해야 한다. 좋은 제도는 개인이 안전한 사회에서 성장하고 번창할 수 있는 환경을 제공할 수 있다. 이러한 사회에서는 사람들이 그들의 권리가 침해되었을 때 자신의 요구와 불만족을 제기할 수 있다. 이러한 사회에서는 정당한 법에 의해 재산권과 계약이 존중되며, 개발정책이 모든 시민을 이롭게 만들기 위하여 투명하고 책임 있는 방식으로 추진될 수 있다. 실로, "우리는 빈곤층의 물질적 고통에 대한 관심으로 인해 정작 그들의 권리를 돌보는 것을 등한시하지 않도록 해야 한다".[18]

4. 고전 학자들과 지속된 논쟁들

오랜 기간에 걸쳐 개발에 대한 다양한 접근법들이 당대의 경제정책을 형성하기 위해 고안되어 왔다. 수많은 학자들이 사회경제 이슈를 연구하는 데 기여를 해 왔지만, 그중 특정 학자들의 예외적으로 뛰어난 역할을 통해 학문의 토대가 마련되었다. 이들에 의해 제안된 사상은 시대가 지나도 변하지 않고 중요한 기초가 되었으며, 후속세대 학자들과 실천가들에게 영감을 제공하였다. 아담 스미스(Adam Smith), 마르크스(Karl Marx), 케인스(John M. Keynes), 그리고 하이에크(Friedrich Hayek)는 당대의 지배적인 담론을 흔들고 대안을 제시했던 업적으로 그 이름이 널리 알려져 있다. 이러한 학자들이 오늘날의 기준으로는 개발경제학자로 분류되기 어려울 것이다. 그럼에도 불구하고, 개발 관련 분야에서 이들의 사상과 조금이라도 연결점이 없는 책이나 논문을 찾는 것은 대단히 어렵다.

아담 스미스(Adam Smith, 1723~1790)

흔히, 경제학 교과서에서 다루어지는 내용 중 상당 부분이 아담 스미스까지 거슬러 올라간다. 자신의 저작에 수학적인 방정식을 사용한 적이 없는 18세기 스코틀랜드 출신의 사회철학자인 아담 스미스는 경제적 자유주의(economic liberalism)의 창시자로 널리 알려져 있다. 아담 스미스는 강력한 지주와 귀족이 주도하였던 중상주의적 세상에서 태어났다. 이는 갈등적 경제관계의 세상이었다. 부유한 지주가 영구히 소작농을 지배하기를 원했던 것과 마찬가지로 강한 국가는 약소국 위에 군림하기를 원하였다. 사리추구(self-interest)의 개념은 타인을 고려하지 않는 것을 의미한다. 부는 영토적 이득과 금·은과 같은 귀중한 금속의 축적과 연관되어 있다. 이에 모든 종류의 국제교환(international exchange)은 의심스럽게 여겨졌고, 해외 수입품은 엘리트가 선호하였던 국내 독점기업들의 안정성에 위협을 가하는 것으로 간주되었다. 따라서 보호주의가 정책으로 선택되었으며, 국내에 축적된 부를 고갈시키지 않도록 하기 위해 국제무역은 오로지 수출만 장려되었다. 이는 사회이동의 가능성이 거의 없는 계층적 구조였다. 중상주의는 혁신을 거부하였고, 비효율적인 독점 시스템을 보호하였으며, 인간의 잠재력을 저해하였다. 따라서 아담 스미스는 이를 경멸하였다.

아담 스미스가 아직 20대였을 때 글래스고 대학교에서 교수직을 얻게 되었는데, 그 이후 인간 상호작용의 본질을 탐구하는 『도덕감정론(*The Theory of Moral Sentiments*)』(1759)을 집필하였다. 이 철학적 논문집에 그는 사람들 사이의 상호협력을 위한 비전을 서술하였는데 인간본성의 긍정적인 면과 개인 간의 경쟁에 관한 인식을 조화시키려는 시도였다. 아담 스미스는 우리 모두가 이기주의에 의해 움직이는 본성을 가지고 있으나, 상호협력을 위한 방법을 찾으려는 경향성도 있다고 보았다. 아담 스미스가 기여한 혁명적 사상의 핵심은 인간이 보다 평화롭고 열린사회를 만들 수 있도록 서로에 대한 공감(능력)을 자연스럽게 발전시킨다는 주장에서 나온다.

아담 스미스와 가장 연관성이 큰 개념은 무엇보다 **보이지 않는 손**(*invisible hand*) 또는 **자유방임 자본주의**(*laissez-faire capitalism*)로, 이 두 개념은 정부의 경제 개입이 최소한으로 유지되는 경제체제를 의미한다. 아담 스미스는 생각의 자유로운 교환이 가능한 사회에 대한 유기적인 시각을 발전시켰는데, 이러한 사회에서는 협력을 통해 사람들의 물질적 복지 수준이 향상된다고 본다. 따라서 협력은 자신의 이득과도 연관된 문제가 된다. 아담 스미스의 시각에서는 어떤 사회이든 간에 인간 상호작용의 자연적인 과정에 많은 개입이 이루어지지 않을 때 그 사회가 역할을 수행하게 된다. 이러한 입장에 따라, 그는 아래와 같은 무자비한 정치지도자(또는 정부)에게 경고를 한다.

> 이들은 체스판 위에 놓인 말들을 움직이듯 위대한 사회의 다양한 구성원들을 조종할 수 있다고 상상한다. 이러한 정치지도자들은 인간사회라는 거대한 체스판에서 모든 말들이 자신만의 행동원칙이 있으며, 이는 국가의 입법기관에서 압력을 가하고자 하는 방식과는 전혀 다른 방식일 수 있다는 점을 고려하지 않는다.[19]

아담 스미스의 가장 유명한 저작인 『국부론(*An Inquiry into the Nature and Causes of the Wealth of Nations*)』은 1776년에 출판되었다. 해당 저작을 통해 아담 스미스는 그의 사상을 경제적 분석으로 해석해 내었다. 아담 스미스는 어떤 경제체제도 적절하게 작동하기 위해서는 그대로 두어야 하고 정부의 최소한의 개입 하에 자유시장의 '보이지 않는 손'이 작동하도록 해야 한다고 주장했다. 그의 시각에서는, 정부가 평화와 질서의 유지에만 집중해야 하고 방위 목적으로 세금을 징수할 수 있다. 사람들이 자신의 이익을 자유롭게 추구할 때 전체 사회의 복지는 향상된다고 아담 스미스는 결론짓고 있다. 경제를 관리하는 데 있어 정치적 리더십의 역할에 대한 아담 스미스의 한결같은 회의론은 대단히 중요한 사조가 되었다.

아담 스미스는 분업에서 발생하는 이점을 기술하였는데, 여기에는 전문화, 효율성, 새로운 발명을 위한 인센티브, 과중한 노동의 축소, 그리고 숙련도 향상이 포함된다. 그의 자유주의적 담론은 자유시장을 통해 가장 경제적인 행위를 조직하는 자발적인 사적 행위자들에 의존한다. 아담 스미스에 따르면, 사람들이 본질적으로 창의적이기 때문에 스스로 자기 규제를 할 수 있으며, 사람들에게 자유로운 경쟁을 허용하면 기업가들은 생산품과 서비스를 향상시키기 위해 노력하게 된다. 열린 환경에서 기업가들은 사람들이 필요로 하는 것의 정확한 수량을 제공하고자 하는 인센티브를 갖게 된다.

아담 스미스의 저작들은 축소된 정부를 주창한 동시대 이론가들과 자유시장에 부합하도록 경제적 탈규제를 원한 실무전문가들에게 지속적인 자극을 제공하였다. 그러나 아담 스미스 시각의 약점을 지적하는 비판적 접근은 모든 경제적 행위의 자기규제를 아담 스미스가 지나치게 신봉했다는 점에 주로 집중하고 있다. 적어도 일부 경제영역은 — 예를 들어, 자원채굴산업, 무기거래, 의료서비스 등 — 정부규제의 철저한 감시 하에 있어야 한다는 비판이 제기된다. 이는 이러한 경제영역이 순전히 이윤 지향적으로 된다면 결과는 불법적인 행위 또는 파멸을 초래하는 외부효과가 발생할 것이기 때문이다. 또한, 담합이 발생할 위험이 있다. 아담 스미스도 반독점 규제와 같이 제한적 규제에는 동조했을 가능성이 있다. 아담 스미스를 무제한의 민영화와 연결하는 사람들이 흔히 놓치고 있는 사실 중 하나는, 바로 아담 스미스가 사회를 정당하지 않게 지배하고 정상적인 기능을 왜곡하는 지배그룹(정부 또는 민간 엘리트)에 대해 우려했다는 점이다. 아담 스미스에게 있어 자유주의 질서가 잘 운영되는지에 대한 시험은 비단 작은 정부뿐 아니라 그가 가장 중요하게 여긴 자유경쟁이 있는지에 따라 이루어졌다. 대기업의 정치적 권력, 기업보조금, 정책결정에 대한 이익집단의 영향력과 같은 현대 자유민주주의에서 나타나는 수많은 관행은 아담 스미스에게 불편하게 느껴질 것이다. 아담 스미스는 독점의 위험에 대해 다음과 같이 경고를 했다.

> 개인 혹은 무역회사에게 독점이 주어지는 것은 마치 무역 또는 제조업에서의 기밀사항과 동일한 영향력을 갖는다. 끊임없이 시장을 재고부족 상태로 만들며, 실제 수요를 완전하게 충족시키지 않음으로써 독점주의자들은 물품을 정상가격보다 비싸게 팔고 임금 또는 이윤을 정상 비율보다 높게 만들어서 자신의 보수를 올리게 된다. 독점의 가격은 어떤 경우라도 최대한 높게 책정될 수 있다. 반대로 정상가격 또는 자유경쟁의 가격은 가장 낮은 수준의 가격이다.[20]

아담 스미스의 저작에는 자유화의 에너지가 있다. 아담 스미스의 자유주의는 위계적으로 조직되고 엄격하게 통제된 정치체계 내에서 잠재력을 낭비하는, 그러나 사실상 역량 있는 개인으로서 사람을 간주한다. 그는 자유롭게 해방된 사람들만이 번영하는, 그리고 조화로운 경제질서를 창조할 수 있다고 믿었다.[21]

마르크스(Karl Marx, 1818~1883)

달튼(Dennis Dalton)은 마르크스와 그의 이론에 관한 강연에서 마르크스를 엄청난 가난 속에서도 결연에 찬 활동가라는 어두운 모습으로 그려낸다. 마르크스는 독일의 경제 철학자이자 급진적인 정치인이며, 영향력 있는 두 권의 저서, 『자본론(*Das Kapital*)』 그리고 엥겔스(Friedrich Engels)와 함께 저작한 『공산당 선언(*The Communist Manifesto*)』의 저자이기도 하다. 그는 혁명적 전환을 통해 경제적 불평등을 소멸시키기를 희망하였다.

마르크스와 그의 가족이 여러 유럽 도시에서 쫓겨난 후 1849년 런던에 자리를 잡을 때까지 그는 위험한 공산주의 선동가라는 명성을 얻게 되었다. 마르크스는 삶의 끝까지 절대빈곤 상태의 생활을 지속하였고 가난을 경멸하였다. 그는 수많은 산업노동자들의 처참한 존재를 통탄했을 뿐만 아니라, 막을 수 있는 질병으로 그의 자녀 중 셋이 사망했을 때 개인적인 비극이 극에 달하였다.[22]

마르크스는 역사의 변증법적 논증으로 아마도 가장 잘 알려져 있을 것인데, 그는 인간을 '생산자이자 동시에 역사적 과정의 생산물'인 역사적 존재라고 규정한다.[23] 마르크스는 자본주의와 자본가 계급의 역사적 발전이 "사람과 사람 간의 다른 연계에 있는 것이 아니라 바로 노골적인 사리사욕과 몰인정한 '현금지급(cash payment)'에 있다"고 믿었다. 마르크스는 모든 사회적 관계를 자본주의에 의해 정의된 것으로 간주하였다.

마르크스의 자본주의에 대한 비판은 타협이 불가능한 단호한 주장이다.

> 서유럽에서, … 자본주의 레짐은 국내생산품의 전체 영역을 직접적으로 정복하거나, 혹은 최소한 경제적 여건이 상대적으로 덜 발달된 사회계층을 간접적으로 통제한다. 이 사회계층은 구식의 생산방식에 속해 있더라도 그러한 생산체계가 점진적으로 쇠퇴하는 과정에서 함께 생존을 지속해가는 계층이다. … 자본주의적 생산방식 및 축적방식을 통한 자본주의의 사유재산은 스스로 획득한 사유재산의 소멸, 즉 노동자에 대한 몰수를 그 근본적 조건으로 삼는다.[24]

마르크스에 따르면, 사회적 생활의 상품화가 모든 사회적 관계를 '단순한 금전적 관계'로 축소시킬 때 자본주의는 역사의 한 단계에 이르게 된다.[25] 이것이 그가 자본주의 사회를 내재적으로 불안정하고 위기로 이어질 가능성이 크다고 보는 이유이다. 이는 자본가 계급(부르주아)과 무산 노동자(프롤레타리아) 간의 확대되는 불평등이 기존의 질서를 약화시키고, 자본주의 내부의 모순이 계급갈등을 심화시켜 이러한 불안정이 결국 거대한 혁명으로 폭발하게 되며 자본가 계급은 전복당한다는 것을 상정한다. 마르크스는 혁명 이후 자본주의가 사회주의(무산 노동자 계급의 독재)로 대체될 것으로 예상하였다. 또한, 시간이 더욱 지나면 사회주의는 모든 사회구성원이 모든 것을 공유하여 사적재산이 사라지게 되는 공산주의로 진화할 것으로 예견하였다.

또한, 마르크스는 자본주의 사회의 개인이 자신을 둘러싼 환경에 대한 지배력을 잃게 되는 이유를 설명하기 위하여 소외론(alienation)을 논하게 된다. 소외는 커뮤니티의 자연적인 사회적 발전을 왜곡시키는 산업화된 사회의 착취적 본성 때문에 발생한다. 소외로 인하여 인간이 상품 중 가장 비참한 상품(*the most wretched of commodities*)으로 전락하게 되고, 자신의 진정한 정체성을 박탈당하며, 계급갈등에 노출된다. 마르크스의 저작은 러시아를 중앙집권형 권위주의 정치체제로 전환시키는 도화선이 되었던 1917년 러시아혁명의 지적인 토대가 되었다. 러시아혁명의 핵심 지도자 중 한 명인 레닌(Vladimir Ilich Lenin)은 식민지 정복의 시대를 무자비한 자본주의 축적으로 인한 결과로 설명하기 위하여 마르크스의 사상을 이용하였다. 레닌의 제국주의론에 따르면, 자본주의 열강이 더 많은 이윤을 추구하는 과정에서 식민지를 확장하게 되고, 종속된 식민지를 시장·투자·식량 및 원자재의 원천으로 착취하게 된다.[26] 신마르크스(neo-Marxist) 학자들은 빈곤국이 영구히 불리한 조건에 처할 방식으로 자본주의가 계속해서 세계경제의 구조를 개조하고 있다고 주장한다.

마르크스주의는 자유시장과 개인의 이익을 찬양하는 자유주의와 정반대에 서 있다. 자유주의는 협력·창의·진보를 원하는 기업가적인 개인으로 우리를 사회화한다. 그러나 마르크스주의는 자유주의를 자본주의에 의해 정의된 갈등적 사회관계의 실체를 감추는 환영이라고 간주한다. 자본주의 사회의 무력화 영향(disabling impact)은 인간을 생존과 탐욕의 논리로 움직이는 소외된 존재로 변하게 만든다. 오직 공산주의하에서 사람들은 자신의 자연적 본성으로 회귀할 수 있는데, 이는 사적 소유가 없다면 권리 주장의 충돌이 없을 것이기 때문이다. 불필요한 상품과 서비스에 대한 수요는 없어지게 될 것이고, 세상의 원칙이 점차 '능력 중심에서 필요 중심으로' 바뀌게 되어 이에 따라 재구성될 것이다.[27] 그러나 이러한 시각은 비현실적인 가정 중 하나이다. 우리가 인간의 욕구를 아주 기초적인 생존 수준으로 정의함에도 불구하고 개인의 욕구는 항상 가용한 재원을 초과하게 된다. 어떤 사회에서도 경합하는 주장 사이에서 판결을 내리는 일은 불가피하며 이에 대한 기회비용은 항상 뒤따르게 된다. 보통 재원의 부족 때문에 발생하는 갈등이 완전히 존재하지 않는 세상을 만드는 것은 현실적으로 불가능하다. 실제로, 집단적 인간생활의 고질적인 문제는 바로 결핍을 관리하는 것이다.[28] 이러한 중요한 통찰력을 통해 마르크스이론의 주요 한계를 파악할 수 있으며, 경제발전을 논할 때 마르크스주의가 어느 정도까지 적용가능할 것인가에 대한 판단의 근거를 갖게 된다.

케인스(John Maynard Keynes, 1883~1946)

케인스는 영국의 경제학자이자 외교관이다. 그는 고전주의 경제학의 수많은 원칙들과 논쟁을 하였다. 또한, 마르크스이론을 일축하였다.[29] 실용주의자인 케인스는 산업혁명으로 인하여 바뀐 세상에 보다 적합한 정책지향적인 학문분야로 경제학을 탈바꿈하기 위하여 혁명적으로 노력하였다. 영국 정부의 외교사절단으로 일할 때에도 그는 논란을 두려워하지 않았다. 1919년 베르사유조약(Treaty of Versailles)의 본문 내용에 대한 항의의 표시로 공무원 직위를 사퇴하기도 하였다. 케인스는 베르사유조약의 가혹한 처방을 반대하였으며 이 조약이 유럽에 끔찍한 결과를 가져올 것이라고 예견하였다. 그의 이러한 저항에 대한 설명은 케인스의 첫 베스트셀러인『평화의 경제적 결과(*The Economic Consequences of the Peace*)』에 기술되어 있다. 케인스는 베르사유조약의 배상요구와 다른 조치들이 독일에게는 비현실적으로 가혹한 처방이었으며, 독일 국민들이 극단적인 해결책을 찾을 수밖에 없게끔 만드는 일이라고 주장하였다. 케인스의 주장이 옳았다는 것은 입증이 되었으며, 현재 대부분의 역사가들은 베르사유조약이 독일에서 나치즘과 약탈적 경제민족주의가 발생하게 된 원인이 되었고 결국 제2차 세계대전으로 이어졌다는 분석에 동의하고 있다.

케인스는 실무가이자 경제학자이지만, 1936년에 출간된 대표 저작 『고용, 이자, 화폐의 일반이론(*The General Theory of Employment, Interest and Money*)』의 저자로 대개 기억되고 있다. 이 책은 거시경제학의 기본서가 되었다. 개별 기업과 소비자와 관련된 미시경제학과 달리, 거시경제학은 실업, 성장률, 저축, 물가상승, 가격수준, 국민소득과 같은 통계에 집중함으로써 경제 전체를 분석한다. 케인스는 실제로 GDP와 같이 잘 알려진 거시지표들을 만들어내었다. 이와 동시에 그는 경제침체를 방지하고 경기 대호황을 통제하기 위한 재정 및 통화정책을 사용하는 활발한 정부개입을 선호한다고 설명하였다. 현시대의 정부는 경제정책을 기획하고 평가하는 데 도움을 주는 정교한 거시경제모델이 제공하는 추정과 예측을 활용한다.

케인스가 정부개입주의정책을 옹호했기 때문에, 그의 사상은 종종 아담 스미스의 사상과 충돌하였다. 전 세계 경제사에 있어 가장 참혹했던 시기 중 하나가 고전경제학 이론에 대한 케인스의 신뢰를 흔들게 되었다. 시장은 규제하지 않을 때 가장 잘 작동한다는 사상이 1929년 시장붕괴에 의해 촉발된 대공황(Great Depression)의 암울한 현실과 상충하게 되었다. 실업률이 두 자릿수로 급증하고 공장이 문을 닫고 배고픈 사람들이 무료급식소에 줄을 서고 있을 때, 정부는 경제가 언젠가 균형점으로 결국 되돌아오기를 기다리도록 요구되었다. 불황은 주요 경제를 모두 집어삼켰으며 세계 대부분의 국가에 영향을 미칠 정도로 확장되었다. 국제적으로 놀라울 만큼 두려운 상황임에도 불구하고, 대공황의 위기에 맞서 단결된 대응책을 마련하기 위한 다자주의 노력은 존재하지 않았다. 정부들의 이러한 무반응은 고전주의 경제학의 원칙들과 부합하였다. 케인스는 이에 동의하지 않았다. 그에게는 대공황이 우리가 다른 경제이론을 찾아야 한다는 교훈으로 작용하였다.

> 일반적으로 받아들여지는 경제학 고전주의이론에 대한 우리의 비판은 그 분석에 대한 논리적 결함을 찾아내는 것이 주가 아니라 실제 세상의 경제 문제를 해결할 수 없다는 결과와 함께 이론의 암묵적 가정들이 좀처럼 받아들여질 수 없다는 점을 지적하는 데에 있다.[30]

케인스에게 대공황은 '보이지 않는 손'이 때로는 파멸적인 방식으로 우를 범할 수 있다는 것을 확인하게 된 증거였다. 그는 자유시장이 나름의 한계를 내포하고 있으며 때때로 과도하게 위험한 행동을 할 수 있다고 확신하였다. 자유시장의 이러한 움직임에 큰 수정이 필요해질 경우, 증가하는 실업률은 결국 경제 쇠퇴로 이어질 수 있다. 이러한 관찰을 토대로, 케인스는 경제위기 기간 동안의 불충분한 수요를 문제의 핵심으로 제시하였다. 그는 수요부족이 경제를 불황에 빠트릴 수 있기 때문에 정부는 기업과 소비자의 지출 감소를 보완하기 위하여 공공지출을 진작할 책임이 있다고 확신하였다.

> 소비성향과 투자유인 간 상호 조정을 위하여 정부기능을 확장하는 것이 … 개인주의를 심각하게 침해하는 행위로 보일 수 있으나, 나는 오히려 반대로 정부기능의 확장을 현존하는 모든 경제형태의 파괴를 회피할 수 있는 유일한 예견책으로서 지지하며 개인의 주도성이 성공적으로 기능할 수 있는 조건으로서 정부기능 확장을 옹호한다.[31]

케인스에 따르면, 개입주의 정부는 자유시장을 조정하고 과잉과 자본주의적 탐욕의 결함으로부터 개인의 자유를 보호하기 위하여 필요하다. 케인스는 확대재정정책이 빚을 지는 것을 의미하지만 이를 통해 총수요를 활성화시킬 수 있도록 정부가 개입해야 한다고 제안하면서 많은 논란을 일으켰다. 요컨대, 케인스는 완전고용을 복원하기 위한 재정적자를 지지한 것이다.[32] 시장에 의한 조정을 기대하는 것은 지나치게 많은 시간의 지체를 요구하기 때문에, "장기적으로 우리는 모두 죽는다"라는 유명한 말을 케인스가 남겼다.

케인스의 이론들은 대단히 영향력이 커서 시대를 걸쳐 모든 개입주의정책들을 케인스 경제학의 결과로 간주할 수 있을 정도이다. 제2차 세계대전 이후, 케인스는 영국 사절단의 대표로서 브레턴우즈(Bretton Woods)체제를 설립하는 데 깊게 관여하였다. 이 중 국제통화기금(IMF: International Monetary Fund)과 국제부흥개발은행(IBRD: International Bank for Reconstruction and Development)은 아직까지 개발 담론의 중심에 위치해 있다. 케인스의 사상은 전 세계 많은 국가들의 개발정책 수립에 영향을 미치게 되었다. 냉전 이후 세계가 고전적 자유주의로 회귀함에 따라 그의 영향력이 줄어들게 되었지만, 그의 사상은 계속해서 중요한 경제이론으로 남아있으며 특히 정부개입이 요구되고 정당화되는 경제위기 상황에서는 더더욱 영향력을 발휘하게 된다.

하이에크(Friedrich A. von Hayek, 1899~1992)

전후 케인스식 처방의 대중적인 인기에도 불구하고, 모든 사람이 이 방식에 동의하는 것은 아니었다. 하이에크는 특히 고전주의 경제학을 신봉하였고 아담 스미스의 사조를 정치학 영역으로 확장하였다. 그는 계획경제를 탄압적인 권위주의 정치체제로 인식하였다. 하이에크는 어떤 정부도 경제를 효과적으로 관리할 수 있다고 생각하지 않았다. 그는 모든 경제체제가 불안정하고 예측불가능하기 때문에 정책입안자들과 중앙기획자들이 정부정책 결과를 예견할 수 없다고 주장하였다. 하이에크는 정부개입이 경제관계의 자연적인 활동을 저해하고 결국 위기를 초래한다고 확신하였다. 1944년에 출판된 그의 저명한 저작 『노예의 길(*The Road to Serfdom*)』을 통해 하이에

크가 강조하기를, 중앙계획은 사실상 정부가 개입한 경제공학(economic engineering)이라는 점에서 정부의 경제공학은 단지 경제에 제한되지 않고 필연적으로 사회에 영향을 미치게 되기 때문에 사회주의는 전체주의로 이관될 가능성이 높다고 하였다.

1980년대 서방의 신보수주의 지도자들에 의해 부활되었다고 볼 수 있는 하이에크의 저작들은 경제에 정부개입을 반대하는 철학적 정당성을 제공함으로써 자유시장의 우월성에 대한 믿음을 강화하였다. 정부주도 경제와 자유시장 사이의 대안적 접근을 모색하는 일은 글로벌 경제를 위해 사상 간의 벌어지는 장대한 혈투로 표현되었다.[33] 자유주의의 혁신세력은 이 전쟁에서 승리하였으며 세계는 결국 중앙계획과 케인스식 개입주의의 잘못된 시대에서 벗어나게 되었다는 메시지를 하이에크는 던지고 있는 것이다. 그러나 계획경제의 왜곡된 전체주의적 시스템과 대조적으로 자유경쟁의 중요성을 강조한 하이에크조차도 정부의 필요성을 인정하고 있다. 하이에크에 따르면,[34]

> 사회조직의 원칙으로서 경쟁을 성공적으로 활용한다면 경제생활에 가해지는 특정 유형의 강압적 개입을 방지할 수는 있으나, 때로는 경쟁의 과정을 매우 적극적으로 지지하는 이들을 인정하게 될 여지를 남기거나 심지어는 특정 형태의 정부 공권력 행사가 요구될 때도 있다. … 따라서 대등한 조건으로 모든 사람이 진입할 수 있도록 개별적 거래들이 개방되는 것이 중요하며, 특정 개인 혹은 집단이 공개적 또는 비공개적인 압력을 통해 이러한 진입을 통제하려고 시도할 때 법은 이를 결코 용인해서는 안 된다.

하이에크는 자유시장 경쟁을 이상화하였지만, 독점적 그리고 담합적 행위를 방지하기 위하여 정부의 규제제도와 법치의 지원이 필요하다고 시인하였다. 결정적으로, 그는 제한된 정부제도의 중요성을 인정하였다. 안타깝게도, 제한받지 않는 자유시장 제도의 열정적인 전도사로 더 잘 알려진 하이에크는 정부제도와 관련된 이러한 접근법의 세부내용을 설명한 적이 없다.

　강력한 사상을 가진 다른 학자들과 마찬가지로, 하이에크의 국가에 대한 불신은 개인적인 경험에서 시작되었다. 처참했던 제1차 세계대전에 참여했고 그 이후 충만한 삶을 영위하기 위해 노력했었던 하이에크는 그 시대의 정책선택에 관하여 크게 실망하게 되었다. 전쟁은 무의미한 선택이었으나, 설상가상으로 정부들은 전쟁 후에도 수백만 사람들의 삶에 큰 혼란을 계속해서 조장하였다. 1920년대 초 오스트리아에서 고삐 풀린 물가상승의 경험으로 하이에크는 정부의 무능력에 대한 교훈을 얻게 되었다. 경제는 붕괴되고 사람들은 고통을 받았다. 그러나 케인스와 다르게 하이에크의 처방은 경제 운영에 정부의 역할을 축소해야 한다는 것이었다. 곧바로 두 경제학자 사이에 전선은 형성되었고 근대 경제학을 정의하는 유명한 논쟁으로 이어졌다.

　　케인스는 사람들의 삶, 특히 실업자를 편안하게 만드는 임무가 정부의 직무라고 확신하였다. 하이에크는 정부가 자연력과 같이 불변의 물리력으로 개입하는 것은 헛된 정책결정이라고 굳게 믿었다. … 그러므로 두 경제학자는 삶과 정부에 대한 두 개의 대안적인 시각을 대표하게 되었다.[35]

　케인스는 정부가 경제를 위하여 적극적인 역할을 수행할 수 있고 수행해야 한다고 믿은 낙관론자로 알려져 있다. 이에 반해 하이에크는 자연법과 같이 경제는 간섭받지 않아야 한다고 확신하는 비관론자로 알려져 있다.

5. 결론

지금까지 네 명의 사상가들로부터 시작된 열띤 논쟁의 중심에는 희소자원의 가장 효과적인 사용을 어떻게 보장할 수 있는가라는 공통의 질문이 놓여 있다. 자원의 부족은 경제개발을 위해 근본적으로 풀어야 할 난제이다. 개발 전문가들은 지구촌 모든 사람들을 위해 세계가 어떻게 하면 보다 관대한 공간이 될 수 있을지에 대해 고민한다. 세계경제가 지구상의 모든 사람들에게 진보를 위한 공정한 기회를 제공할 수 있을까? 우리는 생산, 혁신, 배분을 시장에 맡겨야 하는가, 아니면 정부가 사회발전을 위하여 경제체제를 관리하도록 정부를 믿어야 하는가? 정부는 시민이 꿈을 성취할 수 있도록 시민에게 경제적·사회적 가능성을 제공할 책임이 있는가? 아니면 오히려 개인이 스스로 자신의 삶을 꾸려나가고 모든 정부는 경제와 거리를 두어야 하는가? 케인스와 하이에크 간의 논쟁과 유사하게 규제 없는 시장과 개입주의 정부 사이에서의 이분법적 접근은 결국 양극화된 선택으로 귀결된다. 역사상 그 어느 시점이든 특정 세대가 두 가지 접근법 중 하나에 대한 선호를 과장하는 경향성을 나타내 왔다는 것은 우리 문명의 통탄스런 속성이다. 두 시각의 가장 좋은 요소를 하나의 접근법으로 연계하는 것이 절실히 필요한 때인데, 이렇게 통합된 접근법은 국가제도의 중요성을 인식하고, 자유시장의 역할을 인정하며, 경제발전을 도모할 때 개인의 권리 또한 염두에 두는 특징을 나타낸다.

주

1) Khaled Hosseini (2004) *The Kite Runner*, Anchor Canada: Toronto, Canada.
2) Ibid., pp. 224-225.
3) Ibid., p. 33.
4) Wangari Maathai (2009) *The Challenge for Africa*, New York, NY: Pantheon Books, pp. 56-57.
5) M. P. Cowen and R. W. Shenton (1996) *Doctrines of Development*, New York, NY: Routledge.
6) Ronald Wright (2006) *An Illustrated Short History of Progress*, Toronto, CA: House of Anansi Press.
7) Stephen G. Brooks and William C. Wohlforth (2016) "The Once and Future Super-power - Why China Won't Overtake the United States," *Foreign Affairs*, May-June, pp. 91-104.
8) Niall Ferguson (2013) *The Great Degeneration - How Institutions Decay and*

Economics Die, New York, NY: Penguin Group.

9) 2015년에 실시된 1인당에 관한 UN 리뷰 참고. www.un.org/development/desa/.

10) LDC 국가의 전체 리스트와 LDC 지위를 설정하는데 사용되는 세 가지 기준에 관한 자세한 정보는 UN CDP 웹사이트를 참고. www.un.org/en/development/desa/policy/cdp/index.shtml.

11) 최빈국, 내륙국 및 군소도서 개도국을 위한 유엔대표사무소(UN Office of the High Representative for the Least Developed Countries, Landlocked Countries, and Small Island Developing Countries) 참고. http://unohrlls.org/about-ldcs/facts-and-figures-2/ (검색일: 2006년 5월).

12) M. P. Cowen and R. W. Shenton (1996) *Doctrines of Development*, Ibid.

13) Michael P. Todaro and Stephen C. Smith (2003) *Economic Development* (8th edition), New York, NY: Addison Wesley, p. 8.

14) Amartya Sen (1999) *Development as Freedom*, New York, NY: Random House, p. xii.

15) Ibid., p. 9.

16) Dani Rodrik (2010) *The Globalization Paradox – Democracy and the Future of the World Economy*, New York, NY: W.W. Norton, p. xvii.

17) William Easterly (2013) *The Tyranny of Experts: Economists, Dictators, and the Forgotten Rights of the Poor*, New York, NY: Basic Books.

18) Ibid., p. 339.

19) Adam Smith (1759) *The Theory of Moral Sentiments*, Part VI, Section II, Chapter II, pp. 233–234, Paragraph 17.

20) Adam Smith (1776) *An Inquiry into the Nature and Causes of the Wealth of Nations*, London, UK: Methuen & Company Ltd, p. 65.

21) 아담 스미스와 그의 저작에 관한 더 자세한 정보는 아담스미스연구소(Adam Smith Institute) 웹사이트를 참조. www.adamsmith.org.

22) Dennis G. Dalton (1998) *Marx's Theory of Human Nature and Society*, Chantilly, VA: The Teaching Compnay.

23) Mark Rupert (2016) "Marxism," in *International Relations Theories – Discipline and Diversity*, Oxford, UK: Oxford Univresity Press, p. 129.

24) Karl Marx (1967) *Capital Vol. 1*, chapter 33. www.marxists.org./archive.

25) Karl Marx and Friedrich Engels (1848) *Manifesto of the Communist Party*. www.marxists.org./archive.

26) Robert Gilpin (1987) *The Political Economy of International Relations*, Princeton, NJ: Princeton University Press, p. 39.

27) Karl Marx (1875) "Critique of the Gotha Programme," cited in Ian Shapiro (2016) *Politics Against Domination*, Cambridge, MA: Harvard University Press, p. 8.

28) Ian Shapiro (2016) *Politics Against Domination*, Cambridge, MA: Harvard University Press, pp. 6–9.

29) Claudio Sardoni (1997) "Keynes and Marx," in G.C. Harcourt and P. Riach (eds.), *The General Theory of Employment, Interest and Money* (2nd edition), London, UK and New York, NY: Routledge.

30) John Maynard Keynes (1936) The General Theory of Employment, Interest and Money (Illustrated and Extended with John M. Keynes Library), Electronic Edition, part iii of chapter 24 ("Concluding Notes on the Social Philosophy Towards Which the General Theory Might Lead"). www.WealthOfNation.com (검색일: 2012년 11월 7일)
31) Ibid.
32) Ibid., part iii of chapter 8 ("The Propensity to Consume: The Objective Factors"). www.WealthOfNation.com.
33) Daniel Yergin and Joseph Stanislaw (2002) *The Commanding Heights − The Battle for the World Economy*, New York, NY: Simon and Schuster, pp. 123−127.
34) F.A. Hayek (1944) *Road to Serfdom: Text and Documents − The Definite Edition*, edited by Bruce Caldwell, Chicago, IL: University of Chicago Press (2007), p. 86.
35) Nicholas Wapshott (2011) *Keynes and Hayek − The Clash That Defined Modern Economics*, New York, NY: W.W. Norton & Company, pp. 43−44.

추가 읽을거리

Bruce Caldwell (2005) *Hayek's Challenge: An Intellectual Biography of F.A. Hayek*, Chicago, IL: Chicago University Press.

David Harvey (2010) *A Companion to Marx's Capital*, London, UK and Brooklyn, NY: Verso.

Ehsan Masood (2016) *The Great Invention: The Story of GDP and the Making (and Unmaking) of the Modern World*, New York, NY: Pegasus Books.

Ingrid H. Rima (2009) *Development of Economic Analysis* (7th edition), London, UK: Routledge.

Agnar Sandmo (2011) *Economics Evolving: A History of Economic Thought*, Princeton, NJ: Princeton University Press.

Adam Simpson Ross (2010) *The Life of Adam Smith*, Oxford, UK: Oxford University Press.

Robert Skidelsky (2010) *Keynes: The Return of the Master*, New York, NY: Public Affairs.

개발이론과 접근법

1. 이론의 개념화

개발학(development studies)에 있어 지식발전의 궤적은 역사적 사건들에 의해 조성되고 다양한 주변 학문분과의 영향으로 강화되어왔다. 이 궤적의 역사적 형성과정에서 보면, 사회의 행복 증진을 위해 무엇을 해야 하는가라는 질문에 대한 실천적인 대답과 다양한 학문적 접근법 사이에 때때로 불편한 관계가 만들어지는 것을 목격할 수 있다. 이러한 여러가지 다른 방식의 접근법을 이해하기 위해서 우리는 이론의 영역으로 들어가야 한다. 이론은 논리적으로 구성된 분석틀(framework)로서 관찰 가능한 특정 현상의 작동 방식을 설명한다. 이론은 검증이 가능해야 하며, 이러한 검증과정은 이론을 개인의 믿음과 차별화시킨다. 이론은 또한 추론과 논리의 방법론을 적용하여 생산될 수 있다. 과학이론은 실험과 가설검증이 주가 되는 과학적 방법론에 따라 구성되고 평가된다. 사회이론의 경우, 두 개 이상의 사건 간에 존

28

재하는 연결관계의 조건을 설명하는 데 필요한 유형을 찾는 것에 초점이 맞
춰진다. 사회이론가들은 관련 사실들을 신중하게 검증하는 과정에서 통계
기법을 활용하는 등 과학적 객관성을 유지하기 위하여 노력한다.

영향력이 큰 개발이론의 1세대는 1950년대에 처음 등장하게 된다. 이
후 꾸준한 성장과정을 거치며 개발학 분야는 일부 이론의 쇠퇴, 일부의 수
정·보완, 그리고 새로운 이론의 탄생이라는 현상을 목도하였다. 각각의 이
론마다 특정 사실에 관하여 핵심적인 내용을 확인하는 다양한 방법을 제시
한다. 가장 적합하다고 판단되는 특정 이론을 선택하는 과정은 우리가 사회
의 특성과 경제에서의 국가 역할에 관하여 만드는 가정에 따라 흔히 결정된
다. 이론은 현상이 발생하는 원인을 설명하기 위하여 필요한 것이다. 실증
주의(positivism)의 철학적 체계에서 발생하는 이론은 개인의 편견과 견해
로부터 자유로운 객관적인 사실을 찾고자 한다. 『옥스퍼드 사회과학 사전
(*Oxford Dictionary of the Social Sciences*)』에 따르면, 실증주의는 다음
과 같이 정의된다.

> 지각적 경험과 실험적 증거의 우월성을 지식과 연구의 기초로 인정하는
> 일종의 철학적 그리고 사회과학적 원칙(doctrine). 실증주의는 오귀스트
> 콩트(Auguste Comte)가 창안한 용어로서 가치판단을 거부하고, 관찰이
> 가능한 사실과 관계를 중요시하며, 인간사회의 발전에 대한 실증주의적
> 접근에 의해 형성된 지식의 적용을 강조한다.[1]

그러나 포스트모던 이론가들은 실증주의적 객관성이라는 개념에 문제를
제기한다. 또한, 포스트모던 학자들은 푸코(Michel Foucault)가 주장하였
듯이 개별적 주체가 담론에 의해 형성되기 때문에 지식과 권력 간 형성되는
관계는 중립적이라는 해석에 저항한다. 포스트모더니즘은 담론 자체를 지
식과 권력이 연결되는 사회적 구성체로 인식한다. 담론은 지식에의 접근과
지식의 내용을 통제하는 데 활용된다. 이러한 담론은 권력을 가진 자들에

의해 형성되는데, "타자 또는 타자들의 행위에 초점을 두고 사례, 제도적 체계, 사회집단, 역사적 단계에 따라 다양한 절차와 기술을 사용하는 전략적 관계성의 영역"으로 인식되고 있다.[2] 이러한 급진적인 비판적 입장은 중요한 철학적 통찰력을 제공하지만, 객관적인 지식의 가능성을 부정하고 있다는 점에서 포스트모던 시각은 정책결정의 실증주의적 제한 내에서 작동하기 어렵다.

실증주의는 체계적인 경험적 관찰과 객관적인 이성주의를 신봉한다. 따라서, 실증주의 이론가는 정책과 발전적 전략을 기획할 때 문제해결형 이론(problem-solving theory)을 선호하게 된다. 용어를 명확히 하자면, 문제해결형 이론은

지배적인 사회관계와 권력관계 그리고 이러한 관계를 조직하는 제도에 맞게 세상을 이해하고, 이렇게 주어진 틀을 기반으로 행동을 취하게 된다. 일반적으로 문제해결형의 목표는 특정 문제의 원천을 효과적으로 다룸으로써 이러한 관계성과 제도가 순조롭게 운영되는 것이다.

그러나 우리의 개발이론 실험은 다양한 비판이론(critical theory)을 고려하지 않은 채 완성될 수 없다. 비판이론은

현재 지배적인 세계질서에 관심을 두기보다 그 질서가 어떻게 형성되었는가를 질문한다는 점에서 비판적이다. 문제해결형 이론과 달리, 비판이론은 제도와 사회·권력 관계를 기정사실로 받아들이지 않고, 그 기원과 향후 변화과정을 통해 어떻게 구성될지에 관한 의문을 제기한다.[3]

문제해결형 이론과 비판이론의 상이한 시각을 모두 학습하고 이해할 때, 비로소 전달 혹은 도전하고자 하는 정책의 강점과 약점을 찾아낼 수 있게 된다.

이론은 유행을 강력하게 선도하는 힘이 될 수 있다. 역사적으로 어느 시

점인지와 관계없이, 단 하나의 이론만으로도 새롭게 형성된 사고의 패러다임을 효과적으로 인도할 수 있다. 패러다임이란, 주요 세계 이슈들에 관한 지배적인 사고방식이 광범위하게 인정받는 것을 의미한다. 패러다임은 전통적으로 주요 국제 사건에 의해 구축되고, 수정되며, 폐기되기도 한다. 예를 들어, 냉전 이후, 경제적 자유주의는 세계화 패러다임의 촉매제 역할을 수행하였다. 패러다임이 강조됨에 따라, 국제기구들은 정책처방의 보편적인 청사진을 만들어내기 위하여 신속하게 움직이게 되었다. 1990년대 후반 세계화의 물결이 최고조에 이르렀을 때, 개발도상국들에서 도입하도록 요구되었던 자유주의적 개혁 자체를 문제 삼는 개발도상국의 수가 점차 증가하게 되었다. 개발도상국들이 주요 공여기관에 의해 강조되었던 보편적인 정책처방을 궁극적으로 반대함에 따라, 개발도상국 전체를 바라보는 보다 깊은 시각이 구축되었다. 다양한 이론적 접근법을 통해 얻은 교훈을 연계하기 위해서 과거의 어떤 유산을 배울 것인가에 대한 질문 또한 패러다임의 이슈와 연결된다. 원칙적으로 이론간 비교는 이론이 평가되고 적용되었던 역사적 맥락에 관한 관심과 인식을 항상 필요로 한다.

2. 초기 이론: 성장모델에서 구조변화모델까지

제2차 세계대전 이후 개발에 관한 첫 번째 논쟁으로 발전된 공동의 주제는 경제성장과 진보적 산업화였다. 이 기간 중 지배적이었던 패러다임은 이른바 개발주의(developmentalism)라 불렸는데, 개발주의는 시간이 지남에 따라 서방 근대화 방식의 촉진을 의미하게 되었다. 이러한 기술방식은 사회의 복지를 증진하기 위하여 자유시장 작동을 강조하였던 아담 스미스(Adam Smith)의 경제자유주의에 그 토대를 두고 있다. 그러나 역설적이게도 개발주의는 '세계의 무력한 지역(helpless part of the world)'[4]에 경제적 자유를 제공하는 데 실패하게 된다. 이는 개발주의가 빈곤국과 저개발국들은 스스로의 개발을 추진할 수 없다고 가정하였기 때문이다. 해외원조를 제공하는 개발원조기관이 강조하는 전략을 이행하기 위하여 개발주의는 실제로 자유시장이 아니라 중앙집권적 국가가 필요하였다.

개발주의의 가장 완성된 개요는 아마도 피어슨보고서(Pearson Report)로 알려진 1970년 국제개발위원회(Commission on International Development)의 보고서에서 찾아볼 수 있을 것이다.[5] 피어슨보고서는 경제개발에 대한 새로운 접근법을 알리는 주요 문서이다. 보고서는 무역, 해외투자, 경제성장, 원조규모, 채무변제, 원조행정, 기술원조, 인구통제, 교육·연구원조, 다자원조 등 10대 주요 범주로 나누어 30개의 핵심 목표와 권고사항을 발표하였다. 요약하자면, 피어슨보고서는 국제무역과 투자 확대라는 자유주의적인 핵심사항을 강조하는 한편, 명시적으로 해외원조의 증가와 개발도상국의 경제성장 증가를 연계하여 적어도 매년 국민총생산(GNP)의 6퍼센트를 증가시키는 것을 목표로 하였다.[6] 보고서가 제안한 목표와 권고사항은 개발주의 모델의 핵심 요소로 구체화되었고, 이러한 개발주의 모델은 수십 년 동안 개발의 이론과 실천의 토대가 되었다.

피어슨보고서는 "개발의 파트너(Partners in Development)"라는 표제를 달게 되었으나, 보고서에서 언급한 파트너는 단지 선택적인 국가에 한정되었다. 파트너로서 국가는 대외원조를 기획하고 제공하는 국가와 원조를 받는 국가로 나뉘었다. 소위 '이름 없는 그룹(nameless group)'으로 불린 협력대상국들에 대한 사회적·정치적 환경 관련 분석은 시도조차 되지 않았고, 보고서가 제안한 권고사항이 미칠 사회적 결과를 예측하고자 하는 노력도 수반되지 않았다. 세계은행(World Bank)이 새로이 신설한 국제개발협회(IDA: International Development Association)는 피어슨보고서의 주요 목표를 달성하기 위한 전 세계 공통의 제도적 지침서를 제공하였다. IDA의 위임권한이 경제와 관련된 요소에만 국한되기 때문에 IDA가 피어슨보고

서의 지침서를 제공할 기관으로 선정되었던 것이다. 피어슨보고서에 따르면

> IDA는 개발 수요 혹은 성과와 관련이 희박하거나 무관한 정치적 관계 및 역사적 사건보다는, 경제적 성과를 강조하는 원조분배 기준을 설정하는 데 있어 리더십을 발휘할 수 있는 최고의 기관이다.[7]

　요컨대, 피어슨보고서는 서방 선진 공업국 간의 컨센서스를 합법화하였다. 또한, 보고서는 글로벌 남반구 경제를 발전시키기 위하여 남반구 경제에 선택된 원조기관의 개입을 장려하였다.

　이러한 맥락에서 볼 때, 피어슨보고서는 한 가지 심각한 내부 모순을 지니게 된다. 표면적으로는 자유주의 경제원칙에 기반한 개발주의를 지지하고 있지만, 피어슨보고서는 실제로 개발을 위한 정책처방을 실행에 옮길 때 국가에 의존하였다. 보고서의 핵심 가정 중 하나가 "민족국가가 작금의 역사적 국면에서 핵심적인 기능을 보유하고 있다는 사실이다."[8] 다시 말해, 선진국에서 정부의 거시경제 개입을 허용했던 케인스 경제학자들이 개발도상국의 경우에도 중앙집권적 거시경제 개입을 지지할 준비가 되어 있었다. 그러나 케인스 경제학자들은 협력대상국 중 상당수가 권위주의적이며 억압적인 국가라는 사실을 간과하였다. 또한, 케인스 자신도 국가 내부의 자유에 대한 중요성을 인지하였다.

> 어떠한 승인 및 통관 없이, 심문·감찰·세관징수관의 검수 없이, 상품 대부분이 왕국의 한쪽 끝에서 반대쪽까지 이동될 수 있다. 이러한 내부 상거래의 자유, 그리고 통합된 조세체계의 효과가 아마도 영국이 번영할 수 있는 핵심 이유 중 하나일 것이다.[9]

　본심은 자유주의자였던 케인스가 거시경제정책이 실패할 경우 정부가 시민들에 의해 교체될 것이라는 가정에 따라 개방경제를 위한 『일반이론(General Theory)』을 집필하였다는 사실을 아마도 이들 케인스 경제학자

들은 놓치고 있었을 가능성이 있다.

우리는 케인스가 피어슨보고서의 원칙을 수용하였을지에 대해 확신할 수 없음에도 불구하고, 아담 스미스가 이를 거부했으리라는 것은 확신할 수 있다. 아담 스미스는 개발도상국에서 자유주의 경제정책을 추진하기 위해 강한국가를 수용한다는 생각에 대해 당황스러워했을 것이다. 다시 말해, 아담 스미스의 자유주의는 창조적인 인간의 정신(creative human spirit)에 대한 믿음에서 발동되었는데, 이는 억압적인 정부와 독점주의에 의해 방해받지 않는 한, 창조적인 인간은 적극적으로 개선과 근대화 방향으로 사회를 견인할 것이라는 신념이었다. 아담 스미스가 『국부론(*The Wealth of Nations*)』을 출판한 해와 같은 해에 미국이 탄생하였다. 미국의 독립선언(Declaration of Independence)은 모든 사람이 평등하게 태어난다는 새로운 주장을 개진하였다. 독립선언문은 영국의 정치변화로 이어졌다. 관례적으로 부유한 가문에게 주어지는 독점과 전매가 영국경제에 팽배하게 되어 사회적 불만이 고조됨에 따라 1623년 영국의회는 전매조례(Statute of Monopolies)를 통과시켜 정부와 왕위의 영향력을 축소하게 된다. 군주가 새로운 전매를 허가하는 것이 조례에 따라 불허되었기 때문에 전매조례의 영향력은 막대하였다. 그러나 가장 결정적인 영국정치 변화의 순간은 1688년 명예혁명(Glorious Revolution)이었다. 명예혁명을 통해 왕은 새로운 헌법을 승인하게 되었고 의회가 최고의 기관이 되는 역할 조정이 가능하였다. 이러한 새로운 정치적 재조정은 군주가 더는 임의로 법을 바꾸거나 새로운 세금을 징수할 수 없게 만들었다는 것을 의미한다. 1707년 잉글랜드와 스코틀랜드 간 연합법(Act of the Union)을 통해 대영제국이 성립되었고, 의회는 국가정책을 완전히 책임지게 되었다.[10] 로크(John Locke)의 저작들은 영국혁명의 철학적 정당성을 제공하였고 미국의 독립운동을 지지하였다. 정치적 권리와 시민적 자유가 보편적으로 부여되는 것은 단지 시간문제였다. 아담 스미스는 이러한 정치변화를 계몽주의로부터 승계된 인간행위의 이성이라는 자신의 확고한 신념의 측면에서 주목하였다. 경제적 그리고 정치적 자유주의가 인간의 잠재능력과 개인주의를 자유롭게 만드는 변화의 힘이라는 것이 아담 스미스 업적의 핵심내용이다.

자유주의 패러다임의 확장은 슘페터(Joseph Schumpeter, 1883~1950년)가 경제성장과 기술혁신을 강조하는 최초의 개발이론을 정립하는 데 동기를 부여하였다. 20세기 초반에 집필한『경제발전의 이론(*Theory of Economic Development*)』에서 슘페터는 '사상의 자유시장(free marketplace of ideas)' 개념을 강조하는 경영학과 응용경제학으로부터 배운 함의를 사용하였다. 슘페터 이론의 중심에는 자유시장의 경쟁이라는 자극을 즐기며 혁신을 향해 나아가는 기업가가 있다. 이러한 진보의 결과는 구체제를 파괴하고 새로운 강력한 힘을 생산하는, 이른바 슘페터의 '창조적 파괴(*creative destruction*)'로 연결된다. 현대 개발경제학자들은 슘페터가 설명한 이러한 과정을 성장과 조화로운 사회적 관계를 조성하는 민주제도의 근대체계가 확립되는 데 필요한 전제 조건으로 인식하고 있다. 한편, "창조적 파괴에 대한 두려움은 종종 포용적인 경제·정치제도를 반대하는 원인이 된다."[11]

슘페터는 많은 경제학자들이 지나치게 이론적이고 현실과 동떨어져 있다고 판단하였다. 슘페터는 케인스를 포함하여 그의 동료들의 주장을 부인하는 맹렬한 비평가로서 명성을 쌓게 되었다. 그러나 슘페터와 그의 동료들을 연결 지을 수 있는 부분은 바로 그들이 모두 문제해결형 이론을 추구하였고 정책입안자에게 구체적인 처방을 제공하고자 노력했다는 사실이다. 특히, 케인스는 정부가 경제운영을 추적 관찰하는 데 필요한 GDP와 같은 수많은 통계 도구를 제안한 것으로 유명하였다. 이러한 케인스에게 이론은 실증적인 정책적 결과로 이어지는 것이었으며, 또 한편으로는 사상의 영향력을 케인스가 이해하고 있었다는 사실을 부인하기 어렵다고도 할 수 있다. 그의 획기적인 저작인『일반이론』의 마지막 쪽에 케인스는 다음과 같이 기술하였다.

경제학자와 정치철학자들의 사상은 — 옳고 그르건 간에 — 통상적으로 이해되던 것보다 더욱 강력해지고 있다. 진정, 세상은 별 것 아닌 것에 의해 지배된다. 지적 영향력에서 스스로가 자유롭다고 믿는 현실주의적 정책가들은 대개 현존하지 않는 경제학자의 노예가 되어 있다.[12]

1944년 7월 개최된 브레턴우즈 회의에 영국대표단의 수장으로 참여한 케인스는 국제통화기금(IMF)과 세계은행을 설립하는 문서 초안 작업에서 중요한 역할을 하였다. 제2차 세계대전은 곧 종전될 예정이었고 승리를 예상한 연합국은 자유주의를 전후 세계질서의 주요 패러다임으로 수용할 준비가 되어 있었다. 케인스는 통화거래의 국제체계를 위한 계획을 발전시키는 데 있어 뛰어났다. 미국 측에서는 화이트(Harry Dexter White)가 제도 정비를 위하여 케인스와 유사한 활동을 하였다. 케인스와 화이트 모두 국제 수지 문제를 겪고 있는 국가들에게 지원을 제공하는 다자기구의 필요성에 동의하였다. 협상이 시작된 지 3주 후에 44개국은 브레턴우즈협정으로 알려진 문서에 서명하게 된다. 또한, 케인스는 신설된 다자기구를 운영하는 데 관여하게 되지만 2년도 채 되지 않은 1946년에 심장마비로 갑자기 사망하게 된다.

IMF는 미국달러 중심으로 금 1온스에 미화 35달러가 고정되는 고정 환율제 운영을 책임지게 되는 한편, 국제부흥개발은행(IBRD: International Bank for Reconstruction and Development, 세계은행)은 전후 유럽 재건을 위한 임무를 맡게 된다. 세계은행이 아프리카·아시아·라틴아메리카 국가들에 관심을 두기 시작한 것은 포스트식민주의 독립운동의 물결이 요동치던 수년의 시간이 지나서야 가능했다. 이렇게 초기 단계에서 비유럽지역을 생략한 것은 세계은행의 제도적 약점으로 남게 된다. 1944년 세계은행 설립 당시에는 오늘날 세계은행의 주요 존재 이유가 되는 개발도상국의 개발프로젝트를 지원하는 목표가 명확하게 설정되지 않았다.

탈식민주의 과정은 경제학 분야에도 큰 영향을 주었다. 개발경제학의 선구자 중 한 명인 아서 루이스 경(Sir W. Arthur Lewis, 1915~1991년)은 개인적으로 식민주의의 유산을 경험하였다. 루이스는 카리브해 섬나라 세인트루시아에서 태어났다. 세인트루시아는 작은 섬이었지만, 프랑스와 영국이라는 주요 식민지 열강들이 17세기와 18세기 초반에 걸쳐 이 섬을 둘러싸고 치열한 경쟁을 벌였다. 세인트루시아는 결국 영국에 의해 식민화되었고 1979년이 되어서야 독립을 하게 된다. 빈곤에 허덕이며 식민통치 하에 삶을 유지하면서 루이스는 특별한 시각을 갖게 되었다. 학구적이고 결연했던 루이스는 장학금을 받게 되어 영국으로 건너가 런던정경대학교에 진학하였다. 박사학위를 취득하고 루이스는 인종차별과 탈식민주의를 위한 지적 투쟁 그리고 개발을 연구하는 데 평생을 바치게 된다. 그는 영국 최초로 맨체스터대학교의 흑인 교수가 되었으며, 퇴직 때까지 20여 년을 미국의 프린스턴대학교에서 교수로 활동하였다. 1955년, 루이스는 그의 역작, 『경제성장론(*The Theory of Economic Growth*)』을 출간하였다. 경제성장론에서 루이스는 그의 유명한 경제개발의 '두 부문 모형(two-sector model)'을 정립하였다.[13]

루이스는 개발도상국에서 전형적으로 나타나는 잉여노동의 전통적 경제가 이원론(dualism)으로 대표될 수 있다고 이론화하였다. 이중경제(dual economy)는 대규모의 농업부문과 새로 산업화되는 도시 부문으로 구성된다. 루이스는 수많은 개발도상국의 정부가 기술혁신의 이유로 농업부문을 등한시하는 것에 대해 한탄을 금치 못하였다. 이러한 현상은 농업에서 대부분의 농민이 낮은 임금으로 일을 해야 하는 구조를 야기하고 이는 저생산성으로 이어진다. 루이스는 정부가 제조업 부문의 확장을 인도하는 혁신과 이에 상응하는 수출을 위한 생산을 도모해야 한다고 강조하였다. 루이스에 따르면,

제조 생산의 확장이 제조업 수출의 증가로 보호될 경우 농업생산의 확장이 필요치 않다는 사실은, 아무리 노력해도 식량의 수요만큼 생산을 늘릴

가능성이 없는 인구과잉의 국가들에게 있어 대단히 중요하다. 이러한 국가들에서의 산업화는 국가가 농업생산에 많은 관심을 가져야 함에도 불구하고 충분한 농업부문의 확장이 이루어질 때까지 기다릴 수 없으며, 결국 해당 국가들은 자국의 제조품을 위한 수출시장을 늘리는 데에 긴급히 정책방향을 맞추게 된다. 이는 국가의 국내 확장을 제한하는 요인이 결국 수출성장률이기 때문이다.[14]

루이스는 농업부문에서 도시 부문으로 노동력이 전환하는 과정과 산업화된 부문의 생산과 고용의 성장에 관한 연구에 집중하였다. 농업부문은 노동력을 무한대로 공급할 수 있는 잉여노동 경제이기 때문에 전통적인 노동자는 높은 임금을 받을 수 있는 도심지로 이동할 동기를 가지고 있다고 관찰하였다. 루이스는 이러한 이동이 농업부문의 생산성을 낮추지 않고도 가능하다고 주장하였다. 노동자 간의 경쟁은 도심지의 임금을 안정화시킬 것이며, 산업 부문의 높은 수익을 창출하여 이러한 이동을 재정적으로 더욱 지원하게 될 것이라는 논리이다. "노동 재분배가 인구증가를 충분히 앞서게 되어 이원론이 위축되고 경제가 완전히 상업화되는 시점"이라고 정의되는 전환점에 도달할 때, 이러한 노동의 재분배가 발생하게 된다.[15] 경제발전이 이 단계 이르게 되면, 경제는 하나의 부문(one-sector)으로 산업화된 경제가 된다.

발전과정에 있어서 인적자본이라는 개념에 루이스가 공헌한 바가 종종 간과되어 왔다. 루이스는 노동력의 전환과정을 사회의 진보를 위한 필요조건으로 간주하였으나 노동력의 전환은 주로 시장원리에 따라 작동하여 왔다. 루이스는 사회발전을 희생하는 방식으로 산업화가 진행되어서는 절대 안 된다고 경고하였다. 그의 목표는 농업과 산업 간의 균형, 그리고 수출과 국내 소비 간의 균형을 유지하는 것이었다.[16] 루이스는 일생동안 왕성하게 정책결정에 관여하였지만, 개발정책이 사회를 분열시키는 영향을 주어서는 안 된다고 믿었다. 책무성(accountability)의 중요성을 인지하였던 그는 1960년대 아프리카에 유행하였던 일당통치(one-party rule)를 반대하였으며, 아프리카 국가들의 사회적 다원성을 고려할 경우 경쟁적인 다당제 민주주의가 중요하다고 주장하였다. 루이스에게는 노동자가 교육과 의료서비스에 접근할 수 있는 인적자본의 향상이 경제적 진보에 필요한 전제조건이었다.[17]

그럼에도 불구하고, 루이스는 개발을 성장 및 산업화와의 등가물로 지나치게 단순화하여 인식하였다는 비판을 받게 된다. 새롭게 탈식민지화하는 국가들을 서방 국가의 저개발된 — 궁극적으로는 선진 공업국의 경제를 따라가게 되는 — 형태로 영구화하였다는 비판이 제기되었다. 루이스의 이론이 자유시장의 전통적인 자유주의 신념에서 비롯되었다는 사실에도 불구하고, 루이스가 옹호했던 아이디어는 수많은 개발도상국 정부가 농촌지역을 희생하고 도시의 산업화를 지지하는 데 필요한 정당성을 제공하는 역할을 수행하였다. 이론이 정책으로 이행되었을 때, 높은 임금 약속에 유혹된 농촌 노동자들은 도시에서 산업 관련 직업을 찾기 위해 농업부문을 포기하게 된다. 농촌에서 유입된 수많은 노동자들은 실제로 제조업 부문에서 상근직으로 일할 수 있는 직장을 찾기가 불가능하기 때문에, 결국 주요 도심지의 변두리에서 빈민가를 빠르게 형성하게 된다. 그러나 루이스도 이러한 문제를 예상했으며, 도시편향(urban bias)으로 알려진 이러한 결과를 정책결정자들에게 경고하려고 노력하였다. 문제는 불균형적인 자원을 도시에 배분함으로써 발생하였다.[18] 예측불가한 정부 보조금에 의존하는 산업생산은 그 생산성이 오래가지 못할 수밖에 없다. 이러한 결과를 발견한 루이스의 업적을 기리기 위하여, 1963년 루이스는 나이트 작위를 서임 받게 되었으며, 1979년에는 유럽과 북미 외 지역에서 태어난 학자 중 최초로 노벨경제학상을 수상하였다.

전후 초기의 개발학 논쟁에 가담한 많은 경제학자들은 정부가 경제를 긍정적으로 자극할 수 있다는 케인스 방식의 신념을 지지하였다. 당시의 지적 패러다임은, 모든 국가가 점차 경제발전의 동일한 단계를 밟게 된다는 가정의 구조적인 접근을 선호하기 시작하였다. 이는 저개발국가인 제3세계 국가들이 직선의 역사적 발전에 있어 초기 단계에 머물고 있는 데 반해, 제1세계(서방의 산업화된 경제) 국가들과 제2세계(소비에트 블록) 국가들은 후기 단계에 있다는 것을 상정한다. 제3세계라는 단어는 1952년에 프랑스 학자인 쇼비(Alfred Sauvy)가 출판한 논문에서 처음 사용되기 시작하였다. 쇼비는 냉전의 적대감이 확장되는 국제정세에 휘말린 글로벌 남반구의 빈곤국에 관해 논하면서, "종국에는 무시되어 왔고, 착취되었으며, 경멸의 대상이었던 제3계급(Third Estate)과 유사한 제3세계도 중요한 주체가 되길 원한다"라고 하였다.[19]

이론적 개념으로서의 직선형 진보 관점은 로스토우(Walt W. Rostow)의 저작, 『경제성장의 단계(*The Stages of Economic Growth*)』에서 발전하였는데, 이후 근대화이론(modernization theory)으로 알려지게 된다.[20] 로스토우모델에 따르면, 경제적 근대화는 상이한 기간의 역사적 다섯 단계에 따라 발생한다. 1. 전통적 사회(낙후되고 불안정한 저개발 단계), 2. 도약을 위한 전제조건 수립(기술의 진보와 안정된 사회), 3. 도약기(신속하지만 불균형적인 경제성장), 4. 성숙단계로의 진입(장기적으로 지속된 성장 시기), 5. 대량소비의 시대(소비자가 생활유지를 넘어 사치품을 구매할 수 있는 고도의 1인당 소득 단계). 로스토우는 각 단계의 자본축적, 소비, 기술이용, 사회동향에 관하여 예상되는 수많은 조건들을 정리하였다. 그는 도약기를 사회가 경제적으로 진보하기 위한 가장 중요한 단계로 간주하였다. 그러나 도약단계에서 발생하는 발전에 관한 로스토우의 설명은 순진까지는 아니라 하더라도 대단히 낙관적이라고 볼 수 있다.

현재 우리는 근대사회의 삶에 있어 대단히 중요한 분수령에 도달하고 있다. 분수령은 이 연속선 상에서 제3단계인 도약기(take-off)를 의미한다. 도약단계에서는 새로운 산업이 급속하게 확장되고, 새로운 공장에 재투

자되는 대규모의 이익을 창출하며, 이러한 신산업은 빠르게 확대되는 공
장노동자들을 위한 요구에 따라 이들을 지원하기 위해 서비스를 구축하
고, 도시지역과 다른 근대적 산업 공장에 제조상품을 위한 확장을 견인한
다. 근대적 부문에서의 전체적인 확장 과정은 근대적 부문 활동에 참여하
는 노동자들이 높은 비율로 저축을 하고 노동자들의 재량대로 저축을 결
정할 수 있도록 노동자들의 임금을 높이는 결과를 양산한다. 기업가라는
새로운 계급이 확대되고, 기업가는 민간 부문에서 투자의 흐름이 확장될
수 있도록 총괄한다. 경제는 지금까지 이용되지 않았던 천연자원과 생산
방식을 활용하게 된다.

   농업이 상업화되고 수많은 농민이 새로운 기법과 생산양식의 깊은 변
화를 수용할 준비가 됨에 따라 새로운 기술은 산업뿐만 아니라 농업에서
도 확산된다. 한 사회의 근대화는 농업생산물을 사들이기 위해 급격히 많
은 금액을 지불하게 되는 상황으로 이어지기 때문에 농업 생산성의 혁명
적인 변화는 성공적인 도약기를 위한 핵심적인 조건이라고 할 수 있다.
이렇듯, 안정적인 성장률이 지속적으로 유지될 수 있는 방향으로 사회의
경제적 기본구조와 정치사회적 구조가 10년 또는 20년 내에 모두 전환되
는 것이다.[21]

로스토우에 의해 고취된 근대화이론은 제도적 구조, 사회적 역학, 지리
등 국가의 내부 특수성을 고려하지 않았다는 한계가 있다. 근대화이론의 핵
심 가정이 이론의 몰역사적인 적용 가능성을 상정하기 때문에 심층조사를
할 수 없다는 이론적 한계를 내재하고 있다. 예를 들어, 근대화이론은 역사
적으로 상이한 맥락에 따라 성장단계가 발생할 수 있다고 주장하지만, 어떻
게 특수한 국가와 사회를 세기별로 분석하고 비교할 수 있겠는가? 근대화
이론은 또한 사회에 깊은 영향을 미칠 수 있는 국제통상이나 지정학적 요소
와 같은 외생변수를 경시하였다.

그럼에도 불구하고 서방의 정책결정자들은 로스토우의 모델을 수용하였
고 빈곤국의 경제발전은 대외원조와 우호적인 정부의 지원 때문에 가능해

진다고 믿었다. 케인스식 개입주의 사상의 성행과 함께 이러한 근대화이론은 1960년대에 널리 인정받았다. 로스토우는 케네디 대통령과 존슨 대통령의 외교정책 자문관으로 발탁되었고, 근대화이론은 실행으로 옮겨졌다. 케네디 행정부는 제3세계 정책에 관하여 수많은 중요한 의제를 책임지게 되었는데, 1961년 대외원조법(Foreign Assistance Act) 통과, 대외원조 규모의 확장, 미국국제개발처(USAID: United States Agency of International Development) 설립, 그리고 라틴아메리카 경제개발을 도모하기 위하여 '진보를 위한 동맹(Alliance for Progress)' 확장 등이 여기에 포함된다.

1964년 유엔무역개발회의(UNCTAD: United Nations Conference on Trade and Development)와 같은 서방 중심의 국제기구들, 대외원조계획과 자문기관들이 확대됨에 따라 정치학자들이 국제제도를 이론화하는 노력이 필요하게 되었다. 브레턴우즈 시대에 들어와 모든 종류의 제도가 설립되었고, 이러한 국제제도를 통해 선진국과 개발도상국 간의 관계성이 형성되고 지속될 수 있었다. 초기에 왜 특정 제도가 설립되었는가의 질문에 대하여 가장 일관된 설명을 제공하는 이론은 패권안정론(hegemonic stability)이었다. 패권안정론은 국제제도 형성과정과 국제관계를 지배하는 국가(패권국)가 국가 간 체계를 안정화함으로써 패권국의 권한을 행사할 수 있는 능력을 연계한다. 패권국은 자국의 영향력 아래에 있는 국가들에게 패권국의 발전모델을 강조하는 경향이 강하게 나타나는데, 이는 "패권국이 지배하는 지역에 스스로 게임의 법칙을 세우고 이를 집행하기 때문이다."[22] 패권안정론은 신현실주의와 신자유주의의 두 경쟁적인 구조주의 입장을 대변하는 이론가들의 질문에 효과적으로 대응할 수 있었다. 두 학파 모두 국제질서는 하나의 패권국가에 의해 유지될 수 있다는 패권안정론의 주장을 선호한다. 심지어 소련이 붕괴한 이후에도 미국이 유일한 패권국으로 남을 것이라는 일부 학자들의 주장과 같이 패권안정론은 이론적 타당성을 유지하였다. 최근 들어서, 중국의 눈부신 성장으로 인하여 중국이 패권국으로서의 야심을 가지고 있는 것이 아닌가에 관한 추측이 나오고 있다.

　전후 기간 동안 경제통합에 관한 또 다른 이론적 설명은 자유주의적 제도주의(liberal institutionalism)에 의해 제기되었다. 이 이론은 영속적인 평화와 글로벌 번영이 가능하다고 믿었던 칸트(Immanuel Kant)의 저작을 그 토대로 삼고 있다. 칸트는 한 사회에 살고 있는 개인들에 대한 전통적인 자유주의적 사상을 국가 간 관계의 국제적 맥락으로 전환하였다. 이성적 주체이자 서로 협력하고자 하는 인간과 유사하게, 칸트는 국가들이 협력과 제도 구축을 위한 자연적 경향을 보유하고 있다고 주장하였다. 칸트는 심지어 개별 국가들의 권리와 의무가 담긴 법칙 및 규범과 더불어 만민법(cosmopolitan law)에 근거한 세계헌법(world constitution)을 제안하였다.[23] 칸트의 후예들은 유엔, IMF, 세계은행이 모든 국가를 위한 보편적 기구로서 설립된 것이라고 인지하는 자유주의 이론에 대하여 칸트가 기여하였다고 믿고 있다. 자유주의적 제도주의자들은 코스모폴리탄적인 세계관을 가진 것으로 알려져 있으며, 세계를 하나의 통합된 독립체로 인식한다. 이러한 접근법은 가난한 국가들의 빈곤문제에 대해서는 선진국들에게 그 책임이 있다고 간주함으로써 개발에 관한 사고에 함의를 제시하고 있다. 피어슨 보고서가 언급하고 있듯이, "모든 국가는 다른 모든 국가들의 운명에 관하여 대단히 많은 관심을 가져야 하며, 이는 개발을 위한 협력을 포함하여 보다 효과적인 협력을 반영해야 한다는 것을 의미한다."[24] 자유주의적 제도주의와 근대화이론은 서로를 강화하는 상보적인 경향을 보인다. 근대화이론은 서방 국가의 경제모형을 개발도상국에 보편화해야 하는 가장 우수한 모델로 간주한다. 자유주의적 제도주의는 일방적으로 서구식 가치에 기반을 두고 있다고 비판을 받는 보편적 규범을 토대로 국제기구가 확장되는 것을 강조하고 있다.

　자유주의적 제도주의와 같이 주목을 받을만한 또 다른 이론적 접근법으로 기능주의(functionalism)가 있다. 초창기에 기능주의론은 전쟁으로 피폐해진 유럽을 재건하기 위해 국가들이 어떻게 협력해야 하는가에 대한 논의에 매진하였다.[25] 시간이 지남에 따라 기능주의는 모든 국가들의 경제협력을 도모하기 위한 문제에 천착하게 되었다. 기능주의의 창시자인 미트라니(David Mitrany)는 하나의 특정 분야에서 협력을 성공적으로 이끌게 되면 관련된 다른 분야에도 성공적인 협력이 이어질 것이라고 강조하였다.[26] 다시 말해, 협력은 협력을 필요로 하기 때문에 가능한 것이다. 개인이 협력하기 시작하면, 협력하는 단위들은 국가 간의 유기적 연결을 기능적으로 만들어낸다. 이와 관련된 부처들은 점차 통합되기 시작하고 모두에게 이익이 되는 제도화된 네트워크를 창출하게 된다. 예상할 수 있는 결과는 바로 글로벌 수준의 기능주의적 통합에 대한 적극적인 추진이다. 미트라니는 국제교통과 통신 분야에서 이러한 추진과정의 긍정적인 영향을 이미 목격하였다. 이론적으로, 기능주의는 **거미줄 모형**(*cobweb model*)으로 알려진 개념을 만들어 내었다. 기능주의는 궁극적으로 모든 개발도상국을 포함한 초국적인 세계사회의 창발을 이론화하였다. 미트라니가 '기능적 제도(functional schemes)'라고 명명하였던 국제제도는 이 추진과정에서 중요한 글로벌 행위자로 자리잡게 되는데, 이는 국제제도의 "기능적 '중립성(neutrality)'이 인정받고 환영받았기 때문이다. 또한, 기능주의적 방식이 기술적 자기결정권(technical self-determination)이라는 장점을 보유하고 있는데, 기술적 자기결정권은 기능주의적 방식을 보다 용이하게 수용할 수 있게 만드는 이유 중 하나이다."[27] 다른 자유주의적 시각과 상이하게 글로벌 협력에 대한 기능주의적 대안은 선진국 또는 패권국의 적극적인 개입 없이도 빈곤국들이 세계경제로 통합되는 것이 유기적인 방식으로 이루어질 수 있다고 강조한다.

포스트식민주의 개발도상국들이 전통경제에서 산업경제로 자국의 경제구조를 전환시키는 방법을 연구하는 개발에 관한 다양한 구조주의 접근법 중에서도 기능주의는 특수하다. 시어스(Seers)와 하크(Mahbub ul

Haq, 1934~1998년)의 연구는 이러한 시각을 더욱 강화하였다. 1969년 시어스(Dudley Seers, 1920~1983년)는 "발전의 의미(The Meaning of Development)"라는 논문을 출판하게 되는데, 시어스는 이 논문에서 발전을 하나의 사회적 현상으로 인식할 것을 주문하고 있다. 시어스는 성장의 원동력으로 자본투자에 우선순위를 두는 것에 이의를 제기하며, 발전의 측정을 경제성장과 GNP에서 빈곤·실업·불평등의 해소로 확장하기 위해 노력하였다.[28] 1976년에는 하크가 근대화이론과 정책을 비판하는 연구를 그의 저서, 『빈곤 장막: 제3세계의 선택(*The Poverty Curtain: Choices of the Third World*)』에 담았다. 이 책은 파키스탄 정부와 세계은행에서 일한 자신의 경험으로 더욱 풍부한 내용을 제공하였다. 이 책을 통해 그는, 협소하게 측정된 경제성장의 지표가 낮아진 사회적 기준과 심화된 소득불평등을 가리기 때문에 실제로 경제발전에 역효과를 낳게 된다고 주장하였다.[29] 이에 대응하기 위하여 하크는 발전을 인간의 욕구에 맞춰 재고할 것을 제안하였다. 그는 1인당 성장률이 아니라 영양실조·질병·문맹률·실업·불평등을 모니터하는 지표 중심의 새로운 정책평가방식을 주문하였다. 세계은행에서의 임기(1970~1982년) 동안, 그는 세계은행이 경직된 경제지표에 집착하는 대신 사람에 집중하는 기관이 될 수 있도록 노력하였다. 이후 1989년에 뉴욕으로 이동해서 1995년까지 유엔개발계획(UNDP: United Nations Development Programme) 총재 특별자문관으로 활동하였다. 이 기간에 그는 인간개발과 삶의 질 측면에서 국가 순위를 매기는 인간개발지수(HDI: Human Development Index)를 개발하였다. 1993년부터 UNDP는 연례보고서에 HDI를 활용하고 있다.

HDI는 인간개발의 세 가지 기본 관점에서 특정 국가의 평균적인 달성치를 측정하는 종합지수(0에서 1)이다. 1. 장수와 건강한 삶(기대수명으로 측정), 2. 지식(성인문해율과 초등·중등·고등교육의 총 입학률로 측정), 3. 양질의 생활수준(달러화 표시 구매력[PPP] 기준 1인당 국민소득으로 측정). 연례 인간개발보고서는 가장 영향력 있는 글로벌 보고서 중 하나이며 이는 추후에 상세하게 논의될 예정이다.

　시어스와 하크 모두 경제발전을 이해하는 지평을 넓히는 데 성공하였다. 이들의 족적은 인구증가·불평등·도시화·농업개혁·교육·보건·실업 등과 같은 구조적 이슈들이 각각의 성취도에 따라 검토 되어야지, 단순히 경제성장과 산업화 패러다임에 결부된 부가적 장치인 것처럼 인식되어서는 안 된다는 학문적 공헌과 연결된다. 구조주의는 개발도상국 특유의 구조적 문제들에 점차 더 많은 주목을 하게 되었고, 제3세계 국가들은 단순히 선진국의 낙후된 형태가 아니라 오히려 이들 스스로의 고유한 특징을 가지고 있다고 제시하였다. 결과적으로, 이러한 접근법은 개발에 관한 국가별 분석의 필요성을 강조하였던 것이다.

　냉전 동안, 중앙아시아와 동유럽의 패권국으로서 소련은 특수한 제도적 장치를 통해 사회경제발전의 소련식 중앙통제모형이 설립되도록 영향력을 행사하였다. 서방에서도 이와 유사하게 미국에 의해 주도된 자유주의 제도와 자유시장경제 사상이 자유주의 진영에서 서방식 개발전략으로써 영향을 미쳤다. 그러나 제3세계에서는 외국기관이 개발 프로세스를 견인하기보다 오히려 저해한다는 인식이 커지면서 서방의 이론과 정책에 대한 강력한 비판이 지식인들로부터 표출되었다. 이러한 비판은 가장 대중적으로 성장한 종속이론과 같은 마르크스이론(Marxist theory)에 의해 영향을 받았다.

3. 개발 대리인으로서의 국가: 종속운동

마르크스(Karl Marx)는 결코 개발에 관한 공식적인 이론을 기획한 적이 없다. 그가 남긴 훌륭한 기여는 사상의 힘이었다. 그의 저작은 근대화이론과 변형적인 유사점을 공유하지만 급진적으로 상이한 결론을 보여주는 이론들이 구현될 수 있도록 영감을 주었다. 역사적 발전과정에 대한 마르크스적 시각은 변증법에 토대를 두고 있다는 점에서 직선적인 역사관을 가지고 있는 근대화이론과 대조적이다. 변증법적으로 전개되는 발전과정은 전통사회에서 근대사회로, 그다음 자본주의로의 변형과정으로 이루어진다. 마르크스주의의 궁극적인 목표는 자본주의 사회를 혁명적으로 파괴하여 새로운 질서가 자본주의를 대체하는 것이다. 대량소비와는 거리가 먼 이 대안적인 세계질서는 공산주의식 화합과 사적소유의 부재로 특징지어진다. 자유시장을 선호하는 자유주의에 회의적이었던 마르크스는 생산수단의 소유자와 소외된 노동자 사이의 착취적 불균형에 주목하였다. 그 결과, 발전에 대한 서방식 접근이 경제자유화의 중요성을 당연하게 여기는 것과 달리, 발전에 관한 마르크스모델은 원천적으로 자유시장의 원칙을 거부하였다.

1917년 사회주의 혁명 이후, 소련은 마르크스주의에 기반한 소련식 발전모델을 실행에 옮겼다. 이는 자립적인 폐쇄경제모델로서 한 사회를 중앙계획의 사회주의에서 궁극적으로 공산주의로 전환하는 것을 상정하고 있었다. 소련식 체제에서 시장은 존재하지 않았고, 모든 생산은 국유화되었으며, 사적재산권은 근본적으로 금지되었다. 요컨대, "공급과 수요는 부적절하였기에 이 두 개념은 추방당하였다. 재원은 공급과 수요에 추가되는 수천만 개의 개인 선택에 의해서가 아니라 관료제의 결정에 따라 분배되었다."[30] 실제로, 소련식 발전모델은 경제활동의 국가통제, 엄청나게 높은 수입관세, 그리고 상품 및 서비스의 중앙계획 생산방식을 완성하는 임무를 띠었다. 소련식 마르크스주의 경제학자들은 계획경제가 필요한 재화의 생산을 보장하고, 모든 시민이 공평한 재원의 분배를 누릴 수 있는 평등한 사회를 창조할 수 있다고 주장하였다. 계획경제는 자유시장의 불확실성에 의존하지 않기 때문에 과잉생산의 위기를 피할 수 있고 완전고용을 보증할 수 있다고 인식되었다. 1970년대 초반까지 소련은 자원의 거대한 집중, 산업화의 가속화, 그리고 군산복합체의 확장을 통해 경제발전을 추진하면서 인상적인 속도로 성장하였다. 중앙분배방식의 경직성은 점차 모든 종류의 심각한 비효율성을 양산하게 되었다. 그러나 소련 경제가 1980년대 공포스러운 위기국면으로 돌아서기 전까지는 이러한 문제가 세상에 노출되지 않았다.

1950년대에는 소련모델이 대단히 매력적으로 평가되었다. 세계가 서방의 자본주의와 동구의 사회주의로 나누어지게 되면서, 구 식민지국들은 독립을 위해 어려운 선택에 맞닥뜨리게 된다. 두 냉전의 경쟁자들은 각자의 영향권을 확장하기 위하여 신생독립국에게 자국의 발전모델을 수용하도록 압력을 가했다. 소비에트 블록에 의해 시행된 국가주의 모델은 어려운 식민지 과거가 있는 신생독립국에게 대단히 매력적이었다. 또한, 서방의 근대화 모델은 마르크스주의에 뿌리를 둔 새로운 이론들과 경합하기 시작하였다. 그중 가장 강력한 비판이론은 라틴아메리카에서 탄생했다.

아르헨티나에서 전형적인 교육을 받은 경제학자 프레비시(Raul Prebisch, 1901~1986년)는 중앙계획경제에 관심을 두게 되었으며 이 과정에서 급진적으로 새로운 이론적 시각을 표방하게 되었다. 아르헨티나 경제의 점진적 붕괴를 목도하면서 프레비시는 국제무역과 자유시장의 원칙에 대하여 문제를 제기하게 되었다. 1860년대부터 1920년대까지 아르헨티나는 대규모의 소고기와 밀을 유럽에 수출할 정도로 경제대국이었다. 그러나 1930년대에 아르헨티나는 세계 대공황에 휘말리게 되었고, 국제무역체제가 무너지게 되었을 때 국가개입을 거부하는 고전적 정통 자유주의 관념이 부적절한 것이라고 인식하게 되었다. 프레비시는 서방 국가들이 이기적으로 자국의 농부들에게 보조금을 제공하여 농업생산물의 교역조건을 악화시키는 정책개입을 보면서 동요되었다. 보조금이 제공된 소고기와 밀을 수출하기 시작한 미국과 미국 농부들이 점차 경제권을 장악하게 됨에 따라 아르헨티나는 미국과 경쟁할 수 없게 되어 영구적인 쇠락 단계로 접어들게 된다.

1950년에 프레비시는 종속이론의 이론적 기초가 되는 "라틴아메리카의 경제발전과 주요 쟁점들(The Economic Development of Latin America and its Principal Problems)"이라는 문서를 발간하였다.[31] 본 연구는 전근대적인 국제분업이 산업선진국에게 우호적으로 기울어져 있다고 비판하는 글로벌 경제의 구조주의적 견해를 담고 있다. 마르크스주의 전통과 결을 같이 하면서, 프레비시는 불균형한 분업구조가 미국의 리더십하에서 주로 서방 국가 경제의 이해관계를 지원하고 있다고 간주하였다. 세계경제의 구조적 균열은 라틴아메리카와 같은 지역을 주변부의 종속된 위치로 좌천시키고, 주변부 지역의 세계경제참여는 단순히 산업화된 중심부를 위한 농산품과 원자재를 보급하는 역할로 한정시켰다. 싱거-프레비시 가설(Singer-Prebisch thesis)에 따르면, 기초 원자재(석탄, 밀, 커피 등)와 공산품(자동차, 기중기 등) 간의 교역조건은 시간이 지남에 따라 악화되는 경향을 보인다.[32] 결과적으로, 농산물과 원자재를 수출하는 빈곤국은 자국의 저부가가치 상품을 수출하는 양보다 적은 양의 공산품을 수입할 가능성이 커진다.

비교우위론에 도전하면서 프레비시는 국제무역관계가 산업선진국의 경제력을 반영하고 있다고 강조하였다. 중심부 국가들은 자국의 기술우위를 십분 이용하여 전통적 농업국가인 남반구 국가들에게 공산품을 수출함으로써 빈곤국들을 중심부 국가의 수출품에 종속시킨다. 따라서 개발도상국은 위계적인 국제체제하에서 주변부 위치를 유지하게 되었고, 시간이 지나면서 이러한 종속관계는 계속 재생산되어왔다. 프레비시에 따르면, 이러한 구조적 경향성은 산업선진국의 경제성장과 생산성의 증가가 모든 무역국가들의 교역조건을 향상시킨다고 예상한 고전적 자유주의 이론과 상반되는 결과를 보여주었다. 그는 중심부 산업선진국의 소득이 생산성을 넘어서게 되면 그 반대현상이 주변부에서 발생하게 되고 결국 기본재와 공산품 간 가격비율의 실질적인 감소가 나타난다고 보았다.[33] 프레비시는 이러한 발전양식을 위한 세계경제의 불균형적인 구조를 비난하였다.

프레비시 가설의 첫 번째 결론은 세계경제의 불균등한 구조를 피력하기 위하여 자급자족정책을 왕성하게 추진하는 국가의 필요성을 제안하였다. 두 번째 결론으로, 자본주의 시장제도와 국제무역에 근본적인 문제가 있다는 견해를 피력하였다.[34] 따라서 프레비시는 주변부 빈곤국들이 자립적이어야 하며, 심지어 국제무역 네트워크와의 모든 관계를 끊어야 한다고 강조하였다. 공산품을 수입하는 동시에 기본재와 농산물을 수출하는 대신, 개발도상국들이 이른바 '**수입대체 산업화**(*ISI: import-substitution industrialization*)' 정책을 수용해야 한다고 주장한 프레비시는 자신이 열거한 구조적 불평등을 알리기 위하여 상당수의 세부적인 거시경제정책을 제의하였다. 정책의 우선권은 자급자족으로의 전환을 위해 산업생산을 국가주도의 산업화로 집중시키는 것에 놓이게 되었다. 국내 산업생산은 중심부 선진국으로부터 들어오는 수입품을 대체하는 역할을 수행하게 되었다.

ISI모델은 1970년대까지 라틴아메리카의 지배적인 경제발전 패러다임이었다. 이 국가주의 모델을 추구했던 국가들은 보호무역주의와 유사한 방식을 통해 세계무역체제에서 배제되어 있었다. 국가의 역할이 확장함에 따라, 정부는 중앙집권적으로 생산수준을 통제하였을 뿐 아니라, 국내 가격을 조정하였고, 다양한 국내 보조금을 도입하였으며, 국영기업(SOEs: state-owned enterprises)을 설립하였다. 석탄·석유·전력·전기통신과 같은 수많은 '전망 좋은 고지(commanding heights)'는 국유화되었고, 복잡한 규제 시스템이 경제 전반에 퍼지게 되었다. 초기 단계에서의 ISI모델은 중공업·자동차·중화학 등의 제조업 분야에 대한 국내 투자를 통해 높은 경제성장을 달성하였다. 라틴아메리카에서는 1인당 소득이 1950년과 1970년 사이에 거의 두 배가 되었다. 이 기간 동안 ISI모델의 전반적인 약점은 대부분 숨겨져 있었다. 그러나 필요한 물품의 생산을 효과적으로 기획하지 못하는 정부는 식량, 기본재, 그리고 기계부품의 심각한 부족상태를 초래하였다. 이러한 상황에 처한 국가들은 공급량을 확보하기 위하여 해외 자본을 차용하기 시작하였다. 1980년대 채무위기가 라틴아메리카 경제의 처참한 상황을 드러내게 되었고 이로써 ISI모델에 심각한 문제의식을 갖게 되었다.[35]

종속이론의 역사적 결정론은 이 이론이 당면한 명백한 문제 중의 하나였다. 종속이론은 빈곤국이 영속적으로 침체된 사회경제적 특성을 갖고 있는 것으로 간주하였다. 이 이론은 역사적으로 결정된 세계경제의 구조가 글로벌 남반구의 저발전을 영구히 재생산하게 만든다고 설파하였다. 종속이론은 빈곤국들의 국내 사회정치적 역학 관계에 관해서는 문제를 제기하지 않았다.

역사적 결정론에 대한 비판적 접근은 카르도소(Fernando Henrique Cardoso)와 팔레토(Enzo Faletto) 등의 종속이론가들에 의한 수정작업으로 이어졌다. 이들은 자본주의 세계경제와의 완전한 결별을 제안하지 않았으며 제3세계 발전의 국내 내부 장애물들을 확인하려고 노력하였다. 종속과 저발전은 현존하는 권력구조를 생산하고 강화하는 국가 수준, 그리고 국제 수준에서의 역사적 힘과 봉건사회 구조의 결과물이라고 주장하였다.[36] 프레비시조차도 이후 저작에서 약한 국내제도가 발전정책 결정을 위태롭게 만들었다고 인정하였다. 프레비시는 ISI 접근법이 남용되었고 '지능적인 국가(intelligent state)'가 없다면 ISI모델은 경기침체를 조장하게 된다고 시인하였다.[37] 신종속이론가들은 발전이 현재 자본주의체제에서도 가능할 수 있지만 국내 수준과 국제 수준에서 모두 불평등한 발전이라고 주장하였다.[38] 진정한 발전은 내부와 외부의 권력구조를 전환하는 전면적인 사회개혁으로 개념화할 수 있다. 그러나 제한적인 근대화와 대조적으로 진정한 발전은 "현지의 자본축적과 산업부문의 역학관계를 토대로 덜 종속적이면서 자립적인 성장"이 가능할 경우에만 해당된다.[39]

근대화이론의 비판이론으로, 그리고 종속이론의 수정이론으로서, 월러스타인(Immanuel Wallerstein, 1930~2019년)의 세계체제론은 북반구 대 남반구의 투쟁을 분석하는 데 목표를 두었다.[40] 세계체제론은 자본주의 생산성을 필수적인 글로벌 방식으로서 인식하고, 이러한 생산성이 모든 국가경제와 지역경제를 연결하는 유기적인 힘으로 작동한다고 역설한다. 프랑스 사상가 브로델(Fernand Braudel)과 그의 역사적 장기지속성 개념에 영감을 받은 월러스타인은 "자본주의가 하나의 세계경제라는 프레임워크 내부에서만 존재 가능하고 세계경제는 오로지 자본주의 원칙들 위에서만 작동할 수 있다"고 주장하였다.[41] 이 모델은 중심부 산업선진국들이 역사적으로 형성된 이익을 점유한다고 설명하고 있는데, 이를 토대로 중심부 국가들이 세계경제 구조를 통제할 수 있게 된다. 중심부 국가들은 주변부 빈곤국들과 반주변부의 국가들을 희생하여 자국의 이익을 높이는 상업적 교환을 통해 이러한 통제 권력을 행사한다. 세계체제론도 마르크스주의 전통과 맥을 같이하여 산업선진국과 그 이외의 세계 간의 관계를 착취라는 측면에서 인식한다. 세계체제론 모델은 새로운 국제분업의 불평등을 반영하여 중심부(core), 반주변부(semi-periphery), 주변부(periphery)로 세계경제를 세 개의 특수한 영역으로 분류하고 있다. 이 세 영역 간 일종의 '연결고리'로서 작동하는 것은 바로 노동비대칭성이며, 이는 하나의 전체로서 세계체제의 지속적인 재생산이 가능토록 한다.[42]

양차 대전 사이에 활동하였던 이탈리아 마르크스주의자 그람시(Antonio Gramsci, 1891~1937년)의 저작을 토대로, 콕스(Robert Cox, 1926~2018년)는 국내와 국제 수준에서 경제 프로세스와 정치 동학 간의 관계성 분석을 보다 포괄적으로 시도하였다. 콕스에 따르면, 이론은 언제나 특수한 사회정치적 맥락에서 파생되기 때문에, 모든 이론은 "개념과 가설의 성능을 시험할 수 있도록 변화하는 실천과 경험적·역사적 연구"에 근거를 두지 않을 수 없다.[43] 이론이 현실을 반영하지 못하고 지나치게 추상적일 때, 그 이론은 설명력을 상실하게 된다. 여기에 그람시의 헤게모니(hegemony) 개념의 중요성이 있다.

그람시에 의해 발전된 헤게모니 개념은 마르크스주의의 결함 일부를 밝혀내는 데 기여하였다. 공산주의 혁명은 농업에 종사하는 인구가 많은 러시아에서 발생하였으나, 마르크스에 의해 예견되었던 것처럼 서방의 산업사회에서는 발생하지 않았다. 이는 당대 마르크스주의 사상가들에게 근본적인 문제로 받아들여졌다. 그람시에 따르면, 마르크스는 지나치게 경제문제에만 집중하고 정부가 사회를 통제하기 위해 활용한 정치 및 문화적 요인의 역할을 등한시하였기 때문에 자본주의가 지속되는 이유를 완전히 설명하지 못하였다. 그람시는 헤게모니를 동의(consent) 표시에 의해 완화되는 정치적 통제 형태로 설명함으로써 그 해답을 찾았다. 헤게모니는 지배(domination)의 밑바탕에 깔린 관계성을 은폐하고 권력구조를 유지할 수 있게 한다. 그람시의 헤게모니는 마르크스주의 학자들의 국제기구에 관한 저술에 있어 대단히 유용한 개념이었는데, 이는 헤게모니 개념이 체제 유지를 위한 두 가지의 핵심적 관점인 지배와 동의를 함축할 수 있기 때문이었다. 이러한 헤게모니의 패권적 통제는 자본주의 국가 내부의 질서를 유지하기 위해, 그리고 궁극적으로는 콕스가 표현하였듯이 세계경제질서를 지탱하기 위해 작동하게 된다. 국제 수준에 헤게모니 개념을 적용하면서, 콕스는 "(a) 헤게모니는 보편주의적 원칙에 따라 주로 동의에 의해 작동한다는 사실과, (b) 헤게모니는 특정 권력구조에 의존하고 그 구조를 유지하기 위하여 노력한다는 사실"을 인지하는 것이 중요하다고 주장하였다.[44] 따라서 그람시의 헤게모니 개념을 통해, 콕스는 국제제도 구축을 위한 사상의 중요성을 강조한다. 그는 "권력/힘(power)의 중요한 측면은 바로 그에 상응하는 사상이다"라고 하였다.[45] 사상은 국제규범과 국제제도의 창설을 이끌게 되며, 이는 결과적으로 세계경제 내부의 권력관계를 강화하게 된다. 이러한 체계가 변화할 수 있는 유일한 가능성은 다른 규범과 사상에 기초한 반헤게모니 저항 방식에서 발생한다.

또 다른 마르크스주의 경제학자인 아민(Samir Amin, 1931~2018년)도 신생 독립국들의 자립을 도모하였다. 그의 저작은 레닌(Vladimir Lenin, 1870~1924년)의 제국주의론에 기초를 두고 있다. 레닌은 1917년 러시아 혁명가이자 혁명 이후 소련의 첫 정부수반이었다. 1916년에 출간된 "제국주의: 자본주의의 최고단계(Imperialism, the Highest Stage of Capitalism)"

라는 소논문에서 레닌은, 성숙한 자본주의(mature capitalism)란, 새로운 시장과 원자재를 찾기 위해 남반구의 빈곤국으로 독점자본주의를 팽창하는 특징을 갖는다고 주장하였다. 아민은 이러한 사상의 실제적인 결과를 연구하는 데 그의 일생을 바쳤다. 단절이론(theory of disconnection)을 통해, 아민은 제3세계가 산업화된 자본주의 국가들과 자본주의적 발전모델로부터 스스로를 단절해야 한다고 제안한다. 자본주의가 독점적인 생산방식과 소유권의 강조를 통해 사회발전을 왜곡시킨다고 해석하였기 때문에, 아민에게 자본주의는 본질적으로 구식의 낡은 모델에 지나지 않았다. 이러한 독점양식은 자본주의의 파괴적 성향으로 인해 서방 강대국들이 세계경제를 약탈적으로 지배하는 것을 가속화시킨다.[46] 레닌이 예측하였듯이, 아민은 독점자본주의가 제3세계에서 새로운 시장, 저렴한 원자재, 그리고 투자의 출로를 공격적으로 찾아낼 것이라 확신하였다. 개발에 관한 마르크스이론들은 1991년 소련의 붕괴로 그 이론적 추진력을 상실하게 되었다.

4. 개발의 장애물로서 국가: 신자유주의의 부활

제2차 세계대전 종료부터 냉전 시대 전반에 걸쳐 하이에크(Friedrich Hayek, 1899~1992년)는 무명의 경제학자로 남아 있었다. 자유시장에 대한 신봉자로서 하이에크는 전후 경제정책결정에 있어 케인스식 개입주의의 영향력에 대하여 경악을 금치 못하였다. 하이에크는 국가주도식 발전모델로 알려진 것은 일체 부인하였지만, 특히 소련이 도입한 사회주의를 혐오하였다. 중앙계획이 경제부문에만 국한되는 것이 아니기 때문에, 그는 사회주의가 결국 전체주의를 양산할 것이라고 믿었다. 하이에크의 일생 동안 이러한 시각이 대중화된 것은 아니었으나, 이는 1970년대 말경부터 결국 바뀌기 시작하였다. 예산부족, 물가상승, 그리고 과잉생산은 점차 대서양 양편의 성숙한 서방 정부들조차도 관리하기 어렵게 되었다.

식료품 잡화점의 성실한 딸이자 영국 보수당의 열정적 의원인 대처(Margaret Thatcher)가 정치 경력을 쌓기로 결정하였을 때, 하이에크의 책을 그녀의 서류 가방에 가지고 다녔다는 유명한 일화가 있다.[47] 기존의 국유화된 산업을 민영화하고 비효율적인 보조금 사업으로부터 국가를 해방시킴으로써 대처는 자유시장의 부활을 공약하였다. 대처는 이러한 단호한 결정을 토대로 영국 최초의 여성 수상에 오를 수 있었다. 대처는 1979년 정권을 잡았을 때, 경제 민영화와 탈규제화를 위한 정책을 이행하여 영국을 바꿔 놓기로 단호히 결정하였다. 이후 곧 이와 유사한 경제정책이 1980년 미국 레이건(Ronald Reagan)의 대통령 선거에서 강력하게 대두되었다. 대처와 레이건은 근래 역사상 세계적으로 가장 큰 변혁기에 해당하는 시기에 가깝게 협력한 두 정치인이었다. 두 정치인의 인상적인 10년간의 협력은 1981년 폴란드 연대운동(Solidarity movement)에서 시작되어, 라틴아메리카 국가들의 채무위기를 통해, 1989년 베를린 장벽 붕괴와 1991년 소련의 몰락으로 마무리되었다. 1980년 초반부터 국가주도 경제의 문제점이 더 이상 무시할 수 없는 단계로 접어들었다. 이로써, 아담 스미스나 하이에크와 같은 전통적인 자유주의 이론가들이 랄(Deepak Lal, 1940~2020년)과 삭스(Jeffrey D. Sachs)의 저작에서 다시 등장하기 시작하였다. 자유주의 경제학자들은 오직 시장기반의 자유주의 경제질서만이 빈곤과 저발전의 문제를 해결할 수 있다고 주장하면서 역사적 사건들에 대응하였다.

1983년에 초판된 『'개발경제학'의 빈곤(*The Poverty of 'Development Economics'*)』 저작에서, 인도 출신 경제학자인 랄은 발전에 대한 교조적인 접근법이라고 자신이 믿었던 것에 문제를 제기하였다.[48] 랄은 국가중심의 개발모델인 이른바 **통제정책**(*dirigiste*)[49] 도그마의 부정적인 결과를 밝혀내었다. 그의 시각에서는 불균형 성장론(unbalanced growth), 종속이론 등의 병폐가 모두 정부의 과도한 통제정책으로 수렴된다. 통제정책의 다양한 영향을 분석하면서, 그는 통제정책의 도그마가 필연적으로 정책결정을 정치화하고 지대추구(rent-seeking)를 유인함으로써 어떻게 부패가 유도되는가를 보여주었다. 이러한 통제정책이 개발도상국과 선진국의 정책결정자, 저널리스트, 그리고 학자들의 사고를 억류하여 눈을 멀게 하고 열린 시장의 긍정적인 면을 이해하지 못하도록 만들고 있다고 주장하였다. 랄의 비판은 개발경제학자들에게 집중되었는데, 이들은 '통제정책'을 지지하며 "치유하고자 하였던 불완전한 시장경제의 왜곡현상보다도 더 심각한, '정책이 유도한' 왜곡을 만드는 데 기여하였다."[50] 랄은 이 같은 도그마의 종식이 전 세계의 모든 경제에 이로울 것이라고 결론지었다.

전통적인 고전주의 경제학의 신봉자였던 랄은 소련 계획경제의 처참한 경험이 하이에크가 옳았다는 것을 증명한다고 역설하였다. 수습 불가능한 국가주도 경제가 파산하여 구소련 위성국에서 전개되는 위기상황을 목도하면서, 랄은 빅뱅(big-bang)의 해결책을 옹호하게 되었다. 빅뱅 해법은 위기 속에 있는 경제체계를 급진적으로 자유화하는 방안과 관련된 즉각적인 구조개혁 프로세스를 필요로 하였다.

> 그러므로 빅뱅은 통제정책의 과거 시스템을 유지함으로써 자신의 지분을 챙기는 지대추구 이익단체들의 균형점을 무너뜨리는 것이 바람직하다. 이렇게 꺼려지는 임무를 수행하도록 정부를 바로 세우기 위해서는, 다자기구와 양자 외국정부로부터 연성차관(soft loan) 또는 증여(grant) 방식과 같이 재정문제를 경감할 수 있는 회유수단이 바람직할 것이다.[51]

강력한 정부개입의 과거를 가지고 있는 국가에 자유시장을 만드는 경우, 랄은 현존하는 구조를 즉각적으로 파괴하고 새로운 구조가 가능한 빨리 정책으로 실현되기를 희망하였다. 또한, 랄은 해외원조의 재정지원과 전문적인 자문 방식을 통해 이러한 처방을 지원하고자 했다. 그의 저작들에서 랄은 당시 생겨나고 있던 글로벌 신자유주의 패러다임의 강화를 강조하였고,

즉각적인 민영화·탈규제화·자유무역에 집중하였다. 완벽한 자유시장에 대한 신뢰는 "노동집약적 성장을 촉진하는 시장중심의 자유주의 경제질서가 구조적인 대량 빈곤이라는 아주 오래된 문제를 치유할 수 있다"는 시각과 일치하는 처방법을 제안하게 되었다.[52]

신자유주의 패러다임의 학술적 타당성을 더욱 강화시킨 것은 소비에트 블록의 붕괴가 자유민주주의와 합리적 자유시장의 우월성을 입증하였다고 강조한 후쿠야마(Francis Fukuyama)의 주장에서 비롯된다.[53] 시장이 항상 합리적이라는 믿음은 20세기 초반의 경제학자 피셔(Irving Fisher)의 연구를 소환한다. 주식시장의 예견 가능한 과학적 행위에 관한 피셔의 연구는 다윈(Charles Robert Darwin)의 진화론으로부터 큰 영향을 받았다. 시장은 최고의 경제적 노력에 상을 주고, 열정적이며 논리적인 방식으로 행동하면서 불필요한 노력을 제거한다. 이어서 그는 시장에 대한 규제를 완전히 철폐해야 한다고 주장하였는데, 이는 개인과 정부가 정치적 개입과 인간적 감정에 영향을 받기에, 시장이 작동하는 방식과 같은 행동을 취하는 것이 불가능하기 때문이라고 하였다. 1928년 12월, 피셔는 "1929년에 주가는 상승할까?(Will Stocks Stay UP in 1929?)"라는 제목의 에세이를 작성하였는데, 해당 에세이를 통해 그는 주가가 틀림없이 하락하지 않을 것이라는 자신의 강력한 주장을 펼쳤다.[54] 그러나 1929년 10월, 시장은 붕괴하였고 대공황이 시작되었다. 피셔와 하이에크의 사상은 후쿠야마의 저작을 통해 강화되었으며 경제의 정부개입에 반하는 철학적 정당성을 찾게 되었다. 이러한 주장의 핵심은 "민간기업이 지배하고 있는 세계경제를 위하여 긍정적인 규제환경을 조성하는 역할 이외에 국가는 다른 역할을 수행할 수 없다"는 이론적 가설이다.[55]

신자유주의 패러다임은 수많은 동유럽·라틴아메리카·아시아 정부들에 경제개혁을 위한 자문을 하였던 삭스(Jeffrey D. Sachs, 1954~)에 의해 실행에 옮겨졌다. 구조개혁의 도입을 촉구하는 빅뱅해법의 지지자로서 삭스는 자신의 현장경험을 활용하여 2025년까지 빈곤을 퇴치할 수 있는 자신만의 계획을 세웠다. 『빈곤의 종말(*The End of Poverty*)』이라는 자극적인 제목의 책을 통해, 삭스는 경제발전의 핵심이 일관된 모니터링과 세심한 임상진단이라는 것을 강조하기 위해 정통 자유주의 원칙을 확장하였다. 그는 이 이론을 임상경제학(clinical economics)이라고 명명하였다.[56]

삭스는 국가가 경제성장에 실패하는 이유를 8가지로 식별하였다. 빈곤의 덫(poverty trap), 물리적 지형도(physical geography), 재정의 덫(fiscal trap), 거버넌스 실패(governance failure), 문화 장벽(cultural barriers), 지정학(geopolitics), 혁신의 결여(lack of innovation), 인구학적 함정(demographic trap)이 이에 해당한다. 빈곤 자체가 경제침체의 원인이 되기 때문에 빈곤의 덫은 특히 치명적이다. 임상경제학이 전문가의 도움으로 작동될 수 있듯이, 빈곤국은 다음과 같은 이유로 해외원조가 필요하다.

> 빈곤국이 개발이라는 사다리의 첫 계단에 오르면, 세계의 다른 국가들처럼 올라가기 시작할 것이다. … 나는 사람들이 자기 스스로를 돕게끔 우리가 도움을 줄 필요가 있다고 제안하고자 한다. 이것은 수많은 사람들이 집과 학교를 짓기 위해 빈곤국으로 달려가지 않아도 이행될 수 있다. 우리가 이들에게 재원을 제공한다면 해당 커뮤니티에 속한 사람들이 스스로 이를 해낼 수 있다.[57]

콜리어(Paul Collier)의 연구는 빈곤의 덫이라는 개념에 반박하였다. 모든 사회는 한때 가난했던 적이 있다는 점에 주목하면서, 콜리어는 빈곤 자체가 심각한 저해요소로 작동하였다면 우리는 빈곤상태에 계속 머물렀을 것이라고 설명하였다. 대신, 그는 다음과 같은 네 가지 덫으로 인하여 일부 국가들이 아주 위험한 경제 환경에 갇히게 된다고 제시하였다. 분쟁의 덫(conflict trap), 천연자원의 덫(natural resources trap), 나쁜 이웃 국가로 둘러싸인 내륙국(landlocked with bad neighbors)의 덫, 소국의 악정

(bad governance in a small country)의 덫이 이에 해당된다.[58] 콜리어는 빈곤국들이 네 가지 덫 중 하나 또는 복수의 덫에 걸려 있지만, 빈곤 자체는 덫이 아니라고 주장하였다.

또한, 삭스는 서방의 경제적 자유주의의 우월성을 상정하고 개발도상국에게 왜 서방의 자유주의가 모델이 되어야 하는가를 설명하는 데에는 많은 노력을 하지 않았다는 비판을 받고 있다. 삭스는 빈곤국 개발의 정도를 주로 경제조건과 기술적인 해법에서 찾았다. 즉, 그는 사람(보건·교육·영양·가족계획), 환경(물과 위생·토양·삼림·생물다양성), 그리고 공공기반시설(도로·전력·항만)에 투자를 늘려야 한다고 보았다. 이는, 빈곤국들이 이러한 투자를 스스로 할 여력이 없으므로 부유한 국가들이 도와야 한다는 것을 의미하였다. 삭스는 또한 해외원조뿐 아니라, 선진국에서 개발도상국으로의 기술과 지식의 이전이 필수적이라는 점을 지적하였다. 그는 굿거버넌스(good governance)의 필요성에 대해 언급을 하면서도 이를 어떻게 성취할 수 있는지에 대해서는 상술하지 않았다. 총체적인 해결책을 제언하는 데 있어, 놀랍게도 국가의 제도적 프레임워크에는 거의 주목하지 않는다. 삭스는 사회정치적 안정을 제공할 임무를 수행하는 정부와 국가를 동일시한다. 정부의 역할은 기업 친화적인 환경을 조성하고 재산권 보호와 계약 집행에 책임을 지는 사법체계의 유지에 국한된다.[59]

아마도 삭스의 처방에 대한 불확실성은 계몽적 세계화(Enlightened Globalization)에 관한 그의 확신에서 비롯될 것이다. 삭스는 계몽적 세계화를 "인간의 욕구를 만족시키는 민주주의·다자주의·과학·기술·글로벌 경제체계 세계화"로 간주한다.[60] 삭스의 사상에 따라 계몽적 세계화 개념이 출현하였으나, 계몽적 세계화의 작동원리가 무엇인가는 아직 불명확하다. 단지 몇 가지 실마리가 있을 뿐이다. 이러한 체계에서는 부국이 환경악화 문제를 처리하고, 기업의 사회적 책임을 재조명하며, 세계무역기구(WTO) 도하라운드(Doha Round) 협상을 통해 무역과 투자를 진전시키는 것을 의미할 수 있다. 요컨대, 계몽적 세계화는 "미국과 다른 부국들이 빈곤국들의 빈곤탈출을 위한 그들의 헌신에 대해 스스로를 명예롭게 여긴다고 주장할 것이다."[61] 다시 말해, 해외원조와 산업선진국의 전문성 지원을 통해 삭스는 계속해서 개발도상국에 서방 국가의 자유주의 가치가 진작되기를 원하는 것이다.

후기 냉전 시대의 경제 자유주의를 위한 글로벌 차원의 추진은 2008년 금융위기 이후 추진력을 잃은 것으로 보인다. WTO는 2001년 시작된 세계 첫 무역협상 라운드를 종결짓는 데 실패하였다. 국가들은 정책공간에서 자율성을 상실할 수 있다는 두려움에 글로벌 수준의 자유주의 실천 속도를 늦추게 되었다. 세계화에 대한 비판을 통해 로드릭(Dani Rodrik)은 국제체제 (international system)의 재개념화를 다음과 같이 요구하였다.

> 국제체제를 제도들의 단일화 또는 단일 경제 초강대국이 필요한 체제로 간주하는 것이 아니라, 국가의 상호작용이 간단하고 투명하며 상식적인 소통 규칙의 얇은 막으로 규제되는 다양한 국가의 집합체로 인정하여야 한다.[62]

이러한 주장은 기능적인 글로벌 통합을 뒷받침하는 것으로서, 자국의 개발 우선순위에 집중하는 동시에 자유시장과 개입주의 사이에서 균형적 역할을 해야 하는 국가로 하여금 그 책임에 대한 부담을 지게끔 하는 것이다. 그럼에도 불구하고 국가가 완벽한 행위자가 아니라는 사실을 확인하는 것은 좋은 접근이다.

자유주의 이론은 국가의 필요성을 설명하는 데 항상 고심하였다. 세계화된 세상에 중앙집권적인 거버넌스에 관한 만족할만한 설명을 제공할 수 없는 신자유주의는 모든 점에서 국가를 거부하길 선호한다. 세계경제는 분절적이며 불균등하지만, 아직까지 국가들로 조직된 네트워크망으로 구성되어 있다. 자유시장에 집중하는 신자유주의는 국가의 잠재력을 검토하는 데 있어 이론적 장벽을 만든다. 결국, 신자유주의는 국가를 개발의 장애물로 인식한다.

5. 실현가능한 환경으로서 국가: 제도, 빈민의 권리

개발을 위한 정책선택을 국가와 시장 사이의 선택으로 생각한다면 표면적으로는 환원주의자의 논리일 것이다. 이렇게 제한적인 시각은 국가에 대한 제한적인 분석에서 나온다. 과거 400년에 걸쳐, 주권의 개념은 국가와 국가제도가 보유한 전환적인 잠재력에 관하여 충분한 탐색을 하지 않는 것에 대한 유용한 변명이 되어 왔다. 마침내, 도식적인 국가 대 시장이라는 이분법을 넘어서, 미묘한 일련의 경제사상이 개발 분야에 투입되었다.

특히, 센(Amartya Sen)의 사상은 개발학에 변혁적인 영향을 제공하였다. 2016년 UNDP의 인간개발보고서는 센이 정제한 개발의 인간중심 접근법을 보고서의 철학적 기초로 발탁하였다.[63] 센은 영국령 인도의 벵골 가정에서 태어났지만 1950년대 초에 영국으로 이주하여 캠브리지대학교에서 경제학을 전공하였다. 1998년 노벨경제학상을 수상한 센의 일생일대의 업적은 『자유로서 발전(*Development as Freedom*)』 저작에서 실현된다.[64] 이 책에서 센은 정치적·경제적 자유와 발전 간의 상호 보완적인 관계를 검토한다. 센은 상호 연결된 실질적인 인간의 자유가 확장되는 통합적 프로세스로써 개발을 인식하였다.[65]

> 개발은 — 여기에서 강조하였듯이 — 사람들이 만끽하는 진정한 자유가 확장되는 과정으로 이해할 수 있다. 인간의 자유에 집중한다는 것은 개발을 국민총생산의 증가, 개인의 소득증가, 산업화, 기술진보, 또는 사회적 근대화로 확정하는 협소한 견해와 확연하게 대조된다.[66]

센의 접근법은 개인의 자유를 '개발의 주요 목표(end)이자 주요 방법(means)'으로 확장적인 인식을 하고 있다.[67] 개발에 관한 그의 시각은 인간의 행위주체성(human agency)을 강조한다. 센은 인간 복지의 필수요소인 할 일과 하지 않을 일에 대한 선택을 인간의 역량으로 간주한다. 이러한 선택이 다른 사람들에 의해 결정되거나, 제도에 의해 억제되거나, 압력에 의해 제한되거나, 빈곤에 의해 파괴된 선택권 중 이루어진다면, 진정한 자유는 없는 것이며 이로써 의미 있는 개발의 가능성도 사라지게 된다. 다시 말해, 개인의 역량이 본인이 개입하지 못하는 사회경제 그리고 정치적 방식에 의해 결정되는 한, 발전의 경로는 차단되는 것이다.

소득과 부의 창출에 대한 고전주의 경제학의 집착과 달리, 센은 다음과 같이 역량박탈(capability deprivation)과 도구적 자유(instrumental freedom)에 대한 장애요소 제거에 집중하였다.

1. 정치적 자유(예: 자유선거, 반대를 할수 있는 자유)
2. 경제적 기회(예: 기업설립의 자유, 구직 역량)
3. 사회적 기회(예: 교육과 의료서비스 접근성)
4. 투명성 보장(예: 규제의 예측성, 비밀문서의 부재)
5. 안전보장(예: 실업급여, 법치)

개인의 자유가 개발을 위해 왜 중요한가에 대한 두 가지 이유가 있다. 첫째, 실질적인 개인의 자유가 한 사회의 성공 또는 실패에 있어 중요하게 다루어져야 한다. 둘째, 개인의 실질적 자유는 개인의 주도성과 사회의 효과성을 결정하는 핵심 요인이다. 따라서 센은 국내총생산, 개인소득, 산업화 정도, 기술진보 등의 개발에 관한 전통적인 측정방식의 제한된 적용을 비판하였다. 대신, 빈곤, 정치적 독재, 경제적 기회의 빈곤, 체계적인 사회적 박탈, 공공시설의 방치, 비관용주의, 정치적 자유, 기본적인 사회권의 거부와 같은 비자유(*unfreedom*)의 주요 원천을 제거하는 개발의 새로운 조치를 제안하고 있다. 센은 자신의 접근방식이 통계측정으로 잡히지 않는 빈곤의 다른 측면을 평가할 수 있기 때문에 단순한 경제지표가 아니라 역량박탈에 집중하는 것이 빈곤측정을 위해 더 나은 방식이라고 역설하였다.

센의 연구 중 주목할 만한 또 하나의 관점은 개발에 있어 여성과 소수집단의 역할이다. 여성과 소수집단 개개인의 웰빙을 진작시키는 것이 중요한 한편, 그들의 단체역량 향상도 마찬가지로 중요하다. 국가와 커뮤니티마다 문화적·사회적 차별성이 있음에도 불구하고, 존중·안전·독립의 필요성과 같이 보편적인 기본 인권과 가치에 의해 우리 모두가 서로 연결되어 있다고 센은 강조하고 있다. 전통에 관한 센의 비판은 문화적 가치의 이름으로 때때로 억압적인 관행을 용납하는 규범과 관습을 문제 삼는 것이다. 센에게 있어 문화적 가치의 우월성은 정당성과 권위의 문제를 제기하는 것이다. 그는 빈곤탈출을 위하여 전통적 생활방식의 포기를 누가 결정하고 어떤 근거에서 결정하는가에 관해 질문을 던진다. 우리 인간의 행위주체성에 영향을 미치는 다른 사안과 마찬가지로, 센에게는 사람들이 어떤 전통을 따르기를 원하는지 스스로 결정할 수 있는 것이 중요하였다. 개발에 대한 센의 자유중심적 시각은 발전을 향한 우리 경로를 스스로 선택할 수 있는 인간의 역량이라는 맥락에서 진보를 측정한다.[68]

자유로서 발전의 개념은 아담 스미스의 사상을 담고 있다. 그러나 센은 경제정책결정 과정에서 국가가 맡아야 하는 불가피한 역할을 인정하고 있다. 그는 자유시장의 자유주의적 포용이 야기하는 고전적 자유주의 내부의 긴장상태와, 발전을 추진함에 있어 국가를 동원하는 것에 관한 자유주의의 회의에 대하여 인지하고 있다. 센은 이러한 긴장관계를 민주주의 중요성을 강조함으로써 완화하려고 한다. 민주적 질서는 인간의 행위주체성을 제한하는 장애물을 제거할 수 있는 효과적이면서 합법적인 통치체계를 창설할 때 필수적인 전제조건이다. 오직 민주주의에서만 사람들은 공동의 규범과 우선권을 만들 수 있다. "표현과 토론의 자유를 포함하는 정치적 권리는 경제적 필요에 대한 사회적 대응을 유도하는 데 중추적인 역할을 수행할 뿐만 아니라 경제적 필요 자체를 개념화하는 데에도 핵심적이다."[69]

개발의 사람중심 시각은 이스털리(William Easterly)의 저작에서도 찾아볼 수 있다. 그는 직설적으로 다음과 같이 주장한다. "빈곤의 진정한 원인은 권리 없는 가난한 사람들에 대한 통제되지 않는 국가권력이다."[70] 이스털리는 근대화이론의 다양한 분파와 쉽게 연결이 가능한 기술관료적 환상에 기초를 둔 개발의 관습적인 접근법을 거부한다. 기술관료적 접근법은 기술전문가, 경제학자, 그리고 정책자문관의 눈을 멀게 하는데, 이로써 이들은 미리 정해진 기술관료적 해법의 이행주체인 국가에 부당한 정당성을 부여하게 되고 독재자의 권한을 강화시키는 의도치 않은 결과를 낳게 된다. "한때 왕의 신성한 권한이었던 것이 우리 시대에는 독재자의 개발권이 되었다. 오늘날 개발의 암묵적인 비전은 기술전문가들에 의해 조언된 독재자의 선의라는 비전이다."[71] 이스털리는 이를 **권위주의적 개발**(*authoritarian development*)로 명명하였다. 권위주의적 개발은 개발기관에서 고안된 거대한 해결책이 절실히 필요한 국가들을 백지상태라고 이해함으로써 이들의 역사를 무시한다. 이스털리는 권위주의 모델에 반대하며 역사의 중요성, 개인의 중요성, 그리고 자발적 해결책의 선호를 강조하였고, 자신만의 모델을 개발하는 과정에서 이 세 가지 도전과제에 대해 분명히 표현하였다. "역사와 근대적 경험은 정치적·경제적 권리를 가진 자유로운 인간이 ― **자유로운 발전**(*free development*)으로 칭하는 ― 대단히 성공적인 문제해결 시스템을 구축한다는 사실을 시사한다."[72]

센과 이스털리의 사상은 사람들의 사회경제적 발전을 구성하는 다수의 요인을 찾아냄으로써 상호 보완적인 관계가 된다. 센은 단순하게 경제성장에만 매몰된 자유주의적 시각을 능가하는 접근법으로 정의(justice)에 대한 욕구를 포함한 인간의 기본적인 욕구의 보편성을 자각하였다. 이스털리의 연구는 잘 기획된 수많은 개발프로젝트들이 어떤 이유로 성공적으로 이행되지 못하는가 또는 심지어 부작용을 낳게 되는가를 분석함으로써 센의 논지를 더욱 강화하였다. 이스털리는 개발커뮤니티가 근대화이론의 단계를 따라가거나 신자유주의적 해법을 추구하는 것과 상관없이 결과에 대한 기대치는 동일하다고 강조한다. 국가를 문제가 없는 주체로 간주함으로써 원조기관들은 처방된 정책을 이행하는 주체로 우호적인 독재자를 선호하는 경우가 종종 있다. 실제로 이행결과가 계획한 대로 이루어지지 않는다는 사실에 놀랄 이유가 없을 것이다. 결론적으로, 이스털리는 개발커뮤니티에 "부유층에게 적용하고 빈곤층에는 적용하지 않는 권리의 글로벌 이중 잣대"로 이어지는 권위주의적 생각을 포기하도록 주문하였다.[73] 센과 이스털리 이론 모두 개인의 권리와 자유를 보장하고 보호하기 위해 효과적인 민주적 국가제도에 의지하고 있다.

쉐보르스키(Adam Przeworski)는 민주화 과정을 연구하면서 무엇이 민주적 국가를 효과적이며 지속가능하게 만드는가라는 질문에 답을 하려고 노력하였다.

> 민주적 국가가 경제성장, 물질적 안전, 독단적 폭력에서 해방, 계약이 파기되지 않도록 법적 보장, 그리고 다른 조건들이 개인의 온전한 발전에 도움이 될 수 있도록 규범적으로 그리고 정치적으로 바람직한 효과를 생산할 수 있을 때, 민주국가는 "작동한다." 그리고 모든 주요 갈등을 흡수하여 효과적으로 통제할 때, 그리고 규칙이 오직 규칙에 따라서 변경될 때, 민주주의가 "지속된다".[74]

그러나 민주주의는 정교한 제도적 프레임워크에 의해 지원되는 거버넌스의 복합체를 수반한다. 세상에 두 개의 일치되는 민주주의는 없다. 책임 있는 정부는 열린사회와 긴밀하게 연관되어 있으며, 열린사회에서는 권리를 소지한 사람들이 민주적으로 그들의 정부를 바꿀 수 있다. 민주주의의 중심에는 몇 개의 핵심 원칙이 작동한다. 평등(모든 시민에게 동등한 권리를 보장), 책무성(유권자에 책임을 지며 정부행동에 책임을 수용하는 정부), 참여(정치과정에 참여하는 시민들의 역량), 투명성(열려 있고 접근가능한 방식으로 행동), 그리고 법치(시민들의 권리를 보호하고 질서를 유지하는 공정한 법). 민주적 전환을 연구하는 학자들은 행정부, 입법부, 사법부 간의 분리와 적절한 견제와 균형 보장의 필요성을 강조한다. 이 모든 원칙들은 민주주의의 **필요조건**인 자유선거가 또한 민주주의의 **충분조건**이라고 가정하는 선거주의자의 오류(*electoralist fallacy*)로부터 우리를 구한다.[75] 제대로 기능하지 않는 국가는 다양한 형태와 종류로 나타나지만, 대부분의 역기능 국가는 착취적인 제도와 법치의 부재에 의해 영속화된 내부 문제를 보여준다.

국가제도는 중요하며, 국가제도의 질은 성공한 경제와 실패한 경제의 주요 차이점이다. 이 주장은 애쓰모글루(Daron Acemoglu)와 로빈슨(James Robinson)에 의해 더욱 발전되었다. 국가의 국내제도는 국가정책결정 과정을 위한 중요한 요소이지만, 많은 국가에서 이러한 국가제도가 가난하고 소외된 사람들에게 해를 끼치는 방향으로 작동하고 있다. 제도는 **포용적**(*inclusive*) 또는 **착취적**(*extractive*) 유형으로 분류할 수 있다. 두 학자가 정의하였듯이, "포용적 경제제도는 경제활동의 생산성 증가, 그리고 경제번영을 조성한다."[76] 착취적 제도(extractive institutions)는 '제도가 소득과 부를 사회의 특정 집단으로부터 다른 집단으로의 혜택을 주기 위하여 **빼앗는다**는 착취적 의미에서' 포용적 제도와는 매우 다르다.[77] 착취적 제도는 독재자와 그의 정실인사들이 체계적으로 혜택을 뽑아내는 것을 허용하기 때문에 사회에 배태된 불평등이 영속화된다. 반면, 포용적 제도(inclusive institutions)는 대다수 시민이 정부의 책무성을 요구하는 것을 허용함으로써 시민의 정치경제 권리를 보장하고 협력을 위한 프레임워크를 만들어 낼 수 있다. 포용적 제도가 일단 확립되면, 자기수정과 개선이라는 '선순환'을 통해 정치적·경제적 체계가 잘 작동할 수 있게 된다.[78] 국가제도에 관한 또 하나의 중요한 통찰력은 루트(Hilton L. Root)에서 찾아볼 수 있다. "경제모델은 일반적으로 경쟁에 의해 주도되는 규제, 관리감독, 그리고 인센티브를 제공하는 제도가 이미 존재한다고 가정한다. 그러나 이러한 제도의 출현은 바로 개발의 본질이다."[79]

　개발이 개인의 권리와 국가제도에 집중해야 한다는 주장에 동의하지 않는 장하준은 강력한 행동주의 정부를 선호한다. 진정한 자유시장과 같은 것은 존재하지 않기 때문에, 그는 국가가 경제에 적극적으로 역할을 수행해야 한다고 확신한다. 결국, 정부는 실존하며, 경제의 모든 영역을 규제하고, 이 때문에 "자유시장 자본주의와 양립하면서도 필요한 국가개입이라는 것은 실로 의견의 문제일 뿐"이라고 한다.[80] 그 결과 장하준은, 사람들을 과잉 자본주의로부터 보호하기 위해, 대규모로 잘 설계된 보편적 프로그램에 기반한 복지국가(welfare state)의 필요성을 지지한다.

　　사람들은 새로운 경험이 자신들의 삶을 파괴하지 않을 것이라는 확신이 있을 때, 실업의 위험과 자신의 기술을 교체(re-tooling)해야 할 필요성을 수용할 수 있다. 이것이 큰 정부가 시민들을 변화에 더 열린 자세로 임하게 만들고 경제가 더욱 역동적으로 움직일 수 있게 하는 이유이다.[81]

　또한, 장하준은 글로벌 시장경제의 불균형 구조가 빈곤국들을 불리한 처지에 놓이게 만든다고 역설한다. 따라서 개발도상국이 "빈곤을 탈피하기 원한다면, 시장에 저항해야 한다"는 논리이며, 이 논리는 개발도상국이 '보호, 보조금, 그리고 규제를 위한 추가의 정책수단을 사용'할 수 있도록 용인되어야 한다는 것을 의미한다.[82] 그의 연구 중 가장 잘 알려진 저작에서 장하준은 자유주의 원칙과 개방무역의 이름으로 행해진 경제 세계화 논리에 대해 반박한다. 그는 IMF와 세계은행이 지지한 친세계화 정책이 많은 개발도상국들로 하여금 자국의 자율성을 상실하고 급기야 경제위기라는 수렁에 빠지게끔 하였다고 관찰하였다. 대신, 장하준은 정당한 관세와 탄탄한 규제를 통해 유치산업보호에 정부주도의 개발전략을 집중할 것을 지지하였다. 심지어 그는 산업선진국들도 자국이 개발단계에 있었을 때 어느 시점에서는 이러한 보호정책을 사용했다는 점을 강조하면서 저작권 침해를 변호하고 있다. 장하준은 또한 특정 국영기업을 지지한다. 국가정책이 이전의 후진적 경제를 적극적으로 전환시킨 동아시아의 사례를 통해 그는 정부 개입주의를 지지한다.[83] 그러나 장하준의 주장이 개별 기관에 주목하지 못하고 있다는 점, 정치적 부패에 대한 모호한 견해,[84] 그리고 공동의 신뢰와 통치자의 책무성과 같은 국가제도에 대한 불충분한 검토 등의 문제로 그의 흥미로운 연구에 오점이 있다고 평가된다.

경제에 대한 정부의 리더십이 중요하다는 이론은 웨이드(Robert H. Wade)에 의해 진척되었다. 동아시아의 성공적인 경제성장은 정부의 규칙설정, 정책결정, 그리고 민간부문 간의 시너지 효과 창출에서 비롯되었다는 해석이 웨이드의 연구결과이다. 결과적으로 그의 시장관리이론(governed market theory)은 "민간부문과의 조합주의적 관계에서 경성(hard) 또는 연성(soft) 권위주의 국가의 개발주의적 덕목을 강조하고, 정부가 중장기 국가이익에 맞게끔 재원분배에 영향력을 미칠 수 있도록 충분한 자율성을 중앙 관료제에 제공할 것을 피력한다."[85] 이러한 국가와 시장 간의 상보적 관계는 자본주의 경제가 잘 운영되도록 관리하는 데 필수적이다. 제3세계 국가의 효과성을 진작하기 위해 웨이드가 제안한 사상 중 하나는 바로 전체 체계가 민주화되기에 앞서 정치적 권한의 효과적인 제도와 조합주의적 제도를 건립하자는 것이다. 최근 논문에서 웨이드는 서방에서 확장되고 있는 소득불평등에 관하여 우려를 표하고 있다. 또한, 그는 정부가 자유시장의 결함을 수정하는 데 적극적인 역할을 수행할 수 있도록 정책 처방을 제공하고 있다.[86]

동아시아를 연구하는 또 다른 학자는 응집적인(cohesive) 자본주의 국가가 경제발전을 일종의 정치적 목표로 우선시하기 위해 어떻게 국가권력을 사용했는가를 분석하였다. 대부분의 동아시아 국가들은 "재원을 동원하고, 이를 우선영역으로 배치하며, 기업관리방식의 사회경제적 맥락을 전환하고, 심지어 직접적인 경제행위에 착수함으로써" 권위주의적 통제를 통한 급속도의 발전을 달성하였다.[87] 그러나 이러한 응집적인 자본주의체제에 대한 비판은 국가주도의 발전이 민주적 개혁, 투명성, 그리고 책무성을 요구하는 목소리를 귀담아듣지 않았기 때문에 성공적으로 추진될 수 있었다고 주장한다.

장하준은 개발경제학에서 제도의 중요성을 강조하는 주장에 대해 문제를 제기한다. 그의 비판은 국가제도의 제한된 시각에서 발생한다는 해석이 가능하다. 장하준은 "시장의 자유를 극대화하고 사적소유권을 강경하게 보호하는 제도가 경제발전을 위해 가장 중요하다"는 사상에 도전한다.[88] 그러나 실제로 국가제도가 이와 같은 기능만을 수행한다는 측면에서 본다면, 해당 분석은 미완성이라고 할 수 있다. 포용적 제도는 사적소유권 보호를 넘어서야 하며, 지속가능한 장기성장을 지원하는 조치와 함께 정부 정책결정에 대한 민주적 견제와 균형을 포함해야 한다. 포용적 제도는 또한 평화적 협력과 모든 사회구성원을 위한 기회균등을 보장하는 제도화된 실천이 수반되어야 한다.

자유시장의 사도로 인식되어 온 하이에크조차도 정부가 법치를 준수하는 한, 국가가 수행할 수 있는 역할이 있다고 믿었다. 그러나 국가제도에 대한 하이에크의 시각은 대단히 협소하였다. 하이에크는 최소한의 국가를 주장하였는데, 국가의 임무가 독점적 행위와 부패를 방지하는 것으로 제한되었다.[89] 그는 국가를 "독단적인 정부와 상반되게 법 앞에 평등을 보장하는 공식적 법치, 공권력에 의해 지정된 특정 그룹의 법적 특권이 부재한 상태"로 간주한다.[90] 하이에크는 국제체제에서 정치권력의 주요 단위로 국가를 상정한다. 그러나 독단적으로 행동하는 경향이 강한, 그리고 사회에 해를 끼칠 가능성이 큰 과두정치적 정부와 특권 엘리트에 의해 경영되는 국가를 걱정하였다. 그럼에도 불구하고, 하이에크의 분석은 포용적 국가제도가 사회의 민주적 권한강화에 기여한다는 사실과 평등을 지지하고 한 국가의 중장기적인 사회경제 발전을 지속시키는 데 포용적 제도가 중요하다는 점에 대한 이해가 부족하였다.

개발의 과거 이론들은 저개발사회의 핵심적인 문제가 빠른 성장률을 견지하지 못하거나 자본을 축적하지 못하는 불능에 있다고 상정하였다. 반대로, 최근 이론과 개발 접근법은 개별 기관, 불평등, 사람들의 요구가 분명히 표현되거나 억압되는 제도적 맥락으로 연구의 무게중심을 옮기고 있다. 국내적 국가제도가 종종 개발 접근법의 주된 관심사임에 반해, 국가는 상호의존적인 경제 네트워크의 글로벌 환경 속에서 활동한다. 한 학자가 관찰했듯이, 글로벌 제도 요인의 역할에 대한 이해가 중요한 이유는 다음과 같다.

> 이러한 이해를 통해 우리는 해외에서 인권이 달성되지 못하는 것에 대해 보다 진지하게 생각할 수 있다. 이는 만약 우리가 강압적인 사회제도를 유지하는 데 관여하는 사람들이 행동을 규제하는 대상자들의 인권을 합리적으로 가능한 한 충족시킴으로써, 최소한 기본적인 정의의 보편적 핵심 기준을 준수하도록 보장할 공동의 도덕적 책임을 공유한다는 사실을 인정한다면 가능한 생각일 것이다.[91]

개발에 인간중심 접근법을 인정함으로써, 원조기관들은 국가를 완전히 무시하는 반면 점차 현지 참여에 집중하게 되었는데, 이러한 움직임은 핵심을 놓치고 있다고 할 수 있다. 예를 들어, 투명하고 책임 있는 원조관리 시스템을 제공할 수 있는 효과적인 국가제도를 간과하고, 원조공여국이 대신 관리자와 배급자를 — 반드시 더 효율적이거나 덜 부패하였다고 할 수 없는 — 자신의 독립적인 네트워크로 구축하려고 시도한다. 이러한 네트워크는 국가의 전체적인 기능을 향상시키는 것과 무관하다. 해결책은 국가를 우회하는 것이 아니라, 특히 국가가 독재자에 의해 통치되고 있을 때는 국가를 직접 다루어야 한다. 국가 구조 내부에 제도화된 원조관리 시스템은 원조공여국과 파트너십을 구축하게 되고, 원조를 받는 국가가 민주적 굿 거버넌스를 가능하게 하는 중요한 걸음을 내딛게 된다. 개별 커뮤니티를 위한 장기 전략도 시민의 권리와 자유를 보장하는 포용적 제도 구축의 인센티브가 생산되는 과정에서 국가의 역할을 무시할 수 없다.

국가를 위한 최적의 전략은 바람직한 정책결정 과정을 위한 실현가능한 환경을 제공하는 것이다. 이는 신뢰(건전한 은행, 보험회사, 투명한 규제), 법과 질서(법치, 집행가능한 계약), 안전과 보호(모든 개인과 재산), 사회적 이동과 노동의 이동, 그리고 경쟁적 선거를 토대로 시민에게 효과적이면서 민주적으로 책임을 다하는 것을 의미한다. 국가는 복합적인 구성물로서, 경제발전 관련 담론을 통한 더 깊은 분석이 필요하며 또한 이러한 담론과의 융합이 보다 잘 이루어져야 한다.

국가는 정의의 개념을 이행하는 데 필요하다 … 이는 오직 이러한 유형의 기관만이 다양하고 부담이 큰 임무를 수행할 수 있기 때문이다. 다양한 임무는 정의가 필요로 하는 개발주의적, 제도적, 물질적 인프라를 유지하는 일, 실질적이고 유기적인 기본 자유를 확인하는 데 필요한 법규를 제정하고 정돈하는 일, 이러한 자유에 협약과 보조금을 토대로 재원이 제공될 수 있도록 보장하는 일, 그리고 특별한 관계 속에서 또는 전면적인 범위로 자유 침해로부터 시민을 보호하는 일을 포함한다. 이와 관련된 임무가 대단히 복잡하고 상호 연결되며, 역동적이기 때문에 규칙의 관념적인 기제로는 실제 이행을 보장할 수 없다. 그렇기 때문에, 국가가 부재한 상태에서는 정의를 위한 어떠한 효과적인 시스템도 존재할 수 없는 것이다.[92]

주

1) Craig Calhoun (ed.) (2002) *Dictionary of the Social Sciences*, Oxford, UK: Oxford University Press.
2) Michel Foucault (1997) "Subjectivity and Truth," in Paul Rainbow (ed.), *Ethics – Subjectivity and Truth, Essential Works by Foucault (1954–1984) Vol. I*, New York, NY: The New Press, p. 88.
3) Robert W. Cox (1981) "Social Forces, States and World Orders – Beyond International Relations Theory," *Millennium*, Vol. 10, No. 2, pp. 128–129.
4) William Easterly (2013) *The Tyranny of Experts: Economists, Dictators, and*

the Forgotten Rights of the Poor, New York, NY: Basic Books, p. 49에서 인용함. 우드로 윌슨(Woodrow Wilson)이 이전 식민지를 국제연맹(League of Nations)의 권한 하로 전환하는 과정을 정당화할 때 이 표현을 사용하였음.

5) 국제개발위원회는 레스터 피어슨(Lester B. Pearson) 의장 하에 7인의 위원으로 구성되었음. 위원회는 1968년 8월에 세계은행 신임총재였던 로버트 맥나마라(Robert S. McNamara)의 요청으로 신설되었음. 위원회의 주요 결론의 요약본은 1970년 2월 UNESCO Courier에 의해 "Partnership in Development – The Pearson Report – A New Strategy for Development"로 출간되었음.

6) UNESCO (1970) "Partnership in Development – The Pearson Report – A New Strategy for Development," UNESCO Courier, February Edition, pp. 15–17.

7) Ibid., p. 12.

8) Ibid., p. 8.

9) John Maynard Keynes (1936) The General Theory of Employment, Interest and Money. Electronic Edition: Location 24662 of 81062.

10) Daron Acemoglu and James A. Robinson (2012) Why Nations Fail: The Origins of Power, Prosperity, and Poverty, New York, NY: Crown Business, chapter 7.

11) Ibid., p. 84.

12) John Maynard Keynes (1936) The General Theory of Employment, Interest and Money, op. cit.

13) Robert L. Tignor (2005) W. Arthur Lewis and the Birth of Development Economics, Princeton, NJ: Princeton University Press.

14) W. Arthur Lewis (1955) The Theory of Economic Growth, Homewood, IL: Richard D. Irwin Inc., p. 278.

15) Gustav Ranis (2004) Arthur Lewis' Contribution to Development Thinking and Policy, Discussion Paper No. 891, New Haven, CT: Economic Growth Center, Yale University, p. 5.

16) Yoichi Mine (2006) "The Political Element in the Works of W. Arthur Lewis: The 1954 Model and African Development," Developing Economics, Vol. XLIV, No. 3, pp. 339–340.

17) Patsy Lewis (2005) "Grenada: A Testing Ground for Lewis's Balanced Development Perspectives," Journal of Social and Economic Studies, Vol. 54, No. 4, p. 206.

18) Yoichi Mine (2006) "The Political Element in the Works of W. Arthur Lewis: The 1954 Model and African Development," op. cit., pp. 344–345.

19) Alfred Sauvy (1952) L'Observateur, August 14. 제3계급은 프랑스혁명 당시 가난한 평민을 의미하고, 제1계급과 제2계급은 각각 귀족과 성직자들을 의미함.

20) Walt W. Rostow (1960) The Stages of Economic Growth: A Non-Communist Manifesto, Cambridge, UK: Cambridge University Press, pp. 4–16.

21) Ibid., pp. 7–9.

22) Steven E. Lobell (2005) The Challenge of Hegemony – Grand Strategy, Trade, and Domestic Politics, Ann Arbor, MI: The University of Michigan Press, p. 8.

23) Bruce Russett (2016) "Liberalism," in Tim Dunne, Milja Kurki, and Steve Smith (eds.), International Relations Theories – Discipline ad Diversity (4th edition),

Oxford, UK: Oxford University Press.

24) UNESCO (1970) "Partnership in Development — The Pearson Report — A New Strategy for Development," op. cit., p. 8.

25) David Mitrany (1948) "The Functional Approach to World Organization," *International Affairs*, Vol. 24, Issue 3, pp. 350−363.

26) David Mitrany (1975) "A Political Theory for the New Society," in A.J.R. Groom, and P. Taylor, *Functionalism*, London, UK: University of London Press, pp. 25−38.

27) David Mitrany (1948) "The Functional Approach to World Organization,"op. cit., p. 358.

28) Dudley Seers (1971) "The Total Relationship," in Dudley Seers and Leonard Joy (eds.), *Development in a Divided World*, Baltimore, MD: Penguin Books, pp. 339−340.

29) Mahbub ul Haq (1976) *The Poverty Curtain: Choices for the Third World*, New York, NY: Columbia University Press, pp. 5−8.

30) Daniel Yergin and Joseph Stanislaw (2002) *The Commanding Heights — The Battle for the World Economy*, New York, NY: Simon and Schuster, pp. 280−282.

31) Raul Prebisch (1950) *The Economic Development of Latin America and its Principal Problems*, New York, NY: United Nations.

32) 한스 싱거(Hans Singer)가 최초로 이 가설을 발전시켰고, 이후 1940년대 후반에 프레비시가 확장하였다.

33) Raul Prebisch (1950) *The Economic Development of Latin America and its Principal Problems*, op. cit., pp. 8−10.

34) Edgar J. Dosman (2012) *Raul Prebisch and the XXI Century Development Challenges*, New York, NY: United Nations, ECLAC.

35) Daniel Yergin and Joseph Stanislaw (2002) *The Commanding Heights — The Battle for the World Economy*, op. cit., pp. 234−235.

36) Fernando Henrique Cardoso and Enzo Faletto (1979) *Dependency and Development in Latin America*, Berkeley, CA: University of California Press.

37) Edgar J. Dosman (2012) *Raul Prebisch and the XXI Century Development Challenges*, op. cit., p. 19.

38) Andrés Velasco (2002) "Dependency Theory," *Foreign Policy*, Vol. 45, No. 133, pp. 44−45.

39) Fernando Henrique Cardoso and Enzo Faletto (1979) *Dependency and Development in Latin America*, op. cit., p. 10.

40) Immanuel Wallerstein (2002) "The Itinerary of World Systems Analysis: or, How to Resist becoming a Theory?," in J. Berger and M. Zelditch Jr. (eds.), *New Directions in Contemporary Sociologist Theory*, Lanham, MD: Rowman & Littlefiled, pp. 358−376.

41) Ibid., pp. 361−362.

42) Immanuel Wallerstein (1979) *The Capitalist World Economy*, Cambridge, UK: Cambridge University Press, pp. 2−19.

43) Robert W. Cox (1996) "Special Forces, States, and World Orders: Beyond International Relations Theory," in Robert W. Cox with Timothy J. Sinclair, *Approaches to World Order*, Cambridge, UK: Cambridge University Press, p. 87.

44) Robert W. Cox (1996) "Realism, Postivism, Historicism," in Robert W. Cox with Timothy J. Sinclair, *Approaches to World Order*, op. cit., p. 56.

45) Robert W. Cox (with Harold K. Jacobson) (1996) "Decision Making," in Robert W. Cox with Timothy J. Sinclair, *Approaches to World Order*, op. cit., p. 362.

46) Samir Amin (2003) *Obsolescent Capitalism: Contemporary Politics and Global Disorder*, London, UK: Zed Books.

47) Daniel Yergin and Joseph Stanislaw (2002) *The Commanding Heights – The Battle for the World Economy*, op. cit., p. 89.

48) Deepak Lal (2002) *The Poverty of "Development Economics,"* London, UK: The Institute of Economic Affairs.

49) 이 용어는 "지휘하는 것(to direct)"를 의미하는 프랑스어 *diriger*에 뿌리를 두고 있음.

50) Deepak Lal (2002) *The Poverty of "Development Economics,"* op. cit., p. 135.

51) Ibid., pp. 227-228.

52) Ibid., p. 256.

53) Francis Fukuyama (1992) *The End of History and the Last Man?*, New York, NY: The Free Press.

54) Justin Fox (2009) *The Myth of the Rational Market – A History of Risk, Reward, and Delusion on Wall Street*, New York, NY: Harper Collins, pp. 3-44.

55) Vivien A. Schmidt (2009) "Putting the Political Back into Political Economy by Bringing the State Back in yet Again," *World Politics*, Vol. 61, No. 3, p. 519.

56) Jeffrey Sachs (2005) *The End of Poverty – Economic Possibilities for Our Time*, New York, NY: The Penguin Press.

57) 2005년 5월 6일자, *Moder Jones*의 온네샤 고이초두리(Onnesha Roychoudhuri)와 제프리 삭스 인터뷰

58) Paul Collier (2008) *The Bottom Billion – Why the Poorest Countries Are Failing and What Can Be Done About It*, Oxford, UK: Oxford University Press, p. 5.

59) Jeffrey Sachs (2005) *The End of Poverty – Economic Possibilities for Our Time*, op. cit., pp. 59-60.

60) Ibid., p. 358.

61) Ibid., pp. 358-359.

62) Dani Rodrik (2010) *The Globalization Paradox – Democracy and the Future of the World Economy*, New York, NY: W.W. Norton, p. 280.

63) UNDP (2016) *Human Development Report 2017 – Human Development for Everyone*, New York, NY: UNDP.

64) Amartya Sen (1999) *Development as Freedom*, New York, NY: Random House.

65) Ibid.

66) Ibid., p. 3.

67) Ibid., p. xii.

68) Amartya Sen (1999) *Development as Freedom*, op. cit., pp. 31-32.

69) Ibid., p. 154.

70) William Easterly (2013) T*he Tyranny of Experts: Economists, Dictators, and the Forgotten Rights of the Poor*, New York, NY: Basic Books, p. 6.

71) Ibid.

72) Ibid., p. 7.

73) Ibid., p. 350.

74) Adam Przeworski (1995) *Sustainable Democracy*, Cambridge, UK: Cambridge University Press, p. 11.

75) Juan J. Linz and Alfred Stepan (1996) *Problems of Democratic Transitions and Consolidation − Southern Europe, South America, and Post-Communist Europe*, Baltimore, MD: The Johns Hopkins University Press, p. 4.

76) Daron Acemoglu and James A. Robinson (2012) *Why Nations Fail: The Origins of Power, Prosperity, and Poverty*, New York, NY: Crown Business, p. 75.

77) Ibid., p. 76.

78) Ibid., p. 308.

79) Hilton L. Root (2006) *Capital and Collusion − The Political Logic of Global Economic Development*, Princeton, NJ: Princeton University Press, p. 16.

80) Ha-Joon Chang (2012) *23 Things They Don't Tell You About Capitalism*, New York, NY: Bloomsbury Press, p. 8.

81) Ibid., p. 230.

82) Ha-Joon Chang (2007) *Bad Samaritans − The Guilty Secrets of Rich Nations and the Threat to Global Prosperity*, London, UK: Random House Business Books, pp. 210, 218.

83) Ibid.

84) Ibid., p. 166.

85) Robert Wade (1990) *Governing the Market − Economic Theory and the Role of Government in East Asian Industrialization*, Princeton, NJ: Princeton University Press, p. 26.

86) Robert H. Wade (2013) "Capitalism and Democracy at Cross-Purposes," *Challenge*, Vol. 56, No. 6, November/December. Electronic Edition.

87) Atul Kohli (2005) *State-Directed Development − Political Power and Industrialization in the Global Periphery*, New York, NY: Cambridge University Press, p. 418.

88) Ha-Joon Chang (2011) "Institutions and Economic Development: Theory, Policy and History," *Journal of Institutional Economics*, Vol. 7, No. 4, pp. 473−498.

89) Daniel Yergin and Joseph Stanislaw (2002) *The Commanding Heights − The Battle for the World Economy*, New York, NY: Simon and Schuster, pp. 123−127.

90) F.A. Hayek (edited by Bruce Caldwell) (1944) *Road to Serfdom − Text and Documents − The Definitive Edition*, Chicago, IL: University of Chicago Press (2007), pp. 116−117.

91) Thomas Pogge (2008) *World Poverty and Human Rights* (2nd edition), Cambridge, UK: Polity Press, p. 55.

92) Philip Pettit (2012) *On the People's Terms – A Republican Theory and Model of Democracy*, Cambridge, UK: Cambridge University Press, p. 133.

추가 읽을거리

Ha-Joon Chang and Ilene Grabel (2014) *Reclaiming Development: An Alternative Economic Policy Manual* (Critique. Influence. Change) (2nd edition), London, UK and New York, NY: Zed Books.

Edgar J. Dosman (2010) *The Life and Times of Raul Prebisch, 1901–1986*, Montreal, Canada: McGill-Queen's University Press.

Khadija Haq (ed.) (2017) *Economic Growth with Social Justice: Collected Writings of Mahbub ul Haq*, Oxford, UK: Oxford Univeristy Press.

Nina Munk (2013) *The Idealist: Jeffrey Sachs and the Quest to End Poverty*, New York, NY: Doubleday.

Dani Rodrik (2015) *Economic Rules: The Rights and Wrongs of the Dismal Science*, New York, NY: W.W. Norton & Company Ltd.

Robert L. Tignor (2005) W. *Arthur Lewis and the Birth of Development Economics*, Princeton, NJ: Princeton University Press.

Michael P. Todaro and Stephen C. Smith (2014) *Economic Development* (12th edition), Toronto, Canada: Pearson.

개발도상국의 식민주의 유산

2장

1. 역사적 유산의 개념화 작업

식민주의와 빈곤은 복잡한 관계로 얽혀있다. 오늘날 우리가 목도하는 지속적 불평등에는 여러 원인이 있지만, 개발도상국 내 사회경제적 빈곤은 대부분 그 역사적 뿌리가 깊다. 15세기와 16세기 스페인과 포르투갈 왕국들이 호기심으로 시작한 탐험은 불과 몇십 년 만에 아메리카, 아프리카와 아시아에 대한 체계적인 정복으로 번져갔다. 제국 팽창의 물결은 현지 지역사회에 익숙하지 않은 관습과 태도를 강요함으로써 원주민의 삶에 개입하여 영원히 바꿔버렸다.

이 장에서는 경제발전의 도전과제를 식민주의의 역사적 맥락에서 살펴본다. 우선 유럽 팽창주의의 기원을 추적하고 이에 대한 이론적 접근방식을 점검한다. 다음으로 식민지 설립과 식민지배의 공고화를 검토한 후 독립 이후 시기의 복합성을 논한다. 이 장의 목적은 유럽 제국주의, 식민주의 그리

77

고 신식민주의와 같은 주요 역사적 시기들과 오늘날 대다수의 개발도상국이 겪고 있는 문제 간에 어느 정도 인과관계를 밝히려는 것이다.

유럽 열강들의 식민지국가 건설 및 지배는 서구 정복의 가장 두드러진 결과이다. 식민지 간 국경은 주로 인위적으로 나누어졌으며, 그중 대다수가 오늘날까지도 분쟁 중이다. 정도의 차이는 있었지만 식민지국가들은 모두 자국을 지배하는 유럽국가체제에 기반을 두었다. 식민지들은 법, 규제, 언어, 교육체계, 종교, 행정에 있어 강도 높은 순응을 강요당했다. 근대화라는 전제하에 식민지배자들은 그들의 영향력이 미치는 분야에 새로운 규칙들을 강제 도입했다. 이러한 규정들은 유럽의 법체계와 전통에 기초를 둔 반면, 피식민자들에게는 완전히 새로운 것이었다. 토착 행정구조의 발전은 때로 허용되는 경우도 있었으나, 지역적 정치 역량 구축을 위한 시도는 예외 없이 모두 좌절되었다.

모든 식민지가 공유한 경험으로서 한 가지 중요한 역사적 유산의 측면을 꼽자면, 바로 거대한 관료국가 수립을 통한 통치였다. 경제발전에 관한 최근 논의의 맥락에서 이러한 식민지 지배 모델을 짚어보는 것은 의미 있는 작업이다. 권위주의적 통치의 중앙집권적 모델에 기반을 둔 사회정치적 역동성은 독립 이후 세대들에게 지울 수 없는 흔적을 남겼다. 한 학자는 다음과 같이 묘사한다.

> 식민지체제는 정부가 모든 공공정책의 선도자이자 모든 편의시설과 좋은 일자리 제공자로 인식되는, 본질적으로 관료적 권위주의에 해당한다. 식민지 정부는 경쟁과 타협이 아닌 탄원과 행정을 통해 지배한다. 민중은 정치적 과정에 참여하지 않으며, 체계에 정의된 최선이 무엇인지를 아는 엘리트 관료에 의해 '관리(administered)'된다.[1]

식민지 독립을 주도한 정치 지도자들은 관료적 권위주의 환경에서 성장하였고 국가를 고도로 중앙집권화된 구조로서 이해하도록 사회화되었다.

식민지 시대에는 정책결정에 대한 하향식 접근법이 적용되었으며 이러한 형태의 정치체는 사람들에게 익숙하게 받아들여졌다. 따라서 아프리카 신생국 시민들은 독립 이후에도 계속해서 국민과의 협의 없이 지배하고, 민주적 제도를 구축하지 않으며, 권력 유지를 위해 신식민주의 방식으로 운영되는 국제원조체제에 의존하는 정부를 보고도 이를 받아들일 수밖에 없었다. 또한, 식민지국가의 유산은 짐바브웨의 무가베(Robert Mugabe)처럼 독립을 지지하던 자유투사가 왜 독재자가 되어 2017년 당시 93세의 나이에도 국가를 지배할 수 있었는지 부분적으로 설명할 수 있다. 무가베는 "충돌하는 문화적 가치 속에서 함께 충돌하는 충성심"에 시달렸을 수도 있다. 그러나 그는 분명 "사람들은 위계질서, 즉 권위주의하에서 자신보다 지위가 높은 이들에게 대항하지 않을 것이라는 특징을 가진 집단적 사회체계 출신이다."[2]

비록 식민지 시대는 공식적으로 막을 내린 지 오래되었고 기존 식민지들도 독립하였지만, "세기가 전환하는 이 시점에, 민족자결권을 향한 아프리카의 남은 과제는 무엇인가"에 대해 질문할 필요성이 있다.[3] 최근 한 논문은 역사적 사건이 경제발전에 미치는 장기적 영향에 관한 경험적 자료들을 검토했다. 비록 어떻게, 그리고 왜 중요한지는 연구 과제로 남아 있지만, 역사가 중요하다는 점에는 반박의 여지가 없으며 학자들은 국내제도와 행위의 문화적 규범이 갖는 역사적인 뿌리에 주목한다.[4] 식민주의가 남긴 잔해는 여전히 아프리카 전역에 남아 있으며 그 영향을 과소평가해서는 안 된다.[5] 이를 최소한이라도 이해하기 위해서는 먼저 식민 관계의 속성부터 이해해야 한다. 한 학자가 말하듯,

> 식민 관계는 야생동물과 가축 간 차이에 기초한다. 식민화는 사육 사업으로 최소 세 가지 요소를 포함한다. 인간(식민지 개척자)에 의한 동물(현지인) 귀속(*appropriation*), 인간(식민지 개척자)과 동물(현지인)의 친화단계(*familiarization*), 인간(식민지 개척자)에 의한 동물(현지인) 활용(*utilization*). 어떤 사람들은 이러한 과정을 일차원적이며 임의적인 것으

로 볼지도 모르나, 이는 식민지 개척자와 피식민자 양측 모두 이러한 순환과정에서 무사히 빠져나올 수는 없다는 점을 간과하는 것이다.[6]

2. 토착 문명과 유럽 열강

유럽의 아메리카, 아프리카, 아시아 지배는 대체로 부정적인 경험이었으며 그 흔적은 여전히 남아 있다. 비록 정복이 시작된 정확한 시기에 관한 기록은 없지만, 일반적으로 콜럼버스(Christopher Columbus)가 아메리카를 발견한 1492년이 전환점으로 여겨지며, 정확히는 콜럼버스가 산살바도르, 바하마, 쿠바를 발견한 해라고 할 수 있다. 콜럼버스는 포르투갈의 영향력이 커지는 것을 염려하던 스페인 국왕의 명을 받고 떠나 1415년 북아프리카의 번영한 이슬람 도시이자 무역의 전초 기지인 쿠에타를 정복했다. 곧이어 포르투갈 국왕은 대서양의 첫 식민지로 마데이라와 아조레스를 주장했다. 16세기 초 스페인과 포르투갈의 제국주의 경쟁은 치열해졌고 1521년 코르테스(Cortez)의 아즈텍 제국 정복은 궁극적으로 스페인이 지금의 멕시코 영토를 정복하기 위한 초석이 되었다.[7] 이후 400년 동안 유럽은 지구의 대부분을 통제하기 위해 노력했다. 한 주요 연구에 따르면 유럽 열강들은 1800년 기준 '세계 육지 면적'의 3분의 1을, 1878년에는 3분의 2를, 그리고 1914년에 이르러서는 5분의 4(혹은 84퍼센트를 웃도는 면적)를 지배했다.[8]

  유럽의 지배는 수 세기에 걸쳐 이루어졌기에 제국주의, 식민주의, 그리고 신식민주의와 같은 용어들을 명확히 하는 것이 이해에 도움이 된다. "식민주의(colonialism)는 한 국가의 국민을 다른 국가가 직접 통치하는 것을 의미하는 한편, 제국주의(imperialism)는 한 국가(혹은 여러 국가)가 다른 국가, 지역, 혹은 전 세계를 지배하는 일반적인 체제를 뜻한다."[9] 신식민주의(neocolonialism)는 좀 더 까다로운 용어로서, 한 학자에 의하면 이는 기존의 식민지와 세계경제질서 간의 '불공평한 연결고리(inequitable ties)'로 해석되는 독특한 유형의 관계이다. 독립 이후에도 오랜 기간 계속된 이러한 연결고리는 식민지 경험에서 비롯되었다.[10] 보다 자세히 표현한다면,

> 아프리카 민족주의자들에게 있어 신식민주의는 외부에서 유입된 새로운 형태의 이질적인 지배가 아니라 오히려 아프리카에 남아 있는 유럽 영향력의 연속성이다. 더욱이 위협적인 것은 직접적인 정치적 통제가 아닌, 생활의 모든 측면을 지배하는 서방 문화의 영향력이다.[11]

앞서 정의한 용어들은 유럽 팽창주의를 세 국면으로 구분하는 데 유용하다. 제국주의의 특징을 지닌 첫 번째 시기는 1415년부터 1776년까지 이어진다. 두 번째 국면은 공식적으로 식민지가 건설된 시기에 해당된다. 이는 1945년 종전으로 인해 공식적인 탈식민화가 시작하기 전까지 상징적으로 계속되었다. 마지막 단계는 독립 이후의 시기에 해당되며, 이는 주요 서방 국가들의 경쟁적인 신식민주의적 경향성을 토대로 구별되는 시기이다.

첫 번째 시기 중에는 포르투갈, 스페인, 네덜란드, 영국, 프랑스의 해군력이 상업적 이득이나 정치적 위신을 목적으로 새로운 영토를 정복하기 위해 전략적으로 이용되었다. 이 시기 영국 동인도회사(1600년), 네덜란드 동인도회사(1602년)와 같은 1세대 다국적 기업이 처음 설립되었으며, 이러한 정부공인의 주식합명회사들은 독점권을 대가로 각 정부에 특정 권리를 양도할 의무가 있는, 본질적으로 무역 독점의 주체인 것이었다. 시간이 흐름에 따라 이러한 회사들은 보안인력(사설군사단체)과 금융체계를 완비해 나가며 유럽 열강들의 강력한 무기가 되었다.[12]

네덜란드와 영국이 우세한 무기로 무장하고 아시아와 아프리카로 향했다면, 스페인과 포르투갈 제국주의 권력은 남미에서 번영하던 아즈텍과 잉카 고대 제국들을 정복하고 파괴했다. 잉카는 현재 페루에 위치한 남미 영

토에 수준 높은 문명을 꽃피웠으며 1438년부터 1532년 피자로(Pizarro)가 이끄는 스페인 정복자들에 의해 파괴되기까지 전성기를 누렸다. 잉카 제국은 아타우알파(Atahualpa)가 지배했으며 북쪽으로는 콜롬비아, 남쪽으로는 칠레와 아르헨티나까지 뻗어있었다. 피자로는 1532년 11월 16일 피의 전투가 된 카하마르카전쟁(Battle of Cajamarca)에서 잉카를 격파했다. 적은 수의 스페인 군대가 수천의 잉카 전사들을 격파할 수 있었던 데에는 여러 요인이 있었으며, 여기에는 스페인이 보유하였던 말, 창, 철, 검, 대포 등이 포함되었다. 잉카는 아름다운 직물, 미술품, 금으로 만든 물품들로 유명했으나 스페인 정복은 이 모든 것들을 파괴했다. 피자로의 요구대로 모든 금붙이는 녹여서 금괴로 만들어 스페인으로 보내졌으며 스페인 정복자들이 퍼뜨린 천연두로 인해 토착민은 거의 전멸했다.[13]

스페인과 포르투갈에 이어 영국과 프랑스 정착민들은 북미로 밀려 들어왔다. 제국의 열강들은 원주민들과의 잔혹한 물리적 충돌을 주저하지 않았고 이는 원시 부족들을 거의 몰살시켜버리는 결과를 낳았다. 스페인, 영국, 프랑스가 제국 통치 혹은 정착을 위해 아메리카 대륙에서 대규모 땅따먹기 경쟁에 여념이 없었을 시기, 포르투갈은 제국주의 팽창을 위해 동쪽으로 새로운 개척에 나섰다. 이러한 제국주의의 야망은 1498년 희망봉을 돌아 유럽에서 인도로 처음 항해한 포르투갈 탐험가 바스코 다 가마(Vasco da Gama)에 의해 실현되었다. 새로운 항로는 포르투갈에 엄청난 이점으로 작용했고, 곧이어 아프리카, 인도, 동아시아의 영토들을 포르투갈의 영향권 아래에 놓이도록 하였다.[14] 네덜란드, 스웨덴, 영국, 프랑스, 그리고 덴마크 역시 뒤이어 아시아에 도달하였으며, 지역 내 막대한 양의 자원 접근권을 획득하고 각자 전초 기지를 세우기 위해 대륙을 샅샅이 뒤지기 시작하였다.

한편, 아메리카 대륙에서의 유럽 제국주의는 정복된 영토들에 공식적인 정착지가 설립되면서 점차 두 번째 국면에 해당하는 식민지 단계로 진화하였다. 따뜻한 남부 기후의 이점을 이용하여 유럽 정착민들은 대규모의 면과

설탕 농장을 설립해나갔다. 유럽에서 산업혁명이 가속화되자 면에 대한 수요는 급격히 늘어났고, 농장의 생산은 극심한 인력 부족으로 인해 수요를 따라갈 수 없었다. 아메리카 대륙과 카리브해 지역의 면·설탕 재배농장에서 나타난 노동력 부족현상에 더해, 라틴아메리카의 금광·은광에서의 값싼 노동력에 대한 수요는 유럽 팽창주의의 새롭고도 우려스러운 국면으로 이어졌는데, 이는 바로 노예무역이었다.

　도무지 채워지지 않는 식민지 노동력에 대한 수요를 충족시키기 위해 유럽 정부들은 점차 하나의 새로운 산업으로 형태를 갖춰가던 문제의 노예무역을 눈감아 주었고, 아프리카인들은 무자비하게 억류·매매되어 강제노동자로 팔렸으며 아메리카 대륙으로 향하는 배에 실렸다. 유럽인이 아프리카에 발을 딛기 전에도 어느 정도의 노예제는 존재했지만, 유럽인 유입 이후에는 그 체계 자체가 달라졌다. 옛 부족 체계에서는 전쟁 중 포로가 된 군인들이나 범죄자들이 노예가 되었다. 대부분 지역에서는 이런 노예들이 수년간 일을 하면 대가를 지불하고 자유를 되찾을 수 있었다. 그럼에도 불구하고 아프리카 대륙에 노예제가 존재했다는 것은 아프리카에 있어서는 엄청난 비극이 아닐 수 없었다. 불과 수십 년 만에 포르투갈은 이 제도를 악용하여 빠르게 증가하던 노예 매수자들과 함께 수익성이 높아만 가는 노예무역에 더욱 깊숙이 개입하였다. 수백만의 노예들이 브라질 광산과 커피 농장에 배로 보내졌고 이후 북미에서의 수요도 늘어났다. "남미의 면·담배 재배농장에서 일하기 위해 수입된 노예들의 대략 4분의 1은 적도 아프리카에서 출발하여 대서양을 건너갔다."[15] 노예들이 공급되었던 또 다른 중요 지역은 오늘날의 코트디부아르 영토 대부분을 차지하는 윈드워드 코스트이다.

　유럽 제국주의 열강은 이른바 삼각(*triangular*) 혹은 범대서양 무역(*transatlantic trade*)으로 알려진 대륙 간의 매우 조직적이고도 정교한 무역 전략을 고안해냈다. 아프리카 대륙의 무역업자들은 수백만 명을 아메리카 대륙이나 카리브해 지역으로 실어날랐고, 노예로 팔려 간 이들은 광산이나 농장에서 면, 설탕, 담배 생산에 투입되었다. 노예를 활용한 생산방식은 많은 상품의 생산 비용을 현저히 낮춰 유럽 소유주들에게 엄청난 이익을 안겨주었다. 이렇게 만들어진 돈은 유럽에 정기적으로 보내졌다. 그 결과로 유럽은 옷과 총을 생산하였고, 이는 다시 아프리카 대륙으로 수송되어 더 많은 땅을 지배하고 더 많은 사람들을 노예로 만드는 데 투입되었다. 아프리카 대륙에 있어 노예무역은 엄청난 사회경제적 손실을 초래했는데, 바로 아프리카 사회에서 가장 생산성이 뛰어난 이들, 즉 젊고 건강한 남성들과 여성들을 잃게 했기 때문이다. 모든 상업적 기반시설은 효과적으로 사람들을 포획한 후 팔아버리는 목적에 초점이 맞춰져 있었고 이로 인해 야기된 무질서는 이미 정치적으로 파편화된 대륙에 정치·민족적 분열을 악화시켰다. 노예제가 아프리카에 미친 영향력은 과소평가할 수 없다. "대서양 지역에서 1650년부터 1800년 사이 천문학적으로 증가한 수를 포함해 1500년부터 1800년까지 이루어진 약 1,100만 명의 노예 수출은 아프리카 정치경제의 전환 없이는 불가능했을 것이다."[16]

노예를 활용한 생산방식은 식민지의 경제적인 성과를 높였고, 아메리카 대륙과 카리브해 지역에 유럽 정착민들이 머물던 시기 중 축적된 부의 대부분을 차지했다. 19세기 미국 남부 지역 주에서는 면 수요를 충족시키기 위한 생산수준을 유지하는 데 노예 노동력이 매우 중요한 요소가 되었다. 그러나 재배농장에서 노동하는 노예의 수가 증가할수록, 노예제도 폐지를 외치는 목소리도 격렬해졌다. 이러한 요구는 정치인들에 의해 공개적으로 거부되었다. 사우스캐롤라이나주 상원 의원이었던 해먼드(James H. Hammond)는 경제적인 근거를 대며 1858년에 이러한 탄원을 일컬어 목화전쟁(*war upon cotton*)이라고 명명하였다.[17] 그는 강력한 기업이익을 대변하기로 유명했으며, 면화재배야말로 남부 경제의 근간이자 수익창출을 위한 필수적인 요소라는 입장을 고수하였다.

제1세대 유럽 팽창주의에 나타난 경제적 제국주의의 일반적인 방식에서는 해군력이 막강한 제국들이 이득 대부분을 취하였다. 제1세대가 끝나갈 무렵인 18세기에 아프리카와 아시아는 비대칭적인 세계무역 네트워크에 통합되어 있었다.

제2세대 식민지 시대는 대략 1776년에 시작되었다. 이 시기는 세계 곳곳에 대영제국의 세력이 뻗어 나가고 있었으며 기타 유럽 열강들이 상대적으로 위축되었다는 특징을 갖는다. 그러나 영국 제국주의의 지배력에 대한 평가에 있어서는 학계 내 의견이 분분하다.[18] 몇몇 학자들은 점진적인 쇠퇴를 분명하게 드러내는 근거로서 크게 두 가지 사건을 언급한다. 첫 번째 사건은 바로 1776년 미국독립혁명이며, 이로 인해 북미 지역 중 가장 수익성이 높은 지역에 대한 영국 통치가 종료되었다. 두 번째 사건은 역설적이게도 아담 스미스(Adam Smith)와 리카도(David Ricardo)와 같은 영국 경제학자들의 영향력 확대 때문이었는데, 이들은 국가 간 자유무역과 국내외 상업에서의 정부 규제 철폐를 주장하였다. 이러한 자유주의 시각에 대한 부분적인 대응으로 영국 제국은 점차 보호 관세체계를 해체하고, 특히 (이후 캐나다 자치령이 된) 영국령 북미와 남아프리카 공화국의 오렌지 자유국·트란스발 등의 제국주의 및 식민주의 소유권에 대한 통제를 해제하였다.[19] 다른 한 편으로, 영국 제국주의의 지배력은 제2세대 팽창주의 시기 더욱 만연했을 뿐만 아니라 산업혁명을 통해 비교할 수 없는 경제력을 누렸다는 주장도 있다. 19세기 중반 영국은 아프리카, 호주, 뉴질랜드, 그리고 현재 캐나다 영토의 서부(브리티시 컬럼비아) 지역으로 뻗어 나갔다. 1858년 인도에서는 과거 동인도회사를 통한 지배가 국왕 직접통치로 대체되었다. 영국은 인도 반도 전체, 인도의 북서 경계선, 버마, 말레이 반도, 중국 해안가 등 아시아 5개 주요 지역에서 통치권을 행사했다.[20]

제2세대 식민지 시대에 제국주의 열강들은 계속해서 위축되어 갔다. 1803년 루이지애나주를 통해 수익을 내고자 했던 프랑스의 계획이 연달아 실패하자 미국이 이 땅을 매수하게 된다.[21] 프랑스는 비록 아프리카 식민지

에서 지속적인 수익을 내고 알제리에서 강력한 존재감을 유지했지만, 1815
년 나폴레옹의 최후 패전을 끝으로 점차 팽창에 대한 관심을 잃어갔다. 스
페인과 포르투갈의 영향력은 1820년대 라틴아메리카 식민지들의 반란으로
대폭 축소되었다. 스페인이 1860년 모로코와 강제 평화 협정을 맺은 것을
두고, 스페인은 영국과 같은 "열강들이 주연으로 출연하는 외교 드라마에서
주변 인물"로서 회자되었다.[22] 그러나 1879년부터 1884년까지 레오폴드 2
세(King Leopold II) 벨기에 국왕이 아프리카 심장부에 해당하는 콩고 왕국
에까지 정치적 영향력을 확장했다는 점을 간과해서는 안 된다. 레오폴드는
아프리카 출신 용병들을 활용해 약 2만 명에 달하는 대륙 최강의 외국인 군
대를 만들었고, 군대 유지비는 국가 예산의 절반 이상을 차지했다. 콩고 식
민지를 개인 투자 정도로 취급했던 레오폴드는 상아, 고무, 노예 착취를 위
해 존재하는 영토 내에 반란이 있을 시, 이를 가장 신속하게 제압하는 방법
으로 군대가 필수적이라고 믿었다.[23]

비록 미국이라는 식민지를 잃었지만, 대영제국은 1914년까지 국제경제
를 지배했으며, 누구도 그 지위를 넘보지 못했다. 제1차 세계대전 이후 승
리를 거둔 유럽국가는 계속해서 식민지에서의 영향력을 통해 해외영토를
지배했다. 마침내 제2차 세계대전 이후 모든 이들의 민족자결권을 촉구해
야 한다는 요구가 받아들여졌다. 이는 아프리카와 아시아에 잔류하는 과거
식민지 권력의 영향으로 인해 길고도 불균등한 과정이었다. 유럽 세계 팽창
주의의 제1세대 및 제2세대와는 달리 제3세대는 점진적으로 진행되었고 대
부분 겉으로 드러나지 않았다. 신식민주의의 주요 도전과제는 바로 이 불분
명한 연속성에서 비롯한다. 1950년대 유럽이 기존의 식민지들과의 관계 유
지를 위해 시작한 어색한 시도는 혼란스러운 신식민주의의 덫으로 옭아매
어졌다. 1955년 콜만(James S. Coleman)은 이 시기 아프리카 역사를 다
음과 같이 분석했다.[24]

아프리카 식민주의는 서양식 사고와 제도의 무분별한 확산을 위한 매개체가 되었다. 이 중 가장 결정적인 것은 근대 국가이다. 문화와 인종이 다양한 아프리카에서 근대 국가를 세우고자 하는 최근의 노력들은 평화적 해결방안을 무시하거나 권위주의를 초래하는 상황을 만들어 내고 있다. 열대 아프리카에서의 국가형성과 식민지 청산은 기존의 유럽 제국주의에서 만연했던 방식과는 또 다른 여론과 제도적 환경에서 이루어지고 있다. 세계 여론의 압박, 그리고 사회 민주주의, 복지국가, 대중의 정치참여 등 20세기 중반 탄생한 사상들로 포화상태가 된 아프리카 민족주의로 인해 식민지 정부는 10년에 가까운 시간을 들여 정치, 경제, 사회 개발의 다양한 전략을 모색해왔다. … 이러한 아프리카의 상황적으로 특수한 요소들은 탈식민 시대에서의 독특한 정치 양상과 유럽-아프리카 관계를 형성하도록 한 것이다.

3. 제국주의와 식민주의에 관한 이론적 설명

일반적으로 학자들은 유럽 팽창주의 제1세대 이면에 중상주의 사고가 지식적 기반을 제공했다는 데 동의한다. 중상주의는 보통 타 국가를 희생시키면서 자국의 경제력을 극대화하는 것에 초점을 두고 있는 경제 철학으로 정의할 수 있다. 중세 유럽의 경제적 명성은 전통적으로 가치가 높은 금속을 축적하거나 대규모의 토지를 지배하는 것과 관련이 있었다. 16세기에 이르러 중상주의는 유럽의 경제적 사유를 지배했다. 중상주의자들은 정부가 국내 경제를 통제함으로써 경제 민족주의를 촉진해야 한다는 관점을 지지했다. 중상주의정책은 수입을 최소화하도록 제한함과 동시에 대규모 수출을 확보함으로써 국고를 금과 은으로 부풀려 나가는 것을 목표로 삼았다.

이 접근법에 관한 보다 구체적인 분석을 살펴보면, 영국 중상주의가 완전고용과 '우호적인 무역수지'를 우선시했다고 설명하는 한 학자도 있다.[25] 이러한 목표를 달성하기 위해 중상주의자들은 다음의 상업정책을 제안했다.

수출품 제조에 필요한 원자재의 리베이트 조건으로 수입품에 대한 관세, 특정 수입품목 금지, 수출세 제거, 수출 산업에 대한 보조금 및 기타 지원, 해외 무역에 종사하는 특정 합자 회사의 독점 승인, 주화와 금괴 수출 금지, 또한 자국 수출업자가 시장에서 경쟁자들을 제치고 시장을 제압하는 데 유리한 공격적인 영국의 외교정책이 포함되었다.[26]

이 문단에 따르면 가장 자애로운 형태라고 할지라도 중상주의는 여전히 혼합된 보호주의정책을 뜻했다.

탐험의 시대는 무자비한 형태의 중상주의를 만드는 데 기여했다. 자유무역에 대한 거부와 보호주의 수출 확대를 위한 정책 수용이라는 중상주의 사고에 내재된 모순은 식민지 정복으로 해결되었다. 중상주의는 제국주의 팽창과 식민지 건설이 필수불가결한 이유에 대해 다음과 같이 합리화하였다.

이는 상업적 경쟁을 막을 기회를 제공하고, 미개척 시장과 값싼 재료·자원(때로는 값비싼 원자재의 원산지)에 대한 독점권을 보장한다. 각 국가는 해외에서의 상업적 기회를 되도록 많이 독점하고자 했다.[27]

아마도 영국 중상주의 무역정책의 가장 대표적인 예시는 1660년대 항해법(Navigation Acts)과 1663년 주요농작물법(Staple Act)일 것이다. 이 법안들은 영국이 상업상의 이득을 취함에 있어 명백한 우선권을 부여했으며 북미의 남부 지역에 식민지 플랜테이션 건설을 촉진했다. 항해법은 외국인 상인이나 선박이 영국 식민지 안팎으로 물자를 수송하는 것을 금지했으며, 주요농작물법은 플랜테이션 주인이 반드시 영국으로부터 물자를 구매할 것을 규정했다. 노예를 매수할 때조차도 반드시 영국인 노예 무역상을 통해서만 거래할 수 있었다. 식민지에서는 영국산 자본과 신용거래만 허용되었다.[28] 해당 법안들은 영국이 통치하는 영토에 한해서는 모든 무역 활동을 포함한 완전한 독점을 대영제국이 갖는다는 것을 보장하고자 하였다.

해외 개척이 시작된 시기부터 중상주의적 사고는 세계정복의 야망을 지닌 유럽 지도자들에게 매우 매력적이었다. 평화로운 국제협력이라는 개념 자체가 유럽국가들에는 생소한 것이었다. 결국, 이들은 수 세기에 걸쳐 돈, 명예, 영토를 놓고 끊임없이 서로 분쟁하던 국가들이었다. 콜럼버스, 피자로, 코르테스와 같은 1세대의 무모한 탐험가들은 엄청난 양의 금과 은을 찾아 열강이 되고자 했던 스페인 국왕의 금전적 지원을 받았다. 피자로는 이러한 국왕의 야망을 충족시켜줬지만, 그 과정에서 잉카를 파괴했다. 잉카제국 최후의 왕은 스페인 침략자들에게서 벗어나기 위해 피자로에게 1만 3,420파운드에 달하는 금 22캐럿과 2만 6,000파운드에 달하는 순은을 바치고 그 대가로 자유를 얻고자 했지만 소용없었다. 1533년 피자로는 제안을 받아들여 금과 은을 취하였으나, 잉카 왕을 처형했고, 자신의 군사들이 잉카의 모든 가치 있는 것을 파괴하도록 광란의 약탈을 허락했다.[29]

역사는 정책입안자들의 인식에 영향을 미치기 마련이다. 따라서 1776년 아담 스미스의 저명한 저서인 『국부론(*The Wealth of Nations*)』이 출판되기 전까지 중상주의가 경제관계에 있어 널리 통용된 관점이었다는 점은 놀랍지 않다. 이 책은 자유시장을 강력히 지지하는 동시에 중상주의에 대한 설득력 있는 비판을 제시했다. 아담 스미스는 중상주의를 국제경제관계에 대한 매우 불안정한 접근방식으로 여겼지만 이러한 자유주의 사고가 세계를 장악해 갈 때쯤 수만 명의 유럽 탐험가들은 신세계로 항해해갔다. 이들은 한 국가의 부를 창출하기 위해서는 그것이 머나먼 땅에 사는 사람들을 약탈하는 행위일지라도, 자국중심적 행동을 취하는 것이 이득이라는 중상주의 신념에 사로잡혀 있었다.

중상주의는 제2세대 유럽 팽창주의에도 지속적인 영향을 끼쳤다. 그러나 제국들이 영토를 확장해갈수록 자유주의 사상의 영향력이 커지며 지배의 성격이 변화하였다. 식민주의가 세계경제에서 왜 그토록 막강한 힘으로 작용했는지를 설명하는 이론으로는 세 가지가 있다. 첫째는 마르크스주의에 영감을 받고 레닌(Lenin)의 글로 형상화된 이론이다. 둘째는 식민주의의 지속을 뒷받침하기 위해 부단히 노력한 영국 자유주의자들을 대표했던 홉슨(J. A. Hobson)에 의해 주장된 관점이다. 셋째는 레닌과 홉슨에 모두 동의하지 않고 대안을 제시한 필드하우스(D. K. Fieldhouse)의 정치적 주장이다.

레닌은 1917년 러시아 볼셰비키 혁명의 핵심 인물 중 하나로 식민지 제국주의에 대한 마르크스주의적 개념을 정립했다. 이로써 그는 단일 이론으로 두 개의 목표를 달성했다. 첫째, "모든 주요 발전된 자본주의 국가들이 19세기 후반부터 폭발적으로 취해온 팽창주의정책에 대한 경제적 설명을 원했던 마르크스주의자들"에게 이를 제시했다. 둘째, 그는 이 이론적 사상을 통해 산업화된 서방 국가에서 "당연히 일어날 것이라 자신했던 사회주의 혁명"이 왜 일어나지 않았는지를 설명했다.[30] 레닌의 이론에 따르면,

> 제국주의는 바로 독점과 금융 자본의 지배가 확고하게 자리 잡은 단계의 자본주의이다. 이 단계에서 자본의 수출은 그 중요성을 획득하였고, 국제 신탁 간 전 세계적 분할이 시작되었으며, 위대한 자본주의 국가 간의 세계 영토 분배가 완료되었다.[31]

이 장에서 유럽 팽창주의를 세 개의 시기로 구분한 것에 레닌은 동의하지 않을 가능성이 높다. 레닌의 사적 유물론에 대한 신념은 그가 식민 제국주의 팽창을 기나긴 글로벌 자본주의 발전의 일부로서 이해하도록 설득하였다.

종속이론과 세계체제론으로 대표되는 글로벌 경제의 불균형한 발전과 관련된 이론은 제국주의에 대한 이러한 이해를 바탕으로 정립되었다. 식민지 팽창은 세계 자본주의체제 안에서 중심부에 해당하는 선진공업국에 영구적으로 특권을 부여할 수 있는 파괴적인 힘을 촉발시켰다. 세계체제론을 정립한 월러스타인(Wallerstein)은 구체적으로 다음과 같이 언급했다.

> 세계경제의 3대 구조적 위치 — 중심부, 주변부, 반주변부 — 는 약 1640년경에 확립되었다. … 유럽 세계경제의 지리적 팽창은 다른 세계체제들(world-systems)의 배제와 잔존하는 소규모 체제들(mini-systems)의 흡

수를 뜻했다.[32)

마르크스주의 관점에서 볼 때 식민지 시대는 내재적으로 비대칭한 현재의 글로벌 경제구조를 고착화하는 데 매우 중요했다.

다른 한 편으로, 홉슨은 제국주의를 여러 힘의 작용으로 보았다. 그는 특히 커지는 국제금융의 영향력이 19세기 후반 경제에 미친 결정적인 역할에 초점을 두었다. 이 시기 유럽 열강이 자본주의 논리를 따라 단순히 새로운 시장 찾기에 혈안이 되어 착취적 탐색을 했다는 주장을 거부하였고, 오히려 식민지가 잉여자본을 투자할 합리적인 기회를 제공했다고 주장했다. 홉슨은 유럽 열강들의 경쟁을 지배를 위한 자연적인 투쟁으로 봤으나, 식민지 시대의 경쟁은 초국적 자본가들의 후원이 있었기에 가능했다는 점에서 다른 경쟁과는 차이가 있다. 그는 다음과 같이 결론지었다.

> 애국주의, 모험, 군사기업, 정치적 야망, 자선사업과 같은 비경제적 요소가 제국주의 팽창에 끼친 영향을 고려했을 때, 자본가들에게 모든 책임을 돌리는 것은 역사적으로 지극히 협소한 경제적 관점을 갖는 것으로 볼 수 있다. 또한, 제국주의의 원동력이 단지 재정적인 것만이 아니라는 것도 사실이다. 재정지원은 오히려 제국주의라는 엔진의 총독 역할을 하였을 뿐이다.[33)

더욱이 홉슨에게 있어 식민지 팽창은 "사회개혁을 통해 그 '뿌리'를 잘라버릴 수 있으므로" 그 어느 하나도 불가피하거나, 수정할 수 없는 것은 없었다.[34) 식민주의에 대한 간단한 해결책을 제시했다는 점에서 홉슨은 "그를 '부르주아 수정론자'로 여긴" 마르크스주의자들로부터 심하게 비난받았다.[35)

필드하우스는 위의 주장 중 어느 하나도 식민화를 제대로 설명하지 않는다고 생각하였다. 이에 그는 홉슨이 제시한 증거는 음모론적이고,[36) 레닌은 독단적이라고 칭하며,[37) 또 다른 관점을 관철시키고자 하였다. 그의 주장은 한 가지 중요한 측면에서 레닌과 홉슨의 가설에 도전하였는데, 요약하자면 이는 바로 19세기 말 식민지 팽창이 정치적인 현상이었다는 것이다. 그는 해외 식민지를 유지하는 비용이 엄청났기 때문에 식민지를 소유하는 것은 특별한 책임을 암시한다고 주장했다. 따라서 해외 식민지에 대한 통제를 강화한다는 결정은 "다른 대륙에서 이루어지는 유럽 활동의 최전선에서 대두되는 다양한 문제들"에서 비롯되었다. 식민화의 총력전은 식민지 지배자들과 피지배자들 사이의 관계가 "근본적으로 불안정해지는" 시기에 개척지에서 발생하는 문제에 대응하기 위해 필요했기 때문에 일어났다.[38] 홉슨에게 있어서 이는 식민제국의 종말과 함께 끝이 날 불행한 상황이었다. 그는 "19세기 후반 제국주의를 초래한 국제관계의 근본적인 문제가 더는 존재하지 않는다는 확신을 유럽이 가질 때, 이를 기반으로 유럽이 철수하는" 자연스럽고도 만족스러운 결론을 바랐다.[39]

필드하우스의 제국 식민주의에 관한 정치 이론은 많은 이들의 반감을 샀다. 이는 그가 제국 식민주의를 '자본주의 이전의 주변부'에서 일어나는 문제에 필요한 '신속한' 대응 방법으로 여겼기 때문만이 아니다. 그는 팽창주의 중 식민시대에 행해진 유럽의 행위를 무조건적으로 칭송한 것에 대해서도 비판을 받았다. 다음은 필드하우스에 대한 한 학자의 주요 비판을 요약한 것이다.[40]

필드하우스는 식민지배가 아프리카인들을 때로는 괴롭게 했다는 것을 인정하면서도 이는 "역사적으로 19세기 후반 대부분 토착민들이 마주해야 했던 양대 악 중 차악"이라면서 최악은 아프리카인을 그대로 내버려 두는 것이라고 암시했다. 신중한 행정, 확고한 통제, 선한 의도 등 필드하우스가 묘사하는 식민지배는 대부분의 아프리카 역사가들이 부정할 만한 것이다. 좋은 관료주의, 체계적 법률, 일관성 있는 정책이라고 필드하우스가 인지한 것에 반해 역사학자들은 수년 전부터 오히려 식민 '체계들(systems)'의 무질서, 비일관성, 그리고 예측할 수 없는 가혹함을 의식하게 되었다.

비록 지금까지 논의된 이론 중 어느 하나도 제국의 식민지 팽창을 완벽하게 설명하는 것은 없지만, 모두 세계 역사상 매우 중대한 시기를 이해하고자 하는 중요한 시도들이다. 마르크스주의 관점은 여러 탈식민주의 담론의 지적 자극제로 특히 영향력이 있다. 역으로 필드하우스의 정치적 주장에 대해서는 오늘날 우려스러운 시각이 존재하는데, 이는 식민주의가 단순히 종결되었다고 하는 주장과 신식민주의에 대한 암묵적 부정 때문이다.

이러한 논의는 제3세대 팽창주의인 신식민주의 시기로 이어진다. 마르크스주의 외에도 탈식민주의 이론을 논하는 문헌은 방대하다. 서방권과 그 외 지역 간 다양한 형태의 탈식민주의 관계를 밝히고자 한 복합적이고 다양한 서술 중 탈식민주의 이론의 역할을 종합적으로 나타낸 것은 다음과 같다.[41]

> 탈식민주의 이론은 "종교성, 저개발, 빈곤, 민족성, (혹은) 비서구성과 같이 환원할 수 없는 본질들을 통해 제3세계를 구성하는 사고방식을 부정하는 것"[42]을 수반한다. … "탈식민주의 조건"이란 식민주의 유산이 — 사실상 역사적, 이론적으로 — 항상 존재하는, 따라서 그 틀을 벗어나 생각하려 시도할지라도 늘 존재하는 것이라고 나는 이해한다.

탈식민주의 이론은 어떻게 서방 국가의 식민지배 양식이 토착민 사회 내 정체성 형성과 정치 조직 과정에 영향을 주었는가 하는 질문에 중점을 두며, 탈식민주의 정체성이 독립에 있어 얼마나 개인 및 공동의 역량을 축소시키는지에 대한 의문을 제기한다. 또한, 서방세계와의 새로운 형태의 문화적, 사회적, 상업적 관계에 대한 탈식민화 사회의 반응을 검토한다. 여러 탈식민주의 담론들의 분석은 다양한 자료로부터 시작되나, 중점은 아메리카, 아시아, 아프리카, 태평양의 식민 제도에 영향을 받은 개인 및 공동의 경험에 놓여 있다.

탈식민주의 연구자들의 중요한 주장은 경제적 자유주의의 글로벌 확산에 관한 것이다. 이 관점에 따르면 자유주의의 '보편화된 정신(universalizing ethos)'은 제국주의 야망에 대한 정당화를 내포한다.[43] 본서의 후반부에서는 자유주의 원칙하에서 행해진 서방 정부 혹은 기관의 다양한 행위에 대해 살펴본다. 이러한 행위는 흔히 개발도상국 정치에 대한 직접 개입을 의미하며, 탈식민주의 사상가들이 신식민주의의 지속에 대해 설명하고자 할 때 주로 활용된다. 탈식민주의 이론은 이러한 연결고리와 더불어, 지속적인 외압에 노출된 사회의 차후 궤적을 이해하고자 한다. 이러한 맥락에서, 국제무대에서의 새로운 제국주의 행위자라는 표식이 일반적으로 미국에 붙여진다. 앞서 검토한 패권안정론은 미국정책을 선한 의도를 지닌 패권국에 의해 만들어진 정책으로 바라보는 관점이다. 한편, 신식민주의 비평가들은 이러한 해석에 동의하지 않는다. 2003년 미국과 동맹국들이 이라크 침공을 결정했을 때 이 결정은 제국주의적 행위의 조짐을 나타내는 것으로 비판받았다. 한 학자는 다음과 같이 날카롭게 지적했다.[44]

> 미 제국은 식민지 건설, 점령, 백인의 책무와 같은 것에 기반한 과거의 제국들과는 다르다. (이는) 전 세계 유례없는 가장 막강한 군사력에 의해 강제된 자유시장, 인권, 민주주의로 장식된 글로벌 패권이며, 이른바 제국의 아류(empire lite)일 뿐이다.

4. 식민주의와 제3세계의 탄생

19세기 말 무렵 식민 열강들은 사실상 글로벌 전역에 영향력을 행사하고 있었고 우세한 군사 무기의 보유가 실현해준 직접 통치를 통해 정치적인 지배가 가능했다. 유럽인들은 원주민 사회를 정복하기에 많은 이점을 갖고 있었던 것으로 밝혀졌는데 다이아몬드(Jared Diamond)가 이를 두고 총, 균, 쇠라고 부른 것으로 유명하다. 군사 기술의 차이는 더욱 극명하여 미국 원주민은 돌과 나무로 만든 몽둥이와 도끼로 싸웠지만, 유럽인들은 강철검, 창,

단검, 갑옷을 보유했으며 완성도 높은 화기 제조에 근접해있었다. 게다가 미국 원주민 군대는 보병들이었던 데 반해 유럽인들은 말을 사용했고, 이는 엄청난 차이를 가져왔다.[45)]

다이아몬드는 유라시아 사회가 우월한 군사 기술을 통해 발전경로를 밟을 수 있었던 것을 지리적인 조건으로 설명한다. 그는 유라시아 지역에 특화된 빠른 정착은 애초부터 수천 년간 도구·식재료·의복으로 활용 가능한 특정 동물들이 가축으로 서식할 수 있는 보다 나은 기후와 비옥한 토양에서 비롯되었다고 한다. 보다 우호적인 지리적 환경과 더 나은 기후는 밀, 보리, 호밀과 같은 곡물 재배를 가능하게 했고 이로써 영구적이고 특수한 지역사회 건설이 가능했다. 시간이 흐름에 따라 노동분업은 유라시아 정착지를 더 효율적이고 안전하게 만들었으며, 새로운 것을 발명하고 이를 이용하기에 쉬운 방향으로 이끌었다.

이와 반대로 포식동물이 많고 농작물 경작이 적합하지 않은 열대의 열악한 기후조건에 사는 사람들은 대부분의 자원을 생존에 쏟아부어야 했다. 혹독한 기후와 거친 토양은 많은 토착사회로 하여금 유목민의 삶을 살게 하였고, 이로 인해 새로운 기술을 개발할 기회가 매우 제한적이었다. 다이아몬드에 따르면 역사적으로 증명된 지리적 요소는 식민지 개척자들과 원주민들 간 모든 기술적 측면에서 그 차이를 설명할 수 있으며 이러한 차이는 유럽 정복의 성공을 부분적으로 설명한다.[46)] 이러한 지리적인 가설은 세계 경제적 불평등이 지리적 차이에서 비롯되었다는 결정론적인 결론을 내릴 수 있기 때문에 나름의 비판이 따른다. 다이아몬드의 이러한 연구결과는 인류사에 흥미로운 해석을 제공하며 식민지 시대에 대한 역사적 검토를 보완한다.

애쓰모글루(Daron Acemoglu)와 로빈슨(James A. Robinson)은 지리적 위치가설(geography hypothesis)이 국가 저마다 갖는 미묘한 역사적 경로의 궤적을 제대로 이해하는 데에는 충분한지 않다고 비판한다. 몇몇 국가는 풍부한 천연자원이 제공되는 지역에 자리 잡고 있음에도 불구하고 계속해서 번영하지 못했던 반면, 또 어떤 국가는 지리적인 조건에 따르면 실패할 수밖에 없지만 성공한 예도 있었다. 전 세계 많은 국가는 번영의 시대를 경험했지만 이후 극심한 위기를 겪었고, 그 반대의 경우도 있었다. 지리적 위치가설에 기반한 주장에 반대하며, 애쓰모글루와 로빈슨은 제도가설(institutional thesis)을 발전시켰다.[47] 이들은 전 세계 국가 간 개발 불평등이 18세기 후반 산업혁명 시기부터 드러나기 시작했다고 상정한다. 산업화의 진행은 기술적 혁신, 정치적 자유, 노동의 유동성에 대한 엄청난 유인책을 제공함으로써 몇몇 국가들의 발전을 촉진했고 이러한 발전은 민주주의의 길을 터주었다. 사회들이 성공적인 발전을 이룩하기 위한 열쇠는 지리적 위치가 아니라, 국가 제도의 질이라고 저자들은 결론짓는다. 이들의 정치한 역사적 분석은 경제발전에 있어 포용적 민주주의 제도가 갖는 이점과 착취적 제도가 불러오는 참사를 드러낸다.

제도적 관점은 국가의 연대기 중 중대전환점(critical junctures)에 주목한다. 식민지 시대 식민권력이 해외영토에 남긴 가장 중대한 구조는 바로 국가이다. 식민권력의 선호에 따라 국가 제도는 다양한 형태로 나타났고 식민지 사회의 동의 없이 강제되었다. 저자들은 식민지 시대 착취적 제도의 강화에 주목한다.[48] 그러나 많은 기존 식민지들에 있어 또 하나의 중대전환점을 제공했을 것으로 보는 전후 탈식민화 시대에 대한 그들의 연구결과는 설득력이 약하다. 중대전환점은 변화의 기회를 제공하는 고유의 역사적 순간들로 정의할 수 있다. 저자들이 통탄하듯 "독립 이후 정부는 … 정치권력 분배를 심각히 제한하고, 제약을 없애며, 투자와 성장을 장려하는 경제제도 인센티브가 이미 부족한 상황에서 이를 더욱 약화시키고, 이전 방식의 남용을 단순히 반복하거나 혹은 더욱 심화시켰다."[49] 많은 경우 독립된 정부는 새로운 제도를 만드는 대신 착취적 제도를 강화했다. 안타깝게도, 새로운 지도자들이 탈식민화 시기 여러 도전에 어려움을 겪으면서 독립이 가져온 기회는 포용적 제도 구축에 충분히 활용되지 못했다. 새로운 제도 대신 착취적 제도를 강화하게 된 배경에는 지배 엘리트를 일부 남겨둠으로써 빈곤을 탈출하려는 바람에서 비롯되었다. 통치의 과정은 절대 간단하지 않으며, 특히 이를 제약하거나 활성화할 제도적 구조가 약하거나 존재하지 않을 때 더욱 그러하다. 지속적인 빈곤에 의해 더욱 부족해진 국가 자원이 약한 제도적 환경과 결합될 때, 정치적 생존은 더욱 더 절박한 문제가 된다.

독립운동은 탈식민화 사회의 정치적 구조를 변화시키고자 했지만, 온전히 성공한 경우는 드물다. 식민지 시대로부터 계승한 국가는 어색한 존재(awkward creatures)였다. 제도적인 관점에서 보면, 탈식민 국가는 식민정책 이행을 보장하기 위해 조직되었던 중앙집권적 기관과 유사하였다. 정치적으로 이들은 식민지 통제를 위해서 필요하다면 폭력을 행사할 준비가 된 강압적인 조직이기도 하였다. 이러한 국가들은 대부분 식민지 열강들의 협상 테이블에서 그려진 피상적 국경을 부여받았으며, 이렇게 그려진 국경선은 정복된 영토에 대한 효과적인 관리를 가능하게 하였다. 또한, 이러한 국가형성이라는 식민지 사업에는 유럽의 신념이 반영되었는데, 이는 전 세계적으로 국가들이 가장 바람직한 정치권력 형태로서 복제되어야 한다는 것이었다.

국가의 개념은 서유럽 30년 전쟁의 종료와 1648년 베스트팔렌조약(Treaty of Westphalia)의 체결로 거슬러 올라간다. 이 조약은 수십 년간 지속된 종교전쟁의 끝을 알렸으며 주권국가체제를 구축하는 방식으로 근대 국제관계의 기원이 된 역사적으로 중요한 기준점에 해당한다. 베스트팔렌 이후 국가는 타 국가가 간섭할 수 없는, 특정 영토에 행사되는 합법적인 정치권력의 기본 단위가 되었다.[50]

조약 체결 이후 3세기간 세력을 키운 유럽 열강은 전 세계 국가 간 체제를 계속해서 확대해 갔다. 그러나 식민지를 만드는 것은 베스트팔렌조약의 관점에서는 모순적인 일이었다. 식민지국가들은 국경은 있었지만, 궁극적인 정치권력은 식민지 열강들이 쥐었다. 이는 베스트팔렌의 가장 중요한 원칙인 국민주권주의에 위배되는 것이었다. 사실상, 이 모순은 식민지 독립운동이 식민지 운영에 이의를 제기하고 모든 국가의 자기결정권이 1960년 유엔 선언에서 인정되기 전까지는 해결되지 않았다. 이 선언이 이루어지고 나서야 비로소 전 세계 모든 국가가 국제법 아래 주권국가로 인정받게 되었다.[51]

베스트팔렌 이후 300년간의 기간과 대략 맞물리는 식민지 시대에 유럽의 국가체제 밖에 놓인 정치체는 다음 세 가지 중 하나로 분류되었다. 첫째, 중국 및 오스만 제국과 같은 유럽의 무역 협력국 및 경쟁국이 포함된다. 둘째로는, "유럽이 동급 이하로 취급하나, 완전히 종속된 국가는 아닌 … 비주권 정치체"였다.[52] 이 범주에는 아시아, 중동, 라틴아메리카의 몇몇 지역이 포함되었다. 19세기 말 중국과 오스만 제국도 이 둘째 범주에 속하게 된다. 셋째는 유럽 열강의 완전한 주권 통치 아래에 있는 식민지국가였다. 모든 식민지국가에는 유럽 통치자들에 의해 구축되어 이들에게 보고의무가 있었던 공권력층이 존재하였다. 다른 어떤 유럽국가도 합법적으로 타국의 국내문제에 간섭할 수 없다는 암묵적 규칙하에서 식민지들은 이후 식민권력들의 종속적 확장지로서 제정되었다. 당연한 결과로, 식민지 영토는 유럽 열강들 사이 수많은 무력 분쟁의 장이 되었다.[53]

모든 식민지국가 간 공유된 특징은 일곱 가지가 있으며, 이는 다음과 같다. 첫째, 유럽 제국의 식민지 사회에 대한 직접적인 정치 통제로 인한 식민지와 지배국가 간 복잡한 관계를 의미하는 국제정치적 측면이 있다는 점이다. 둘째, 관료적 엘리트주의와 권위주의는 식민 국가 행정기구의 형태였다. 셋째, 현지인 지주와 추장을 강압적으로 동맹으로 끌어들임으로써 식민지 사회의 '전통적' 혹은 관례적 실세를 이용했다. 넷째, 질서 유지를 위해 무력사용이 통상적으로 허가되었다. 다섯째, 기술적 이점은 유럽인들에게 식민지 통제력을 주었을 뿐 아니라, 우월주의 신화를 만들어 내는 데에도 일조했다. 여섯째, 국가주의는 국가에 의한 대대적인 경제통제로 해석되었다. 일곱째는 패권 이데올로기로서, 막강한 권력에 의한 자비로운 형태의 식민지 지배라는 주장에 힘입어 강화된다.[54] 이러한 특징은 장기간의 식민주의 기간에 걸쳐 다양한 형태와 강도로 그 모습을 드러냈다. 탈식민화 과정이 공식적으로 종료되자, 유엔 선언은 한 국가에 의한 타 국가 식민지 지배를 금지했다. 그러나 독립에는 명백한 한계가 있었는데 이는 오직 식민지국가로 인정된 국가들만이 유엔의 국가자격 권리를 부여받았다는 점이다. 식민지 내에 존재하던 국가 혹은 인종집단에는 해당 권리가 주어지지 않았다.[55]

유럽 열강은 300년 가까이 전 세계를 대상으로 정치적 지배를 확산시키고자 했다. 이 중 가장 극단적인 시도는 1880년대부터 제1차 세계대전 전까지 아프리카에서 나타났다. 신중한 개입에서 시작하여 직접적인 군사통치로 빠르게 전환한 이 시기는 이후 아프리카 쟁탈전(scramble for Africa)으로 알려졌다. 식민지 영토 확장을 위한 시도가 가속화됨에 따라 경쟁 관계에 있던 유럽 열강들 간 군사분쟁 촉발의 위험은 커져갔다. 새롭게 형성된 독일 제국의 지도자로 파괴적인 분쟁을 해결하고자 했던 비스마르크(Otto Von Bismarck)는 베를린에서 유럽 열강들 간의 회의를 소집했다. 베를린 회의는 1884년 11월부터 1885년 2월까지 진행되었으며 참여국들은 평화로운 아프리카 대륙 분할이라는 결과를 얻었다. 이는 "원주민을 가르치고 이들의 땅에 문명의 축복을 내리기 위한 목적"이었다.[56] 국경은 아프리카 내 인종갈등을 무시한 채 현지인들과의 협의 없이 결정되었으며, 유럽인들은 현지의 갈등 구도 속으로 빨려 들어갔다. 한 예로 이 회의는 당시 벨기에령 콩고와 독일령 동아프리카를 기준으로 투치 왕국을 나누었는데, 이는 이후 각각 르완다와 브룬디가 위치한 곳에 해당하였다.[57] 투치 분할은 식민자들에 의해 이용당했으며, 이는 내부적 인종갈등과 또 다른 현지 인종집단인 후투족과의 갈등을 악화시켰다. 몇 세대 이후 결국 갈등은 폭발하여 1994년 르완다 집단학살을 초래했다.

도표 2.1에서 2.4까지의 지도는 식민지 소유 범위와 공식적 독립 절차를 나타낸다. 유럽 열강들은 본국의 **메트로폴**(*Metropole*) 제도에 기반을 둔 정치구조를 각각의 식민지 영토 내에 구축해갔다.

도표 2.1 1763년 유럽의 북아메리카 식민화

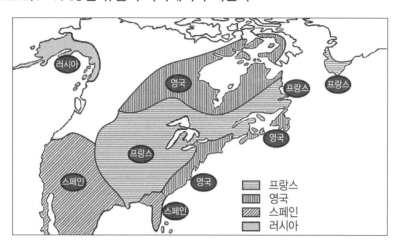

도표 2.2 18세기 유럽의 라틴아메리카(중남미) 식민화

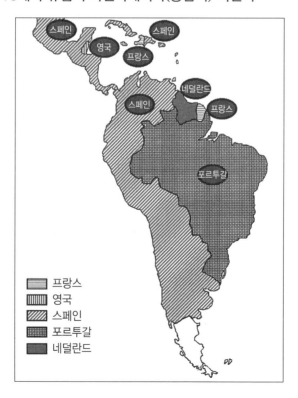

경제적 관점에서 유럽 열강들은 그들의 경제적 수요와 이해관계를 가장 잘 충족시키는 형태로 식민지 영토를 조직했다. 법령과 강제를 통해 식민자들은 식민지 피지배자 국민을 희생시키며 자신들의 이익을 극대화하는 사회경제적 구조를 구축함으로써 정복지에 현존하는 경제 생산방식을 변경하였다 (글상자 2.1 영국의 사회경제적·정치적 케냐 지배방식 사례 참조). 게다가 식민지 영토에서 발생한 경제활동 대부분은 1차 상품 생산에 국한되어 있었으며 주로 농업과 광산업 부문에서 유럽의 산업 소비를 위한 값싼 농산품과 원자재 공급을 확보하는 것이 목표였다. 유럽 열강들은 산업 제조의 중심부로 계속해서 경제성장을 이루어 간 반면 식민지는 유럽에 기본 물품을 공급하는 부차적인 수준에 머물렀다.

도표 2.3 1914년 아프리카 식민화

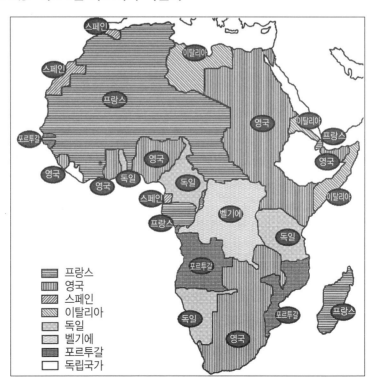

도표 2.4 1939년 동남아시아

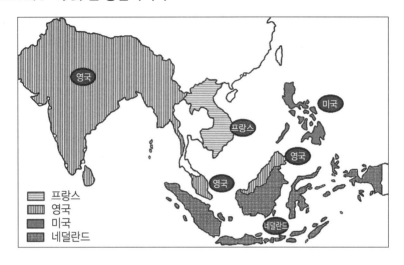

1. 백인 정착민 경제 구축

1895년 케냐가 공식적으로 영국의 동아프리카 보호국(British East African Protectorate)으로 편입된 사실이 공표되었다. 약 30명의 백인 정착민들만이 있었던 보호국에 엘리엇 경(Sir Charles Elliot)이 새로운 판무관으로 오면서 1901년 이후 고지대에 유럽 정착지 구축을 본격적으로 권면할 것을 결정했다. 또한, 비백인의 정착민들은 저지대에만 정착하도록 권고했다. 엘리엇은 해당 정책을 추진함에 있어 이미 케냐에서 정치 조직을 형성하여 고지대는 유럽인만을 위해 남겨둘 것을 성공적으로 로비한 소수의 백인 정착민들로부터 지지받았다. "크라운 랜드(Crown land)에 속하는 모든 토지 거래는 원주민의 권리와 요구를 고려해야 하며, 특히 판무관은 원주민이 실제 거주하는 토지를 팔거나 임대하면 안된다"는 1902년 공유지조례(Crown Lands Ordinance)에 의거하여 정착을 위한 토지가 부여되었다. 이 조례는 아프리카 토지권을 보호하는 듯 보였지만 실제로는 키쿠유 인종이 소유한 토지 대부분에 대한

계속 ▶▶

몰수를 확립시켰다. 이 조례에 따라 아프리카인이 거주하지 않는 땅의 자유토지보유권을 족장의 동의 없이 매각할 권리가 판무관에게 주어졌다. 이러한 토지는 '버려진 빈 땅'으로 여겨졌다. 1890년대 키쿠유족은 일련의 재앙을 겪게 되었다. 1890년부터 1899년 사이에는 극심한 가뭄을 겪었으며, 뒤이어 천연두 전염병이 유행하여 키쿠유 영토 남부 지역에 약 70퍼센트의 인구가 감소하였고 이로 인해 이 지역의 많은 토지가 공한지가 된 것이다.

　키쿠유족에게는 땅이 비어 있다는 사실이 그 땅을 더 이상 소유하지 않는다는 의미로 여겨지지 않았다. 게다가 키쿠유족은 땅을 옮겨 다니며 농사를 짓는 체계를 갖추고 있었기에 모든 토지를 상시 사용하고 있지는 않았던 것이다. 그러나 이 조례에 따라 사용하지 않고 있던 토지에 대한 그들의 권리는 무시되었다. 1902년 공유지조례 하에 몇몇 개척자들은 백인 정착민들로서 대규모 토지에 대한 권한을 얻었다. 특히, 이후 델라메르 경(Lord Delamere)이 된 샬몬델리(Hugh Chalmondeley)와 그로건 대령(Col. Ewert Grogan)은 큰 수혜를 입었다. 델라메르는 11만 5,000에이커의 땅을 얻게 되었고, 그로건은 총 18만 6,000에이커의 땅을 매수하거나 임대할 수 있었다. 1905년 말, 수백만 평에 달하는 키쿠유족의 소유지는 영국 식민권력에 임대되거나 팔리게 되었다. 아시아인이나 흑인은 비옥한 고지대 토지를 임차하거나 소유하는 것이 허용되지 않았다.

2. 백인 정착민들과 정치적 통제

1905년 식민청은 외무부로부터 보호국에 대한 통치 책임을 이어받았다. 1906년 판무관을 보호국의 총독으로 임명하는 새로운 법이 제정되었고 이후 행정 및 입법위원회가 설립되었다. 1907년 여섯 명의 정부 관리들과 두 명의 비정부 인사가 모인 입법위원회(LEGICO: Legislative Council)의 첫 회의에는 유럽인 대표들만 자리할 수 있었다. 정착민들은 서서히 위원회에서 그들의 힘을 키워갔고 이를 통해 그들에게 우호적인 정책을 진전시킬 수 있었다. 1920년에 이르자 정착민들은 입법위원회 구성원을 선출할 권리를 얻게 되었다. 같은 해 케냐는 노디 경(Sir

계속 ▶▶

Edward Northey)의 통치 아래 완전한 영국 식민지가 되었다. 정착민들의 입장과 이해관계는 위원회를 통해 과도하게 대변되어온 반면 아프리카인들의 정치적 야망의 분출구로는 1924년 설립된 현지인 위원회가 유일했다. 정치적 권리의 결여는 아프리카인들에게 근본적인 문제였으며 이후 케냐 내 다양한 인종들을 하나로 통합하는 힘이 되었고, 이로써 아프리카 민족주의 발전에 중요한 토대가 되었다.

3. 아프리카 노동력 및 식민지 경제에서 아프리카의 배제

식민지 정복 시초부터 아프리카인들은 유럽인들이 주도하는 불평등한 경제에 강제적으로 참여해야 했다. 백인 정착 시점으로부터 20년이 지났을 무렵부터 키쿠유 인구의 25퍼센트는 백인 정착민이 소유한 농장에서 이주 노동자로 영구거주하고 있었다. 이전에는 지주였던 많은 아프리카인은 그들의 토지가 몰수당할 때 이러한 '백인' 농장의 불법거주자 혹은 노동자들이 되어 있었다. 처음에는, 아프리카 노동자들이 1년에 3~4개월가량 백인 정착민을 위해 일을 해주는 대가로 할당받은 토지를 이용해 생활을 잘 이어나갈 수 있었다. 그러나 1920년 이후 유럽인의 농업 방식이 보다 형식을 갖추게 되었을 때부터 아프리카 노동자들의 권리는 더욱 약화되었다. 커피, 사이잘(sisal), 옥수수, 밀 수출을 위해 농작하던 백인 농부들은 상주 노동자의 안정적인 공급에 관심이 늘었고, 아프리카 임시 노동자들에 대한 수요는 점차 감소하였다. 더욱이 아프리카인들이 소유할 수 있는 가축의 수와 경작할 수 있는 토지 면적은 감소하는 반면 그들이 백인 정착 농부들을 위해 일해야 하는 일수는 증가했다. 아프리카인들은 점점 경제활동의 주요 무대에서 배제되었고, 독립적인 생산자에서 백인 정착 농부들을 위한 계약 농업노동자로 변모해갔다.

아프리카 노동력 공급 증가에 우호적인 조건을 만드는 과정은 아프리카 실업자들의 증가로 인해 가속화되었다. 아프리카인을 강제 노동시키기 위한 방식으로써 아프리카 조세제도도 도입되었다. 아프리카인은 커피나 차와 같은 환금작물(cash crops)을 재배하는 것이 금지되었다. 아

계속 ▶▶

프리카인들은 이러한 변화를 순순히 받아들일 수 없다는 것을 점차 깨닫게 되었고, 이에 1929년 저항운동이 일어나게 되었다. 아프리카인들의 반영저항운동(anti-British protest)은 1930년대와 1940년대에 걸쳐 계속되었다. 제2차 세계대전 당시 농업생산 증대로 인해 아프리카인들의 권리에는 더 심한 제약이 따랐다. 결국, 원주민 지역사회, 특히 백인 정착민들에 의해 엄청난 규모의 토지를 몰수당한 키쿠유족은 극심한 빈곤을 겪게 되었다.

4. 제1차 세계대전, 저항의 뿌리, 영국 통치의 종료

제1차 세계대전 당시 대영제국을 위해 복무했던 케냐인들은 전쟁이 끝나자 그들이 당했던 부당한 대우에 대해 몹시 분개했다. 16만 명에 이르는 케냐인들이 영국군과 나란히 복무했고, 전쟁 중 극심한 고통에 시달렸다. 약 4만 2,000명의 아프리카 인부들은 주로 열악한 복역 조건으로 인해 전사했다. 전쟁에서 돌아온 영국 장교들은 포상을 받았지만, 아프리카 복역 군인은 그에 합당한 인정을 받지 못했다. 사실상, 이들은 복역이 끝나면 보상을 받을 수 있다고 약속받았음에도 불구하고 당사자 혹은 복무 중 사망한 이들의 유족들조차 끝내 아무런 보상을 받지 못했다.

1920년대 아프리카인들에 대한 영국인의 지속적인 부당대우는 결국 1950년대 마우마우 항쟁(Mau Mau rebellion)의 발발을 위한 조건을 충족시키게 된다. 가장 큰 불만은 백인 정착민들이 아프리카인 소유지를 몰수한 것이었다. 토지를 잃은 것에 대한 비통함은 특히 키쿠유 사람들 사이에서 강력하게 나타났고 이들은 아프리카 자유를 위한 마우마우 항쟁에서 싸운 독립운동가들의 다수를 차지했다. 토지 문제 외에도 아프리카인들은 정치적, 경제적 권리 박탈에 분개했다. 아프리카인의 분노는 평등과 공정을 향한 그들의 평화로운 요구가 무시되자 20세기 전반을 통틀어 증가했다. 궁극적으로, 지속적인 내부 저항과 국제정치체제에서 일어나는 외부 요인이 결합되어 케냐에서의 영국 영향력이 약화되었고, 1963년 12월 12일 케냐는 독립을 이루게 된다.

1993년 출판된 베일리(James Bailey)와 분데(Garth Bundeh)의 저서
『케냐-국가적 서사시(*Kenya, the National Epic*)』에서 일부 발췌.

식민 경제의 또 다른 중요한 측면은 식민지 열강들이 경제적·행정적 목적으로 사용하던 전초기지를 활용하여 도심지의 성장을 촉진했다는 것이다. 식민지 도심지는 정치적 이점을 확보할 수 있는 위치에 주로 세워졌고, 동시에 이런 위치성은 식민지 권력의 경제적 수익을 보장하였다. 또한, 식민지 시대 건축된 유형 기반시설은 식민 경제의 착취적 본질을 강화했다. 예를 들어, 식민지 시대 서아프리카의 철도망 대부분은 본토에 있는 원자재 생산지부터 해안가까지 연결되는 직로를 따라 이어졌다. 식민지 열강들에게 경제적 중요성이 전혀 없거나 다소 떨어지는 식민 국가 내 다른 지역들에는, 지역 간 연결을 위한 도로나 철도망이 전무했다.

문화적 수준에서 유럽의 지배는 기성 종교, 유럽 언어의 확산, 새로운 교육체계를 통해 그 영향력이 발휘되었다. (이슬람과 아랍 언어가 지배적이었던) 아랍 중동, (만다린이나 광둥어가 통용된) 중국 등 몇 개 예외 지역을 제외하고 나머지 식민 지배하의 대부분 지역은 식민지배 국가의 종교와 언어를 채택했다. 식민권력은 토착민 지역사회에 강요된 문화적 분열의 가장 강력한 도구가 된 기독교를 실천했다. 개신교·천주교를 불문하고 기독교는 그 자체로 유럽인들에게 일종의 우월감과 사명감을 안겨주었다. 현지 언어의 습득을 거부하고 그들만의 문화와 교육과정을 전파함으로써 식민자들은 원주민들 마음에 심리적·문화적 열등감의 씨앗을 심었다. 식민권력의 막강함을 표출하려는 이러한 체계적인 노력에도 불구하고, 유럽 식민주의는 20세기에 들어 무너지기 시작했다. 그러나 여러 탈식민 국가에 자치(self-rule)가 공식적으로 시작되었음에도 불구하고 사회경제적·정치적 안정을 확보하지는 못하였다.

5. 탈식민주의와 개발도상국

대부분의 식민 국가는 강력한 민족주의 감성에 호소함으로써 독립을 확보했다. 독립 전 식민 지배 아래에 놓여 있던 대부분 지역은 새롭게 정해진 식민지 국경 안에 다양한 민족배경의 사람들이 묶이게 되었으며, 국가 자긍심을 높이는 방식으로는 통치되지 않았다. 그럼에도 불구하고 독립을 위해 투쟁한 원주민 지도자들은 여전히 민족주의 이데올로기에 기대어 토착민들의 지지를 확보할 수 있었다. 원주민들의 결속에 대한 필요는 억압받은 자들을 하나로 뭉치게끔 하였고, 이들은 공동의 적인 식민권력에 정면으로 맞선 반대세력으로 일어섰다. 민족주의의 부상과 그에 따른 탈식민 영토에서의 자치 달성은 다음 세 가지 주요 요소를 통해 이루어졌다.[58] 첫째, 제1차 세계대전(1914~1918년)과 제2차 세계대전(1939~1945년)으로 인한 유럽 식민제국의 약화는 식민지배국 내 민족주의의 부상을 촉진했다. 두 차례의 세계대전은 1930년대 대공황과 결부되어 해외 식민 소유를 효과적으로 관리하던 유럽 식민권력의 역량을 급격히 떨어뜨렸다. 또한, 제2차 세계대전의 종전에 특히 중요했던 것은 미국과 소련이라는 새로운 글로벌 초강대국의 등장으로, 이들 소련과 미국 중 어느 한쪽도 유럽국가들의 지속적인 식민지 소유를 원치 않았다.

　둘째는 식민시대 주인국가와 함께 두 차례의 세계대전에 참전한 식민지역 출신 전역 군인들의 역할이었다. 양차 대전 이전의 식민주의자들은 난공불락의 위엄을 드러냈다. 그러나 전쟁이 낳은 파괴와 대학살은 문명 유럽인들의 이러한 위상을 약화시켰다. 식민지 군인들은 그들의 주인도 두려움을 느끼고 약점이 있었으며, 무엇보다도 전쟁에서 패배할 수 있다는 것을 깨닫게 되었다. 퇴역 군인들은 전쟁 후 각자 출신 국가로 돌아가서 가장 충실한 민족주의자가 되었고 복무 기간 중 유럽 출신 군인들과 동등한 수준의 인정을 받지 못한 것에 대해 불만을 품었다.

유럽의 이상적인 자유민주주의적 사상을 교육받은 토착 정치엘리트들의 부상은 식민 세계에서 민족주의가 떠오르게 된 세 번째 요소이다. 유럽 제국주의에 내재하는 모순 중 하나는 바로 토착 엘리트가 식민주의로부터 배출되었다는 것이다. 식민 지역 민족주의운동의 지도자 대부분은 민주주의, 민족자결권, 개인의 자율성 등을 가르친 유럽식 교육제도에 참여한 이들이었다. 이후 토착 정치엘리트들은 민족주의를 향한 열정을 불러일으키는 데 있어 이러한 해방 사상, 현지인들의 존엄성, 억압에 대한 혐오에 호소할 수 있게 되었다.

독립 직후 정치 지도자들은 식민주의의 강압적 무게를 견디던 과정에서 가장 열망되었던 존엄과 번영을 시민들에게 약속했다. 그러나 대부분의 국가들에게 있어 탈식민화 시대는 일련의 극복하기 어려운 도전과제들로 특징지어졌으며, 이는 냉전으로 인해 가중되었다. 냉전 시대 개발도상국의 탈식민화는 동과 서의 이데올로기 대립에 엮이게 되었다. 이 시기 미국이나 소련이라는 강대국 중 하나에 정치적 충성을 맹세하는 것은 새로운 독립 국가에 대한 재정적 지원을 획득하는 것을 의미했다. 예를 들어, 미국과 소련 간 국제적 우위를 향한 전투는 이러한 초강대국들이 자이레(현 콩고민주주의공화국)의 모부투(Mobutu) 정권, 에티오피아의 멩기스투(Mengistu) 정권, 중앙아프리카공화국의 보카사(Bokassa) 정권과 같은 제3세계 가장 억압적인 정치레짐을 지원하는 결과를 불러왔다. 이 시기 저질러진 정치적 패착은 냉전 종식 이후 수십 년이 지난 오늘날까지도 많은 국가들의 개발을 위한 노력을 방해하고 있다.

오늘날 개발도상국을 맴도는 식민주의 역사의 망령에도 불구하고 기존의 식민 국가들은 독립된 주권국가가 되었다. 다수의 탈식민화 국가 간 혹은 내부의 무력 분쟁에 의해 탄생한 새로운 국가가 있는 반면, 몇몇 국가와 인종집단들은 여전히 국가지위를 획득하기 위해 싸우고 있다. 국가 간 국제체제는 국민주권주의 원칙에 기반하지만, 다음 학자의 주장과 같이 이러한 방식이 지닌 한계를 인지하는 것도 중요하다.

이 체제의 바탕에는 두 가지 허구가 깔려있는데, 이는 국가 간 주권의 평
등과 무정부 개념이 이들 관계의 속성을 상정한다는 것이다. 이러한 관념
은 개별단위(unit) 간 분쟁·협력 관리를 용이하게 하고 국제기구의 창설
과 운영을 가능하게 한다. 이들은 실제 구성단위(constituent unit) 간 관
계가 위계적이라거나, 혹은 위계적으로 조직된 단위의 무리라는 인식을
모호하게 만든다.[59]

식민주의가 공식적으로 종료되었음에도, 주권국가들로 이루어진 국제
체제는 매우 불균형적이며, 이 중 가장 극명한 것은 아마도 경제적 불평등
일 것이다. 개발도상국의 빈곤문제와 식민주의 역사를 따로 떼어놓고 생각
하는 것은 불가능한 일이다. 과거에 겪은 부당행위는 단지 국제기구 회원국
자격을 얻는 것만으로는 보상되지 않는다. 기존의 식민지를 세계 경제에 통
합하는 불안정한 과정을 두고 음벰베(Achille Mbembe)는 새로운 방식의
경제적 수탈이라고 하였으며, 이는 결국 아프리카를 장악하기 위한 지배의
신기술로 이어질 것이라 여겼다.[60] 이 유명한 학자는 아프리카에 대한 제한
적이고, 죄의식에 사로잡힌 묘사를 폭로하며 현재 아프리카의 요구를 정의
내리려는 시도를 경고한다. 그는 아프리카 사회들의 응집성을 위협하는 요
소에 대해 염려한다. 부채 상환, 구조적 문제, 내전 등과 관련된 외부적 제
약 및 압력으로 인해 내부해체의 위협이 발생하고 있다. 악화되는 불평등·
부패에 의해 촉발된 지속적인 충돌과 폭력은 "우리가 최근 알고 있는 상태
로서의 아프리카 국가들이 최후를 맞도록 할법한" 강력한 움직임들을 만들
어 낸다.[61] 음벰베는 여전히 상황이 절망적이지는 않다고 생각하는데, 이는
"아프리카가 한 번에 여러 방향으로 움직이고 있고, 그래 왔으며, 아직 아니
거나, 더 이상 아니거나, 혹은 그렇게 되어가고 있는, 예비단계(준비단계)의
가능성 있는 상황이 공존하는 시기"이기 때문이다.[62] 식민화 과정에 큰 피

해를 입은 사람들의 땅이자 그의 출생지이기도 한 아프리카 대륙을 향한 음 벰베의 시선은 조심스러운 낙관을 담아내고 있다.

이런 면에서 우리는 탈식민지를 오로지 무질서, 기회, 광기로만 채워진 공간이 아닌, 저마다의 언어, 미와 추, 그리고 세계를 바라보는 그들만의 시각과 함께 일종의 폭력적인 돌풍 속에서 모습을 드러내는 배태성의 시 기(period of embedding)이자 확산의 공간으로 봐야할 것이다.[63]

주

1) James Smoot Coleman (1994) "The Character and Viability of African Political Systems," in James Smoot Coleman (edited by Richard L. Sklar), *Nationalism and Development in Africa – Selected Essays*, Berkeley, CA: University of California Press, p. 93.
2) Heidi Holland (2008) *Dinner with Mugabe – The Untold Story of a Freedom Fighter who became a Tyrant*, Johannesburg, South Africa: Penguin Books, p. 212.
3) Achille Mbembe (2001) *On the Postcolony*, Berkeley, CA: University of California Press, p. 241.
4) Nathan Nunn (2009) "The Importance of History on Economic Development," *Annual Review of Economics*, Vol. 1, pp. 65–92.
5) Heidi Holland (2008) *Dinner with Mugabe*, op. cit., p. 215.
6) Nathan Nunn (2009) "The Importance of History on Economic Development," op. cit., pp. 236–37.
7) Jonathan Hart (2003) *Comparing Empires – European Colonialism from Portuguese Expansion to the Spanish-American War*, New York, NY: Palgrave Macmillan, pp. 13–19.
8) David K. Fieldhouse (1973) *Economics and Empire, 1830–1914*, Ithaca, NY: Cornell University Press, p. 490, map 9.
9) Henry Bernstein (2002) "Colonialism, Capitalism, Development," in Tim Allen and Alan Thomas (eds.), *Poverty and Development into the Twenty-First Century*, Oxford, UK: Oxford University Press, p. 250.
10) Ibid., p. 290.
11) James Smoot Coleman (1994) "The Character and Viability of African Political Systems," op. cit., p. 107.
12) Nayan Chanda (2007) *Bound Together – How Traders, Preachers, Adventurers,*

and Warriors Shaped Globalization, New Haven, CT: Yale University Press, pp. 55-61.

13) Jared Diamond (1997) *Guns, Germs, and Steel - the Fates of Human Societies*, New York, NY: W.W. Norton & Company, pp. 78-81.

14) Jonathan Hart (2003) *Comparing Empires - European Colonialism from Portuguese Expansion to the Spanish-American War*, op. cit., pp. 15-16.

15) Adam Hochschild (1999) *King Leopold's Ghost*, Boston, MA and New York, NY: Houghton Mifflin Company, pp. 9-11.

16) Paul E. Lovejoy (2000) *Transformations in Slavery - A History of Slavery in Africa* (2nd edition), Cambridge, UK: Cambridge University Press, p. 68.

17) Nayan Chanda (2007) *Bound Together - How Traders, Preachers, Adventurers, and Warriors Shaped Globalization.* op. cit., p. 78.

18) John Isbister (2001) *Promises Not Kept: The Betrayed of Social Change in the Third World*, Bloomfield, CT: Kumarian Press, pp. 66-76.

19) David K. Leonard and Scott Straus (2003) *Africa's Stalled Development*, Boulder, CO: Lynne Rienner Publishers.

20) David K. Fieldhouse (1973) *Economics and Empire, 1830-1914*, op. cit., p. 173.

21) Niall Fergusson (2008) *The Ascent of Money - A Financial History of the World*, New York, NY: Penguin Press, pp. 143-148.

22) Ibid., p. 293.

23) Adam Hochschild (1999) *King Leopold's Ghost*, op. cit., pp. 81, 123-125.

24) James Smoot Coleman (1994) "Political Integration in Emergent Africa," op. cit., pp. 79-0.

25) William D. Grampp (1952) "The Liberal Elements in English Mercantilism," *Quarterly Journal of Economics*, Vol. LXVI, No. 4, November, pp. 465-501.

26) Ibid., p. 474.

27) Benjamin J. Cohen (1973) *The Question of Imperialism*, New York, NY: Basic Books, p. 21.

28) Curtis P. Nettels (1952) "British Mercantilism and the Economic Development of the Thirteen Colonies," *Journal of Economic History*, Vol. XII, No. 2, pp. 105-114.

29) Niall Fergusson (2008) *The Ascent of Money - A Financial History of the World*, New York, NY: The Penguin Press, p. 20.

30) Albert O. Hirschman (1981) *Essays in Trespassing - Economics to Politics and Beyond*, Cambridge, UK: Cambridge University Press, p. 171.

31) Vladimir Lenin (1938) "Imperialism, the Highest State of Capitalism," in Axel Hulsemeyer (2010) *International Political Economy - A Reader*, Oxford, UK: Oxford University Press, pp. 98-99.

32) Immanuel M. Wallerstein (2000) "The Rise and Future Demise of the World Capitalist System: Concepts for Comparative Analysis," in Axel Hulsemeyer (2010) *International Political Economy - A Reader*, Oxford, UK: Oxford

University Press, pp. 116, 119−120.

33) John A. Hobson (1902) *Imperialism: A Study*, Panarchy 출판본에서 발췌된 내용
은 온라인 웹사이트 참고. www.panarchy.org/hobson/imperialism.1902.html.

34) David K. Fieldhouse (1973) *Economics and Empire, 1830−1914*, op. cit., p. 39.

35) Ibid.

36) Ibid., p. 40.

37) Ibid., p. 43.

38) Ibid., p. 476.

39) Ibid., p. 477.

40) Heather J. Sharkey (2013) "African Colonial States," in John Parker and
Richard Reid (eds.), *The Oxford Handbook of Modern African History*, Oxford,
UK: Oxford University Press, p. 161.

41) Duncan Ivison (2002) *Postcolonial Liberalism*, Cambridge, UK: Cambridge
University Press, p. 40.

42) Gyan Prakash (1990) "Writing Post-Orientalist Histories of the Third World:
Perspectives from Indian Historiography," *Comparative Studies in Society and
History*, Vol. 32, p. 384, cited in Duncan Ivison (2002) *Postcolonial Liberalism*,
op. cit., p. 40.

43) Duncan Ivison (2002) *Postcolonial Liberalism*, op. cit., p. 43.

44) Michael Ignatieff (2003) "The American Empire: The Burden," *New York
Times*, January 5.

45) Jared Diamond (1997) *Guns, Germs, and Steel − The Fates of Human
Societies*, New York, NY: W.W. Norton & Company, p. 358.

46) Ibid., pp. 354−359.

47) Daron Acemoglu and James A. Robinson (2012) *Why Nations Fail: The Origins
of Power, Prosperity, and Poverty*, New York, NY: Crown Business, pp. 48−56.

48) Ibid., pp. 408−409.

49) Ibid., p. 112.

50) Daniel Philpott (2001) *Revolutions in Sovereignty − How Ideas Shaped Modern
International Relations*, Princeton, NJ: Princeton University Press, pp. 30−33.

51) Ibid., p. 35.

52) Ibid., p. 33.

53) Ibid., p. 34.

54) David Potter (2002) "The Power of Colonial States," in Tim Allen and Alan
Thomas, *Poverty and Development into the Twenty-First Century*, op. cit., pp.
272−284.

55) Daniel Philpott (2001) *Revolutions in Sovereignty*, op. cit., p. 36.

56) Quoted in William Easterly (2007) *The White Man's Burden − Why the West's
Efforts to Aid the Rest Have Done So Much Ill and So Little Good*, New York,
NY: Penguin Books, p. 23.

57) Ibid., p. 286.

58) John Isbister (2001) *Promises Not Kept: The Betrayed of Social Change in the*

Third World, op. cit., pp. 101-144.

59) Robert W. Cox with Michael G. Schechter (2002) *The Political Economy of a Plural World – Critical Reflections on Power, Morals and Civilization*, London, UK: Routledge. p. 32.

60) Achille Mbembe (2001) *On the Postcolony*, op. cit., p. 67.

61) Ibid., p. 68.

62) Ibid., p. 241.

63) Ibid., p. 242.

추가 읽을거리

M.E. Chamberlain (2013) *Scramble for Africa* (3rd edition), London, UK: Routledge.

John M. Hobson (2012) *The Eurocentric Conception of World Politics: Western International Theory, 1760-2010*, Cambridge, UK: Cambridge University Press.

Philip T. Hoffman (2015) *Why Did Europe Conquer the World?*, Princeton, NJ: Princeton University Press.

Duncan Ivison (2002) *Postcolonial Liberalism*, Cambridge, UK: Cambridge University Press.

Lawrence James (1996) *The Rise and Fall of the British Empire*, New York, NY: St. Martin's Press.

Jacob T. Levy and Iris Marion Young (eds.) (2011) *Colonialism and Its Legacies*, Lanham, MD: Lexington Books.

Edward Said (1979) *Orientalism*, New York, NY: Vintage Books.

Crawford Young (2012) *The Postcolonial State in Africa: Fifty Years of Independence, 1960-2010*, Madison, WI: University of Wisconsin Press.

개발도상국과 글로벌 경제

3장

1. 글로벌 경제 개념화

글로벌 경제에 관해 연구할 때 어떠한 기준을 토대로 그 흐름을 좇아야 하는
지에 대한 가이드라인은 뚜렷하게 제시된 바 없다. 주요 행위자는 다양한 조
직과 형태로 구성되며, 여기에는 민간행위자에 속하는 다국적기업·소규모
기업·개인기업가·민간자선단체, 공적행위자에 속하는 정부·국영기업·유럽
연합(EU)과 같은 지역 블록, 그리고 국제기구에 해당하는 세계은행(World
Bank)·국제통화기금(IMF: International Monetary Fund)·세계무역기
구(WTO: World Trade Organization) 등이 포함된다. 이렇게 다양한 행
위자들 간의 협력은 잘 이루어지는 편이 아니지만, 특히나 경제발전의 맥락
에서는 상호연결된 세계라는 관념 자체에 대한 이해가 공유되지 않는 듯하
다. 개발정책은 국내행위자들을 위해 고안되고 또 그들에 의해 시행되며 궁
극적으로 지역 주민들에게 직접적인 방식으로 영향을 준다. 그러나 이러한

개발정책들을 글로벌 환경과 동떨어진 별개의 것으로 간주하는 것은 적절하지 않다. 이는 "국가 간 경제교류 장벽을 대폭 낮추는 기술, 경제 및 정치 과정들의 클러스터"로서 이해되는 경제적 세계화(economic globalization)가 지역 수준에서의 정책형성에도 필연적으로 영향을 미치기 때문이다.[1]

전 세계적인 협력 프레임워크는 경제기구들을 중심으로 형성되어 왔으며, 이는 제2차 세계대전 이후 수십 년간 증가해 온 초국가적 경제교류를 설명하기 위해 종종 사용된다. 그 시작은 경제문제에 대한 국가 간 공식적인 협력의 길을 연 브레턴우즈협정(Bretton Woods Agreement)이었다. 이 장에서는 대표적인 국제기구들을 검토함으로써 해당 기구들이 글로벌 경제의 운영구조 내에 개발도상국들을 얼마나 성공적으로 통합시켜왔는지 점검하고, 특히 경제적 국제화(economic internationalization)를 심화시키는 주된 원인으로 꼽히는 무역을 중점적으로 다룬다. 중상주의 시대에는 귀중한 금속과 희귀품을 축적하고자 하는 욕망이 제국의 탐욕을 불러일으켰으며 이를 위한 정복활동은 합리화되었다. 글로벌 시장의 통합이 이루어진 시대에는 자유무역이 전 세계 여러 지역에 필수적인 성장 동력으로 작용하였으며, 이는 중국, 한국, 인도와 같은 과거 빈국들의 발전을 이끌었다. 2015년 기준, 개발도상국은 세계상품무역량 중 42퍼센트 비중을 차지했으며 같은 해 WTO 회원국(160개국 이상)의 상품수출 총액은 미화 16.2조 달러에 달하였다.[2]

글로벌 경제에서 가장 가시적인 변화는 국제 무역량의 전례 없는 급격한 증가이지만, 이외에도 해외직접투자 및 국제 금융의 성장, 그리고 세계적으로 뻗어 나간 가치 사슬로 이루어진 국가 간 생산 통합 또한 발전하였다. 그러나 이러한 발전은 더욱 평등한 세상을 만드는 데는 기여하지 못하였다. 반대로 글로벌 시장에서의 기회는 치열한 경쟁으로부터 비롯된 것이었으며 당초 예상했던 것보다 동질성과 보편성은 오히려 떨어졌다. 세계화되는 경제(globalizing economy)에 따른 사회적 결과에 대해 논의할 때 비평가들은

"전지구적, 초지역적 연결의 강화는 일부 사람들에게 권한을 부여하는 한편 또 다른 이들로부터는 오히려 권한을 박탈시킨다"고 지적한다.[3] 예를 들어, 최빈국들은 글로벌 가치사슬(GVCs: Global Value Chains)과 해외직접투자의 흐름에서 소외되어 여전히 주변부에 머물러 있다.[4]

1990년대 세계화의 가속화는 100개가 넘는 국가 간에 이루어진 다자간 합의를 기초로 하여 법적 구속력을 갖춘 WTO의 설립으로 이어졌다. 이러한 합의는 WTO 회원국들의 정책공간을 다양한 수준으로 규제할 수 있다. 변화하는 글로벌 환경에서 국가 간 체제에 대한 현실주의적 견해는 다음과 같다.

> 더 이상 국가체제를 국가들의 체제(system of states)로 상상하지 말아야 한다. 여기에서 국가들의 체제는 국가와는 별개의 '상위' 국제제도를 통해 만들어진 규칙에 종속된 것으로, 국가들은 암상자 혹은 당구공과 같이 일원화된 개체들로서 상정된 것이다. 이제는 입법, 사법, 행정과 같은 정부의 기본 기능을 수행하는 저마다의 제도가 있고, 국내뿐 아니라 해외 및 초국가적 행위자들과도 상호교류하는 정부의 세계(world of governments)로서 이해되어야 한다.[5]

정부들로 이루어진 세계라는 관념은 여전히 유효하다. 2008년 글로벌 금융위기가 세계경제를 잠식하기 시작했을 때, 위기가 더 큰 재앙으로 번지는 것을 막을 수 있었던 것은 정부 간 공동조치가 취해졌기 때문이었다. 이후 느린 속도로 진행된 회복은 경제적 세계화정책에 제동을 걸게 되었다. 일부 학자들은 세계 자유시장주의 이데올로기로 인해 위기가 발생했다고 주장한다. 이 주장에 따르면, 자유시장주의 이데올로기로 인해 국가들은 불필요한 규제 완화, 무역과 투자체제의 민영화를 시행하였고, 이는 신용 확장, 성장 둔화 및 불평등 심화의 원인이 되었다.[6] 또 다른 관점에서는 글로벌 경제를 자본과 무역의 흐름에 의해 모든 부문이 영향을 받는 단일한 폐쇄체제(single closed system)로 본다. 이 경우, 글로벌 금융위기는 근본적으로 세계무역과 자본의 불균형에 의해 발생하였으며 "거의 교과서적 방식으로 전개되었다."[7] 이 견해는 글로벌 통합경제를 당연한 것으로 간주하면서도 여전히 체제 재균형을 위한 주요 국가행위자, 특히 독일, 중국, 미국, 일본과 같은 국가들의 참여를 촉구한다.

개입의 정도는 논쟁의 대상이지만, 세계화되는 경제의 주요 작동원칙들은 여전히 국가에 의해 규제된다. 또한, 국가는 여러 국제기구에 의해 보호되고 국제법에 따라 정해지는 다양한 국제협정, 협약 및 조약의 제약범위 내에서 작동한다. 국가 간 협력관리, 갈등해결, 교류촉진이 이러한 국제협정을 통해 어떻게 이루어지는지 대한 이해를 하는 것은 세계화되는 경제의 압력과 국가별 국내 개발 우선순위 간의 상관관계를 밝히는 데 도움이 된다.

2. 협력에 대한 이해: 브레턴우즈체제

제국주의 시대에는 경쟁국들을 고려하지 않은 채 오로지 국가이익만을 중점으로 하여 경제 관련 의제가 설정되었다. 강대국들은 안보문제에 대해서는 때로 협력하기도 했으나 경제문제에 대해서는 거의 협력하지 않았다. 전통적으로 국제관계는 여러 정치체 사이에서 제로섬 게임의 경쟁을 수반하였다. 이는 제2차 세계대전 이후 협력적 관계를 맺은 국가 간 다수의 국제조약과 기구가 창설되는 방향으로 변화하였고, 이 중 몇몇 기구는 승전 동맹국들이 1944년 미국 뉴햄프셔주에서 개최한 브레턴우즈 회의를 기반으로 생성되었다.

브레턴우즈까지의 긴 여정

브레턴우즈 회의를 기점으로 국제제도 구축의 시대가 열리게 되었다. 최종합의는 자유주의 세계경제질서와 국가별 국내 개발 우선순위 간 균형을 맞추기 위한 것이었다. 두 차례의 전쟁 이전에 존재했던 조약들은 대부분 유럽강대국 간의 협의에 초점이 맞추어져 있었다. 19세기에 이루어진 대규모 산업화로 서유럽의 발전이 촉진됨에 따라 기존의 사회경제적 관계는 변화하게 되었다. 산업혁명은 초기 단계부터 다각화된 생산을 위한 제조시설 구축이 가능한 국가들을 발전시켰고, 이에 따라 영국, 프랑스, 네덜란드를 필두로 통일 후 독일 그리고 미국 북동부 지역이 그 뒤를 이었다. 식민지배를 했던 유럽국가들은 자국에서는 조달할 수 없는 여러 자원을 해외 영토 착취를 통해 수급함으로써 재화와 천연자원에 대한 욕구를 충족시켰다. 이러한 착취는 베스트팔렌조약의 주권평등원칙이 국제법 아래에서 보편적으로 인정되지 않았기 때문에 가능하였다. 유럽의 주권 국가와 미국을 포함한 일부 국가들과는 다르게 대부분의 정치체는 국제체제 내에서 동등한 위치로 설 수 있는 자격을 갖추지 못하였었다.

식민지 시대와 전간기에 상업 교류를 촉진했던 중요한 제도는 바로 금본위제(gold standard)이다. 금은 고대 때부터 선호되어 온 가치 단위였다. 영국 식민지 시대의 황금기 동안 많은 국가들이 런던을 기반으로 한 금본위제를 비공식적으로 채택하였다. 금-파운드 고정환율(gold-pound fixed exchange)을 중심으로 다른 통화들이 연동되기 시작한 것은 영국 파운드화가 제국의 통화 및 무역정책을 통해 구축해온 강력한 입지에 따른 결과였다. 1819년 영국은 파운드화 지폐와 금을 고정비율로 교환하는 관행을 공식적으로 제도화하였다.[8] 1900년 미국 금본위제 법안(US Gold Standard Act)은 남북전쟁 시절부터 비공식적으로 존재했던 달러와 금의 교환(dollar to gold exchange)을 합법화하였다.

공식적으로 1870년에서 1914년 사이의 기간은 약 40여 개의 국가가 참여한 국제금화본위제(international gold coin standard)로 알려져 있다.[9] 통화를 금으로 고정함으로써 국가들은 환율의 불확실성을 감소시키고 통화의 안정성을 꾀하였다. 파운드-금의 태환성을 위한 영국의 헌신은 국제 상거래의 안정성을 제공했다는 측면에서 일종의 공공재의 한 유형으로 간주하였다. 영국의 시스템은 유동성 제공과 최후의 대출기관으로써의 기능을 통해 공공재의 역할을 하였다. 이는 위기가 발생했을 경우 긴급 대출을 위해 영국 은행을 찾아갈 수 있음을 뜻하였다. 따라서 금본위제는 파운드화를 국제무대에서 영향력 있는 도구로써 사용하며 대영제국의 지배적 지위를 더욱 강화했다.[10] 그러나 영국도 어느 정도의 대가는 지불해야 했다. 금본위제에 기반을 두고 체제를 감독하는 역할에 대한 약속을 이행하는 것은 영국이 자국의 금 보유량을 고갈시킬 가능성에 스스로를 노출시키는 것이었다. 또한, 영국은 다른 지역의 경제위기 상황에도 더욱 민감해질 수밖에 없었다. 제1차 세계대전 이후, 많은 국가들이 금본위제 의무 포기를 선언하고 외환 시장에서 자국 통화가 변동환율제의 영향을 받게 하면서 금본위제는 무너지게 되었다. 전쟁에 대한 예상으로 인해 도입된 확장적 재정정책으로 환율 불균형은 심화하였다.[11]

1918년, 제1차 세계대전 이후 유럽과 중동의 정치 지형도는 완전히 달라졌다. 프러시아, 오스트리아-헝가리, 러시아, 오스만 제국의 4대 강국은 군주국, 토후국, 헌법 공화국 및 소련의 마르크스주의 사회주의 국가를 포함하여 다양한 종류의 정부와 함께 새롭게 독립한 국가들로 대체되었다. 따라서 전간기는 다국적 협력협정을 제안한 국가들에게 더욱 어려운 시기로 다가왔다. 합의에 대한 요구는 미래의 전쟁을 방지하고 세계문제에 대한 공조를 위해 선포된 미국 윌슨(Woodrow Wilson) 대통령의 국제연맹(League of Nations) 프로젝트로 그 절정을 이루었다. 국제연맹의 권한에 따라 재정적 도움이 필요한 국가에 대출을 제공할 수 있도록 재정위원회가 설립되었다. 1920년과 1922년 사이 일련의 회의가 조직되어 통화협력과 무역장벽을 줄이기 위한 규칙을 제정하는 노력이 이루어졌다. 그러나 이 모든 시도는 결국 실패로 돌아갔다.[12]

많은 국가들은 제1차 세계대전 종전 이후 영국 주도 하의 금본위제로 부분적 회귀를 결정하였다. 이에 따라 런던에 파운드화 예금 형태로 대외준비자산을 보유하는 것이 정부들 사이에서 당연한 관례가 되었다. 그러나 1920년대 영국 경제가 침체기로 돌입하면서 금본위제의 안정성에 대한 신뢰는 무너졌다. 런던의 금 보유량은 제한되어 있었고 외국의 파운드화 보유자들은 영국이 교환의 의무를 이행할 수 있을지 우려하게 되었다. 1929년의 시장붕괴와 그에 따른 전 세계 통화수축은 1930년대 대공황으로 이어지며 상황을 악화시켰다. 금본위제의 비탄력성은 국가들이 자국의 금 보유량을 보존하도록 하였다. 그러나 이런 행위로 인해 은행이 고객들에게 유동성 제공을 거부하거나 제공할 수 없는 상태에 놓이게 되었다. 영국은 1931년 금본위제를 포기하게 되었는데, 이는 은행이 교환의무를 이행하지 못하게 된 점, 또한 런던 자본의 유출이 고평가로 고정된 통화로 이루어진 점이 그 원인이었다.[13]

'전통적인' 금화본위제도하에서 발생할 수 있는 근본적인 위험요인은 급진적 인플레이션인데, 이는 국내 긴급상황에 대응하기 위해 혹은 외교정책 목표를 달성하기 위해 레짐을 포기함으로써 발생한다. 예를 들어, 제1차 세계대전 발발 당시 국가들은 규칙을 어기고 돈을 찍어내며 막대한 군사비를 조달하기 시작하였다. 종전 후 여러 국가에서 막대한 공공 지출을 통해 재건 과정을 지원하려고 시도했는데, 이는 다시 말해 가치 없는 화폐를 인쇄하는 것을 의미했다. 가장 유명한 사례는 1923년 말까지 연간 물가상승률이 1,820억 퍼센트에 달하는 초인플레이션을 기록한 독일이었다. 이는 1913년보다 평균 1.26조 배 높은 가격수준이었다.[14]

1929년 미국 주식시장 붕괴로 촉발된 대공황으로 인해 두 차례의 세계대전 사이의 짧은 전간기는 그야말로 암흑기였다. 막대한 실업, 인플레이션,

빈곤의 확산을 포함한 장기적인 영향이 산업화된 세계를 뒤덮었다. 1933
년, 미국의 GNP는 1929년에 비해 거의 3분의 1로 줄어들었고 약 1,300만
명(노동인구 4명 중 1명)이 실직하였다.[15] 불황이 심화되면서 정부는 자국
을 보호하기 위해 보호주의정책으로 돌아섰다. 수반될 결과와 관계없이, 양
진영의 정치지도자들은 이웃 국가들이 당면한 문제들은 무시하기로 했다.
국제 위기에 대한 공동대응을 조정하려는 노력 대신 각국 정부들은 자국 경
제를 폐쇄함으로써 불황을 장기화했다. 이러한 파괴적 보호주의정책은 소
위 '근린궁핍화정책(*beggar-thy-neighbor*)', 즉 교역 상대방을 의도적으로
가난하게 하는 정책으로 일컬어졌다.

국제경제는 미국에서 1930년 스무트-홀리 관세법(Smoot-Hawley Tariff
Act)이 통과되면서 근본적으로 중단되었다. 미국 제조업과 농업을 보호하
려는 헛된 노력의 일환으로 제정된 이 법안은 2만 1,000개 품목에 대한 수
입 관세를 지나치게 높은 수준으로 올리면서 이미 망가진 세계 경제를 더욱
악화시켰다.[16] 국제무역은 전 세계적으로 무너져내리기 시작하였으며 국가
별 보호주의정책은 1933년 독일 나치의 권력 장악과 함께 민족주의적 색채
를 띠기 시작했다. 당시, 베르사유조약에 의해 부과된 배상금을 지불할 수
없는 상태에 이른 독일 경제는 1920년대 초인플레이션을 겪은 후 여러 가
지 병폐로 몸살을 앓고 있었다. 나치 정부는 경제에 대해 국가의 강력한 통
제가 가능하도록 새로운 전략을 신속히 수립하여 모든 외채에 대한 모라토
리엄을 선언하였다.[17]

1930년대 세계 불황이 계속되면서 국가들은 재정 안정을 유지하기 위해
고군분투했다. 예를 들어, 미국은 은행파산으로 인한 공황 속에서 1933년
금본위제를 폐지하였고, 이는 대중의 금 비축으로 이어졌다. 1933년 3월 루
스벨트(Franklin D. Roosevelt) 대통령은 4일간의 국가 모라토리엄을 선언
하여 은행의 금 수출과 출납을 금지하였다. 한 달 후 루스벨트 대통령은 모
든 금화 또한 100달러 이상의 가치를 지닌 금화 증권은 정규통화로 교환하게

하는 시행령을 내렸다. 1933년 5월 10일, 미국 정부는 미화 3억 달러 상당의 금화와 미화 4억 9,500만 달러의 금 태환권을 회수하였다. 또 다른 조치로서 미국은 금 수출에 대한 영구금지령을 내리고 민간 및 공공 계약에서 금 관련 조항을 폐지함으로써 금-달러 교환비율을 떨어뜨렸다. 그런 다음 미국은 1934년 1월 30일 제정된 금 준비법에 따라 '적정 금지금본위제(qualified gold-bullion standard)'로 회귀하였으며 금의 달러 가격을 1900년 금 표준법에 따라 온스 당 미화 20.67달러에서 새롭게 제정된 금 준비법에 따라 미화 35달러로 상승시켰다. 결과적으로 무역을 목적으로 한 국외적 태환(external convertibility)만을 허용한 부분적 금본위제가 남게 되었다. 부분적 금본위제는 국내적 태환(internal convertibility)은 허용하지 않았으며 이는 미국 시민이 돈으로 금을 교환할 수 없음을 뜻하였다. 이 정책은 새로운 미국 환율에 따라 금이 고평가된 것으로 간주되었기 때문에 의도치 않은 결과로서 신 골드러시(new gold rush)로 이어졌다. 그러나 전반적으로 이러한 정책은 불황을 잠재우는 데는 완전한 성공을 거두지 못하였다.[18]

대공황 기간에 대부분의 국가들은 자국 통화에 대한 신뢰를 유지하기 위한 활동에 동참하였다. 금과 자본 유출에 대한 두려움에 대응하기 위해 많은 중앙은행이 금리를 인상하였고, 이는 디플레이션 압력으로 이어졌다. 이후 정부들은 국내 생산자를 지원하기 위해 통화 가치 절하를 시도하였다. 이러한 근린궁핍화정책은 국제적인 상쇄 효과로 나타났다. 무역에 대한 보호 관세에 의해 큰 규모의 경제적 피해가 발생했으며, 이는 국가들이 수입을 억제하고 국내 총수요를 보호하려는 시도와 함께 전 세계적으로 모방되고 반복되었다. 이러한 시도에 대한 반응으로는 무역 보복조치 제한, 개인 자본 거래 금지, 환율 실험이 포함되었다. 요컨대, 세계경제는 1930년대에 점차 적대적인 국가 간 무질서로 붕괴되기 시작했다.[19]

대공황을 둘러싼 일련의 사건들은 케인스(John M. Keynes)에게 그의 유명 저서를 집필하도록 영향을 미쳤다. 이러한 사건들은 또한 경제문제와 관련한 국제협력의 필요성에 대한 논의를 더욱 심화시켰다. 1934년, 루스벨트 정부는 그릇된 스무트-홀리 관세법을 폐지하고 이를 호혜통상협정법(Reciprocal Trade Agreements Act)으로 대체하였다. 이 법안은 미국 경제에 있어 무역의 중요성을 상징하게 되었다.[20]

제2차 세계대전이 끝날 때까지 세계시장은 상당한 혼란을 겪어야만 했다. 1930년대 후반, 독일, 이탈리아, 스페인에서 정치적 극단주의의 등장과 러시아 차르국을 대체한 공산국가 소비에트 연방의 지속은 국제협력 시도를 더욱 약화시켰다. 많은 국가들이 대외무역적자의 발생 가능성을 제거하기 위해 다른 국가들과의 무역 연결고리를 축소하였다. 보호주의는 세계경제에 높은 비용을 부과하고 경기침체를 연장시켰다. 국내정책 목표를 타협하지 않는 선에서 경상수지와 자본수지를 포함한 국제수지 안정화를 돕도록 조직된 국제기구가 있었다면, 모든 국가는 개방된 국제무역과 안정적인 환율과 함께 더 나은 경제상황을 누렸을 것이다.[21] 이러한 기구를 조직할 필요성이 대두됨에 따라 브레턴우즈협정이 이루어졌다.

브레턴우즈협정

종전 무렵, 연합국 진영에서는 국가 간 협력을 통해 향후 경제위기 및 갈등 상황을 예방하기 위한 국제제도가 필요하다는 데 동의하였다. 이 시기, 유엔과 함께 창설된 브레턴우즈 기구들은 국제통화기금(IMF), 국제부흥개발은행(IBRD) - [세계은행], 관세 및 무역에 관한 일반협정(GATT)이었다. 브레턴우즈 협상에서 공통으로 설정된 목표는 바로 전후 재건과 모든 국가들의 장기적이고 안정적인 발전이었다.

브레턴우즈 회의는 1944년 7월 미국 뉴햄프셔주에서 개최되었다. 이는 점차 자유화된 세계 경제체제 속에 참여하는 주권 국가들이 자국의 경제적 목표를 추구할 자유를 상당 수준 갖추게 되었을 것이라는 생각에 착안하여 이루어진 회의였다. 회의는 국제무역 활성화, 고정환율 및 경상거래에 대한 통화태환성을 기반으로 한 국제통화질서 구축에 중점을 두었다. 그러나 브레턴우즈 협상은 영국과 미국 사이의 상충하는 비전으로 인해 때때로 난항을 겪었다. 케인스가 이끄는 영국 대표단은 인플레이션을 막고 양적완화를 제한하기 위해 고안된 긴축경제계획(혹은 내핍계획)으로 인해 발생하는 고실업과 사회적 불안정성에 대한 위험요인을 줄이고자 하였다. 케인스는 채무국들이 국제수지 문제를 겪을 시 부국들의 준비금에 대한 접근성을 높일 수 있도록 더욱 유연한 통화제도가 필요하다고 주장하였다.[22] 또한 케인스는 무역과 관련해서 국가의 수입을 규제할 수 있도록 하는 면책조항을 요구하였다. 영국은 준비통화 기능을 유지하는 동시에 영연방 국가에 대한 특혜대우를 보존하고자 했다. 덱스터(Harry Dexter)가 이끈 미국 대표단은 면제권, '면책조항' 또는 특혜대우에 동의하지 않았으며, 미국은 세계 자유무역을 촉진하는 것에 집중하였다. 환율 불안정을 피하기 위해 미국은 모든 외환관리의 폐지를 촉구하였다.[23] 1943년 미국과 영국 간 무역관련 논의는 별도 회의를 통해 이루어졌으므로 브레턴우즈 협상에서 무역 의제는 다루어지지 않았다. 그러나 무역 협상은 1945년 말까지도 매듭지어지지 못하였다. 이 때문에 브레턴우즈 회의가 주로 통화 및 금융 문제, 그리고 IMF와 세계은행 헌장 서명에 주력하였음에도 불구하고, 무역 이슈는 협상 테이블에서 내려오지 않았던 주요 의제였다.

　브레턴우즈 회의에는 44개국이 참가했으나, 1945년 12월 최종 협정이 발효될 시점에는 30개국 만이 서명하였고 이후 소비에트 연방을 제외한 더 많은 국가가 동참하였다. 국제통화제도의 안정성을 보장하기 위해 브레턴우즈협정은 고정환율제도를 확립했으며, 미국달러 가치는 금 1온스당 미화 35달러로 고정되었다. 이 체제는 공식 기관인 IMF를 통해 국가들이 합의된 규칙을 준수하게끔 지원되었다. 금 또는 달러 형태로 외환보유고를 갖는 회원국은 고정 가격에 달러를 금으로 교환할 권리를 획득하였다. 이 고정환율제는 사실상 달러를 주요준비통화로 설정하여 금환본위제(gold ex-change standard)를 구축하게 되었다. 그러나 이 새로운 체제는 식민지 시대의 고전적 시스템만큼 강력하지 않았다. 전후 (대체)금본위제는 1930년 케인스의 저서 『화폐론(*A Treatise on Money*)』을 통해 구상되었다. 케인스는 실제 금화가 유통되지 않는 상태에서 국제통화제도를 지원하는 국제청산은행을 통해 신체제가 더 유연해지기를 기대하였다. 그의 제안은 브레턴우즈협정의 초석이 되었다.[24]

국제통화기금협정 제1조에 따라 IMF는 다음과 같은 기능을 수행하기 위해 설립되었다.

- 국제통화협력을 촉진
- 국제무역의 확대와 균형 있는 성장 촉진, 고용 및 소득 증진에 기여
- 환율 안정 및 질서 있는 환율제도 촉진
- 회원국 간 경상거래에 대한 다각적 결제제도 구축지원
- 국제수지 균형조정을 위한 임시 재정지원을 통해 회원국의 신뢰 증진

IMF 회원국은 가입 시 분담금을 배정받으며, 이 분담금에 비례하는 연회비를 지불한다. 분담금은 회원국의 경제 규모를 반영하여 설정되고 이에 비례하여 투표권이 부여된다. 분담금의 주요 목적은 회원국의 금과 자국 통화로 구성된 기부금을 통해 IMF 관리 하의 영구기금을 설립하는 것이었다. 당초 1944년 합의에 따라 모든 분담금은 25퍼센트를 금 또는 금 태환이 가능한 통화(당시에는 달러가 유일하게 금 태환이 가능한 통화였음)로 지불하고 나머지 75퍼센트는 회원국 자국 통화로 지불이 가능하였다. 1944년에 처음 산출된 분담금체제에 따라 미국은 2억 7,500만 달러를 할당받았으며 이는 투표권의 거의 30퍼센트에 해당하였다. 1억 3,000만 달러로 설정된 두 번째로 큰 규모의 분담금은 영국에게 돌아갔다.[25] 회원국들은 경상수지 적자 상태에서 이 기금으로부터 자금을 빌릴 수 있었다. 회원국은 국제수지

가 근본적 불균형(*fundamental disequilibrium*) 상태일 때 달러 대비 자국 통화의 가치를 평가절하할 수 있었고, 이는 유연성 확보를 위한 것이었다. 근본적 불균형 개념은 국제통화기금협정에 명문화되지 않았으나, 통화 가치의 급락 및 급등으로 심각한 수준의 가격 불안정성이 발생하여 해당 국가의 상품에 대한 국제수요가 영향을 받는 것을 뜻한다.[26]

근본적 불균형에 직면한 국가들이 취할 수 있는 대응의 유연성 범위는 다소 모호하며 이는 국제통화기금협정 부표C 6호에 다음과 같이 명시되어 있다.

> 회원국은 근본적 불균형을 시정하거나 이의 발생을 사전방지하고자 하는 경우 이외에는 자국 통화 가치의 평가변동을 제의할 수 없다. 회원국 통화의 평가변동은 그 회원국의 제의가 있을 시, 또한 기금과 협의를 거친 이후에만 가능하다.

브레턴우즈 협상과 IMF 설립 초기 당시 이루어졌던 가장 중요한 논의 중 하나는 바로 IMF의 자문 권한에 대한 의미와 그 범위에 관한 것이었고, 특히, 회원국이 기금의 재원을 사용하고자 할 때 어떤 조건을 적용해야 하는가의 문제를 포함하였다. 1952년 10월 IMF 이사회에서 이에 대한 공식적인 결정을 내림으로써 IMF는 개별 회원국들과의 특별협정 협상이 가능하게 되었다.[27] 이 결정으로 인해 회원국들이 IMF로부터 재정지원을 받기 위해서는 더욱 강화된 요구조건을 만족시켜야 했다. 또한, 이 결정은 IMF와 협상된 협정의 일부로서 구조조정이 요구됨에 따라 개발도상국에 더욱 많은 영향을 미치게 되었다.

IMF는 효율적인 다자간 거래를 촉진하기 위해 서명국들에게 자국 통화를 국제거래 시 태환할 수 있도록 촉구하였고, 이는 국제통화기금협정 제8조 2항 "회원국은 기금의 동의 없이 정상적 국제거래를 위한 지급 또는 자본 이전에 대하여 제한을 가하지 못한다"를 근거로 하였다. 이 조항은 근본적으로 회원국들이 이러한 제한을 두고자 할 시, 협의 과정을 통해 IMF의 승인을 요청할 수 있도록 허용하였다. 미국은 이러한 협의 과정에 엄격한 규칙을 적용할 것을 권고하였다. 미국은 IMF에 조사권한과 회원국이 특정 외환규제에 따를 수밖에 없도록 하는 요인들에 대한 광범위한 공식 보고권한을 부여해야 한다고 지속해서 요구하였다. 그러나 다른 IMF 회원국들의 강력한 반발로 인해 미국은 이러한 강경노선을 포기할 수밖에 없었다. 회원국들은 제14조를 내세웠으며, 이는 전후 전환기의 어려움 속에서 이 규제를 유지할 수 있도록 하였다. 전반적으로 핵심 사안은 바로 회원국의 국내정책에 대한 IMF 개입 권한의 범위였다.[28] 시간의 흐름에 따라 IMF와의 협의는 자문회의와 유사한 형태를 띠었으며, 이는 곧 1990년대에 들어 침범적 정책처방 형태로 바뀌어갔다.

국제통화기금협정은 브레턴우즈 회의 이후 여러 차례 개정되었으며, 가장 최근의 개정안은 2016년 1월에 발효되었다. 1968년 5월 채택된 개정 결의안은 분담금 체계의 점검과 관련된 것으로서 가장 중요한 개정 중 하나였으며, 해당 체제는 오늘날에도 여전히 사용되고 있으나 다른 방식으로 운영되고 있다. 브레턴우즈체제의 불안정성이 증가함에 따라 1969년 국제통화준비금의 한 유형인 특별인출권(SDRs)이 마련되었다. 특별인출권은 국제거래 안정에 중요한 핵심 준비자산인 금과 미국달러 공급이 부족해질 것에 대한 우려에 대응하여 기금의 공식 준비금을 보완하기 위한 것이었다. 1970년대 초 미국달러와 금 사이의 고정환율제가 중지됨에 따라 브레턴우즈체제의 근본원칙은 무너지게 되었다. 그 후 모든 주요통화는 시장가격으로 가치가 산정되는 변동환율제로 전환되었다. IMF의 설명에 따르면 "특별인출권은 통화도 아니고, IMF에 대한 청구권도 아니다. 오히려 IMF 회원국들의 가용 통화에 대한 잠재적 청구권이다."[29] 특별인출권은 IMF 회원국들의 통화로 실질적인 교환이 가능하다. 또는 상대적으로 대외적 위상이 취약한 회원국을 돕기 위해 경제 강국 회원국들이 특별인출권을 구입할 수도 있다. 특별인출권은 IMF 회계단위 역할도 하는데, 그 단위는 미국달러, 유로, 일본엔, 파운드 스털링의 네 가지 주요통화를 기준으로 한다. 2016년 10월 1일 중국 위안을 다섯 번째 통화로 포함하도록 통화바스켓이 확장되었다.

IMF는 이사회 운영을 통해 개별 회원국의 투표권을 기반으로 작동하며, 이는 제12조 (a/b/c호)에 의거한다.

(a) 상무이사회는 기금의 사업을 수행할 책임이 있으며, 이를 위하여 총회에서 위임한 모든 권한을 행사한다.

(b) 아래 (c)에 따라 상무이사회는 회원국에 의해 선출된 20명의 상무이사로 구성되며 총재를 의장으로 한다.

(c) 상무이사의 정기 총선을 위해 이사회는 전체 의결권의 85퍼센트 중 과반수의 표결에 따라 (b)에서 명시된 상무이사의 수를 증가하거나 감소시킬 수 있다.

다음은 특정 IMF 회원국에 대한 분담금 및 의결권을 나타낸다. 이 수치는 2016년 1월 26일 이사회 재편 개정안이 시행된 후 도입된 변경 사항을 반영한 것이며 표기된 모든 수치는 백분율을 나타낸다.[30]

분담금 최대 출자국 (IMF 최대 기여국):

미국	16.58	일본	6.17	중국	6.11
독일	5.34	프랑스	4.05	영국	4.04

(총: 42.29)

기타 중요 IMF 기여국:

이탈리아	3.03	러시아	2.60		
캐나다	2.23	브라질	2.23	사우디아라비아	2.02

분담금 최소 부담국 (IMF 최소 기여국):

앙골라	0.18	볼리비아	0.06	캄보디아	0.06	에리트레아	0.03
온두라스	0.08	사모아	0.03	탄자니아	0.11	우간다	0.10

IMF에서는 주요 출자국의 투표를 통해 의사결정이 이루어진다. 이는 체제를 유지하는 데 드는 비용 중 많은 금액을 지불하는 국가들이 그 운영에도 더 큰 영향을 미칠 수 있어야 한다는 공정성 인식에 기반을 둔 것이다. 그러나 IMF 운영원칙은 대부분의 빈곤국가들이 주요 출자국이 될 수 없다는 점에서 세계경제를 지배하는 국가들의 개발의제를 중점적으로 반영하는 근거가 된다는 비판을 받기도 한다.

IMF에 가입한 국가들은 세계은행에도 가입해야 했는데, 그 당시 세계은행은 설립 초기 단계로서 그 존재가 뚜렷하지 않았다. 1946년 7월 세계은행 출범 당시 직원 수는 72명에 불과하였고 예산 또한 10억 달러 미만에 머물렀다.[31] 세계은행은 전후 재건 및 소규모 인프라 사업 지원을 목적으로 하였으며, 그 초기 권한은 상당히 제한적이었다. 세계은행은 IMF 분담금 체계와 유사한 산출법에 따라 회원국들로부터 납부된 회비를 통해 운영을 이어나갔다.

국제부흥개발은행협정 제1조에 따라 세계은행은 다음과 같은 목적을 위해 설립되었다.

- 재건 및 개발 지원
- 민간부문 해외투자 촉진
- 국제무역의 균형성장 촉진
- 유용하고 긴급한 사업을 위한 대출
- 평화시대 경제로의 원활한 전환 지원

제5조에 따르면, "은행의 모든 권한은" 총회에 부여된다. 각 회원국은 위원 1명씩을 총회에 임명하며, 이사회의 투표방식은 개별 회원국의 투표권을 기반으로 한다. 가장 중요한 것은 은행의 운영 관련 의사결정과정은 총재와 함께 총회에서 임명을 승인한 12명의 이사의 결정에 따라 진행되었다. IMF에서와 마찬가지로, 세계은행은 조직 내 권한이 분담금 또는 출자

금에 비례하여 부여되어야 한다는 논리를 중심으로 설계되었다. 제5조는 세계은행에 가장 많은 출자금을 제공한 5개 국가에 의해 각 1명씩 임명된 이사 5인이 이사회에 포함되도록 하였으며 나머지는 총회를 통해 선출되었다. 세계은행 총재는 은행의 일반적 업무운영을 총괄하기 위해 이사들에 의해 선출되며, 이사회의 의장을 맡는다. 총재의 지위를 기술한 조항은 "기구에 대한 최종 책임을 진다"라고 명시하며, 세계은행의 운영뿐 아니라 재조직에도 상당한 재량권이 부여된 것으로 해석된다. 세계은행은 개발을 위한 최대의 다자간 차관을 지원하는 기관으로 지난 수십 년간 발전해 왔다.

전후 발전

IMF는 브레턴우즈체제 첫 10년 동안 아주 중요한 역할을 하였다. 많은 국가가 전쟁으로 파괴된 경제를 재건하면서 경상수지적자를 겪었다. 회원국들이 재정적 어려움을 극복하고 타 국가와 무역을 할 수 있도록 도운 것이 바로 새롭게 설립된 IMF였다. 그러나 머지않아 IMF가 유동성 풀(pool of liquidity) 역할을 하기에 충분하지 않다는 것이 명백해졌다. 미국은 국제통화질서의 안정성을 유지하고 국제무역의 원활한 흐름을 보장하기 위해 자국 스스로를 적자 위험에 빠뜨리는 대출기관으로서 점점 더 많은 개입을 하기 시작하였다.

세계은행은 설립 초기 약 10년 동안 그 역할이 다소 가려져 있었으며, 이는 특히 유럽을 위한 마셜플랜(Marshall Plan) 발표 직후 더욱 그러했다. 공식 명칭은 유럽부흥계획(European Recovery Program)이지만, 트루먼(Harry S. Truman) 대통령하에서 국무장관과 국방장관을 역임한 마셜(George C. Marshall) 장군을 따라 마셜플랜이라고 명명되었다. 1947년에서 1952년 사이 미국은 서유럽 16개국 재건을 위해 무상 및 유상원조의 형태로 경제적 지원을 제공했고, 지원 규모가 때때로 미국 GNP의 2퍼센트에 달하였다.[32] 이는 실로 엄청난 양의 대외원조였으며 유럽의 경제 활성화를 위한 촉매제로 작용하였다. 마셜플랜은 서유럽의 미국 동맹국들을 강화하고 동쪽의 소련 침공 위협을 억제하기 위한 그 자체의 정치적 목표를 갖기도 하였는데, 이는 트루먼독트린(Truman Doctrine)하에서 정립된 것이었다.[33]

브레턴우즈협정은 기본적으로 자유시장경제체제 국가들 간에 맺어졌으나, 소련도 브레턴우즈 회의에 대표단을 파견하고 IMF 분담금과 세계은행 기여금을 할당받았다. 그러나 몇 년 안에 두 초강대국 간 이데올로기적 불협화음은 국제관계의 기본 흐름이 되었다. 이 시기의 중요한 정치적 발전 양상은 바로 유럽의 분열과 냉전으로 인한 적대감의 심화였다.

소비에트 연방이 브레턴우즈협정을 비준하지 않기로 한 후, 소련의 영향을 받는 나머지 국가들은 체제 참여를 철회하고 모스크바를 중심으로 다르게 설계된 일련의 제도에 참여해야만 했다. 국가 공산주의라는 이름하에, 이러한 제도들은 국가운영 경제의 원칙을 발전시켜야 했다. 오랜 기간에 걸쳐 소련은 소비에트 진영 국가들 간의 협력을 위한 정치 프레임워크로 경제상호원조협의회(Comecon: Council for Mutual Economic Assistance)를 개발했다. Comecon은 자유시장주의를 거부했으며, 통화불태환성, 가격 통제, 대외무역 및 지급에 대한 국가독점권을 포함하는 자체적인 특별규칙을 세웠다. 기본 개념은 서구와의 상호작용을 최소한으로 유지하기 위해 역내 자급자족을 달성하는 것이었다.[34] 세계는 서방 자유시장경제체제 국가들과 개발도상국들 중 이들의 동맹국들이 지지하는 브레턴우즈체제, 그리고 소비에트 연방 내 국가운영 경제체제의 국가들로 나뉘었다. 마셜플랜은 당초 몇몇 동유럽국가들을 계획에 포함시키고자 하였으나, 해당 국가들은 모스크바의 지시에 따라 지원을 거부하였다.

한편, 서유럽은 서서히 전후 회복을 이루어 나가고 있었다. 1958년 12월 유럽(주요)국가 통화의 태환성 회복은 국제거래의 점진적 확장과 함께 세계경제의 역사에서 중요한 시기로 기록되며, 이후 1964년 일본이 이러한 흐름에 합류하였다. 통화시스템의 안정을 위한 미국의 장기적이고 커다란 희생이 따른 노력에 이어 영국은 유럽의 주요 통화 간 완전한 태환성이 경상계정 상 갖추어지도록 성공적으로 추진하였다. 미국은 자국의 금 보유량이 심각한 수준으로 고갈되는 대가를 치르며 이러한 성과를 이룩하였다. 통화 태환성이 복원된 후 미국은 IMF의 자본금 확대를 위해 분담금 체계의 확장을 요구하였다.[35]

국제무역이 확대됨에 따라 국가 간 금융시장은 더욱 긴밀하게 통합되어 오늘날의 글로벌 외환시장의 형성으로 이어졌다. 국경을 넘어 민간자금을 이동시킬 새로운 기회가 생김에 따라, 브레턴우즈체제가 발전할수록 국가 간 통화정책 연계는 더욱 강화되었다. 자본 이동성이 증가함에 따라 각국의 경상수지 적자와 흑자는 국별 중앙은행에 의해 면밀히 모니터링되었다. 1960년대에 걸쳐 서방 국가들에서는 국제수지 불균형과 무역적자가 점차 빈번해졌다. 1964년에 무역적자를 기록한 영국 정부는 이후 제조업 상품에 15퍼센트라는 전례 없는 수입 관세를 부과하였다. 이 조치는 불과 2년 후에 폐지되었지만, 이는 IMF 규칙, 무역개방을 위한 요구조건, 국내경제의 취약성 사이에서 곡예타기를 하던 일부 정책입안자들의 필사적인 노력을 엿볼 수 있는 부분이었다. 영국의 이러한 단기적 보호주의정책은 파운드화에 대한 의구심을 불러일으키는 등의 악영향으로 이어졌고, 이는 영국에 부가적인 유동성 문제를 안겨주는 방향으로 흘러갔다. 1967년 IMF는 영국 정부에 국제수지 불균형을 완화하기 위한 차관을 제공하였고, 파운드화는 평가절하되었다.[36] 영국에서 나타난 문제는 결코 영국만의 특수한 상황이 아니었다. 프랑스와 독일은 1969년 자국의 화폐가치를 떨어뜨렸고, 이러한 문제는 브레턴우즈체제 고정환율제의 근간을 흔들었다.

1960년대 말, 브레턴우즈체제에서 주요 준비통화 보유 국가로서 미국의 역할은 더욱 중요해졌다. 글로벌 경제가 팽창함에 따라, 미국 이외의 국가에서 보유한 미국달러가 미국 금 보유량을 초과하는 수준으로 증가했다는 의구심이 커지고 있었다. 트리핀(Robert Triffin)은 약 10년 전부터 이미 이러한 상황을 예견하였다. 그는 자신의 저서를 통해 미국의 적자증대를 통해 국제 유동성이 확대되고 있으므로 브레턴우즈협정이 체제적 불안정성을 향해 나아가고 있다고 경고하였다.[37] 미국을 중심으로 한 고정환율제는 신뢰 문제에 직면하게 되었다. 결국, 전 세계 대부분의 금융기관들은 미국이 더는 세계 전체의 달러 보유량을 금으로 교환할 의무를 이행할 수 없을 것이라고 믿게 되었다.

고정환율제 기반의 브레턴우즈체제를 흔드는 데는 정치 또한 큰 역할을 하였다. 1960년대 후반, 존슨(Lyndon B. Johnson) 대통령이 베트남 분쟁에 대한 미국의 개입을 확대하면서 미군의 군비가 증가하기 시작하였다. 동시에 새로운 국내 사회 프로그램이 도입되어 미국의 확장적 재정정책을 더욱 심화시켰다. 이러한 정책은 미국 경상수지 흑자에 제동을 걸었으며 급격한 인플레이션을 초래했다. 존슨 정부와 닉슨(Richard M. Nixon) 정부는 여러 안정화 프로그램을 도입하려 하였으나, 경제상황은 오히려 빠르게 악화되었다. 달러가 평가절하되어야만 하는 상황은 정책입안자들에게도 어느 정도 현실로 다가오고 있었다. 외환시장은 전례 없는 미국달러 매도를 목격했으며 미국 재무부는 엄청난 양의 금 손실로 위협받았다. 이러한 불가능한 상황은 닉슨 대통령에 의해 일방적으로 해결되었는데, 바로 1971년 8월 15일 미국이 더는 외국 은행에 달러를 금으로 교환해주지 않을 것이라는 그의 선포를 통해서였다. 이는 브레턴우즈협정 비준 이후 달러와 금 사이에 남아 있던 마지막 연결고리를 완전히 끊어내는 조치였다.[38]

1970년대는 북반구와 남반구 국가들 모두에게 불안한 10년이었다. 1973~1974년 석유파동 이후 개발도상국 내 꾸준히 유입된 저금리 차관은 결국 부채관리가 잘 이루어지지 않은 상태에서의 신생독립국 성장으로 이어졌다. 석유파동은 석유수출국기구(OPEC: Organization of Petroleum Exporting Countries)의 영향력이 증대하던 기간 중 발발하였다. 1960년

9월, 페르시아만 4개국(이란, 이라크, 쿠웨이트, 사우디아라비아)과 베네수엘라가 회원국의 석유정책을 조정할 목적으로 OPEC을 설립하였다. 1973년까지 총 8개국(카타르, 인도네시아, 리비아, 아랍에미리트, 알제리, 나이지리아, 에콰도르, 가봉)이 추가로 OPEC에 가입하였다. 1971년 OPEC 국가들은 원유 가격을 배럴당 미화 1.80달러에서 2.29달러로 인상할 것을 합의하였다. 그러나 전환점은 1973년 10월 아랍-이스라엘전쟁(Arab-Israeli war)을 계기로 시작되었다. 분쟁 중 이스라엘을 지원한 미국에 대한 보복의 일환으로 OPEC은 석유 생산량을 크게 줄여 카르텔을 강화하기로 결정하였다. 이에 따라 원유 가격은 1973년 말에서 1974년 사이 배럴 당 미화 30달러 가깝게 급등하였다.[39]

OPEC의 이러한 조치는 석유생산국에 힘을 실어주는 한편, 글로벌 경제를 수년간 불안정하게 만들었다. 유가가 상승함에 따라 OPEC 국가들은 전례 없는 성장과 경제번영을 누렸으나, 이 상황은 남반구의 개발도상국들에게는 상당히 부정적인 결과로서 작용하였다. OPEC 국가들은 막대한 석유이윤을 관리하기 위해 새롭게 벌어들인 오일달러를 서방세계의 은행으로 이관하였다.[40] 금융 불안정에 대한 우려와 달러의 가치하락을 방지하기 위해 은행들은 많은 개발도상국에 대해 관대한 조건으로 대규모 차관을 확대하였다. 1970년대 말 경제 불안정성이 심화되면서 은행들은 이러한 차관에 대한 이율을 인상하였고, 이는 개발도상국에서 발생한 심각한 부채위기의 서막을 올리게 되었다.

3. 지원을 위한 시도: 부채, 원조 및 선의의 카르텔

1970년대 개발도상국의 오일달러 부채는 세계은행 및 IMF와 협상된 차관으로 인해 악화되었다. 해당 기구들은 탈식민지화 이후 신생독립국 정부에 재정지원을 시작하였다. 이렇게 지원된 자금은 댐, 학교, 도로와 같은 인프라 건설을 위해 사용될 것으로 기대되었으나, 주권주의원칙에 따라 실질적으로 자금의 사용처를 모니터링 하는 것은 쉽지 않았다. 부채가 증가함과 동시에 자금은 무력충돌을 위한 자금지원과 권위주의적 정권의 집권 연장을 돕는 방향으로 사용되기도 하였다. 일관성 없는 경제정책은 이러한 부채위기를 더욱 심화시켰고, 1980년대 초 차용한 자금에 대한 금리가 급등하면서 고비를 맞게 되었다.

1979년 8월, 볼커(Paul Volcker) 미연방준비제도 이사회 의장이 새로 임명되어 인플레이션 억제를 위해 미국 내 금리 인상이 단행되었다. 전 세계적으로 이를 따라 금리 인상이 이루어졌으며, 여러 나라에서 기존 대출된 자금에 대한 금리가 치솟는 현상이 나타났다. 개발도상국에 해당한 채무국들은 1년 동안 금리가 약 7퍼센트에서 20퍼센트 이상으로 급등하는 문제에 직면하였고, 1980년대 아프리카와 라틴아메리카 수십 개의 국가는 심각한 재정 및 경제위기를 겪었다. 대규모 재난의 첫 징후는 1982년 초 아르헨티나가 미화 370억 달러의 부채 상환을 중단하며 나타났다. 1982년 8월 멕시코 정부는 미화 850억 달러의 채무에 대한 상환의무를 이행할 수 없음을 선언함으로써 금융계에 충격을 안겼다. 같은 해 12월, 부채가 미화 910억 달러에 달한 브라질도 이 같은 선언을 하며 1983년 말에 이르러서는 대부분의 라틴아메리카 국가들과 다수의 아프리카 국가들이 채무불이행 상태에 놓이게 되었다.[41] 몇몇 경우에는 IMF가 개입하여 경제적 붕괴를 막아야만 했다. 일부 최빈국이 축적한 막대한 부채 수준에 대한 우려와 함께 IMF는 조건부원칙을 강화할 수 있는 방안을 도입했고, 이는 차관을 위한 조건으로 구조조정 과정을 필수적으로 거쳐야 함을 뜻하였다.

구조조정은 한 국가의 경제를 정비하기 위한 일종의 경제적 충격요법 형태를 띠었다. 1979년 IMF와 세계은행의 연례회의를 준비하던 당시 맥나마라(Robert McNamara) 세계은행 총재는 구조조정차관이라는 방안을 고안해냈다.[42] IMF는 통상적으로 조건부차관을 제공해 왔으므로 국제경제의 불안정성을 고려할 때 맥나마라 총재가 제시한 이 새로운 이니셔티브를 환영하며 받아들였다. 세계은행 입장에서는 이러한 구조조정차관이 새로운 개념으로 다가왔으나, 이후 1980년대와 1990년대 개발원조를 필요로 하는 국가들을 상대할 때 이를 점차 규범화하게 되었고 그 이유는 간단했다. 점진적 변화의 도입을 통해 불안정한 경제상태를 지속시키는 대신, 포괄적인 구조조정은 한 국가를 더 빠르고 덜 고통스러운 방법으로 자유시장 제도에 흡수시킬 수 있는 방법이었다. 불행히도 대부분의 구조조정차관은 그 목표를 달성하는 데 실패하였다. 1980년부터 1999년 사이 IMF와 세계은행으로부터 구조조정차관을 받은 12개 아프리카 국가들과 상위 10개 전 공산주의 국가들에서는 이러한 구조조정 프로그램으로 인해 경제상황이 더욱 악화된 양상을 띠었다. 예를 들어, 코트디부아르는 20년이 넘는 기간 동안 이같은 구조조정차관을 26건 받았으나 여전히 장기적 경제침체를 겪고 있다.[43]

구조조정차관의 시대에 세계은행과 IMF가 발전시킨 개발정책은 워싱턴 컨센서스(Washington Consensus)라는 이름으로 알려지게 되었다. 워싱턴 컨센서스는 신고전주의 경제패러다임에 따라 전 세계적인 경제자유화를 촉진했다. 1999년 이는 구조조정 프로그램의 실패와 프로그램의 이행을 강요한 기관들의 오만을 표상하는 용어가 되었다. 워싱턴 컨센서스 관련해서는 책의 뒷부분에서 더 자세히 다뤄지지만, 여기서는 1989년 윌리엄슨(John Williamson)이 라틴아메리카에 도입할 몇 가지 상식적인 수준의 자유시장 개혁을 설명하면서 해당 개념을 처음 고안했다는 점을 밝히고자 한다.[44] 그러나 워싱턴 컨센서스라는 이름 아래 시행되어온 정책들은 본래의 개념과는 그 초점이 다소 상이하였다.

워싱턴 컨센서스의 실패 이후 IMF와 세계은행을 향해 많은 비판이 쏟아졌다. 유엔개발계획(UNDP: United Nations Development Programme), 미국국제개발처(USAID: United States Agency for International Development), 미주개발은행(IDB: Inter-American Development Bank)과 함께 이들은 서비스의 중복과 비효율적 관료주의의 대명사처럼 인식되기 시작했다. 빈곤 근절을 위해 고안된 프로그램에 수십억 달러를 지출했지만 원조기관들이 정작 돕고자 하는 대상 지역에 실시한 정책들은 실패하고 말았다. 부패에 대한 문제 제기와 함께 정치적인 요인이 차관과 지원사업의 협정 조건을 결정짓는 데 영향을 미쳤다는 비판이 제기되었다.

논란의 여지가 있지만, 모든 주요 원조기관들은 선의의 카르텔(Cartel of Good Intentions)이라고 이름 붙일 수 있을 것이다. 카르텔은 고객과의 계약 조건을 일방적으로 통보할 수 있으며, 마찬가지로 "해외원조 사업에서 고객(즉, 개발도상국의 빈곤층 시민)은 그들의 요구사항을 피력할 기회가 거의 없음에도 불구하고, 시스템을 이탈할 수 없다."[45] 또한, 새로운 주제와 프로그램을 도입하려는 시도에도 불구하고 이들 조직이 얼마나 변화에 실패하였는지에 대한 비판도 있다. 예로, 앞서 검토된 "글로벌 발전을 위한 새로운 전략"이라는 제목의 1970년 피어슨보고서(Pearson Report)에서 강조된 무역, 투자, 경제성장에 대한 내용이 워싱턴 컨센서스가 작동하던 기간 중 전파된 정책처방과 상당히 유사한 언어로 표현되었다는 점을 확인할 수 있다.

세계은행과 IMF는 보다 효율적인 운영을 위해 다양한 개혁과정을 거쳤다. 2009년에 단행된 제도 개혁은 "강하고 효과적인 정책에 대한 국가 주인의식을 고취하기 위해" IMF의 구제금융조건을 간소화했다.[46] 개혁은 도덕적 해이를 방지하기 위해 단행되었는데, 가령 손실에 대한 탕감을 받을 수 있다고 예상하거나 제삼자가 채무국의 실책을 대신해 변제해줄 것으로 기대하여 불필요한 위험을 감수하는 유인을 갖는 상황 등이 이에 해당한다. 도덕적 해이는 심각한 문제이지만, 구조조정 프로그램에 따라 수립된 차관의 패턴은 국가들로 하여금 개혁의 청사진을 억지로 그리도록 밀어붙였고, 이는 많은 경우 문제를 해결하는 대신 오히려 악화시켰다.

2016년 8월 기준, IMF는 189개 회원국을 보유한 기구이다.[47] IMF는

"IMF 지원 프로그램의 모든 조건은 '거시적'이어야 하며, 거시경제 프로그램의 달성이나 국제통화기금협정 상 특별 조항의 이행에 필수적인 것이어야 한다"라고 주장한다.[48] 그러나 일부 지정학적으로 중요한 국가의 경우 조건부원칙이 다소 유연하게 적용된다. 흥미로운 사례는 파키스탄으로, 세계에서 세 번째로 많은 개발원조를 받는 국가이다. 파키스탄은 1960년 이래 수많은 유상 및 무상원조 관련 협상을 해왔으며, 그중 일부는 수십억 달러에 달하는 차관임에도 불구하고 상각되었다. 파키스탄에는 많은 차관이 기준점이나 평가대상도 없는 상태로 제공되었다. 이러한 와중에 일관된 경향은 바로 일부 IMF 조건을 수용하면서도 다른 조건들은 무시하는 것이었다. 2001년 9월, 파키스탄은 IMF와의 또 다른 관대한 조건의 협약을 체결함으로써 만기가 도래한 차관을 두 배로 늘렸다. 새로운 협약에는 파키스탄의 정치적 안정성에 대한 우려가 나타나 있었다. 실로, 한 전문가에 따르면 "파키스탄 조건"은 "정책목표를 위한 책무성 없는 공여국들의 자금지원"의 완곡한 표현이 되었다.[49] IMF와 세계은행은 계속해서 파키스탄에 재정 및 기술 지원을 제공하고 있다.[50]

세계은행그룹(World Bank Group)은 IBRD, 국제개발협회(IDA: International Development Association), 국제금융공사(IFC: International Finance Corporation), 국제투자보증기구(MIGA: Multilateral Investment Guarantee Agency), 국제투자분쟁해결기구(ICSID: International Center for Settlement of Investment Disputes) 5개의 상호 관련 기구로 구성된 최대 다자간 원조기관이 되었다. 그 중, IBRD는 가장 오래된 기구로서 2016년 기준 189개 회원국을 보유하였으며 저소득국가와 중소득국가에 재정 및 기술 지원 프로그램을 제공한다.

1960년 설립된 IDA는 기관 스스로 정립한 기준상 최빈국으로 분류된 국가들에 대한 무이자 차관, 10년 이상의 거치기간(grace periods), 그리고 수십 년의 기간에 걸친 만기(maturities) 등을 포함하는 특혜 조건 차관을 제공하기 위해 설립되었다. 2016년 기준, IDA는 77개국의 운영 프로그램에 대한 자금을 지원한 173개 회원국에 의해 관리·감독 되고 있다. IDA 프로 그램은 성평등과 소득평등, 경제성장, 일자리 창출, 환경 훼손 저감, 생활조 건 개선을 목표로 한다. IMF 웹사이트에 따르면, 1960년 이래 IDA는 112 개국에 총 미화 312억 달러를 투자한 것으로 집계된다.

1956년에 설립된 IFC는 사회경제적, 정치적, 분쟁 이후의 문제들을 직면 한 국가들에 민간부문 지원을 담당한다. 2016년 기준 IFC는 세계은행 184 개 회원국을 보유하며, 회원국 대표로 구성된 총회를 통해 운영된다. IFC는 IBRD와 IDA하에서는 금지된 사항인 정부보증 없이 민간부문 사업에 직접 적인 재정지원을 제공할 수 있는 유일한 기구이다.[51]

MIGA는 지분참여 투자자를 대상으로 정치적 위험 보증을 제공함으로써 개발도상국에 대한 해외직접투자의 흐름을 촉진하는 임무를 수행한다. MIGA 는 정치적 불안정, 무력충돌 및 불안정한 통화로 인한 손실 보장기능을 제공 한다. 2009년 개혁 이후에는 은행과 자본 투자자에 대한 보호를 확대할 수 있는 권한을 확장했다. 현재 전략의 개요는 이러한 변화로 인해 "MIGA에서 2010년 재정 책임 불이행(NHSFO: non-honoring of sovereign financial obligations)과 2013년 국유기업의 재정 책임(NHFO-SOE: non-honoring of financial obligations of state-owned enterprises), 2개의 신용 보강 상품을 도입하도록 허용하였다"라고 설명되고 있다. 기구는 1988년에 설립 되었지만 이후 "고객 기반뿐만 아니라 제품 라인"도 꾸준히 성장시켜 확대 해 왔다.[52]

ICSID는 2016년 기준으로 161개의 회원국을 보유하며 이들을 위한 국 제중재서비스 제공을 하는 기구이다. 1966년 설립 당시 이 기구는 투자분 쟁 당사국 중 호스트 국가가 포함된 경우에만 판결할 수 있는 제한된 권한 을 부여받았다. ICSID가 다루는 중재 사건의 수는 1992년 2건에서 2012년 50건으로 1990년대 이후 급증했으며, 이는 전 세계적으로 양자 간 투자협

약의 확산으로 인해 폭발적으로 증가했다.[53]

2016년 기준 세계은행은 전 세계에 7,000명의 직원과 약 40개의 사무소를 두고 있다. 반면 IMF 직원은 2,300명이다.[54] 세계은행의 조직 문화에 관해 이루어진 주요 연구는 기구를 병들게 하는 여러 구조적 문제점들을 지적하였다. 이러한 문제는 위선이라는 용어를 통해 가장 함축적으로 잘 나타나는데, 이는 "집단행위자로서 추구하는 목표, 이상, 정책 등 은행이 표방하는 사항과 은행이 실제로 하는 행위 사이의 충돌을 나타낸다."[55] 해당 연구의 저자에 따르면 조직화된 위선(organized hypocrisy) 개념은 세계은행의 생존을 위해 중요한 요소로 간주되는데, 이는 대외적 정당성이 지속적인 비판으로 위협될 때 특히 중요해진다. 노골적 위선(blatant hypocrisy)은 은행이 자신의 권한과 정책을 공개적으로 위반할 때 발생한다. 예를 들어, 세계은행의 '환경 및 사회 세이프가드'에 위배되는 인프라 사업에 자금을 지원하는 경우가 이에 해당한다고 볼 수 있다. 또한, 지속가능발전 또는 굿 거버넌스에 대한 세계은행의 공약과 실제 자원배분이 일치하지 않을 때 나타나는 미묘한 위선(subtle hypocrisy) 또한 존재한다.[56] 모든 국제기구에서 어느 정도의 위선은 찾아볼 수 있다. 그러나 해외원조기구들이 조직화된 위선의 수렁에 빠져버리면 가장 취약한 사람들이 피해를 보게 된다.

세계은행이 활동을 수행하는 방식에 내재된 위선(embedded hypocrisy)이 존재하는 또 다른 원인은 바로 '비정치적 조항(nonpolitical clause)'이다. 1944년 협정문 제4조 10항으로 알려진 이 조항은 다음과 같이 명시하고 있다. "세계은행은 회원국의 정치적 문제에 개입해서는 안 되며, 세계은행의 의사결정은 회원국이나 그 정부의 정치적 특성에 의해 영향을 받아서는 안 된다." 이 조항은 소비에트 연방을 포함하기 위해 협정에 넣게 되었고, 이는 자국의 국영경제체제가 브레턴우즈협정의 자유주의 합리성과 호환되지 않음에 대한 우려가 증가하는 와중에 이루어졌다. 소비에트 연방은 결국 이탈하였지만, 조항은 그대로 남게 되었다. 정치적 요인이 세계은행의 의사결정과정에 영향을 미치는 것을 금지함으로써 세계은행은 기술 및 재정지원을 요청한 정부의 폐단에 관해 관심을 두지 않을 명분을 스스로 부여하기 시작하였고, 이는 많은 것을 암시하게 되었다. 이 조항은 개발원조에 대한 기술관료적 접근(technocratic approach) 방식을 공고히 하였으며, 그 과정에서 폭군과 독재자에 의해 정부가 운영되는 것을 지원하는 데 도움을 주게 되었다. 역설적으로, "정치를 견제하기 위한 조항은 은행을 활용함으로써 정치 추구를 더욱 쉽게 만들었다."[57]

협력대상국의 정치지도자들은 비개입원칙을 주장하며, 세계은행과 IMF는 순전히 기술적인 기구에 불과하다고 본다. 그러면서도 이 정치지도자들은 차관 및 투자보증과 함께 수반되는 조건부 사항을 조용히 수용한다. 국가 간 체제하에서 신뢰할 수 있는 집행기제가 없는 상태에서의 국제규범은 개별정부가 주권원칙을 선택적으로 사용하는 것을 제한하는 데 효과성이 떨어진다. 마찬가지로 공여국이 지원금을 배분할 때 더 큰 책무성과 투명성을 요구하는 것은 당연할 것이다.

4. 무역 확대: GATT에서 WTO까지, 그리고 그 후

브레턴우즈협정이 발효되었을 당시에도 무역문제는 여전히 해결되지 않은 채 남아 있었다. 1947년이 되어서야 무역문제 관련 협력을 관리하기 위한 기제로 GATT가 작동하기 시작하였다. GATT는 국제무역기구(ITO: International Trade Organization) 설립 계획을 위해 마련되었던 잠정협정이었다. 1947년 11월 쿠바 하바나에서 56개국의 대표단이 ITO 초안 전체를 검토하기 위해 모였다. 길고 어려운 협상 끝에 1948년 3월 하바나헌장(Havana Charter) 전문을 인증하는 최종의정서가 승인되었지만 참여한 정부들의 비준에 대한 약속은 부재했다. 결국, 하바나헌장은 주요 참여국, 특히 미국에 의해 폐지되었다. 세계무역을 지배한 유일한 다자간기구로서 1995년까지 유지된 GATT는 바로 이 하바나헌장의 조항 중 하나에 기초하여 설립되었다.

ITO의 기본 개념은 제한적인 비즈니스 관행, 1차 상품, 경제개발, 해외직접투자에 대한 규칙을 포함하여 무역규제와 관련해 광범위한 권한을 가진 효과적인 다자간체제를 설계하는 것이었다. 하바나헌장은 너무나도 야심찬 계획이었던 나머지 그 적용 범위에 대한 우려 등으로 인해 실패로 끝났다. 또한, 상충하는 조항에 대한 이의도 있었다. 미국 협상팀을 이끌었던 윌콕스(Clair Wilcox)는 헌장에 내재한 모순을 지적하기 위해 노력했다. 예로, 농업, 광업, 석유 탐사와 같은 상품 부문에 대해 국가들이 독립적으로 규제하고 보호할 수 있게 함으로써, 하바나헌장은 무차별원칙에 입각한 자유무역의 근간을 손상시켜 국제적 긴장을 유발한 것이다. 그 결과 윌콕스는 자유무역체제를 구축하기 위해서는 "상품정책에 관한 국제협정이 필요하다"라고 제안하였다.[58] 윌콕스는 미국을 포함한 국가들이 1차 상품을 생산하는 국내생산자에 대한 정부보조를 완전히 폐지하는 것은 불가능할 것으로 추정하였다. 또한, 일부 국가, 특히 저개발국가에서는 제한적인 양의 농작물 혹은 광물 수출에 전적으로 의존하기 때문에 별도의 상품협정이 허용되어야 함을 지적하였다. 이에 따라 상품협정을 허용하는 특별조항이 하바나헌장에 포함되었다. 그러나 이 헌장은 미국에서 비준되지 않았으며 ITO는 결코 실현되지 않았다. 케넨(Peter Kenen)은 미국 내 증가하는 ITO에 대한 저항의 원인으로 헌장이 너무 많은 정부개입을 허용한 점을 지적한다. 다른 국가들도 이 헌장을 받아들이는 데 어려움을 겪었는데, 특히 과도한 면제조치를 허용함으로써 근본적인 다자간 규칙을 무효화 하는 효과를 가져왔기 때문이었다.[59]

하바나회의 당시 이미 존재했던 GATT가 아니었더라면 하바나헌장에 대한 불신은 세계무역체제에 상당히 해로운 결과를 가져올 수도 있었다. 경상계정 태환성을 가능한 한 빨리 복원시키고자 한 미국의 요구사항에 영국이 동의하면서 GATT협정의 기본 사항들은 이미 초기에 협의되었다. 양측은 또한 무차별적 국제무역에 합의했다. 무차별원칙을 나타내는 두 가지 중요한 규칙은 다음과 같다. 첫째, 최혜국대우 원칙(MFN: Most Favored Nation Rule)[제1조], 그리고 둘째, 내국민대우 원칙(National Treatment Rule)[제3조]이다.

MFN 원칙은 어느 한 국가를 우대하면 모든 국가를 우대하라는 원칙(Favor One-Favor All)이라고도 한다. 즉, 한 계약당사자가 계약에 대해 수행한 관세양허는 다른 모든 계약당사자에게도 확대 적용되어야 한다는 것이다. 그러나 MFN 원칙은 많은 GATT 면제조치가 허용되면서 약화되었다. 예를 들어, GATT에서 국가들이 관세동맹 및 자유무역지대를 만들 수 있도록 허용함으로써 무역체제를 분열에 취약하게 만들었다.

내국민대우 원칙은 국가들이 국내생산자에 특혜를 주고 해외무역 파트너를 차별하는 국내규정 도입을 방지하기 위한 것이다. 요약하자면 다음과 같다.

> 내국민대우 원칙은 국별양허표(country tariff schedule)에 규정된 대로 수출업자가 국경세를 납부한 경우, 같은 상품을 생산하는 국내생산자가 이와 동일한 수준의 부담을 지지 않는 한, 국내판매세, 차등규제 등을 통한 추가 부담을 수출업자에 부과하지 않는다는 원칙이다.[60]

이 원칙에 대한 면제조치도 가능했다. 첫째, 계약당사자가 GATT 계약에 서명했을 때의 우대사항을 유지하도록 허용했다. 둘째, 정부기관의 상품조달에 대해서는 차별원칙을 적용할 수 있게끔 하였다.

1946년 무역협상이 두 가지 흐름으로 진행되면서 GATT의 운영이 가능해졌다. ITO 헌장에 관한 제도적 논의와 동시에 1947년 1월과 2월 사이에 미국 뉴욕주 레이크석세스(Lake Success)에서 기술회의가 열렸다. 이를 통해, 법률 문서로서의 GATT가 체결되었다. 그해 말, 제네바로 이어진 회담에서 23개국 대표들이 123건의 관세인하 협상을 시행하여 약 5만 건의 관

세인하를 이뤘고, 평균 관세는 35퍼센트 감소하였다.[61]

ITO가 실패했을 때, 무역 협상가들은 잠정적용의정서(Protocol of Provisional Application)를 채택하고 GATT를 수락함으로써 관세양허의 가치를 보호하기로 합의했다. 이 의정서는 1947년 10월 30일 작성이 완료되어 1948년 1월 1일 발효되었다. GATT는 38개의 조항으로 구성되어 있으며 하바나헌장의 제4절(상업정책)에서 직접적으로 파생되었다. GATT는 국제무역 흐름을 관리하기 위한 계약협정이 되었는데, 이는 해당 역할을 수행하기 위해 수용가능한 최소한의 조항들을 충족했기 때문이다. 최초 계약당사자 23개국 이외에, 1949년 11개의 국가들이 안시라운드(Annecy round)에서 협정에 추가로 서명하였다.

GATT는 하바나헌장 제4절을 기반으로 하므로 GATT 제20조에 명시된 대부분의 일반 예외사항을 유지한다. 그러나 그중 하나는 흥미롭게도 하바나헌장의 제6절(정부 간 상품 협정)에서 가져왔다. 헌장의 나머지 부분들은 ITO가 설립되지 않음으로 인해 사장되었다. ITO 협상 과정에서 상품협정을 허용하는 문제에 대해 의견이 분분했음에도 불구하고, GATT 입안자들이 해당 조항을 유지하기로 한 것은 의외의 결정이었다. 결과적으로 GATT는 이러한 협약을 체결할 기회를 제공하였고, 상품협정 허용은 여전히 WTO 내에 존재한다.

GATT는 또한 논란이 있었던 국영무역기업에 관한 제17조도 포함하였다. 이는 소비에트 연합 국가들과의 무역을 허용하고 비시장경제체제의 GATT 가입을 촉진하는 조항이었다. 이 조항은 WTO 하 세계무역체제의 중요 구성요소로 남아 있으며, 원칙적으로 자유무역의 합리성과는 모순된 국영기업(SOEs)의 존재를 역설적으로 허용하고 있다. GATT 제24조는 MFN 원칙의 적용과 관련하여 면제조치를 강화함에 따라 문제가 되었는데, 해당 문제는 계약 당사국들이 지역특혜무역협정(preferential regional trade agreements)을 협상할 수 있게 함으로써 발생하였다. 이는 1970년대에 심각한

문제로 부상하였으며, 최근 WTO하에서 국가들이 다자간 규칙보다 지역거
래를 선호하기 시작하면서 더욱 심각해졌다.

잠정협정으로서 GATT는 몇 가지 약점이 있었는데, 먼저, 그 범위가 매
우 제한적이었다. ITO의 실패는 수입통제, 카르텔, 해외투자 및 개발과 같
은 다자간무역 의제에서 일부 핵심 조항을 제거하는 것에 부합했다. GATT
는 주로 관세인하와 쿼터금지에 관한 것이었다. 협정은 또한 구속력 있는
법 해석적 권한이 없었다. 이러한 권한이 부재한 상태에서 GATT의 분쟁해
결절차는 사실상 자발적으로 이루어졌으며 그 과정은 참여 당사국에 의해
아무런 결과 없이 중단될 수 있었다. GATT를 뒷받침하는 공식적인 제도가
없었기 때문에 서명국들은 GATT와의 단순 계약당사자일 뿐 회원국이라는
호칭을 얻지 못하였다. 제한된 기술협정으로서, 의사결정절차에 관한 지침
또한 부재했다. 시간이 지남에 따라 관련 운영 절차는 서서히 발전해 나가
게 되었다.

GATT는 선진국 클럽에서 그 기원을 찾을 수 있지만, 다자간무역협상
도쿄라운드(Tokyo round, 1973~1979)가 끝날 무렵 GATT 계약당사국
은 약 90개국으로 그 숫자가 크게 늘어났다. 신규참여국 중 개발도상국들
은 유의미한 조건을 토대로 참여하기를 기대하였으나, 공식적인 조직이 부
재한 상태에서 잠정적인 GATT체제는 주요 무역 국가들에게 계속해서 장악
되었다. 도쿄라운드는 6개의 신규협정(정부조달, 관세평가, 기술장벽, 반덤
핑, 보조금·상계관세, 수입허가절차)을 이끌어내며 GATT의 범위를 확대
하였다.[62] 국가들이 이 신규협정 중 원하는 사항을 취사선택할 수 있다는 점
에서 협정은 선택사항으로 남겨졌다. 대부분의 선진국은 모든 협정에 동참
하였으나, 개발도상국들은 그중 하나 혹은 두 개 정도만 참여할 수 있게 됨
으로써 GATT의 체제 관리를 더욱 어렵게 만들었다. 갈등이 심화되면서 계
약당사국들은 협정의 예측성이 떨어지고 투명성이 부족하다는 불만을 제기
하였다.

GATT에서 WTO로의 전환이 이루어진 우루과이라운드(Uruguay Round, 1986~1993)가 매우 중요한 이유는 바로 이 때문이다. GATT와 그 초기 조항들은 여전히 WTO의 핵심으로 남아 있다. 그러나 공식적으로 1995년 1월에 출범한 WTO는 GATT보다 훨씬 더 많은 것을 포괄하고 있으며, 더는 잠정협정에 머물지 않았다. WTO는 공식적인 규칙기반 기구(rules-based organization)로서, 새로운 분쟁해결기제 관할권 하의 법적 울타리 안에서 기존 및 신규 무역협정을 포괄한다. 우루과이라운드는 공산품에 대한 관세를 낮추고 농업과 섬유산업에 대한 협정을 처음으로 공식화하였다. 또한, 서비스와 지식재산권에 대한 포괄적 신규협정을 체결함으로써 투자 관련 문제를 다루고자 시도했던 라운드이다. 가장 중요한 점은 바로 WTO를 공식적인 규칙기반 기구로 설립함으로써 모든 WTO 회원국에(더는 계약당사국이 아닌) 법적 평등원칙을 적용하고, 이를 통해 회원국의 지위를 강화하였다는 점이다.

우루과이라운드는 모든 WTO 분쟁해결규칙 및 절차에 관한 양해(DSU: dispute settlement understanding) 통합시스템을 설립하였고, 협정을 해석할 수 있는 역량을 갖춤으로써 국제무역법 제정에 기여하였다. 새로운 절차에는 협의, 패널 구축, 절차진행, 보고서 발행 및 신규 상소기구가 포함된다. DSU의 중요한 부분은 바로 분쟁해결패널과 상소패널에서 도출한 결정을 자동 채택하며, 법적 구속력을 갖추게 된다는 점이다. 그 어느 회원국도 WTO에서 시작된 무역분쟁을 임의로 차단할 수 없다. DSU는 WTO 무역 규정을 위반한 회원국에 대한 제재를 허용한다. WTO 분쟁해결기제는 강제관할권, 상소기구 및 구속력 있는 중재기능을 갖춘, 국가 간의 분쟁 해결을 위한 유일한 시스템이다.[63]

처음으로 무역원칙에 대한 다자간 프레임워크 내에 서비스 영역이 포함되었다. WTO 서비스 무역에 관한 일반협정(GATS: General Agreement on Trade in Services)은 서비스 무역에 대한 다자간 무역 자유화를 위한 일반 프레임워크를 설정한다. GATS는 두 부분으로 구성된다. 첫 번째 부분은 협정문 — 조항 및 부록이다. 두 번째 부분은 WTO 회원국별 약속이행표로 구성된다. GATS 규정은 개별국가의 자유화 약속표(country-specific commitments) 상 수락한 분야에 한해 적용된다. 많은 국가들이 GATS에서 일반적으로 다뤄지는 서비스 부문 중 일부에 대해서만 자유화를 실시하였다. 여기에는 통신 및 시청각서비스, 금융서비스, 비즈니스(회계, 건설 등), 건축 및 엔지니어링, 운송, 유통, 관광, 오락, 건강, 환경 및 교육 서비스 등이 포함된다.[64]

농업은 다자간 국제무역체제 내에서 여전히 문제 영역으로 남아 있다.[65] 새로운 WTO 농업협정은 개발도상국의 농산물 무역을 위한 국경 개방을 이뤄낼 정도로는 충분히 논의되지 못하였다. 그럼에도 불구하고 이 협정은 세 가지를 달성하였다. 첫째, 몇몇 임시적인 예외를 제외하고 모든 쿼터와 비양허관세를 양허관세로 전환하였다. 둘째, 새로운 수출 보조금을 금지하고 기존 보조금은 삭감하였다. 셋째, 관세와 유사한 방식으로 개발도상국에서 농부들을 해외 경쟁으로부터 보호하는 국내보조금 문제를 다루기 시작했는데, 이는 개발도상국에서 강력히 반발한 사항이었다.

WTO 무역관련 지식재산권에 관한 협정(TRIPS: Trade-Related Aspects of Intellectual Property Rights)은 지금까지 협상된 그 어느 것보다도 지식재산권(IPR)에 관한 가장 포괄적인 국제협약으로 남아있다.[66] 이 협정은 세계 지식재산권을 보호하는 조화로운 규정체계 없이는 해외직접투자에 어려움이 있을 것이라고 믿는 몇몇 산업부문에 의해 강력히 지지되었다. 지식경제에서는 특허와 저작권, 산업 디자인 등에 상품과 서비스가 더 많이 의존하게 됨에 따라 적합한 법으로 보호되어야 한다고 주장되었다. TRIPS는 WTO의 모든 구성원이 그러한 법을 제정하도록 의무화하고 필요한 수준의 지식재산권 보호 및 집행을 규정한다. 그러나 대부분의 개발도상국은 특허권의 독점적 속성이 끼칠 악영향과 더불어 TRIPS를 준수하는 데 필요한 새로운 지식재산권 관련 법과 규정 수립 및 완전히 새로운 행정체계를 구축하는 데 드는 비용을 우려하며 이 협정에 반대하였다.[67]

WTO는 각 회원국에 동등한 법적 지위를 제공하고 IMF에서처럼 투표 과정을 거치지 않는다. WTO의 합의에 따른 의사결정과정은 반드시 만장일치를 요구하지는 않지만, 이 운영원칙은 적은 수의 국가들일지라도 반대의견이 개진되면 더 이상 추진되지 않기 때문에 개발도상국들이 크게 지지하였다. 의사결정이 이루어지는 회의에 불참한 모든 WTO 회원국은 해당 의제에 찬성하는 것으로 간주된다.[68] WTO 운영상 또 다른 중요 원칙은 바로 일괄수락원칙(principle of single-undertaking)이다. 이는 모든 WTO 회원국이 WTO 합의사항을 단일 패키지로 전체 수락해야 함을 의미한다. 일괄수락원칙은 새롭게 체결된 합의사항(협정) 중 원하는 것만 선택적으로 서명할 수 있었던 GATT 시대와 대조적인 원칙이다.

일괄수락원칙은 기구 외부에 있는 국가들의 이해관계를 높임으로써 우루과이라운드가 체결될 수 있도록 보장한 중요한 요소였다. 그러나 개발도상국이 직면한 이행 문제를 감안할 때 일괄수락원칙은 새로운 WTO협정 협상에 대한 억제책(deterrent)으로 변모하고 말았다. WTO 이행 과정과 관련하여 개발도상국이 우려한 부분은 크게 세 가지였다. 첫째, 확대된 국제무역 규정 범위가 수반하는 새로운 의무, 둘째, 규정준수를 다루기 위해 새로운 규정, 법률, 집행절차 및 행정체계를 만들어야 할 필요성, 셋째, 농업협상의 진행이 불충분하게 이뤄지면서 개발도상국들이 WTO를 상호 간의 거래로 인식하지 못하게 된 것이다.[69]

법규칙에 근거한 조직으로서 WTO는 전통적으로 국제무대에서 힘과 영향력을 행사할 수 없었던 국가들에 과거에는 접근하기 어려웠던 여러 기회의 장을 열어주었다. 그러나 WTO가 설립되자마자 개발도상국들은 새로운 계약이행 비용이 예상 이익을 초과한다고 받아들이게 되었다.[70] 개발도상국들은 기존의 WTO 의무사항들에 압도되어 새로운 다자간협정이 WTO에

표 3.1 세계무역기구(WTO)의 3대 핵심 – 일괄수락원칙이 적용된
WTO협정 목록

WTO – 일괄수락원칙에 입각한 협정 목록	
1. 상품 – GATT 1947 + 협정 부문: 농업, SPS(위생, 식물 위생) 조치, 섬유 및 의류, 무역에 대한 기술 장벽, 무역 관련 투자조치, 반덤핑, 관세평가, 선적전 검사, 원산지 규정, 수입 허가 절차, 보조금 및 상계조치, 보호조치	2. GATS – 서비스 무역에 관한 일반 협정 3. TRIPS – 무역관련 지식재산권에 관한 협정 통합 분쟁해결 기제 = 분쟁해결양해(DSU) 및 상소기구

출처: WTO 웹사이트 www.wto.org

서 협상되는 것에 저항했다.

WTO는 세계경제에서 공정성과 투명성을 촉진하는 보편적 기구로서 창립되었다. 기구는 신규가입국들에 열려있으며, WTO 가입절차는 일괄수락원칙에 따라 신규 회원의 WTO협정에 대한 규정준수 보장을 목표로 한다. 가입후보국들은 국경조치와 국내 규제정책을 포함하여 일련의 포괄적인 의무사항들을 직면하게 된다. WTO 가입절차에는 기구의 법적 원칙에 따른 국가행위를 위해 후보국가가 단행해야 하는 내부개혁이 반복적으로 강조된다. 결과적으로, 이 과정을 끝맺음하는 데는 10년 이상이 걸릴 수도 있으며, 후보국가가 경제자유화를 위한 침해적인 요구사항들에 대한 충족을 거부할 때는 중단되기도 한다. 이러한 개별 가입은 그 가입조건을 WTO 모든 기존 회원국들의 동의를 받게 되어 있다. 따라서 이 과정은 기존 WTO 회원국들의 감시하에서 수행되는 독특한 구조조정 과정으로 볼 수 있다. 2008년의 금융위기와 경제적 세계화에 대한 요구가 줄어들었음에도 WTO 회원국 가입신청은 계속되고 있다. 2017년 3월 기준, WTO는 164개의 회원국을 보유하고 있으며 라이베리아, 사모아, 우크라이나, 베트남, 카자흐스탄, 몬테네그로, 러시아와 같은 다양한 국가들이 지난 몇 년간 신규 가입했다.

2001년 카타르 도하에서 WTO에 의한 다자간협상의 첫 번째 라운드가

시작되었다.[71] 도하라운드는 농업무역에 대한 왜곡된 규칙, 기존 WTO협정 이행, 가입절차의 문제점, 특별 및 차등대우 등과 같이 개발도상국에게 특히 중요한 문제들을 다루겠다는 약속을 하면서 이후 개발라운드(development round)라고 불리게 되었다. 가장 문제가 되었던 무역문제는 이 책의 관련 부분에서 더욱 심도 있게 다룰 것이다. 도하개발어젠다는 2017년 기준으로도 계속 진행되었으나, 진전이 너무 느려 세계경제를 진전시킬 수 있는 기구로서의 WTO 역할을 크게 저해하였다. 다자체제의 약화는 전체 시스템의 일관성을 위협하는 지역 및 양자협정의 확산을 가져 왔으며,[72] 국제무역법의 파편화 가능성을 높였다.[73] 학자들과 실무자들은 WTO를 효과적인 협상포럼으로 탈바꿈하고, 무차별적 글로벌 무역관행을 강화하기 위해서는 제도적 개혁이 필요할 수도 있다는 점을 제시한다.[74]

WTO가 기구로서 갖는 문제점으로 가장 많이 제기된 두 가지 사항은 바로 일괄수락원칙의 경직성과 합의에 따른 의사결정 방식이다. 많은 개발도상국들은 여전히 자국의 개발 우선순위와 일치하지 않는 새로운 무역협정에 서명하도록 강요받아서는 안 된다는 입장을 취하고 있다. 케냐 나이로비에서 개최된 2015년 WTO 각료회의에서 WTO 회원국들은 도하협정을 진행하는 방법에 대한 거센 반대의견이 존재한다는 것을 공식적으로 인정했다. 농산물 수출보조금 철폐에 대한 중요한 합의에도 불구하고 나이로비선언(Nairobi Declaration)은 WTO가 다자무역체제를 강화하기 위해 기존의 분열을 조정할 수 없었다는 점을 명확히 하며 기구가 마주할 앞으로의 문제점들에 대해 경고하였다.[75]

지속적인 긴장과 분열을 고려할 때 일부 비평가들은 글로벌 경제의 존재 그 자체를 반대한다. 이러한 견해에 따르면 현재의 글로벌 역학관계는 예외적인 것은 아니며, 우리가 단지 국가 간의 경제적 상호의존이 더욱 심화하는 것을 목격할 뿐이라고 주장한다. 보다 구체화하자면 "'국제경제'라는 용어는 실제로 강대국들의 투쟁으로 형성되고 재구성된 경제관계와 정치의 복잡한 상호작용의 결과물을 나타내는 약칭이었다.”[76] 이 같은 주장에 대한 반박으로, 우리는 오늘날의 글로벌 경제가 과거 국제화 과정과는 크게 두 가지 측면에서 큰 차이점을 나타내는 것을 볼 수 있는데, 이는 바로 기술에 대한 전례없는 중요성과 개발도상국의 영향력 향상이다.

전 세계에서 매일 이루어지는 수많은 금융거래는 컴퓨터와 인공위성 없이는 불가능하다. 불과 25년 전부터 새로운 기술 발명이 널리 사용되면서 글로벌시장 통합이 가속화되었다. 연결을 가능케 한 요인은 독특하다. “당대의 세계화는 대규모의 초지역주의(supraterritoriality) 확산으로 특징지을 수 있다.”[77] 오늘날에는 시공간의 제약을 많이 받지 않는 막대한 규모의 국제경제교류가 이루어지고 있다. 수송기술의 발전은 사람, 제품, 부품, 상품을 더 빠르고 안전하게 이동시킬 수 있는 보다 효율적인 운송수단 마련에 기여한다.

기술 발전으로 조정비(coordination cost)가 절감되어 한 국가가 최종재 전체를 생산하는 것이 아닌 특정 작업 또는 특정 부품생산에 특화하는 것이 가능해졌다. 이러한 글로벌생산의 세분화로 인해 지난 20년 동안 글로벌 가치사슬이 크게 성장했으며, 그 본질과 범위 또한 크게 변화하였다. 이러한 맥락에서, 새롭게 참가하는 개발도상국들은 글로벌 경제가 운영되는 방식에 혁신적인 영향을 미치고 있다. 1996년, 선진공업국의 중간재 수입량은 전 세계 수입량 중 약 3분의 2를 차지했지만 2012년에는 절반 미만을 차지했다. 중국은 단일국가로서 부품 무역 점유율이 1996년 3퍼센트에서 2012년 15퍼센트로 약 5배가량 증가하였다.[78] 그러나 중국은 경제둔화를 경험하기 시작했으며, 그 결과 세계 수입증가율 중 아시아가 차지하는 비율은 2013년 73퍼센트에서 2015년 25퍼센트로 줄어들기 시작했다.[79] 2015년 라틴아메리카, 아프리카, 그리고 중동 지역에서 무역의 마이너스 성장이 기록되었다. 여전히 상품무역 및 상업서비스 무역의 글로벌 가치는 2005년에서 2015년 사이에 두 배로 증가했다. 같은 기간 동안 개발도상국 간의 상품

무역은 세계 무역량의 41퍼센트에서 52퍼센트로 증가하였다.[80] 글로벌정책일관성에 대한 요구가 증가하는 와중에 2016년 세계무역은 1.3퍼센트의 부진한 성장을 지속하였다. 전반적으로, 2005년 이후 금융위기, 국가 간 의견 불일치, WTO 다자협상의 지지부진함에도 불구하고 상품과 서비스에 대한 글로벌 무역의 흐름은 계속 증가하고 있다.

　오늘날 글로벌 경제는 역설을 제시한다. 주권원칙 약화에 대한 국가들의 저항에도 불구하고, 집단문제해결을 위한 다자기구의 역할에 대한 필요성은 계속되고 있다. 국가들이 직면한 과제는 글로벌 경제에서 제공되는 여러 기회를 활용하는 것뿐 아니라, 경제발전을 촉진하는 우호적 환경을 조성하는 것도 해당한다.

주

1) Daniel W. Drezner (2007) *All Politics Is Global – Explaining International Regulatory Regimes*, Princeton, NJ: Princeton University Press, p. 10.
2) WTO (2016) *World Trade Statistical Review 2016*, Geneva, Switzerland: The WTO, p. 14.
3) Jan Aart Scholte (2005) *Globalization – A Critical Introduction* (2nd edition), New York, NY: Palgrave/Macmillan, p. 83.
4) WTO (2014) *World Trade Report 2014 – Trade and Development: Recent Trends and the Role of the WTO*, Geneva, Switzerland: The WTO, pp. 82–88.
5) Anne-Marie Slaughter (2004) *A New World Order*, Princeton, NJ: Princeton University Press, p. 5.
6) Ha-Joon Chang (2012) *23 Things They Don't Tell You About Capitalism*, New York, NY: Bloomsbury Press, pp. 51–53.
7) Michael Pettis (2013) *The Great Rebalancing: Trade, Conflict, and the Perilous Road Ahead for the World Economy*, Princeton, NJ: Princeton University Press, pp. 2, 12.
8) 1819년 금태환재개에 관한 법(Resumption Act of 1819)은 나폴레옹 전쟁 이후 세계 질서를 안정화하기 위한 것이었다.
9) Karl Gunnar Persson and Paul Sharp (2015) *An Economic History of Europe – Knowledge, Institutions and Growth, 600 to Present*, Cambridge, UK: Cambridge

University Press, p. 196.

10) Andrew C. Sobel (2006) *Political Economy and Global Affairs*, Washington, DC: CQ Press, pp. 173–180.

11) Ibid., pp. 214–215.

12) Barry Eichengreen and Peter B. Kenen (1994) "Managing the World Economy under the Bretton Woods System: An Overview," in Peter B. Kenen (ed.), *Managing the World Economy − Fifty Years After Bretton Woods*, Washington, DC: Institute for International Economics, p. 9.

13) Ibid., pp. 216–217.

14) Niall Fergusson (2008) *The Ascent of Money A Financial History of the World*, New York, NY: Penguin Press, p. 104.

15) John Kenneth Galbraith (1954) *The Great Crash 1929*, Boston, MA: Houghton Mifflin, p. 168.

16) Harold James (2001) *The End of Globalization: Lessons from the Great Depression*, Cambridge, MA: Harvard University Press. Electronic Edition, Location 418 of 3454.

17) Ibid., Location 1906–1920 of 3454.

18) Donald L. Kemmerer (2003) "Gold Standard," in *Dictionary of American History*, Farmington Hills, MI: The Gale Group Inc.

19) Andrew C. Sobel (2006) *Political Economy and Global Affairs*, op. cit., pp. 214–219.

20) Sylvia Ostry (1997) *The Post-Cold War Trading System: Who's on First?*, Chicago, IL: University of Chicago Press, pp. 57–58.

21) 경상수지(current account)는 한 국가의 상품 및 서비스 순수출을 측정한다. 자본계정(capital account)은 국내외 투자와 관련된 자본 유출입으로 구성된다.

22) Karl Gunnar Persson and Paul Sharp (2015) *An Economic History of Europe − Knowledge, Institutions and Growth, 600 to Present*, op. cit., p. 202.

23) Sylvia Ostry (1997) *The Post-Cold War Trading System*, op. cit., pp. 57–58.

24) Nicholas Wapshott (2011) *Keynes and Hayek − The Clash That Defined Modern Economics*, New York, NY: W.W. Norton & Company, pp. 53–56.

25) IMF (1944) *Articles of Agreement of the International Monetary Fund*, Schedule A, July 22.

26) Karl Gunnar Persson and Paul Sharp (2015) *An Economic History of Europe − Knowledge, Institutions and Growth*, op. cit., p. 203.

27) Louis W. Pauly (1997) *Who Elected the Bankers? − Surveillance and Control in the World Economy*, Ithaca, NY: Cornell University Press, p. 89.

28) Ibid., pp. 89–90.

29) IMF 웹사이트 참조: www.imf.org/external/np/exr/facts/sdr.htm.

30) IMF (2016) *IMF Annual Report 2016 − Finding Solutions Together*, Washington, DC: IMF.

31) Catherine Weaver (2008) *Hypocrisy Trap − The World Bank and the Poverty of Reform*, Princeton, NJ: Princeton University Press, p. 44.

32) 오스트리아, 벨기에 (룩셈부르크 포함), 덴마크, 프랑스, 서독, 그리스, 아이슬란드, 아일랜드, 이탈리아, 네덜란드, 노르웨이, 포르투갈, 스웨덴, 스위스, 터키, 영국. 주목할만한 점은 프랑코(Franco)의 군사 독재하에 있던 스페인이 프로그램에서 제외되었다는 것이다.

33) Andrew C. Sobel (2006) *Political Economy and Global Affairs*, op. cit., pp. 273–274.

34) Ibid., pp. 328–329.

35) Fred L. Block (1977) *The Origins of International Economic Disorder: A Study of the US International Monetary Policy from WWII to the Present*, Berkley, CA: University of California Press, pp. 133–135.

36) Michael Collins (2012) *Money and Banking in the UK: A History*, London, UK: Routledge, pp. 498, 536.

37) Robert Triffin (1960) *Gold and the Dollar Crisis: The Future of Convertibility*, New Haven, CT: Yale University Press.

38) Andrew C. Sobel (2006) *Political Economy and Global Affairs*, op. cit., pp. 280–284.

39) Ibid., pp. 311–315.

40) 페트로 달러(petrodollar)는 석유 판매를 통해 국가가 벌어들인 달러를 지칭하는 용어이다. 이 용어는 석유 판매를 통해 OPEC 회원국들이 얻은 막대한 양의 달러를 설명하기 위해 1973년 이브라힘 오웨이스(Ibrahim Oweiss) 조지타운대학 경제학 교수에 의해 고안되었다.

41) Andrew C. Sobel (2006) *Political Economy and Global Affairs*, op. cit., p. 315.

42) William Easterly (2006) *The White Man's Burden: Why the West's Efforts to Aid the Rest Have Done So Much Ill and So Little Good*, New York, NY: Penguin Press, p. 65.

43) Ibid., pp. 66–67.

44) Narcis Serra and Joseph E. Stiglitz (eds.) (2008) *The Washington Consensus Reconsidered – Towards a New Global Governance*, Oxford, UK: Oxford University Press.

45) William Easterly (2002) "The Cartel of Good Intentions," *Foreign Policy*, No. 131 (July–August), p. 41.

46) IMF 웹사이트 참조: www.imf.org/en/About/Factsheets/Sheets/2016/08/02/21/28/IMF-Conditionality, (검색일: 2016년 9월 4일).

47) IMF (2016) *IMF Annual Report 2016 – Finding Solutions Together*, op. cit.

48) Ibid.

49) Hilton L. Root (2006) *Capital and Collusion – The Political Logic of Global Economic Development*, Princeton, NJ: Princeton University Press, p. 183.

50) World Bank (2016) *The World Bank Annual Report 2016*, Washington, DC: The World Bank Group.

51) Catherine Weaver (2008) *Hypocrisy Trap – The World Bank and the Poverty of Reform*, op. cit., p. 46.

52) World Bank (2015) *MIGA Strategic Directions FY15–17*, Washington, DC: The

World Bank Group.

53) Walter Mattli and Thomas Dietz (2014) "Rise of International Commercial Arbitration," in Walter Mattli and Thomas Dietz (eds.), *International Arbitration and Global Governance: Contending Theories and Evidence*, Oxford, UK: Oxford University Press, pp. 3–4.

54) IMF 웹사이트 참조: www.imf.org/external/pubs/ft/exrp/differ/differ.htm.

55) Catherine Weaver (2008) *Hypocrisy Trap − The World Bank and the Poverty of Reform*, op. cit., p. 19.

56) Ibid., p. 20.

57) William Easterly (2013) *The Tyranny of Experts: Economists, Dictators, and the Forgotten Rights of the Poor*, New York, NY: Basic Books, p. 118.

58) Clair Wilcox (1949) *A Charter for World Trade*, New York, NY: Macmillan, p. 115.

59) Peter B. Kenen (1994) *Managing the World Economy: Fifty Years After Bretton Woods*, op. cit., p. 14.

60) Michael J. Trebilcock and Robert Howse (1999) *The Regulation of International Trade* (2nd edition), London, UK: Routledge, p. 29.

61) John S. Odell (2000) *Negotiating the World Economy*, Ithaca, NY: Cornell University Press, pp. 162–164.

62) 도쿄라운드(Tokyo Round)의 6개 분야에 대한 협정(code) 합의 관련 요약문은 다음 문헌을 참조: Gilbert R. Winham (1986) *International Trade and the Tokyo Round Negotiation*, Princeton, NJ: Princeton University Press, pp. 417–424.

63) Anna Lanoszka (2009) *The World Trade Organization: Changing Dynamics in the Global Political Economy*, Boulder, CO, and London, UK: Lynne Rienner Publishers, pp. 33–36.

64) Ibid., pp. 107–136.

65) Fiona Smith (2009) *Agriculture and the WTO − Towards a New Theory of International Agricultural Trade Regulation*, Cheltenham, UK: Edward Elgar.

66) Antony Touban, Hannu Wager, and Jayashree Watal (eds.) (2012) *A Handbook on the WTO TRIPS Agreement*, Cambridge, UK: Cambridge University Press.

67) Susan K. Sell (2003) *Private Power, Public Law − The Globalization of Intellectual Property Rights*, Cambridge, UK: Cambridge University Press, pp. 75–120.

68) Debra P. Steger (2009) "The Future of the WTO: The Case for Institutional Reform," *Journal of International Economic Law*, Vol. 12, No. 4, pp. 808–810.

69) Asoke Mukerji (2000) "Developing Countries and the WTO − Issues of Implementation," *Journal of World Trade*, Vol. 34, pp. 39–51.

70) Anna Lanoszka (2009) *The World Trade Organization: Changing Dynamics in the Global Political Economy*, op. cit., pp. 150–158, 231–235.

71) WTO (2001) *Doha Ministerial Declaration* (WT/MIN(01)DEC/1), November 20.

72) Ross Buckely, Vai Lo Lo, and Laurence Boulle (eds.) (2008) *Challenges to Multilateral Trade − The Impact of Bilateral, Preferential and Regional Agreements*, The Netherlands: Wolters Kluwer.

73) Adrian M. Johnston and Michael J. Trebilcock (2013) "Fragmentation in Inter-

national Trade Law: Insights from the Global Investment Regime," *World Trade Review*, Vol. 12, No. 4, pp. 621−652.

74) Debra P. Steger (ed.) (2010) *WTO − Redesigning the World Trade Organization for the Twenty-First Century*, Waterloo, Canada: Wilfrid Laurier University Press.

75) WTO (2015) *Nairobi Ministerial Declaration* (WT/MIN/(15)/DEC), December 21.

76) Paul Hirst and Grahame Thompson (2002) *Globalization in Question − The International Economy and the Possibilities of Governance*, Cambridge, UK: Polity Press, pp. 13−14.

77) Jan Aart Scholte (2005) *Globalization − A Critical Introduction*, op. cit., p. 61.

78) WTO (2014) *World Trade Report 2014 − Trade and Development: Recent Trends and the role of the WTO*, op. cit., pp. 80−82.

79) WTO (2016) *World Trade Statistical Review 2016*, op. cit., p. 20.

80) Ibid., pp. 10−12.

추가 읽을거리

Donatella Alessandrini (2010) *Developing Countries and the Multilateral Trade Regime: The Failure and Promise of the WTO's Development Mission*, Oxford, UK, and Portland, OR: Hart Publishing Ltd.

Eric Helleiner (2016) *Forgotten Foundations of Bretton Woods: International Development and the Making of the Postwar Order*, Ithaca, NY: Cornell University Press.

A.H.J. (Bert) Helmsing and Sietze Vellema (eds.) (2016) *Value Chains, Social Inclusion and Economic Development: Contrasting Theories and Realities*, London, UK: Routledge.

Craig N. Murphy (2005) *Global Institutions, Marginalization and Development*, London, UK: Routledge.

Thomas Piketty (2014) *Capital in the Twenty-First Century*, Translated by Arthur Goldhammer, Cambridge, MA: The Belknap Press of Harvard University Press.

Carmen M. Reinhart and Kenneth S. Rogoff (2009) *This Time Is Different: Eight Centuries of Financial Folly*, Princeton, NJ: Princeton University Press.

Ngaire Woods (2007) *The Globalizers: The IMF, the World Bank, and Their Borrowers*, Ithaca, NY: Cornell University Press.

국내 전략: 장애물과 기회들

4장

1. 전략의 개념화

이 장은 개발에 있어 국가의 역할을 분석하고 협력대상국과 경제개혁에 초점을 맞춘다. 개발도상국에서의 정책수립은 원조 기관들과 다자경제기구들에 의해 입안된 개발 우선순위들에 의해 빈번히 제약을 받아왔다. 이러한 맥락에서 원조를 받는 정부가 취하게 된 조치는 때로 잘못 인도되거나, 불완전하거나, 단순히 공여기관에서 수용될 법한 최소한의 조건을 준수하게 된다. 결과는 다양하게 나타나지만, 하향식(top-down) 정책처방은 좀처럼 지역사회의 삶을 향상시키지 못한다. 수십 년간의 개입과 수조 달러의 대외원조 지출에도 빈곤은 세계의 도처에 여전히 심각하게 지속되고 있다.

국제개발 공동체의 빈곤 투쟁이 초라한 실적들을 보여주는 하나의 이유는 기술적 해결이나 장기적인 국내 전략에 대한 세밀한 지원을 제공하기보다 충격 요법을 고집하는 것이었다. 상세한 정책 방침을 추진하고 세계은행

(World Bank)과 국제통화기금(IMF)이 구조조정 프로그램을 위한 청사진을 고안하는 것은 탈냉전 세계화 시대에 정점을 이뤘다. 하지만 변화하고 있는 환경에 적응하지 못함에 따라 그들의 계획은 실패하였다.

민주주의는 외부의 힘으로 시행될 수 없다. 복잡한 경제는 단호한 충격 요법 이상을 필요로 한다. 기술적 해법은 특정한 격차만 채울 수밖에 없다. 성공적인 경제국가들은 미래 지향적이면서도 현재의 제도적 한계에 대응할 수 있는 장기적인 전략 추구를 특징으로 한다. 프리드먼(Lawrence Freedman)은 "단순한 통제는 언제나 환상이며 일시적인 성공 신화는 새로운 상황에 따른 도전으로 인해 빨리 끝나기 때문에 많은 대전략은 실패한다"는 점을 주목하였다.[1] 좋은 전략은 우선순위를 정하며, 예상 경로를 표시하면서도 현실에 적응할 수 있는 충분한 유연성을 유지한다. 요약하자면, "전략의 생산적인 접근은 한계를 인지하는 것을 요구한다."[2]

발전전략이 고유의 정치문화에 근거하지 않고 현지의 필요와 한계에 결부되어 있지 않으며 합의 형성을 지향하지 않으면서도 효과적일 수 있다는 것은 상상하기 어렵다. 개발기구는 개별 국가의 주도적인 개발 전략 실행을 지원할 수 있지만 그것을 통제할 수는 없다. 최선의 개발정책 자문이라 할지라도 그것이 작동하기 위한 신뢰할만한 제도적인 틀이 없을 경우 실패할 수 밖에 없다. 따라서 이러한 도움들은 해당 국가의 경제 뿐 아니라 사회, 정치제도의 핵심적 역할을 인지하면서부터 시작된다.

경제성장에 우호적인 정치적·사회적 틀을 창조하는 것은 국가들이 직면한 가장 큰 도전이다. 그렇지만 개발도상국은 많은 경우 적절한 사회적 제도가 존재할 때 성공할 수 있는 경제제도 모델을 채택하도록 권고 받는다. 예를 들어, 강제 집행재산권은 종종 경제발전을 위한 필요조건이다. 재산권은 사회적 격변의 힘에 의해 번복되거나 미확인된 정치적 재량에 의해 몰수될 수 있기 때문에 재산권의 지속가능성은 사회적 일관성과 정치적 책무성을 필요로 한다. … 불평등이 심한 사회에서 재산권의 안전은

법의 지배가 아닌 무력에 의해 집행되는 경우가 많다. 재산권 제도는 그
것이 기반하고 있는 사회적·정치적 토대가 안정적인 만큼 안정적이다.[3]

개별국가가 빈곤에 시달리는 주민들의 삶을 향상시키는 것 이상을 할 수
있을까? 여러 증거가 이를 가능하다고 나타낸다. 식민주의의 유산, 과거의
시련과 실수, 무력 갈등과 자연재해에도 불구하고 책무성 있는 정부는 경제
적 불확실성을 줄이고 자국의 효과적인 발전 전략을 촉진하는 내부 환경을
조성할 수 있다. 반면 퇴행적이며 부패한 정부는 사회경제적 분리를 영속화
하고 경제적 불안을 촉진시킨 책임이 있다.

그러나 정부의 수준을 논하는 것도 중요하지만 국가는 모든 복잡한 기능
들을 평가할 수 있어야 한다. 국가는 국제체제의 기능적인 정치 단위로 남
아 있다. 이처럼 국가는 경제적 세계화를 지지하는 자들에 의해 간과되거나
상자속의 정부(government in a box)로만 간주될 수 없다. 국가는 경제제
도를 형성하는 규칙이나 유력한 정치 행위자들의 선택을 제한하는 이익 구
조로 축소될 수 없다.

> 국가는 단순히 주류 정치경제에 기반한 개별적인 정치경제 행위자들의
> 행동을 구조화하는 정치경제적인 환경만은 아니다. 그것은 또한 개혁을
> 위한 정책을 만들며 개혁 과정을 형성하는 정치제도적 환경을 구성하고
> 개혁의 정치적 동력 그 자체일 수도 있다.[4]

이 장은 국제경제로 통합되는 맥락 속에서 발전해 온 개발도상국가에 대
한 세 가지의 역사적 견해를 검토한다. 첫째는 개발기구들에 의해 만들어
진 전략의 한 부분으로써 두 가지 견해이다. 21세기의 후기 식민주의를 시
작으로 **국가 의존**(*relying on the state*) 접근은 개발도상국들이 대외원조를
받는 친화적인 정부로 보였다는 것을 의미했다. 원조금이 실제로 어떻게 사
용되는가에 대한 질문은 거의 없었고 친화적 정부는 약속된 돈을 분배하는
것에만 의존했다. 두 번째 견해는 채무 위기와 1980년대 많은 빈곤국들을

압도했던 사회 경제적 붕괴 기간에 나타났다. 당시 개발도상국들은 구조적으로 결핍되어 **고쳐질 필요가 있는**(*need to be fixed*) 대상으로 보여졌다. 주요 개발기구들은 민주화라는 이름하에 시장친화적인 구조조정을 요구하기 시작했다. 세 번째 견해는 국가가 국내 경제정책 조성의 핵심 행위자로 간주되는 것이다. 여기서 정부는 국가 주도의 개발을 위해 **국가구조를 활용한다**(*utilizes the state*). 이 전략은 개발공동체로부터의 충분한 설명 없이 국내적으로 인지되었다. 지난 세기 동아시아에서 성공한 대부분의 경제전환은 국가 주도의 발전에 관여한 국가들에서 이루어졌다. 이 모델은 장기적인 지속가능성에 회의적인 학자들로부터 여전히 비판의 대상이 되고 있다. 그 관련성은 과거 권위주의 중앙집권적 계획이 초래한 비효율성으로 붕괴되었던 사회주의 진영 국가들에서 찾을 수 있다. 국가 주도 개발은 민주적으로 책임 있는 국가제도를 만드는 작업이 없다면 완전히 성공적인 것으로 간주할 수 없다. 효율적인 민주주의, 권리보장을 위한 헌신, 안보, 그리고 참여의 자유가 있을 때 장기적인 발전이 지속가능할 것이다.

2. 국가 의존: 제3세계의 원조정치

국가 의존 견해는 대외원조 공동체의 조성과 밀접히 연결되어 있다. 이러한 견해는 새로운 독립정부가 사회경제적 발전의 동력이며 외부의 도움을 받아야 한다는 가정에 기초하고 있다. 부유한 선진국은 빈곤퇴치를 위해 부를 공유하고 원조를 제공함으로 가난한 국가들을 도와야 한다는 개념은 원칙적으로 타당하다. 하지만 원조 분배의 60년 기간이 지났음에도 왜 세계 도처에 가난한 사람들이 많이 있는가? 1981년부터 2004년까지 개발도상국의 절대빈곤의 정도(대략 하루 미화 1달러)를 측정하는 최근 연구는 비록 빈곤선 기준 이하에 살고 있는 사람들의 비율은 감소하고 있지만 빈곤인구의 감소는 이루어지지 않고 있음을 발견하였다.[5] 이러한 맥락에서 연구자들은 1993년부터 2005년까지 놀라운 추세가 있음을 보여주었다.

1.25달러와 1.45달러 (빈곤)선은 모두 1993년 물가에서 적용된 1.08달러 선보다 상당히 높은 빈곤인구가 2005년에 집계되었음을 보여준다. 1.25달러 선을 적용했을 때 우리는 2005년 개발도상국 인구의 25퍼센트, 1993년 구매력평가(PPP)[6] 기준 이전 선을 사용했을 때 17퍼센트에 해당하는 4억 명이 빈곤 상태였음을 보여준다.[7]

2013년 기준 발표된 유엔개발계획(UNDP)의 보고는 7억 6,600만명이 하루 미화 1.90달러 이하로 살고 있으며, 그 중 3억 8,500만명은 어린이라는 통계결과를 뒷받침하고 있다.[8]

독립 이후 대부분의 개발도상국들은 취약한 경제, 미약한 사회적 토대와 정치제도를 가지고 있다. 그들의 일상적인 투쟁은 필요한 생필품과 해외 물자를 구매하는 데에도 턱없이 부족한 외환 보유고로 인해 더욱 악화되었다. 대외원조는 그들의 긴급한 문제를 일부 해결할 수 있다. 빈곤국가를 돕는다는 것은 트루먼(Harry Truman) 대통령의 1949년 취임연설에서 고결한 의무로 세상에 알려졌다.[9]

우리는 과학발전과 산업발전 혜택을 활용하여 저개발국가의 발전과 성장을 위한 대담하고 새로운 프로그램을 착수해야 합니다. 전 세계의 절반이 넘는 사람들이 빈곤 상황에서 살아갑니다. 그들은 질병의 피해자입니다. 그들의 경제적 삶은 문명화되지 않았으며 침체되어 있습니다. 빈곤은 저개발국가 뿐 아니라 더욱 부유한 국가들에게도 불리한 조건이자 위협이 되고 있습니다. … 우리의 목표는 그들 스스로의 노력을 통해 세계의 자유로운 사람들을 돕고 더 많은 식량과 의류, 주거를 위한 더 많은 물자들, 그들의 짐을 덜 수 있는 더 많은 기계 동력을 만드는 것입니다. 새로운 경제발전은 그들이 자리 잡고 있는 지역의 사람들을 위한 혜택을 만들고 조정할 수 있게 해야 합니다.

트루먼은 대외원조 프로그램의 첫 번째 흐름을 열었을 뿐 아니라 전후 기간을 지배한 담론을 형성하였다. 세부적으로 그는 저개발국가와 선진국 간의 구분을 공고히 하여 선진국들이 먼 타국의 이들을 돕도록 요청하였다. 오래지않아 대외원조는 수십억 달러의 가치를 지닌 준산업(quasi-industry)이 되었으며, 냉전과 함께 원조는 정치적 문제로 전환되었다. 미국과 소비에트 연방 사이의 반목은 개발도상국에서의 영향력을 두고 치열한 경쟁을 촉발시켰다. 개발원조를 제공한다는 명목으로 양쪽이 얼마나 많은 돈을 썼는지는 알 수 없지만 이는 거의 수조 달러에 이르는 것으로 추정된다. 서방 기관들만 하더라도 "2조 3,000억 달러의 대외원조를 지난 50년에 걸쳐 지출했음에도 불구하고, 말라리아로 인한 사망의 절반을 예방할 수 있는 12센트짜리 의약품을 아이들에게 공급하지 못하고 있다."[10] "1990년대 초까지 국제 경제 관계 속에서의 아프리카는 거의 공적 원조 흐름에 의해 영향을 받았기 때문에" 아프리카의 사례는 특히 문제가 있었다.[11]

대외원조는 다양한 형태로 유입이 된다. 그것은 자금의 형태이거나, (농산물을 포함한) 다양한 재화, 서비스, 혹은 기술지원일 수도 있다. 공적개발원조(ODA)는 개발도상국의 경제발전과 복지증진을 위한 목적으로 설계된 정부 차원의 원조라고 할 수 있다. 이 정의에 의하면 경제협력개발기구(OECD)는 2014년 기준 140개가 넘는 협력대상국에 원조를 제공하는 공여국이 총 41개국임을 보고하였다. 상위 5개 공여국은 일본(141개 협력대상국), 미국(132개 협력대상국)과 한국, 프랑스, 호주가 그 뒤를 따르고 있다.[12] 대외원조의 흐름에서 명확한 패턴이 발견되는 것은 아니다. 예를 들어, 룩셈부르크는 74개국에 일정한 원조를 보내지만 그 금액은 미국이 부르키나파소 한 곳에 보내는 돈에 미치지 못한다. 중국은 여전히 35개국으로부터 개발원조를 받고 있다. 캐나다의 원조 예산은 상위 산업국가들 가운데 가장 작지만 여전히 48개 협력대상국에 원조를 배분한다. 태국은 55개국에 원조를 제공하였고 터키의 원조예산은 영국보다 크다. 인도네시아, 인도, 멕시코, 브라질, 중국과 같은 다수의 상위 개발도상국은 공여국으로 포함되어 있지 않다. 특히 중국은 영향력 있는 공여국으로 120개가 넘는 국가에 원조를 제공하고 있다.[13]

대외원조에 대한 두 가지의 주요 비판이 존재한다. 1. 대외원조 프로그램에 대한 관리부실과 비효과성, 2. 협력대상국의 발전에 원조 프로그램이 미치는 부정적 결과가 그것이다. 유누스(Muhammad Yunus)는 첫 번째에 대한 비판을 분명히 했다. 그는 그라민은행(Grameen Bank)의 창설자로 가난한 사람을 위한 소액자본과 소액금융의 개념을 창안하여 2006년 노벨상을 수상했다. 유누스는 주요 공여국과 합작을 시도했던 그라민은행 리플리케이터(replicators of the Grameen Bank, 그라민 방식을 복제할 수 있는 사람이나 기관) 중 한곳에서 겪은 상황에 대해 다음과 같이 기억한다.

> 다자 공여기관들이 가난한 사람과 일을 하는 방식은 매우 불편하였다. 필리핀의 네그로스섬(island of Negros)에서의 내 경험을 들 수 있다. 그곳의 기아문제가 매우 심각하여 우리 리플리케이터 중 한 명은 둥가논(Dunganon) 프로젝트를 1988년 다시 시작하였다. 섬의 절반 이상의 아동들이 영양실조였다. 리플리케이터이자 국제 컨설턴트의 업무 특성과 성격을 모르는 카스티오(Cecile del Castillo) 박사는 1993년 가난한 농업인을 돕기 위해 설립된 로마에 본부를 둔 유엔의 국제농업개발기금(IFAD: International Fund for Agricultural Development)에 자신의 성공적인 프로그램을 신속히 확대하기 위한 자금을 요청하였다. IFAD는 그녀의 사업계획을 조사하기 위해 네 가지의 임무를 지시하는 것으로 대응하였고 항공권 구매 및 경비, 전문가 비용으로 수천 달러를 지불했다. 하지만 그 프로젝트와 관련해서는 단 한 푼도 받지 못했다.[14]

프로젝트는 3년 후 필리핀정부와 아시아개발은행(Asian Development Bank), IFAD 사이에 협정문이 서명되면서 실현되었다. 그 합의는 소액자본 프로그램을 지원하기 위해 필리핀에 미화 3,000만 달러의 차관을 제공하는 것이었다. 유누스가 1998년 그의 책을 쓸 무렵 그 돈은 여전히 여러 층위의 정부 관료제 속에 묶여 있었다. 유누스는 "네그로스섬에서의 프로젝트가 IFAD의 개별 사업에 해당하는 정도의 금액만이라도 받았더라면, 소액자본을 통해 수백만의 빈곤가정을 지원할 수 있었을 것이다"라고 결론을 내렸다.[15]

　　원조의 관리부실과 비효과성 문제와 관련되어 개발 공동체에 의해 만들어진 세 가지 가정이 존재한다. 협력대상국을 위해 계획된 관행적 행위에 대한 확신, 자금이 뒷받침된 적합한 정책조언이 이러한 행동으로 이행될 것이라는 확신, 다자기구에서부터 유명 인사까지 모두를 대표할 수 있는 폭넓은 권한 하에 익명의 전문가들이 옳은 조언을 할 수 있다는 확신이 그것이다.[16] 이러한 전제들은 원조의 분배를 책임지고 있는 대리인(agent)으로서의 협력 대상국가와 우호적인 정부에 의존하는, 국가중심 모델(state-centrist model)에서 기인한다. 이 모델은 수혜국 사람들의 개별 행위자를 간과한다. 이 모델은 또한 개발은 외부로부터 설계될 수 있다는 견해를 지지한다. 시간이 흐르면서 실패했던 많은 개발 프로젝트들은 만약 국가가 부패한 독재자에 의해 운영될 경우 원조 분배를 국가에 의존하는 것은 부정적인 결과를 가져온다는 것을 보여주었다.

　　그렇지만 **국가 의존** 견해의 끊임없는 문제가 모든 원조 프로그램이 중단되어야 한다는 것을 의미하지는 않는다. 대외원조가 어떻게 그리고 누구를 위해 이루어져야 하는지에 대한 관점을 전환하는 것이 하나의 방법이 될 수 있다.

　　대외원조를 통해 발전을 이룩할 수 있다는 환상으로부터 자유로워질 때, 우리는 비로소 많은 수요가 있는 특정 과업들을 성취하기 위한 단편적 과정에 필요한 자금을 지원할 수 있다. 말라리아로 인한 사망자를 줄이고, 더 깨끗한 물을 제공하고, 도로를 건설하고 유지하며, 재능있는 가난한 학생들에게 장학금을 제공하는 등이 이에 해당한다. 원조는 빈곤한 사회

를 전환하기보다는 빈곤한 개인들을 위한 기회를 창출하는 것을 추구할 수 있는 것이다.[17]

대외원조의 **국가 의존** 견해에 대한 또 다른 비판은 개발원조에 의한 사회적 분열과 관계가 있다. 이는 다음과 같은 질문으로부터 시작할 수 있다. 대외원조의 비용은 누가 지불하며 혜택은 누가 받는가? 대외원조를 '로빈 후드 뒤집기(reverse Robin Hood)'로 부르던 개프니(Mason Gaffney)는 재분배 논리를 반대한다. 그에 따르면 부유한 국가의 자원이 가난한 국가들을 지원하기 위해 사용된다는 개념은 이 교환의 숨겨진 문제를 감추고 있다. 개프니는 공여국들이 노동자들에 세금을 부과함으로써 상당한 수익을 얻고 있음을 지적하였다. 협력대상국은 또한 대외원조를 받는다는 것이 어떠한 결과를 초래할 것인지에 대해 면밀히 의구심을 가져볼 필요가 있다. 돈은 종종 잘못된 사람들에게 돌아가기 마련이다.

> 원조를 받는 협력대상국에서 우선적인 수혜자들은 부유한 지주들이다. 원조는 불모지의 생산성을 증가시킬 때만이 노동자 임금을 증가시킨다. 그렇지 않다면 원조는 일부 엘리트들이 소유하고 있는 고수익의 땅의 가치만을 높이게 된다.[18]

개발도상국의 토지 소유권은 독단적인 재산권 시스템에 의해 과하게 집중되고 보호되며 보통 정부 엘리트들에 의해 관리된다. 토지 집중의 극단적 사례로는 브라질을 들 수 있다. 휴먼라이츠워치(Human Rights Watch)에 의하면 2.8퍼센트의 지주가 전체 경지의 56퍼센트를 소유한 반면 1퍼센트의 지주가 브라질 모든 땅의 45퍼센트를 소유하고 있다. 동시에 약 500만 가구는 땅을 소유하지 않고 있다.[19]

대외원조로 인한 보다 직접적인 형태의 사회적 분열도 존재한다. 연구자들은 많은 아프리카 국가들의 사례를 분석함으로서 정책 마비 문제를 지적한다. 첫째, 많은 아프리카 국가들은 1980년대에 효과적인 원조감시기관

설립을 포기하였다. 다양한 정부 기관들이 다수의 공여국들로부터 때로는 중복된 프로젝트에 대해 대규모의 원조를 받았지만 협력대상국 정부들은 효과적인 원조 관리 시스템에 투자할 동기를 찾지 못했다. 둘째, 개발원조는 국가(정부)에 의해 관리되지만, 원조가 공공부문을 키우고 소비를 촉진시키기 때문에 점차 국가역량을 약화시키는 경향성을 나타냈다. 셋째, 대외원조는 정부 엘리트들이 쟁탈하고자 하는 자원을 늘림으로써 부패를 부추기게 되었다. 몇몇 국가들에서는 대외원조가 기존의 사회적 분열을 악화시킴으로서 인종간 충돌을 증가시켰다.[20] 요약하면, "원조는 공여국의 협력대상국 정부에 대한 선입견과 편견을 강화시켰고, 국가와 연결된 엘리트들에게 자원을 제공하였으며, 결과적으로 사회적 계층화에 기여하게 된 것이다."[21]

비록 일부 경제학자들은 여전히 대외원조가 필요하다고 주장하며 대외원조의 **국가 의존** 견해를 완전히 거부하고 있다. 그렇게 함으로써 그들은 국가의 역할을 과소평가하는 경향이 있다. 예를 들어, 삭스(Jeffrey D. Sachs)는 가장 가난한 국가들은 영속적인 빈곤의 덫에 갇혀 있기 때문에 충분한 원조의 투입만이 돌파구를 찾을 수 있게 한다고 믿는다. 삭스는 개발도상국들로 하여금 빈곤의 덫을 탈피하고 경제 발전의 사다리에 오를 수 있도록 할 다섯가지 개발에 대한 개입요소를 명시하였다. 1. 농업 투자, 2. 기초보건에 대한 투자, 3. 교육 투자, 4. 전력, 운송, 통신 서비스, 5. 안전한 식수와 위생이 그것이다.[22] 이론적으로 본다면 이는 흥미로운 제안이지만, 적용 측면에서 살펴보면 현실적인 질문들이 제기될 수밖에 없다. 삭스는 지역 마을에 적합한 원조가 현지 비정부기구(NGOs)를 통해 전달되기 때문에 개발원조가 국가를 우회할 수 있다는 원칙에 기반한 것처럼 보인다. 그렇지만 국가의 모든 마을에 무엇이 필요한 지를 누가 확신할 수 있는가? 모든 마을이 적절한 설비를 갖춘 진료소를 보유해야 하는가? 마을과 국가는 따로 떼어놓고 생각할 수 없다. 국가전역에 있는 취업기회와 연결시키지 않은 지역 교육이 얼만큼 중요성을 가질 수 있는 것인가? 지역의 오프그리드(off-grid) 디젤

발전기는 얼마 동안이나 안정적인 전력 공급원으로 남아 있을 수 있을 것인가? 끝으로 마을들과 주요 공항 사이의 운송은 전국적인 인프라 문제에 대응하지 않고 어떻게 유지될 수 있을 것인가?

마을은 국가의 일부이며 국가 기관에 의존한다. 만약 이러한 기관들이 취약해지거나 독단적이게 된다든지 정부 엘리트들과 공모한 사람들에 의해서 운영된다면 몇몇의 선택된 마을만이 대외원조나 국가 자원에 접근할 수 있게 된다. 마을에 기반을 둔 해결책은 그것이 마을이 위치하고 있는 국가의 개발전략의 맥락하에서 고려될 때만이 효과가 있다. 한 전문가의 관찰에 의하면 개인에게 영향을 미치는 많은 문제들은 "그들 자신의 공동체 밖으로부터 초래된다. 가령, 대부분의 무역체제, 모든 전염병, 그리고 기후변화와 관련된 모든 문제가 포함된다. 과연 모든 공동체들이 백신, 교육자료, 혹은 신발을 자체적으로 생산해야만 하는 것일까?"[23] 개발 및 대외원조의 의미를 재고한다는 것은 지역적 상향식 해법을 찾아야할 필요성을 인식하는 것뿐 아니라 이러한 지역 단위의 문제를 해결하는 국가 존재를 인정하는 것을 의미한다. 그것은 원조를 지역화하는 특권이면서 또한 국가 제도를 개선하기 위한 유인을 제공하는 것이다.

3. '국가 조정': 구조개혁의 투쟁

개발도상국들이 글로벌 경제와의 통합이 촉진되도록 조정되어야 한다는 견해는 1990년 초 소비에트 블록이 붕괴된 후로 확고해졌다. 후쿠야마(Francis Fukuyama)는 당시 인류가 민주주의의 승리라는 역사적 순간에 도달했고 다른 정치적 질서는 가능하지 않다고 저술했었다. 자유 민주주의는 개인의 자유에 대한 약속을 보장하는 유일한 체제였기 때문에 냉전의 악몽과도 같은 권위주의의 족쇄로부터 모든 사람들을 해방시키는 것을 열망했다. 더욱이 자유 민주주의에서 약속한 자유는 시장의 한계를 시험하는 권한이 포함되어 있다고 여겨졌다. "자유주의는 또한, 모든 억제, 그리고 탐욕으로 인한 욕망을 해방시키고 근대 자연 과학 형태로 추론하는 것을 지지함으로서 근대의 세계경제를 가능하게 만들었다."[24]

시장은 스스로를 통제하지 않는다. 시장은 경제 선도국, 무역국, 국제합의에 의해 경계지어지는 정책 공간 안에서 작동한다. 잘 작동하는 경제는 여러 세대에 걸쳐 구축된 효과적인 포용적 제도의 지원을 받는다. 그러나 IMF와 세계은행 구조조정 프로그램하에서 추진된, 이른바 국가를 반드시 고쳐야 하는(*needs to be fixed*) 방식의 개혁은 국가를 즉각적으로 조정할 것을 기대하였다. 그렇지만 국가는 여기서 추진되는 개혁을 조정할 필요가 있다. 개혁으로 인한 변화는 정치경제적 조건을 개선하고자 하는 노력을 긴급하게 시행하려는 사회에 즉각적으로 긍정적인 결과를 가져올 것으로 기대되었다. 과두제와 독재정부가 선호했던 과거 개입주의정책에 의해 야기된 비효율성을 완화하기 위한 시도로써, 변화들은 새로운 투표제도를 확립하고, 정부와 규제 작동방식을 개혁하며, 헌법과 법률, 법정들을 새로이 설계하고, 교육과 보건 체계를 개혁하며, 정부조직, 군대를 개편하는 것들을 필요로 한다. 구조개혁은 세계 도처에서 다양한 방식으로 이루어진다.[25] 그러나 구조개혁은 지금껏 기대해왔던 것보다 훨씬 더 어려웠다는 것을 증명하였다.

구조개혁의 영역은 세계은행이 세네갈에 대한 구조조정 차관을 연장했던 1979년 이후 지속적으로 확대되어왔다. 이러한 개혁은 내부적으로 환율 절하를 요구함으로 아프리카의 침체된 경제를 안정시키는 것을 의미했다. 공여국의 요구는 과도한 정부 지출을 줄이고, 기간산업들을 민영화하며, 국내 보조금을 중단시키고, 무역을 자유화 하는 등 점차적으로 광범위해졌다. 1989년까지 아프리카 국가들의 절반 이상은 차관을 받는 대가로 구조조정 프로그램의 대상이 되었고 그것은 노골적이고 세부적인 조건으로 이루어진 '폭발적 성장(explosive growth)'을 한 것으로 알려졌다.[26] 냉전 말기 글로

벌 환경의 변화 상황에서 한층 더 포괄적인 구조조정 프로그램이 1990년대
에 채택되었다. 워싱턴 컨센서스(Washington Consensus)로 알려진 그 개
혁들은 이념적으로 이전의 공산주의 국가와 개발도상국들이 자유시장경제
로의 전환을 위한 통합된 처방으로서 지지를 받아왔다.

　워싱턴 컨센서스는 국가주도 경제체제 국가들의 시대가 종식되면서 국가
가 국내 경제를 자유화하고 세계에 개방하며 거시경제 조치들을 수용할 때
더 개선될 수 있다는 이해에 근거한다. 이는 "공정한 성장과 지속가능한 발
전을 위한 합의라기보다 자유화와 세계화를 위한 합의"라고 할 수 있다.[27]
그 결과 1990년대의 다수의 구조조정 차관을 고안했던 정책 처방들은 개혁
의 발전적 측면을 소홀히 한 경향이 있었다.

　미국의 경제학자인 윌리엄슨(John Williamson)은 그가 라틴아메리카의
포스트-간섭주의 경제(post-interventionist economies)를 개혁하기 위해
필요한 10가지 정책수단을 수립할 때 '워싱턴 컨센서스(Washington Con-
sensus)'라는 용어를 만들어 냈다. 다음 목록은 이후 워싱턴 컨센서스로 알
려지게 된다.[28]

1. 재정 원칙 – 라틴아메리카 국가들이 경험한 막대한 재정 불균형을 방지
2. 공공 지출 우선권 재조정 – 특히 보조금, 공공 프로그램 지출, 정부 부처
   축소
3. 조세 개혁 – 기업을 위한 보다 우호적인 조건 조성
4. 금리 자유화 – 재정 자유화, 금융거래 자유화
5. 경쟁력 있는 환율 – 외국인 투자 지원을 위함이며, 이는 "국가가 환율을 확
   실하게 고정하거나 환율이 시장에서 '온전히' 자율적으로 변동할 수 있어야
   한다는 두 모서리 원칙(two corner doctrine)"으로 해석된다.[29]
6. 무역 자유화 – 재화와 서비스의 무역을 위한 국경 개방
7. 외국인 직접 투자 자유화 – 포괄적인 자본 계정 자유화는 아니지만 외국인
   투자에 대한 규제 완화

8. 민영화 – 경쟁력을 높이는 의도였지만 국가 소유에서 엘리트 소유 독점으로 전환이 나타남

9. 탈규제 – 대외무역과 경쟁력을 높이는 의도였지만 안전 및 환경 규제 철폐로 이어짐

10. 재산권 증진 – 소유권을 강화하게 되어 국가의 경제 환경을 신장시킴

컨센서스를 이행하는 철학은 국가 역할을 최소한으로 줄여야 한다는 것과 함께 자유 시장이라는 견해를 찬성하는 것이다. 워싱턴 컨센서스는 1990년 구조조정 과정을 위한 청사진이 되면서 기본 가정은 점차 왜곡되었다. 예를 들어, 재정 원칙과 공공 지출 축소라는 명목으로 정부는 실업자를 돕고 사회기반시설을 구축하며 지역 농가들과 소규모 회사를 지원하기 위한 목적인 공공 자금 프로그램의 축소를 단행하는 심각한 긴축을 강요받았다. 많은 국가들은 IMF와 세계은행에 의해 승인되는 대외원조의 축소 우려로 자국의 경제 문제를 악화시키는 공공부문의 일자리에 대해 대규모 해고를 단행하기도 하였다.

조세법이 국내의 영향력 있는 기업들을 뒤흔들지는 않지만 IMF와 세계은행 관료들의 기분을 맞추는 방식으로 개정된다면 조세개혁은 구조조정의 전체적인 핵심을 빈번히 놓치게 된다. 일상적으로 조세개혁은 빈곤층과 소기업들을 희생하여 엘리트들만 이득을 보게 한다. 금융 자유화는 적절하고 신중한 규제들이 마련되어 있지 않는 국가들에게 강요되며 이는 투기성의 단기 자본 흐름에 노출시켰다. 결국 규제되지 않은 금융 투기는 1997년 아시아에서의 거대한 금융위기의 주요 원인이 되었다. 중대한 경제 상황은 아시아의 일곱 호랑이(Asian Tigers)로부터의 대규모 외화가 며칠 사이로 급격히 반출되면서 악화되었다. 그 위기는 수백만 명의 사람들로 하여금 일자리를 잃게 하고 빈곤에 처하게 만들었다.[30]

워싱턴 컨센서스 원칙인 무역 자유화는 많은 빈곤국가들을 세계무역기

구(WTO)의 회원국이 되게 하였고, 새로운 WTO 합의의 광범위한 적용과 관련된 막대한 행정 비용을 직면하게 할 뿐이었다. 개발도상국들을 위한 많은 합의들의 혜택은 거대 무역국가들이 자국의 농업 보조금을 계속적으로 유지하면서 의문을 낳았다.[31] 무역 자유화와 함께 동반된 반규제화는 새롭고 안전한 환경 기준을 만들어 내기보다는 제거하는 결과를 초래하였다. 민영화 추진은 국내의 중요한 기업과 공공시설을 단일의 독점적 구매자에게 성급히 매각하게 하였고 이는 국가를 통제하는 소수의 집권층에 다시금 연결되었다. 안정적인 투자 환경을 조성한다는 아이디어는 종종 개발도상국들이 지식재산권 보호를 위해 강력한 체제를 정립해야 한다는 요구로 이어졌고 새롭게 설립된 WTO에서 무역관련 지식재산권에 관한 협정(TRIPS)을 포함해야 한다는 합리성을 제공하였다. 지식재산권(IPR)을 보호하기 위한 강력한 국제레짐이 혁신과 지식재산권에 있어 앞서가는 경제선도국의 경제력을 증강시키는 것은 맞지만, 강력한 지식재산권 보호가 해외직접투자 흐름에 중요한 결정요인이 된다는 명확한 증거는 없다. 더불어 새로운 법령을 만들고 지식재산권 보호를 집행하는 TRIPS 요구는 흔히 개발도상국의 재정과 행정 능력을 넘어서는 것이다.[32]

전반적으로 구조조정 과정은 포괄적이면서도 성급히 적용되는 개혁을 포함하게 되고 이는 흔히 대상 국가에서 삶의 질 하락을 초래하는 경우가 많다. 워싱턴 컨센서스는 개인 재산 보호를 보장하는 국가 기관을 개혁하는 데 주로 집중하기 때문에 부패한 엘리트들이 지속되는 것에는 손을 놓는 경우가 많다. 개혁을 진행하고 있는 국가들의 상황은 재정정책의 이름으로 집행되는 공공부문의 대량 해고와 공공서비스(의료, 교육)의 축소로 인해 발생한 실업 증가와 심화되는 빈곤으로 더욱 악화되기 마련이다. 1인당 실질소득이 정체됨에 따라 과두제 하의 민영화가 규범이 되고 낮은 수준의 경제성장률로 인한 실업률 증가가 뒤따른다.

개혁이 경제적 조건의 향상을 이끄는 일부 사례가 있지만 개발의 관점에서 워싱턴 컨센서스 시대의 구조조정 프로그램은 실패로 간주된다. 프로 그램은 발전과 번영을 위해 개인 역량을 강화할 수 있는 발전적이고 세심 한 정책들을 지원하지 않는다. 아프리카 대륙의 구조조정 프로그램의 흐름 에도 불구하고 현대의 많은 아프리카 국가들은 사회경제적 문제로 인해 어 려움을 겪고 있다. 대외부채에 대한 커다란 부담은 미래에 투자하지 못하게 하는 또 다른 요인이다. 표 4.1은 구조조정이 절정에 달했던 기간에 발생한 문제의 상황을 보여준다. 지속되는 대외원조와 관계없이 대부분의 아프리 카 대륙은 그들이 처음 받았던 차관을 상환해야하며 이는 아프리카 지역들 을 끊임없이 파산하게 만든다.

표 4.1은 아프리카정부가 세계은행에 지급한 상환액이 받았던 금액을 넘 어선 경우가 그렇지 않은 경우보다 많다는 것을 보여준다. 1997년부터 1998 년 동안만 아프리카 부채는 3퍼센트가 증가하여 미화 2,260억 달러에 이르 렀다. 같은 기간 아프리카 국가들은 1998년에 그들이 빌린 금액보다 더 많 은 미화 35억 달러를 상환하였다.[33] 이 같은 추세는 심지어 지금까지도 계 속되고 있다. 2015년 한 해 48개 사하라 이남 아프리카 국가 정부들은 미화

표 4.1 사하라 사막 이남의 아프리카와 국제 통화 기금(IMF)의 관계,
1991~1998년
(단위: 억 미화달러)

연도	1991	1992	1993	1994	1995	1996	1997	1998
IMF 매입	5.79	5.27	11.46	9.18	29.94	6.52	5.24	8.37
IMF 재매입	6.14	5.30	4.55	4.67	23.72	5.96	10.65	11.39
IMF 청구	2.28	1.86	1.38	1.70	5.59	1.24	1.01	0.88
잔고	-2.63	-1.89	5.53	2.81	0.63	-0.68	-6.42	-3.90

출처: 세계은행(World Bank), 세계 개발 재원 1999, Jubilee 2000 연합, "세계은행은 아프리카로부 터 2년 안에 10억 달러를 받는다." 1999년 4월.

주: 잔고는 세계은행으로부터 사하라 사막이남 아프리카에 순거래를 보여준다. 마이너스 표기는 국가들로부터 자금으로의 순거래를 의미한다. IMF 매입은 세계은행으로부터 지출된 새로운 (대출)재원을 나타내며 IMF 재 매입은 IMF 대출 원금에 대한 상환을 나타낸다. IMF청구는 IMF 대출 이자에 대한 상환을 의미한다.

328억 달러를 대출 받았지만 미화 180억 달러의 부채 이자를 지불하였고 상환으로 인해 그들의 전체적인 부채 규모는 여전히 증가하고 있다. 전체적으로 2015년 이들 국가는 전 세계에 미화 413억 달러의 부채를 가진 순채무국이 되었다.[34]

워싱턴 컨센서스의 모든 문제에 대한 하나의 처방(one-size-fits-all) 모델은 심각한 비판을 받고 있다. 원조기관은 정치적 개입과 결부된 개혁의 부분적 이행은 실패의 이유가 된다는 점을 주장하면서 자신들의 정책을 지속적으로 방어하고 있다. 그들은 구조조정 프로그램이 지대 추구 기회를 제공하고 있으며 그러한 이유로 개혁 과정은 정치적 이익을 목적으로 기회주의적인 정부에 의해 점차 조작되고 있는 사실을 외면하고 있다.[35] 개혁을 시행하는 과정에서 역량에 문제가 확인됨에 따라 관심은 국가와 제도로 전환되었다. 이러한 전환은 경제학자 로드릭(Dani Rodrik)에 의해 제안된 '증강된(Augmented)' 워싱턴 컨센서스에 대한 논쟁을 가져왔다. 증강된 컨센서스는 이전 목록에 다음의 10가지 새로운 원칙이 추가된다. 법적/정치적 개혁, 규제력을 가진 제도, 반부패, 노동 유연성, WTO 합의, 금융 법규와 기준, '신중한(prudent)' 자본계정 공개, 이중적인 중간방식의 환율제도 불허, 사회안전망, 빈곤 감축이 그것이다.[36] 이러한 원칙들은 법의 지배에 따라 조직되고, 빈곤에 적극적으로 맞서면서 통화정책에 대해 자율성을 유지하는 포용적인 정부제도에 기초한 자유민주주의 국가의 구성요소가 된다.

증강된 워싱턴 컨센서스(Augmented Washington Consensus)는 발전에 대한 사고에 새로운 기준이 되어 왔다. 증강된 컨센서스 아래서 개발 공동체는 개발도상국의 국가를 조정하는 데 여전히 우선순위를 두고 있지만 민주화를 함께 강조하고 있다. 불행하게도 이 같은 새로운 시도는 민주주의가 수반하는 것이 무엇인지에 대한 이해가 부족했다. 정책 자문가들이 아프리카 국가들의 경제 문제를 그들의 낮은 수준의 자율성 탓으로 돌릴 때 국가 자율성의 개념을 국가 역량과 융합하는 실수를 하였다. 반 드 발레(Nicolas van de Walle)는 아프리카 국가들이 제한된 제도화로 특징지어지는 극히 낮은 역량과 놓은 수준의 자율성을 결합한다는 것을 입증하였다.[37] 다시 말해서 많은 개발도상국은 민주화가 정착하는 과정을 허용하는 제도적 준비가 부족했던 것이다.

그렇지만 독재자들은 그렇게 할 유인을 제공받지 않는 한 민주주의 제도를 구축하는 데 관심이 없다. 독재자들은 자신들의 핵심 사업과 군부 엘리트들의 충성심을 얻어내는 통치에 대해 안전하다고 느끼는 한 건전한 정책에 기반을 둔 공공재를 제공하는 것에 관심을 갖지 않는다. 만약 대외원조가 아무런 대가 없이 제공된다면 이러한 충성은 보장 될 수 있다. 개발 공동체에게 근본적인 도전은 부패한 지배자가 민주적 책무성의 길을 닦을 수 있는 제도적 준비를 할 수 있도록 올바른 정치적 유인을 제공하는 것이다.[38]

그러므로 민주화가 외부로부터 기획될 수 있다는 견해는 진정한 민주적 전환과 함께 수반되는 필요한 변화의 규모를 간과하는 것이다. 그것은 또한 대부분의 정치인들에게 작동하고 있는 정치적 생존의 의무를 간과하는 것이기도 하다. 자유선거는 이전의 과두정치 엘리트들이 권력을 유지할 자격이 있다고 생각하는 국가들에서는 조직하기 어려울 수 있다. 선거운동은 여러 정당들이 서로 맹렬하게 경쟁하는 이념적 투쟁으로 산산조각이 날 수 있다. 오래된 엘리트들이 숙청되고 새로운 정부가 민주적으로 선출되어 민주주의에 전념한다고 하여도 상황은 여전히 매우 취약하다. 개혁적인 정부는 실망한 투표자들이 돌아서기 전에 다수의 유권자들에게 약속한 개선을 신속히 내놓아야 한다는 큰 부담에 직면한다. 그러므로 민주주의의 조건으로 자유선거는 필요하지만 충분하지는 않다.

> 민주주의 이행은 선출된 정부를 만들기 위한 정치적 절차에 대해 충분한 합의가 이루어질 때 정부가 권력을 얻게 되고, 그것이 자유롭고 대중 투표에 의해 직접 결정되며 이 정부가 새로운 정책을 만들어 낼 수 있는 권

위를 사실상(*de facto*) 갖고, 행정부, 입법부, 사법부의 권력이 새로운 민
주주의에 의해 형성되고 다른 기관과 권력을 법적으로(*de jure*) 나눌 필요
가 없을 때 완성된다.[39]

좋은 민주적 거버넌스를 향한 노력은 진행중이지만, 최소한 국가는 자
유롭고 민주적인 선거에 대한 의지를 보여야 한다. 경선이 부재한 것은 분
명히 독재적인 결정으로 중앙집권적이고 국가 의존 경제의 지속을 암시한
다. 아마도 가장 악명높은 국가사례는 짐바브웨일 것이다. 짐바브웨는 정
기선거를 실시하지만 자유선거 및 경선의 형태가 아니다. 짐바브웨는 경쟁
을 거부하는 독재 통치자에 의해 지배되어 왔다. 무가베(Robert Mugabe,
1924~2019)는 공포를 조장하고 폭력을 동원함으로 권력을 유지하였다.
무가베는 다른 많은 독재정권이 공유하는 특징을 보였다. 즉, "불확실성을
촉진하는 데 관심이 있는 이유는 사람들로 하여금 지배자와 소수의 무리만
이 비밀주의, 동족결혼, 폭력을 통해 번영할 수 있도록 결과를 수용하도록
강요하여 관련되지 않은 이해관계자들의 열린 상호적인 노력을 좌절시키기
때문이다."[40]

무가베는 남부 로디지아(Rhodesia)가 백인 지상주의자들에 의해 통치되
고 있던 1924년 짐바브웨 쿠타마(Kutama)에서 태어났다. 1975년 그는 10
여 년간 로디지아정부에 대항하던 게릴라전에 참여하여 짐바브웨 아프리카
민족연맹-애국전선(Zimbabwe African National Union and Patriotic Front
alliance)으로 여러 당파 무리들을 통합시켰다. 무가베는 1980년 독립된 짐
바브웨의 첫 번째 수상을 역임한 뒤 대통령이 되었다. 2016년 9월 그는 세
계에서 가장 나이가 많고 장기간 통치한 지도자 중 한 명이 되었다. 무가베
는 인권침해와 한 때 잠재력이 있던 짐바브웨의 경제를 황폐화 시킨 권위주
의 통치로 알려져 있다. 인권 투사였던 무가베가 왜 폭군이 되었는지에 관
해 설명하는 한 연구자의 탐구는 흥미로운 관점들을 제시한다. 궁극적으로,

짐바브웨를 파괴했던 것은 무가베 자신의 선택이었다. 그는 너무 약했기 때문에 거절을 용인할 수 없었고 너무 분노했기 때문에 복수를 거절할 수 없었으며 한 때 자신을 우상화 했던 사람들의 최선의 이익을 위해 짐바브 웨에 봉사하기보다 그의 권력욕과 응징에 빠지게 되었다.[41]

빈곤의 내부적 원인을 과소평가할 수 있는 것은 아니다. 문제는 짐바브 웨 국민들이 매우 나쁜 지도자를 교체할 권리를 거부당했다는 사실에서 출발한다. 짐바브웨는 매우 높은 수준의 자율성을 가졌다는 특징이 있지만 그 것이 보잘것 없는 국가제도로 제약받게 되면서 매우 낮은 역량을 나타낸다 는 점에서 반 드 발레의 결론과 일치한다.

무가베의 끔찍한 평판에도 불구하고 짐바브웨는 2016년 호주, 미국, 유럽연합을 비롯해 24개국으로부터 대외원조를 받았다.[42] 짐바브웨는 세계에 서 가장 억압적이고 경제적으로 가장 피폐한 국가 중 하나이다. 2009년 물 가상승률은 정부가 억제하기 이전까지 5,000억퍼센트에 달하였다. 인플레 이션은 외화를 통용하고 현지통화에 해당하는 짐(Zim) 달러를 폐기하면서 멈추었고, 미화 1달러당 3만 5,000조 짐 달러의 환율로 은행예금이 전환되 었다. 유감스럽게도 2016년 정부의 외환보유가 바닥이 나면서 짐바브웨는 새로운 짐 달러의 도래를 발표하였다. 이러한 움직임은 또 다른 하이퍼인플 레이션과 경제 파산에 대한 두려움을 일으켰다.[43] 오랜 기간 짐바브웨는 폭 력과 부패, 만성적인 빈곤의 특징을 보여주었다.

최근의 중요한 연구는 폭력과 부패, 지속적인 빈곤의 연결성을 분석하여 그들이 어떻게 관계가 있는지를 규명하는 것이다. 부패는 국가의 경제 부실 배후에 있는 가장 지속적인 요인 중의 하나이며 빈곤의 내부 요인으로 지목 된다. 국제투명성기구(Transparency International)의 정의에 따르면 부 패는 "사적 이득을 위한 공직의 불법적 이용"으로 개념상 그것은 우리의 시 야 밖에서 일어나기 때문에 연구가 쉽지 않다.[44] 최근 연구는 권위주의적이 거나 매우 중앙집권적인 정부와 국내외적으로 그러한 정부를 대리하는 상업

거래간의 공모 징후를 검토함으로서 부패의 영향을 평가하기 시작했다. 민주국가의 틀 안에서의 제도적인 견제와 균형은 부패의 발생을 막게 되어 있다. 많은 개발도상국은 투명하며 제도적인 감시체계가 부족하다. 대외원조의 공여국들은 원조 분배에 관해 투명성을 요구할 수 있다. 첫 번째 단계가 무작위 평가 프로그램을 만드는 것이다.[45] 이러한 무작위 평가는 부패를 척결하는 구체적인 프로그램을 구축하는 데 도움이 된다. 장기적인 전략의 한 부분으로 무작위 평가는 전국적인 원조 관리 시스템을 위한 중요한 단계를 구성하여 결과적으로 책임성 있는 국가제도 형성을 촉진시킬 수 있게 된다.

중요한 업적으로 해거드(Stephen Haggard)와 카우프만(Robert Kaufman)은 독재정권의 지속성이 전반적인 발전수준과 단기적인 경제상황에 달려 있음을 관찰하였다. "어떤 인구 계층에 특혜를 주었는지에 따라 다양하지만 모든 독재정권은 경제적 이익과 사회 내 최소한 몇몇 부문에서의 요구에는 반응한다."[46] 독재정권의 일부는 군부를, 몇몇은 전략적 사업 이익을 충족시키고자 하지만 일부는 전통적인 엘리트들과의 개인적 유대에 근거하고 있다. 탈냉전 기간 동안 저자들은 군부-기술관료 동맹을 중심으로 조직되어 있는 많은 '관료적 독재(bureaucratic-authoritarian)' 정권의 퇴진이 중소득국에서 빈번히 나타났음을 주목하였다.[47] 이러한 특징은 독재체제가 경제적 성과의 토대에 대한 정당성을 주장하면 할수록 경제 위기에 더욱 취약해짐을 보여준다. "'권위주의적 거래(authoritarian bargains)'의 근본적 특성이 무엇인지와 관계없이, 저조한 경제성장은 — 그것이 가져온 외부 충격이나 나쁜 정책 혹은 그 모두의 결과이든 — 정치 엘리트들에게 지지 기반을 유지하기 위해 필요한 자원이 축소되는 것을 의미한다."[48] 민주적 변화에 대한 요구는 독재정권의 경제적 위기의 결과로 인해 종종 일어난다.

개발도상국이 과거 중대한 경제 위기를 경험했을 때 IMF와 세계은행은 일종의 **국가조정**(*fix the state*) 개혁에 착수하였다. 특정 사례에서 이러한 개혁의 실패는 무엇이 잘못되었는지에 대한 독립 연구로 이어졌었다. 이 연구는 글로벌 개발 네트워크(Global Development Network)에 의뢰되었고, 개발협력재단(Foundation for Development Cooperation)은 1990년대 민주화 개혁의 이행에 따라 피지(Fiji)의 계속되는 사회경제적 갈등의 내부 원인을 연구하였다.[49] 일곱개의 문제영역이 결론에서 제시되었고, 이는 간략히 다음과 같다. 이러한 문제들은 많은 개발도상국들의 경험을 집약적으로 나타낸다.

1. 불완전한 보완적 개혁 – 무역개혁을 통해 국가들은 관세율을 줄이도록 요구 받는다. 이러한 움직임은 수익 저하를 의미하게 되므로 효율적이고 공정한 국내 조세체제 구축으로 뒷받침되어야 한다. 나아가 무역과 투자 자유화는 재산권 보호제도가 없거나 투자자나 무역업자들에게 예측가능성을 제공하기 위한 투명한 규제 틀 없이는 기대하는 효과를 가져올 수 없다. 불완전한 개혁은 일자리 감소와 자본유출을 가져옴으로 기존 문제를 더욱 악화시킬 수 있다.

2. 정치적 불안정과 투자 불확실성 – 정치적 불안정은 위험한 경제 환경을 조성한다. 강경한 개혁주의자들의 재정 긴축 압박은 국가 미래에 대한 불확실성을 가중시킨다. 공공 영역의 급격한 조정은 상응하는 고용 대안 없이는 일자리의 대량 감축을 가져온다. 그러한 결과는 사회적 분노를 촉발시키며 불안전을 연장시킨다.

3. 나쁜 거버넌스(Bad governance)와 공공 부분 자원 낭비 – 통치 과정의 제도적인 견제와 균형을 만들기 위한 관심 부족은 이미 제한된 자원을 낭비하는 결정을 정치적으로 지속하는 무책임한 정부로 이어진다. 사회 기반시설 개선을 위한 가용 재원이 부족할수록 학교와 병원 등은 만성적인 자금부족을 겪을 수밖에 없다. 실직한 노동자들을 지원하고 재교육하기 위한 재원이 없다면 경제 상황은 악화된다. 사회안전망이 사라질 때 실망한 대중들은 새로운 개혁을 받아들이는 것에 소극적이다.

4. 개혁의 시기 선택과 순서 – 이는 개혁의 실질적 이행과 개혁 과정의 지원 범위를 유지하기 위해 중요하다. 다층적 개혁과정은 고용 손실 및 대중의

혼란 등과 관련된 단기적 적응을 위한 조치를 수반해야 한다.

5. 이해관계자들의 정치경제 – 현재의 엘리트들은 경쟁의 대상이어야 한다. 공여자들은 대외원조 분배에 있어 투명성과 규칙을 요구할 수 있다. 부패는 척결되어야 하며 용인되어서는 안된다. 만약 법의 통치에 따라 작동한다면 이기심은 현재의 이해관계자들에게 안정적인 경제제도의 발전을 위한 기회를 제공함으로써 긍정적으로 연결될 수 있다.

6. 제도적 경직성과 개혁의 제약 – 문제는 일반 대중에게 손해를 입혀 엘리트들을 유리하게 하는 착취제도가 지속되는 것에 있다. 지대를 추구하는 부패한 관리자 집단이 아닌 전문적 성과기반 제도로 나아가기 위해서는 정부 관료제를 정기적으로 점검할 필요성이 있다. 많은 국가에서 제도화된 국영 무역기업들은 기존 엘리트들을 유지시킴으로서 개혁을 방해한다. 유인은 모두를 위한 장기적 안정성을 증진시킬 수 있는 민주적인 제도 구축이 가능하도록 만들어져야 한다.

7. 선거경쟁과 정책개혁의 부족 – 민족 분열의 심화를 피하기 위해 선거 개혁시 사회의 민족 구성을 고려해야 한다. 개혁은 반드시 민주적인 경쟁과 공정성을 증진하는 것을 목표로 해야 한다.

IMF와 세계은행은 개발도상국들이 그들의 경제문제를 극복하도록 돕는 것에 계속적으로 관여할 것이다. 여기서 확인된 문제 영역들은 미래의 실패를 예방하기 위한 목적을 위해서라도 여전히 유용하다.

4. 국가 활용: 국가주도적 발전

국가 개입은 이용가능한 증거에 따라 두 가지의 관점으로 볼 수 있다. 일부 국가에서는, 국가가 경제성장과 빈곤 감축을 이끄는 산업화와 혁신의 주요 동력이 되어 왔다. 전형적인 사례로 중국을 들 수 있으며 다음으로 한국과 대만, 그리고 싱가포르가 있다. 다른 국가들에서 국가 개입은 개발에 장애물이 되었으며 사회경제적 발전을 촉진하는 데 실패한 정책들을 만든 반면 정치 엘리트들은 국가의 자원을 지속적으로 낭비해왔다. 나이지리아, 짐바브웨, 튀니지, 베네수엘라를 예로 들 수 있다. 이점에서 구소련 진영의 확실한 역사적 사례들이 있다. 수십년에 걸친 해당 국가들의 놀라운 성장을 기억하는 것은 중앙집권 경제가 불완전한 전체주의체제로 퇴보했다는 하이에크(Hayek)의 경고를 도외시 하기 어렵게 한다.

그렇지만 여러 동아시아 국가들의 경제적 변혁은 국가 주도 경제의 장점을 무시하기 어렵다는 것을 보여준다. 예를 들어, 한국은 1960년대 세계에서 가장 가난한 국가 중 하나였다. 하지만 2016년 1인당 국민소득이 미화 3만 9,000달러가 되어 선진국 경제 지위를 달성했다. 중국은 국가주도적 발전의 또다른 성공 사례이다. 2016년 1인당 국민소득은 미화 1만 4,600달러로 높지는 않지만 13억의 거대한 인구를 고려할 때 중국의 발전은 놀랍다.[50] 중국은 심지어 2008년 글로벌 금융위기 기간에도 강력한 경제성장을 한 국가로 세계 제2의 경제대국으로 여겨진다.[51] 중국은 전 세계에서 가장 큰 무역 국가 중 하나이며 세계의 생산 공장이다. 1981년과 2002년 사이 중국은 빈곤층 비율을 53퍼센트에서 8퍼센트까지 낮추었다. 중국은 또한 사실상 모든 아프리카 국가들과 유대관계를 구축하였다. 2006년에는 약 900개의 중국 기업이 아프리카 내 공장, 농업, 기반시설 프로젝트에 투자하였고 중국 정부는 세계은행이 아프리카를 대상으로 한 대출보다 더 많은 금액을 아프리카의 미래에 투자하기로 약속하였다.[52]

성공적인 국가전략의 원인을 찾아보면서 콜리(Atul Kohli)는 경제성장을 촉진하기 위해 국가의 정치적 힘을 지속적으로 사용했던 한국과 같은 응집적 자본주의 국가(cohesive-capitalist states)에 찬사를 보냈다. 이에 반해 나이지리아와 같이 제도적으로 무질서하고 분열된 다계층 국가들은 집중되지 않으며 예측하기 힘든 정책 결정이 특징이다. 그러나 최악의 사례는 국가 권력이 파괴적으로 사용되었던 짐바브웨와 같은 가산국가(patrimonial state)이다. 가산국가의 개념은 베버(Max Weber)에 의해 만들어졌다. 가산국가는 무력과 강압, 국가 관료 전반에 대한 인맥을 이용한 이기적인 통치자에 의해 독단적으로 지배되기 때문에 불안정하기 마련이다. 국가 주도 개발은 가산국가에서 오래 가지 못한다. 요약하자면, 성공적인 국가 개입은 다음의 설명처럼 응집적 자본주의 국가에서 일어난다.

> 직접적인 원인 차원에서 환경 변수의 다양성은 능숙한 기업가들의 가용성, 노동능력 및 직업윤리, 기술을 흡수하는 사회의 역량, 대중의 건강과 교육의 일반적인 수준을 포함하는 개발 노력의 상대적인 성공에 영향을 미친다. … 더욱이 재산권 보호, 구속력 있는 계약을 만들 수 있는 능력, 은행 및 다른 기관들이 예금을 동원하는 능력을 포함하는 제도적 요인들은 분석에 있어 중요한 것으로 나타난다. …
>
> 창조되고 통제되며 규율이 잡힌 국가는 자본주의자들과 긴밀한 협력 관계를 맺고, 체계적으로 통합시키며, 국가의 급속한 성장과 산업화라는 한정된 목표에서 이탈하는 자들을 침묵시킨다. 그러므로 권위주의적인 통제와 이념적인 동원은 그러한 국가들의 통치 전략의 한 부분이다. … 비록 이러한 국가들은 수십 년 이상 지속되지 않겠지만 집권층은 종종 조직화된 형태로 되돌아가고 싶어 한다.[53]

중국은 응집적 자본주의 국가에 대한 설명에 잘 들어맞는다. 중국은 오랜 역사 동안 불안정과 경제적 붕괴를 경험해왔다. 중국은 효과적인 민주주의 없이 성공적으로 성장을 지속할 수 있을 것인가? 역사적 궤적의 관점에서 중국을 간략히 검토해 보자.

중국의 부유한 역사는 기원전 4000년 전으로 거슬러 올라간다. 수천 년간 중국은 강력한 제국이자 내부 갈등에 의해 분열된 국가였다. 중국인들은 지진계, 손수레, 나침반, 종이, 화약과 같은 발명으로 명성이 높다. 중국의 교육자이자 철학가인 공자(기원전 551~479)는 사회적 조화, 충성심, 그리고 높은 윤리의 가치들을 중국 정치 문화에 불어넣었다. 과거 많은 시기 중국은 서구와의 무역관계를 발전시키는 것에 회의적이었다. 오랜 기간 중국은 내부지향적 국가(inward-looking country)로서 14세기에는 6,700km에 이르는 국경 장벽을 건축하였다. 식민지 지배 시기 중국은 서구의 영향력 밖에 남아 있고자 시도한 것이다. 대영제국은 차에 대한 접근을 확보하기 위해 상업무역을 계속해서 제안했지만 이는 실패하였다. 이러한 제안에는 인도에서 중국으로 은밀하게 유입된 다량의 아편이 동반되었다. 중독에 의한 식민주의의 결과는 1842년 종결된 아편 전쟁으로 이어졌고 난징조약(Treaty of Nanking)으로 중국에 굴욕을 안기게 되었다.[54]

중국의 쇠퇴는 21세기에 들어 계속되었다. 제1차 세계대전 이후 중국의 지도자가 된 쑨원(孫文)은 집단이 개인보다 우선순위에 있어야 한다는 견해를 지지하였다. 미국에서 교육받은 중국 경제학자 롱(H.D. Long)은 경제발전에 대한 중국정부의 '의식적인 설계(conscious design)'를 주장했다. 장제스(蔣介石) 하의 중국 국민당의 정책은 록펠러재단(Rockefeller Foundation)으로부터 적극적인 지원을 받은 롱에 의해 제안된 아이디어들로 채워졌다. 서방 열강들이 자신들의 영토 확장을 위해 중국을 이용하는 가운데 1937년 일본은 중국을 침입한다. 선출된 장제스정부는 점차적으로 인기를 잃어갔다.[55] 1949년 공산주의자들이 마오쩌둥(毛澤東)의 지도하에 권력 통제권을 확보하게 되면서 상황은 급변한다. 국민당 정부는 포르모사(Formosa, 오늘 날의 대만)섬에 도착하여 중국 유일의 합법 정부임을 선언하게 된다.

본토에서 마오는 중화인민공화국(Peoples' Republic of China) 설립을 선언하였으나 그의 새로운 국가는 외면당하였다. 미국은 대만을 유일한 중국으로 인정함으로써 소외정책을 추구하였고 대사관을 대만으로 이전시켰다. 마오는 공산주의 원칙이라는 이름으로 중국을 통치하였고, 이는 사유재산권이 인정되지 않으며 농장은 집단화되어 개인 권리는 억압받는 사실상 국영경제를 의미했다. 산업화를 촉진하기 위한 시도로서 **대약진운동**(*Great*

Leap Forward)이 1958년에 시작되었고 자원은 농업으로부터 중공업으로 이전되었다. 이는 4,500만 명의 죽음을 가져온 것으로 추정되는 역사상 최악의 기근 중의 하나를 가져왔다.[56] 1966년 문화대혁명(Cultural Revolution)의 시작은 중국의 과거를 지우고 새로운 사회주의 사회를 만들기 위한 마오의 생각으로부터 출발하였다. 문화대혁명과 홍위병의 지지자들은 수년 간 많은 문화 유물을 파괴하였을 뿐 아니라 모든 자본주의자들을 근절시키고 수많은 사람들을 죽임으로서 국가를 공포에 떨게 하였다.

정당성이 없는 것으로 간주되었던 공산주의 중국은 미국의 닉슨 대통령에 의해 1972년 기념비적인 방문이 이루어지기 전까지 세계로부터 고립되어 있었다.[57] 그 방문은 다시 한 번 중국의 서방과의 관계를 관여(engagement) 방향으로 전환시켰다. 그것은 또한 덩샤오핑(鄧小平) 아래 경제개혁의 길을 열게 하였다. 1979년 카터 행정부는 대만관계법(Taiwan Relations Act)을 수립하여 외교적 승인을 대만에서 중국 본토로 전환하였다. 대만관계법은 하나의 중국 원칙을 재확인하고 대만을 법적 중립 상태로 남겨두었다. 미국은 자국의 대사관을 타이베이에서 베이징으로 옮겼지만 대만과 비공식적 유대관계를 유지하기로 약속하였다.

1970년대 말 덩샤오핑의 집권으로 시작된 개혁 시기는 과거 공산주의의 피해를 교정하기 위해 시도해 왔다. 결정적인 해는 덩샤오핑이 농업, 산업, 교육, 과학으로 구성된 4대 현대화(Four Modernizations)를 착수한 1979년이다. 첫 번째 주요 개혁은 농업 부분을 다루는 것이었지만 개방 정책이 수출 지향 산업을 목표로 연안 지역에 경제 특구를 개방하면서 시작되었다. 이러한 개혁은 이례적으로 성공적이었고 세계에서 가장 가난한 국가 중 한 곳이었던 중국을 경제적으로 가장 강력한 곳으로 발전시키는 데 기여를 했다. 2001년 중국은 WTO에 가입하였다. 다음의 통계들은 중국경제의 현재 상태를 엿볼 수 있는 기회를 제공한다.

중국은 경제성장에도 불구하고 많은 문제가 드러났다. 불평등은 국가와

글상자 4.1 중국경제에 관한 세계무역기구(WTO) 통계

검토 기간(2014~2016년) 동안 중국의 경제성장은 연간 6.5~7퍼센트로 … GDP 성장률이 둔화되었다. 중국의 경상수지 흑자는 이 기간 상승 추세를 보였고 그것은 2015년 총 미화 3,306억 달러로 집계되었고 이는 GDP의 3퍼센트에 해당한다.

중국은 비록 전 세계에서 가장 큰 무역국(유럽 내 무역 제외)이지만 무역 특히 수입은 검토 기간 동안 상당한 동력을 잃었다. 2015년 수출과 수입 모두 하락하였고 수출은 미화 2조 2,800억 달러로 2014년 미화 2조 3,400억 달러에서 하락하였으며 수입은 미화 1조 6,800억 달러로 2014년 미화 1조 9,600억 달러에서 낮아졌다. 가치 측면에서의 수입 감소는 유가 및 기타 상품 가격 하락을 상당 부분 반영한다.

제조업 상품은 수출의 주요 부문이며 전체의 94퍼센트를 넘는 비중을 차지하고 있다. 그 가운데 사무용 기기와 통신장비, 섬유, 의류는 계속적으로 중국의 주요 수출품이 되고 있다. 제조업 상품은 2015년 수입의 64.4퍼센트를 차지하고 있다. 주요 항목은 사무용 기기, 통신장비, 화학품을 포함한다. 연료와 다른 광산품은 2015년 중국 수입의 21퍼센트를 차지한 반면 농산품은 9.5퍼센트를 차지하였다.

2015년 서비스산업은 중국의 전체 수출의 12.3퍼센트, 전체 수입의 22.9퍼센트를 나타냈다. 관광, 건축, 통신, 금융과 무역 서비스들의 수출은 해당 검토 기간 중 가장 역동적인 것으로 나타났고 수입에서는 관광 서비스가 상당한 시장 점유율을 얻게 되어 2015년 전체에서 62.3퍼센트를 차지하였다.

중국은 전 세계 해외직접투자(FDI)의 가장 큰 수혜국이다. 2014년 해외직접투자 유입은 미화 1,296억 달러에 이르러 2013년보다 1.7퍼센트 증가 했다. 2014년 해외직접투자를 얻은 주요 부분은 제조(전체에서 33.4퍼센트), 부동산(29퍼센트), 임대 및 비즈니스 서비스(10.4퍼센트), 그리고 도소매 무역(7.9퍼센트)였다.[58]

도시 전역에서 증가하고 있다. 중국은 전 세계에서 가장 느슨한 환경규제를 가진 국가로 알려져 있다. 환경 파괴는 국가 내 많은 곳을 주거할 수 없는 곳으로 만들 수 있고 건강에 대한 우려는 주요 문제가 되고 있다. "중국의 엄청난 성공의 이면에는 복잡한 이야기가 존재한다. 놀랍게 증가하는 국내 시장은 큰 기회를 약속한다. 하지만 그러한 성장은 또한 구조적인 약점을 감추고 있다."[59] 중국의 국가주도형 발전의 장기적 실행 가능성에 관한 문제는 부패와 후원(patronage), 억압을 포함한 경쟁이 없는 일당체제에 기반한 거버넌스, 비효율적인 국영기업, 환경문제, 불평등 증대를 다루지 못하는 무능에 초점이 맞춰져 있다.

중국의 경제성공으로 인한 사회적 결과는 지난 25년 동안 감춰져 있었다. 그러나 그것은 빠르게 전면에 나타나기 시작했다. 현재 존재하는 불평등은 최근 국가 역사상 최악의 상태에 놓여 있다.

지니계수에 의해 측정된 중국의 소득 불평등 수준은 1980년 초 0.28에서 2007년 0.49로 급격히 증가하고 있다. 이 수치를 통해 중국은 일본(0.31), 인도(0.34), 미국(0.36), 러시아(0.44)보다 불평등이 높은 것으로 나타났다. 예측들은 다양하지만 대략 1억 명의 중국인들이 여전히 절대적 빈곤에 처해져 있다. 동시에 100만 명 넘는 중국인들은 백만장자(달러로 측정하여도)로 그들의 호화로운 저택, 전용 항공기, 고급 외제차를 과시하고 있다.[60]

국가가 빈곤했을 당시 평등은 보장되었지만, 이와 같은 평등은 사람들이 바라는 것은 아니다. 연안 집중에 따른 내륙의 빈곤은 주요 문제로 등장했다. 빈부 간 격차에서 가장 큰 문제는 부유층은 유력해지는 반면 빈곤층은 무력해진다는 사실이다. 1989년 북경에서의 민주주의 시위에 대한 군사적 탄압 이래 중국정부는 노동운동가와 정권 비판자들을 숙청해 왔다. 그렇지만 견제 받지 않는 불의를 용인하는 정치제도에 대한 분노가 확산되면서 시위는 늘어났다.[61] 2012년 11월의 중국 공산당 18차 대회 동안 처음으로 당, 정, 군의 수장 역할이 모두 시진핑 주석에게 맡겨졌다. 중국의 시진핑 주석은 핵심 의사결정 기구이자 7명으로 구성된 중국 공산당 중앙정치국 상무위원회를 감독하였다. 영향력 있는 당의 지도자들은 그들의 재력으로 잘 알려져 있다. 동시에 인권보고서는 다음과 같은 자료를 제공하였다. 2011년 중국인민대표대회에서 가장 부유한 위원 70명의 순자산은 미화 898억 달러까지 증가하여 2010년에 비해 미화 115억 달러가 늘었다.[62] 그러나 새로운 반부패 캠페인이 시진핑에 의해 시작되었음을 고려할 때 낙관론의 이유는 존재한다. 그렇지만 문제의 규모는 상당히 우려스럽다. 집권 후 2년 동안 당은 정부와 행정 단위에 만연한 부패를 이유로 27만 명을 처벌했다.[63]

환경문제와 관련한 사안들도 역시 심각하다. 많은 문제들은 환경을 훼손하며 이룬 경제성장의 결과이다.

> 중국 시민들은 독성 오염 물질의 바다에서 수영하고 있다. 많은 강과 호수들은 관개용수로도 사용이 부적합하며 대기의 질은 위험할 정도로 유해하며 사막화, 토양침식, 황사는 경작지를 감소시키고 있다. 공공 비용은 조기 사망, 만성 질병, 생산성 하락으로 측정되며 삶의 질을 떨어뜨린다.[64]

이러한 환경 이슈들은 중국의 사회경제적 지속성에 심각한 위협이 된다. 경제적인 측면에서 많은 문제가 구조적이며 해당 문제들은 국가 경제 내에서의 중앙정부가 갖는 역할 때문에 존재한다. 부패 문제들은 많은 외국인 투자자들을 좌절시키고 있지만 더욱 중요한 것은 중국의 사법부가 알려진 것처럼 독립적이지 않다는 것이다. 중국정부가 국제적 경쟁을 심각하게 제한해 온 관계로 국가 소유의 네 개 은행은 중국의 금융 시스템을 장악해 왔다. 위험성 평가는 거의 이루어지지 않으며 국영은행은 자유롭게 당원들에게 대출해주고 국가는 별다른 조건 없이 사업을 운영하고 있다. 나아가 2008년 글로벌 금융위기에 대응하기 위해 정부는 은행들로 하여금 대출을 장려하였다. 이

는 막대한 부채 누적으로 이어졌고 가계, 독립기업, 정부기관을 합산한 2007
년 중국의 부채 총액은 GDP의 158퍼센트에 달했다. 2014년에는 GDP의
282퍼센트에 이르러 전 세계 주요 경제국 가운데 가장 높은 수준이다.[65]

또 다른 사안은 중국 GDP의 170퍼센트에 이르는 기업 부채이다. 이는
전 세계에서 가장 높은 수치로 글로벌 금융 안정성을 위협하고 있다. 중국
기업 부채의 4분의 3이 비효율적인 국영기업에 해당하는 것은 특히 심각하
다.[66] 중국정부는 보조금을 지급하고 있으며 이러한 기업들을 국제 경쟁으
로부터 보호함으로 대규모 고용을 지속할 수 있도록 보장해 주고 있다.

> 수요 측면 문제에 처한 오래된 (국영기업의) 행위자들과 구경제(중공업)
> 는 자신들을 구제하기 위해 오래된 수단(신용확장)을 선택하는 경향을 보
> 여 왔다. 지난 몇 년 동안 중국인민은행은 매년 13퍼센트의 융자 증가와
> 함께 막대한 유동성 자금을 경제에 투입하였다. 이는 건축 붐을 가져왔고
> 결과적으로 국영 행위자들이 지배하고 있는 상품, 건설, 장비, 물자에 대
> 한 수요를 증폭시켰다. IMF에 따르면 그것은 새로운 주택건설이 부재한
> 상황에서도 중국의 가장 작은 도시들에서 주택 재고를 정리하는 데 3년
> 이 소요되었다.[67]

중국에는 대략 15만 5,000개의 국영기업이 있으며 그들은 지속적으로
경제를 고갈시키고 있다. 비생산적인 기업들을 폐쇄하는 것은 심각한 실업
을 가져오게 되어 정부는 이 문제에 대응하는 데 주저하게 된다.

미래는 여전히 중국에 달려 있다. 중국은 막대한 외환보유고를 축적하고
있으며 일부는 중국투자공사에 의해 관리되고 있다. 이러한 국부펀드는 전
세계적으로 수십억 달러에 이르는 놀라운 규모의 구매를 해왔다. 최근 유럽
의 물류(유통)회사 로지코(Logicor)를 미화 137억 달러에 인수하였다.[68] 하
지만 비판하는 사람들은 민주화 개혁 없는 중국식의 국가주도식 발전은 지
속가능하지 않다고 우려하고 있다. 중국이 극적인 경제성장을 경험한지 30
년밖에 되지 않았으며 이미 불충분한 사회 서비스 제공, 환경문제의 심각

성, 정부 후원(government patronage) 증대는 국가 안정성을 위협하고 있다. 절차적 부당성, 독단적 의사결정, 정부 관료의 부패에 좌절한 사람들은 악화되는 불평등을 받아들이는 데 어려움을 겪고 있다. 한 관찰자는

> 1989년 이래로 중국공산당은 진정한 정치적 개혁을 채택하지 않았으며 그들이 지배를 유지하기 위해 높은 성장률에 의지해 왔다. 이러한 전략은 베이징이 당연한 것으로 여길 수 없는 경제적 호황이 있을 때만이 가능하다. 정치적 시스템은 폭력적인 혁명보다 점진적으로 통제된 방식으로 변화하는 것이 훨씬 좋을 것이다.[69]

그러나 상하이의 기업가인 리(Eric Li)는 중국의 민주화에 대한 토론은 종결되었다고 주장한다. 중국공산당은 자기 수정적 특징을 가지고 있으며 그것은 심지어 중국의 발전을 이끄는 데 있어 보다 창의적이고 진보적일 수 있다는 것이다.

> 국가 지도자들은 일당 모델을 강화시킬 것이며 그 과정에서 서구의 정치 발전에 대한 일반 통념과 선거 민주주의에 대한 피할수 없는 흐름에 도전할 것이다. 세상은 중국의 수도에서 포스트 민주주의 미래의 탄생을 직면하게 될지 모른다.[70]

만약 중국이 변화하는 국내 요구에 자신들의 사회경제체제를 채택하여 기존 문제에 대응하고 국제적 압력을 견뎌낸다면 이는 사실 매우 성공적인 전략이 될 것이다. 시진핑 주석은 국가 부흥과 정부 부패의 근절, 모든 시민들을 위한 위대한 미래를 약속했다. 그는 새로운 실크로드를 건설하여 아시아의 대륙을 지나 유럽까지 중국을 다양한 국가들과 연결하는 시도인 일대일로(One Belt, One Road)라는 거대한 사회기반시설 프로그램을 시작했다.

만약 야심찬 프로그램이 성공한다면 중국으로 하여금 유라시아 통합에 있어 중대한 경제적 외교적 힘을 갖게 할 것이다. 일대일로는 외교조정의

강화, 표준화되고 연결된 무역기관, 자유무역지대, 무역장려정책, 위안화를 활성화하는 금융통합, 그리고 아시아, 유럽, 중동 아프리카 국가 전역을 통한 인적 문화교육 프로그램을 요구한다.[71]

일대일로가 여러 제약된 권리와 축소된 자유에도 불구하고 지속가능한 경제성장을 만들어 불평등을 줄이고 사람들을 만족하게 하는 데에 있어 충분할지는 미래에 알게될 것이다.

지금까지 보완적인 민주적 개혁 없이 국가 주도 발전을 추진해 온 많은 국가들은 평등한 경제성장을 촉진하는 데 있어 제한적인 성공만 거둔 채 점차 권위주의로 전환되었다. 러시아는 좋은 사례가 될 수 있다. 비록 러시아는 국제무대에서 다시 영향력 있는 석유부국이 될 수 있다고 주장하지만[72] 그러한 경제발전 모델은 번영하면서도 개방된 사회로 발전하는 것을 아직 보여주지 못했다. 정치적 권력은 점차 수직적으로 강화된 반면 러시아에서 약속된 민주개혁은 결코 강화되지 않았다.

민주적 개혁이 아직 완성되지 못한 중앙집권적 경제는 부실과 사기로 인해 심각한 위기에 놓일 수 있다. 예를 들어, 브라질의 경우 정부는 약속된 투표, 토지개혁을 충분히 이행하지 않았다. 국영기업의 투명한 민영화와 이른 토지개혁 실시에 실패하는 등 서투른 개혁의 연속은 엘리트들에게 상당한 권력을 유지하게 하고 정부로 하여금 생존을 위한 결정에 있어 정치적인 동기를 부여하게 된다.[73] 부실과 부패는 공공 자원의 낭비 증가로 이어졌다. 예를 들어, 주요 스포츠 행사(2014년 월드컵과 2016년 하계올림픽)에 수십억 달러가 지출된 반면 핵심적인 사회기반시설 프로젝트에는 어떠한 재정도 지출되지 않았다. 경제상황이 악화됨에 따라 정치적 안정성은 브라질의 투자 환경에 악영향을 미쳤다. 정책공간은 침체되었고 정치적 불안성은 증가했으며, 착취적 경제제도는 지속되면서 개혁은 중단되었다. 그 결과 2009년 브라질정부는 미화 7,568억 달러에 이르는 자산을 보유한 115개 기업

을 여전히 통제하고 있으며 여기에는 선도적인 석유 회사인 페트로브라스
(Petrobras)와 다수의 유력 은행들이 포함되어 있다. 58퍼센트 비중의 투표
권을 갖는 것과는 별도로 정부 관료는 페트로브라스 이사진의 9개 좌석 중 7
개를 확보하고 있으며 모든 주요 투자 프로젝트는 연방 정부의 허가를 받게
되어 있다.[74] 2014년 페트로브라스는 정부 개입, 불량 계약, 수익의 막대한
부실이 연루된 거대 부패 스캔들에 휩싸이게 되어,[75] 대통령이 강제로 사임
하게 되고 경제가 더욱 침체되면서 2016년 브라질의 문제는 국가적 위기로
촉발되었다.

개발도상국에 대한 접근은 앞서 이 장의 개발 공동체로부터 나온 전략에
근거한 **국가 의존**과 **국가 조정**에서 논의 되었다. 이러한 전략들은 근대화 이
론에 초점을 맞춘 당대의 지배적인 이론적 패러다임으로부터 도출되었다.
핵심적인 아이디어는 글로벌 남반구 빈곤국들의 발전을 돕고 산업화 경제
에 의해 투영된 이미지를 현대화하는 것이었다. 또 다른 중요한 점은 산업
경제 네트워크 안으로 개발도상국들의 통합을 가속화하는 것이었다. IMF
와 세계은행의 정책처방은 해를 거듭하면서 간섭과 요구가 확대되었지만,
이는 워싱턴 컨센서스에 의해 이념적으로 주도된 상당히 잘못된 개혁 프로
그램으로 끝나게 되었다.

국가 주도 개발은 다른 한편으로 성장 지향적인 경제를 위해 규칙을 제공
하고 촉진시키기 위해 정부 고유의 노력을 강조한다. 동아시아 국가, 특히
중국과 한국, 대만, 싱가포르, 홍콩, 일본은 이러한 모델을 추구하여 예외
적으로 좋은 성과를 거두었다. 그러나 어떤 국가들은 성공을 위해 많은 비
용을 지불했다. 마오쩌둥 시기 동안 중국의 실험들은 많은 사회적 상처들을
남겼다. 한국경제의 급속한 성장 또한 높은 비용이 뒤따랐다.

급속한 산업화는 파시즘 문제가 특징적으로 나타나는 고도의 권위주의
국가 틀 안에서 일어나며 나는 이러한 국가를 응집적 자본주의로 분류하

였다. 정치적 반대가 용인되지 않으며 정권에 대한 반대는 탄압을 받고 노동은 기업화되며 이는 국가 통제를 받는다. 특히 1970년대부터 정부가 거대 재벌에 경제력 집중을 의도적으로 권장하면서 사회 내의 소득, 부, 권력의 불평등은 더욱 한쪽으로 쏠리게 되었다.[76]

한국은 1990년대 취약한 금융제도를 유지하고 있었고, 이는 국제 금융 흐름에 대한 의존도를 높게 하였다. 높은 부채 비율을 포함한 이러한 문제 들은 1997년 아시아 금융위기 동안 노출되었다. 위기 이후 한국은 투자체 제의 높은 투명성을 보장하기 위한 목적으로 일련의 개혁을 추진하였다. 재 벌은 삼성이나 현대와 같이 고도로 집중된 기업그룹으로, 창립가족이 관습 적으로 통제하며 여전히 한국의 경제 지형을 지배하고 있다. 한국은 금융위 기를 극복하여 완만하지만 꾸준한 경제성장을 지속하고 있다.

가장 중요한 점은 한국이 고도의 권위주의 국가가 점차적으로 효과적인 민주주의로의 전환을 한 사례를 제공했다는 것이다. 부패 혐의로 전 대통령 이 대통령직에서 물러나는 상황은 일반적으로 문제적 상황으로 해석될 것 이다. 하지만 한국 사례의 경우 그러한 사건은 국가의 민주적 기관들이 필 요한 견제와 균형을 제공한 증거로 간주되어야 한다. 한국의 헌법재판소는 2017년 3월 박근혜 대통령이 국가 기밀을 유출하고 기업과 결탁함으로 헌 법을 위반하였다고 확정하였다. 재판소는 만장일치로 박근혜 대통령의 탄 핵을 확인하였고 "심각하게 민주주의 정신과 법치를 손상하였다"고 판결하 였다. 이는 한국 역사에서 중요한 순간이 되었다. 1980년대 후반에 마련했 던 새로운 민주주의 법과 제도가 그들이 설계한대로 작동한 것이다.

전 세계의 관찰자들은 한국에서 수백만의 시민들이 지속적으로 모여 박 근혜의 퇴진과 법치회복을 요구함으로써 평화적인 저항을 보여준 것에 환호해왔다. '시위 공화국(Republic of Protests)'이라고 불리는 이 국가 가 평화적인 동원의 기술과 정치를 습득한 것이다.[77]

박근혜의 퇴진이 나라를 분열시킨 것은 사실이었다. 한국의 청년들과 민주주의 활동가들은 그녀의 퇴장을 원했다. 박근혜의 지지자들 중 대부분은 아마도 1961년부터 1979년의 암살되기 전까지 국가를 통치한 그녀의 아버지 박정희 전 대통령에 충성심을 느낀 노년의 보수주의자들이었을 것이다.[78]

박정희정부는 임기 후반에 한국의 산업화 개혁에 있어 가장 중요한 단계를 추진 했던 것으로 평가 받는다. 그는 응집적 자본주의 국가를 강화시켰고 "성장 지향의 국가와 자본의 연합을 운영하며 노동을 기업화하였고 사회 전체에 경제발전 활동을 권고하기 위해 경제적 민족주의를 이용하였다."[79] 그의 국가주도식 발전모델은 1980년대에도 계속적으로 작동되었고 개혁의 일관적인 정치적 동력이 되었다. 한국경제가 확장됨에 따라 점점 더 자유화 개혁이 이루어졌다. 모순적이게도 이러한 개혁은 결국 박근혜의 정치생명력을 끝내게 된 것이다.

탄핵 이후 두 달 만에 한국인들은 2017년 5월 진보적 자유주의 후보자 문재인을 대통령으로 선출하였다. 국가주도식 발전의 장기간 번영을 지속할 수 있게 하는 유일한 선택이 국가를 민주화하는 진정한 노력이라고 믿는 대중들은 그를 주의 깊게 관찰할 것이다. 만약 문재인정부가 국가를 통합하고 민주주의 제도를 존중하며 지속가능한 경제성장의 길로 한국을 이끄는 데 성공한다면 한국은 권위주의체제가 스스로 전환할 수 있다는 것을 증명하게 될 것이다. 그것은 또한 국가가 민주화를 이끄는 사회경제적 진보의 강력한 정치적 동인이 될 수 있음을 보여 주는 것이다.

주

1) Lawrence Freedman (2013) *Strategy – A History*, Oxford, UK: Oxford University Press, p. 242.

2) ibid.

3) Hilton L. Root (2006) *Capital and Collusion – The Political Logic of Global Economic Development*, Princeton, NJ: Princeton University Press, p. 6.

4) Vivien A. Schmidt (2009) "Putting the Political Back into Political Economy by Bringing the State Back in yet Again," *World Politics*, Vol. 61, No. 3, p. 516.

5) Shaohua Chen and Martin Ravallion (2007) *Absolute Poverty Measures for the Developing World, 1981–2004*, Washington, DC: The PNAS Organization, October 23.

6) PPP는 구매력 평가(Purchasing Power Parity)를 의미하며 이는 미국달러로 환산한 국가의 구매력을 균등화하는 경제 개념에 해당한다.

7) Shaohua Chen and Martin Ravallion (2010) "The Developing World is Poorer than we Thought, But No Less Successful in the Fight against Poverty," *Quarterly Journal of Economics*, November, p. 1611.

8) UNDP (2016) *Human Development Report 2016 – Human Development for Everyone*, New York, NY: UNDP, p. 29.

9) Harry S. Truman (1949) *Inaugural Address*, January 20, 1949. Online, available at: www.trumanlibrary.org.

10) William Easterly (2006) *The White Man's Burden: Why the West's Efforts to Aid the Rest Have Done So Much Ill and So Little Good*, New York, NY: Penguin Press p. 4.

11) Nicolas van de Walle (2001) *African Economies and the Politics of Permanent Crisis, 1979–1999*, Cambridge, UK: Cambridge University Press, p. 189.

12) OECD (2014) 2014 *Global Outlook on Aid*, Paris, France: OECD.

13) The Economist (2016) "Where Does Foreign Aid Go?" August 10.

14) Muhammad Yunus with Alan Jolis (2001) *Banker to the Poor – The Autobiography*, Dhaka, Bangladesh: The University Press Limited, p. 14.

15) Ibid., p. 15.

16) William Easterly (2007) "Was Development Assistance a Mistake?," *American Economic Review*, Vol. 97, No. 2, pp. 328–332.

17) Ibid., p. 331.

18) Mason Gaffney (2009) "Foreign Aid: Reverse Robin Hood," in Clifford W. Cobb and Philippe Diaz (eds.), *Why Global Poverty? – A Companion Guide to the Film "The End of Poverty*,*"* New York, NY: Robert Schalkenbach Foundation and Cinema Libre Studio, p. 170.

19) USAID (2010) *Brazil – Country Profile* (Property Rights and Resources Governance).

20) Nicolas van de Walle (2001) *African Economies and the Politics of Permanent Crisis*, op. cit., pp. 188–210.

21) Ibid., p. 210.

22) Jeffrey Sachs (2005) *The End of Poverty – Economic Possibilities for Our Time*, New York, NY: Penguin Press, pp. 233–234.

23) Paul Farmer (2013) "Rethinking Foreign Aid – Five Ways to Improve Development Assistance," Foreign Affairs, December 12. Online, available at: www.foreignaffairs.com/.

24) Francis Fukuyama (1992) *The End of History and the Last Man?*, New York, NY: The Free Press, p. 333.

25) William J. Baumol, Robert E. Litan, and Carl J. Schramm (2007) *Good Capitalism, Bad Capitalism and the Economics of Growth and Prosperity*, New Haven, CT: Yale University Press, pp. 153–174.

26) Nicolas van de Walle (2001) *African Economies and the Politics of Permanent Crisis*, op. cit., pp. 214–215.

27) Narcis Serra and Joseph E. Stiglitz (eds.) (2008) *The Washington Consensus Reconsidered – Towards a New Global Governance*. Electronic Edition.

28) John Williamson (2008) "A Short Story of the Washington Consensus," in Narcis Serra and Joseph E. Stiglitz (eds.) (2008) *The Washington Consensus Reconsidered – Towards a New Global Governance*, op. cit., pp. 16–17.

29) Ibid., p. 17.

30) Jan Aart Scholte (2005) *Globalization – A Critical Introduction* (2nd edition), New York, NY: Palgrave/Macmillan.

31) Nayan Chanda (2007) *Bound Together – How Traders, Preachers, Adventurers, and Warriors Shaped Globalization*, New Haven, CT: Yale University Press, pp. 272–273.

32) Keith E. Maskus (2000) *Intellectual Property Rights in the Global Economy*, Washington, DC: Institute for International Economics.

33) Robert Naiman and Neil Watkins (1999) *A Survey of the Impacts of IMF Structural Adjustment in Africa: Growth, Social Spending, and Debt Relief*, Washington, DC: Center for Economic and Policy Research, April. Online, available at: www.cepr.net.

34) Global Justice Now (2017) *Honest Accounts 2017 – How the World Profits from Africa's Wealth*, Report, Health-Poverty-Action, May. Online, available at: www.healthpovertyaction.org/.

35) Nicolas van de Walle (2001) *African Economies and the Politics of Permanent Crisis*, op. cit., pp. 11–14.

36) Dani Rodrik (2001) *The Global Governance of Trade As if Development Really Mattered*, New York, NY: UNDP, October.

37) Nicolas van de Walle (2001) African Economies and the Politics of Permanent Crisis, op. cit., pp. 20–63.

38) Hilton L. Root (2006) Capital and Collusion, op. cit., p. 47.

39) Juan J. Linz and Alfred Stepan (1996) *Problems of Democratic Transitions and Consolidation – Southern Europe*, South America, and Post-Communist Europe,

Baltimore, MD: The Johns Hopkins University Press, p. 4.

40) Hilton L. Root (2006) Capital and Collusion, op. cit., p. 5.

41) Heidi Holland (2008) *Dinner with Mugabe – The Untold Story of a Freedom Fighter who became a Tyrant*, New York, NY: The Penguin Group, p. 216.

42) The Economist (2016) "Where does Foreign Aid Go?," August 10.

43) The Economist (2016) "Zimbabwe's New Currency – Who Wants to be a Trillionaire?," May 14.

44) Raymond Fisman and Edward Miguel (2008) *Economic Gangsters – Corruption, Violence, and the Poverty of Nations*, Princeton, NJ: Princeton University Press, p. 18.

45) Ibid., pp. 192–202.

46) Stephen Haggard and Robert Kaufman (1996) *The Political Economy of Democratic Transitions, Princeton*, NJ: Princeton University Press, p. 28.

47) Ibid., p. 29.

48) Ibid., p. 29.

49) Mahendra Reddy, Biman C. Prasad, Pramendra Sharma, Sunia Vosikata, Ron Duncan (2004) "Understanding Reform in Fiji," Study Commissioned by the Global Development Network (GDN) (Washington, DC) and the Foundation for Development Cooperation (Brisbane), May.

50) Central Intelligence Agency (2017) *World Factbook – South Korea*, Washington, DC: US Government – CIA. Online, available at: www.cia.gov/library/publications/the-world- factbook/.

51) WTO (2012) *China Trade Policy Review* (WT/TPR/S/264), May 8.

52) Deborah Brautigam (2009) *The Dragon's Gift – The Real Story of China in Africa*, Oxford, UK: Oxford University Press, pp. 2–9.

53) Atul Kohli (2005) *State-Directed Development – Political Power and Industrialization in the Global Periphery*, New York, NY: Cambridge University Press, pp. 418–419.

54) W. Travis Hanes III and Frank Sanello (2002) *The Opium Wars – The Addiction of One Empire and the Corruption of Another*, Naperville, IL: Source Books.

55) William Easterly (2013) *The Tyranny of Experts: Economists, Dictators, and the Forgotten Rights of the Poor*, New York, NY: Basic Books, pp. 47–70.

56) Frank Dikötter (2011) *Mao's Great Famine: The History of China's Most Devastating Catastrophe, 1958–1962*, London, UK: Bloomsbury.

57) Margaret MacMillan (2006) *Nixon in China – The Week that Changed the World*, Toronto, Canada: Viking Canada.

58) WTO (2016) *China Trade Policy Review* (WT/TPR/S/342), June 15.

59) Kenneth Lieberthal and Geoffrey Lieberthal (2003) "China Tomorrow: The Great Transition," *Harvard Business Review*, Vol. 81, No. 12, p. 70.

60) Martin King Whyte (2013) "China Needs Justice, Not Equality – How to Calm the Middle Kingdom," *Foreign Affairs – Snapshot*, May 5.

61) Ibid.

62) Bloomberg (2013) "Report − China," *Bloomberg News*. Online, available at: www.bloomberg.com, November 8.

63) James Leung (2015) "Xi's Corruption Crackdown − How Bribery and Graft Threaten the Chinese Dream," *Foreign Affairs*, Vol. 94, No. 3, pp. 32−38.

64) Judith Shapiro (2016) *China's Environmental Challenges*, Cambridge, UK: Polity Press. Electronic Edition. Location 3530 of 4411.

65) Zhiwu Chen (2015) "China's Dangerous Debt − Why the Economy Could Be Headed for Trouble," *Foreign Affairs*, Vol. 94, No. 3, p. 13.

66) Edoardo Campanella (2017) "Beijing's Debt Dilemma: Why China's Bubble is a Threat to the Global Economy," *Foreign Affairs − Snapshot*, June 29.

67) Ibid.

68) Claire Milhench (2017) "Sovereign Funds' Corporate Acquisitions Triple in Second Quarter of 2017," *Reuters*, July 3.

69) Yasheng Huang (2013) "Democratize or Die − Why China's Communists Face Reform or Revolution," *Foreign Affairs*, Vol. 92, No. 1. Electronic Edition.

70) Eric X. Li (2013) "The Life of the Party − The Post-Democratic Future Begins in China," *Foreign Affairs*, Vol. 92, No. 1. Electronic Edition.

71) Jacob Stokes (2015) "China's Road Rules − Beijing Looks West toward Eurasian Integration," *Foreign Affairs − Snapshot*, April 19.

72) Marshall I. Goldman (2008) *Petrostate − Putin, Power, and the New Russia*, New York, NY: Oxford University Press.

73) Hernan F. Gomez Bruera (2013) *Lula, the Workers' Party and the Governability Dilemma in Brazil*, London, UK: Routledge, pp. 157−160.

74) Aldo Musacchio and Sergio G. Lazzarini (2014) *Reinventing State Capitalism − Leviathan in Business, Brazil and Beyond*, Cambridge, MA: Harvard University Press. Electronic Edition. Location 1515 of 5528.

75) Bello (2015) "Whose Oil in Brazil?," The Economist, February 14.

76) Atul Kohli (2005) *State-Directed Development*, op. cit., p. 122.

77) Katharine H.S. Moon (2017) "Park Leaves Behind a Divided South Korea," *Foreign Affairs − Snapshot*, March 17.

78) Carter J. Eckert (2017) "South Korea's Break with the Past − The End of the Long Park Chung-hee Era," *Foreign Affairs − Snapshot*, May 11.

79) Atul Kohli (2005) *State-Directed Development*, op. cit., p. 123.

추가 읽을거리

Daron Acemoglu and James A. Robinson (2006) *Economic Origins of Dictatorship and Democracy*, New York, NY: Cambridge University Press.

Eva Bellin (2002) *Stalled Democracy: Capital, Labor, and the Paradox of State-Sponsored Development*, Ithaca, NY: Cornell University Press.

Domingo Felipe Cavallo and Sonia Cavallo Runde (2016) *Argentina's Economic Reforms of the 1990s in Contemporary and Historical Perspective*, London, UK: Routledge.

Alexander Cooley and John Heathershaw (2017) *Dictators Without Borders: Power and Money in Central Asia*, New Haven, CT: Yale University Press.

Hernando De Soto (2000) *The Mystery of Capital — Why Capitalism Triumphs in the West and Fails Everywhere Else*, New York, NY: Basic Books.

Kwadwo Konadu-Agyemang (2017) *IMF and World Bank Sponsored Structural Adjustment Programs in Africa: Ghana's Experience, 1983–1999*, London, UK: Routledge.

Mariana Mazzucato (2013) *The Entrepreneurial State: Debunking Public vs. Private Sector Myths*, New York, NY: Public Affairs.

Aldo Musacchio and Sergio G. Lazzarini (2014) *Reinventing State Capitalism — Leviathan in Business, Brazil and Beyond*, Cambridge, MA: Harvard University Press.

무력충돌, 폭력, 그리고 개발

5장

1. 무력충돌의 정의

과거 국가 및 제국들 간의 분쟁에 있어 대규모 전쟁 수준의 무력충돌(armed conflict)이 지배했던 것과 달리, 지난 수십 년은 내전으로 인해 많은 사람들이 목숨을 잃는 양상을 보여왔다. 이러한 내부 무력충돌(internal armed conflicts)은 장기간에 걸쳐 지속되는 성향을 보이며, 결과적으로 빈곤을 악화시키고 사회의 발전 잠재력을 저하시키는 결과를 초래하였다. 이러한 가운데 내전(civil war)이나 민족적인 이유로 인한 내부 충돌(ethnically motivated conflicts)은 주요 언론의 주목을 받지 못한 가운데 수십 년간 국제 정세를 어둡게 하였다. 실제로 1989년과 2014년 사이 전 세계에서 일어난 144건의 무력충돌 중 135건이 국가 내에서 발생하였으며, 시간이 흐르면서 이러한 내전은 국경 너머로 퍼져가며 내전 지역에 대한 반감을 불러일으켰다. 이로 인해 2013년 발생한 무력충돌의 27퍼센트가 외부 행위자의

개입이 있었던 것으로 알려지고 있다.[1]

이러한 가운데 전쟁에 대한 상관관계 연구로 유명한 '전쟁의 상관관계 프로젝트(Correlates of War Project)'는 모든 무력충돌은 (1) 국가 시스템 구성원의 주요도시 내 군사적 행동, (2) 국가 정부의 적극적인 참여, (3) 양측의 유효한 저항, (4) 매년 그로 인한 최소 1,000명의 전사자 발생을 야기한다고 보았다.[2]

버튼(John Burton)은 내전 및 민족 간 분쟁과 같은 무력충돌과 해결 가능한 분쟁, 즉 중재나 협상 혹은 타협과 합의에 의해 해결 가능한 이슈를 구별하고자 하였는데, 무력충돌은 다음의 속성을 가진다고 보았다.

무력충돌은 인식, 정체성, 개발의 필요와 같이 타협할 수 없는 것들에 대한 갈등에서 야기된다. 충돌은 사람들로 하여금 순교자로서 자신을 희생하는 것 뿐만 아니라, '테러리스트'가 되거나, 심지어는 굶어죽는 상황까지 감당하게 한다.[3]

하지만 이러한 정의에도 불구하고 전 세계의 일부 군사작전은 분류가 어려우며 내전으로 인한 파괴는 국가 내 대대적인 피해와 인명 손실을 초래함과 동시에 지속적으로 사회에 부정적인 영향을 미친다.

대부분의 충돌은 고유한 지역적 특성을 띠고 있기 때문에 광범위한 분석적 패턴을 적용하기 어려운 가운데 실제로 내전은 자원, 분쟁 지역, 또는 과거의 불평등 중 적어도 한 가지 이상의 원인에 기인한다. 통계적으로 장기간의 내전은 1차 산업의존성이 높고 경제가 어려운 저소득 국가들에서 일어날 가능성이 더 높으며,[4] 현재 발생하는 많은 분쟁들은 식민지 시대의 폭력이나 전체주의적인 점령으로 인해 수년 동안 지속되어온 상처가 재발된 경우가 빈번하다. 하지만 분쟁에서 표출되는 다양한 불안요소 때문에 내전의 명확한 원인을 규정하는 것은 불가능에 가깝다. 전통적으로 분쟁의 주요 원인은 과거에서부터 비롯된 민족 간 양극화, 구조적 불평등, 정치적 의사결정 과정의 왜곡 등 과거에서부터 기인한 원인들도 있지만, 반군단체와 그 지도자들의 경제적, 정치적 목적 또한 주요 원인이 되기도 하기 때문이다. 여기에 지정학적 요인과 외부 행위자들이 쉽게 지역 갈등에 영향력을 행사할 수 있다는 점에서 지구적-지역적 결합을 분리구별 하고, 외부적-내부적 상관관계와 지역 갈등이 서로 어떻게 연관되어있는지 포착하기는 쉽지 않은 이슈이다.[5] 요약하면 분쟁은 세 개의 분석적 측면, 즉 개인-국가-국제 측면에서 역사적 유산과 현재 발전 상황에 대한 세밀한 분석이 필요하며, 이 중 한 가지 요소로만으로 분쟁이 규정되지 않는다.

테러의 확산, 난민 위기, 그리고 미국과 EU의 향후 외교정책에 대한 불확실성으로 인해 세계는 지난 몇십 년간 그 어느 때보다도 더욱 위험한 시대로 접어들고 있다고 볼 수 있다.[6] 2017년에는 전 세계 10대 분쟁이 비록 여러 차례 국제적 개입을 초래하긴 했지만 모두 내부적인 것으로 간주되고 있다. 이러한 가운데 시리아, 이라크, 아프가니스탄, 우크라이나에서의 무력충돌은 동맹관계와 어떤 방식으로 대응할 것인가에 대한 이슈를 놓고 국제사회를 분열시켰다. 터키, 예멘, 대사헬 지대와 차드 호수, 콩고, 미얀마에서의 분쟁은 지역적으로 큰 불안감을 주고 있으며 남수단과 멕시코에서도 지역적 불안정성이 커지고 있다. 이와 같은 분쟁은 인명 피해를 초래할 뿐만 아니라 공동체를 파괴함과 동시에 국제 이민자들을 발생시켰으며, 이들은 인신매매 조직과 부패한 공무원들에 의해 무장단체의 징집이나 인신매매 목적의 표적이 되고 있다. 아울러 이들 실패국가들(failed states)이 계속해서 무장단체와 테러조직에 의해 착취당하고 있는 상황 속에서 전 세계적으로 민족주의적 포퓰리즘이 증가하고 있으며, 중동 및 타 지역에서 권위주의 정권들의 통합이 이루어지고 있다. 그럼에도 불구하고 제네바협약은 민간인을 보호하고 전쟁을 규제하는 역할을 효과적으로 수행하지 못하고 있다. 또한, 국제법은 전 세계의 일부 무장작전을 어떻게 분류해야 하는지 그리고 국제 사회가 어떻게 대응해야 하는지에 대한 과제를 해결하지 못하고 있다.[7] 결과적으로 의미 있는 국제적 협력이 가장 필요한 시기임에도 불구하고, 국제사회가 협력을 확보하려는 시도에 의구심이 증가하고 있다.

많은 세계 지도자들은 분열의 심화를 해결하는 방법으로 테러리즘 대응 이라는 공동의 목표를 중심으로 연합하는 것이라고 주장한다. 그러나 테 러는 전술일 뿐, 전술과 싸운다는 것을 전략이라고 할 수 없으므로 이는 잘못된 접근이다. 지하디(Jihadi) 집단은 전쟁과 국가 붕괴를 통해 권력 을 공고히 하고 있으며, 혼란 속에서 번영을 누리고 있다. 따라서 국제체 제의 구성 요소인 국가들을 약화시키는 분쟁을 사전에 포괄적으로 예방 하는 전략이 필요하다고 할 수 있다.[8]

2. 이론과 현실에서의 유혈충돌: 단순화에 대한 저항

국제관계 이론 중 현실주의 학파는 전쟁과 폭력은 모든 인간이 가지고 있는 근본적인 특성이기 때문에 불가피한 것이라고 주장한다. 현실주의 학파의 대표적 사상가인 홉스(Thomas Hobbes)는 폭력을 인간의 근본적인 특성으 로 보았는데 홉스는 1640년 영국 내전을 피해 프랑스로 도피하였으며 이후 프랑스에서 1651년까지 머문 경험이 있다. 홉스는 본인의 대표적인 저서인 『리바이어던(Leviathan)』에서 사람들은 선천적으로 악하고, 통치를 신뢰 하지 않으며, 모든 사람들은 기회주의이며 권력을 갈망하는 만인에 대한 만 인의 투쟁 상태에 놓여 있다고 보았다.

하지만 모두가 홉스의 말에 동의한 것은 아니며 사상적 논쟁의 반대편에 서있는 진보적인 사상가들은 평화로운 사회질서를 만듦으로써 폭력을 피할 수 있다고 주장한다. 프로이센 출신의 독일 철학자 칸트(Immanuel Kant) 는 1795년 그의 저서인 『영구평화론(Perpetual Peace)』에서 이성을 통해 자연적 평화를 이루기 때문에 평화를 구축하는 것은 인간으로서 우리의 운

명이라고 주장했다. 칸트는 오늘날 우리가 민주주의 국가라고 부르는 '공화
국' 건립을 주장했는데 이를 통해 전쟁을 없앨 수 있다고 믿었다. 칸트가 말
한 공화국은 연방정부의 헌법에 의해 통치되고 모든 구성원이 동등한 권리
를 보장받는 사회를 말하는데,[9] 국제정치적 맥락에서 유엔은 칸트가 제시한
이상의 기초적 형태라고 말할 수 있다.

　분쟁예방 연구자들은 '민주평화론(democratic peace theory)'을 지지하
는데 그들의 주장에 의하면 민주주의 국가 사이에서 적대적인 폭력성이 가
장 적게 나타난다는 것이다.[10] '민주평화론'은 두 가지 중요한 가정을 전제
로 한다. 첫째, 민주주의는 국민 대다수의 동의가 필요하기 때문에 폭력을
행사하기 매우 어렵다는 것이다. 정권을 유지하기 위해서라도 국민들의 의
견을 무시하고 독단적인 행동을 하기 어렵다는 것이다. 반면 독재정권의 경
우 소수의 권력집단이 전쟁을 일으키거나, 일으키기 위하여 정보와 여론을
조작할 수 있다. 둘째, 사회 내부에서 전쟁에 대한 의견이 매우 다양할 수
있지만, 민주국가에서는 이러한 불협화음조차 평화적인 방법으로 국민들의
의견을 수렴할 수 있다는 것이다.

　'민주평화론'은 분쟁예방 및 해결책을 모색하기 위한 접근법에 있어 인간
욕구이론(human needs approach)과 맥락을 같이한다.

> 개인 및 집단의 정체성 혹은 인정처럼 비용과 결과에 관계없이 추구되는
> 인간 욕구는 존재한다. 이러한 욕구는 실제로 인식하기 어려우며 개인이
> 나 집단의 통제를 받지 않는다. 이를 충족하기 위한 유일하고 효과적인
> 방법은 가치 있는 관계 속에서 또다른 욕구를 추구하는 것이다. 권위와
> 가치가 확보된 정당한 관계일 때 가족차원 뿐만 아니라 국제적인 차원에
> 이르기까지 어느 사회적 차원에서도 사회조화(social harmony)가 존재
> 할 수 있다.[11]

　'민주평화론'은 평화구축(peacebuilding)이라는 명목하에 민주화의 과정

을 촉진하는 방향으로 연결된다. 즉, 민주주의 제도가 잘 구축될 경우 사회 조화를 이루고 인간의 욕구가 충족될 수 있기 때문에 적절한 민주적인 통치는 지속적인 사회적 협력을 추구해야 한다고 본다.

> 민주적 통치의 궁극적인 과제는 적대적이거나 대립적인 갈등을 추구하지 않고 문제해결을 가능하게 하는 사회·정치제도의 설립이다. … 우리가 필요한 것은 이미 정의된 정치 프로그램 추진을 추구하는 리더가 아니라 다른 관점과 이해관계를 고려하고, 건설적인 결과를 도출할 수 있는 분석을 제시하는 촉진자(facilitator)와 유사한 능력을 지닌 이들이다.[12]

이러한 맥락에서 민주화는 현재까지 갈등예방과 해결에 있어 바람직한 방안으로 간주되고 있으며, 이러한 민주화 과정은 국가 내에서 조직적으로 이루어져야 한다고 본다. 왜냐하면 국가 외부로부터의 개입을 통해 민주화와 평화구축을 달성한 사례는 찾기 어려웠기 때문이다. 작가 파리(Roland Paris)는 1990년대에 전쟁으로 피폐해진 국가들에 평화를 구축하기 위한 국제적 미션에 호의적이었다고 지적한다.

> 명시적이진 않으나 일반적으로 널리 받아들여지는 분쟁관리이론은 내전을 겪은 나라들에서 '자유화'를 촉진하는 것이 안정적이고 항구적인 평화를 위한 조건이라고 본다. 그리고 이러한 '자유화'는 정치체제적 측면에서 '민주화'를 의미한다.[13]

하지만 평화구축을 위한 노력에서 자유시장 및 민주화를 너무 빠른 속도로 주입하는 과정에 문제가 발생하기도 하였다. 나미비아(1989), 니카라과(1989), 앙골라(1991), 캄보디아(1991), 엘살바도르(1991), 모잠비크(1992), 라이베리아(1993), 르완다(1993), 보스니아(1995), 크로아티아(1995), 과테말라(1997), 동티모르(1999), 코소보(1999), 시에라리온(1999년) 등 14건의 평화구축 사례가 그 예이다. 이들 국가들은 경제발전은 성공했을지라도 국내 분쟁을 해결하는 데 대부분 실패했다. 의도한 바와 달리 전쟁으로부터 안전한 국가를 만들려는 국제적 노력은 사회적 긴장을 강화하거나 폭력을 수반하는 역사적 과오를 되풀이 했는데[14] 그중 가장 실패한 국가가 앙골라, 라이베리아, 르완다이다.

민주주의는 역사적으로 극심한 사회 분열을 보여주는 국가에 적용하기 어렵다. 두 민족이 몇 세대에 걸친 분쟁을 거듭하고 있는 르완다는 주목할 만한 국가이다. 하지만 르완다 분쟁을 단순히 인종갈등이라고 부르는 것은 르완다에서 일어나고 있는 분쟁에 대한 정확한 설명이 아니다. 즉 정치적 리더, 지리적 환경, 경제적 문제가 얽힌 복합적인 조건을 가진 르완다에서는 대규모 경제난이 시작되면서 사회적 긴장이 고조되었는데, 이러한 긴장은 정치 지도자와 외부 지정학적 요인에 의해 악화되었다. 결국 복잡한 이슈들이 분열된 르완다 사회를 짓눌렀고 이는 비극적인 인종학살로 폭발한 것이다.

사례연구: 르완다의 비극

1994년 4월 초부터 7월 중순까지 르완다에서는 토착 민족 중 하나인 후투족에 의한 집단학살이 일어났다. 불과 100일 만에 후투 민병대와 시민들이 저지른 대량학살로 인해 대략 100만 명의 투치족들이 희생된 것이다. 'genus'은 라틴어로, '인종'이나 '종'이라는 뜻이며, 'cid'는 '살해'나 '절단'을 의미한다. 즉 대량학살(genocide)은 국가, 인종, 종교 집단 전체 또는 일부를 파괴하려는 의도를 의미한다.[15] 르완다의 대량학살은 정부가 주된 가해자 이기는 하지만 국민들 역시 마세테(단도)나 무기로 학살에 가담하였다. 여기에 르완다의 엘리트들은 주로 라디오 방송을 통해 수년간의 내전으로 이미 심각했던 민족 간 적개심과 증오를 폭력으로 몰고 가는데 일조하였다.[16]

르완다의 역사를 살펴봄으로써 르완다에서 대대로 지속되어 온 민족적인 적대심을 이해할 수 있는데, 그 역사는 400년 전 투치족 소 사육사들이 르완다 지역에 이주하면서 시작된다. 후투족 농부들이 이미 지금의 르완다

땅에서 살고 있었고 수적으로 투치족보다 더 많았지만, 투치족은 그 지역을 통치하기 위한 군주제를 세웠다. 이후 수백 년 동안 후투와 투치는 단일 언어, 종교, 문화를 공유했고, 민족 간의 결혼은 매우 흔한 일이었다. 역사적으로 형성된 두 그룹간의 차이는 매우 위계적이면서도 실재하는 것이었고, 투치족은 오랜 기간 후투족보다 더 큰 정치적, 경제적 권력을 유지하였다.[17]

이러한 가운데 식민지 열강들은 민족적 서열을 강화하였다. 1895년 르완다는 독일의 식민지가 되었으나, 제1차 세계대전에서 독일의 패배에 따라 벨기에에 점령되었다. 독일과 벨기에의 식민지 개척자들은 인종적 우월성을 명분으로 투치족을 편애했고, 머리와 코의 길이 측정 등 터무니없는 기준을 통해 민족을 구별했다. 실제로 투치족은 더 나은 교육의 기회를 얻었고, 상대적으로 나은 직업 또한 가질 수 있었다. 1926년, 벨기에는 특정 지역에 행정 개혁을 도입하였는데, 이는 르완다의 민족적·사회적 계층을 형성하는 데 결정적인 기여를 했다. 투치족장들은 강제 노동정책을 도입하고 높은 세금을 징수했으며 투치족 간부들은 식민지 지배자들을 대신해 체벌을 집행할 수도 있었다. 이러한 행정 개혁의 목적은 르완다인들에게 공포와 불확실성을 심어주고 사회를 정치적으로 지배하는 데 유리하게끔 분열시키는 것이었다.[18] 1959년까지 벨기에의 식민지 통치하에서 르완다의 정치경제적 삶을 지배했던 사실상 모든 족장과 공동체 지도자들은 투치족이었다.[19] 벨기에는 르완다인들로 하여금 그들의 민족성을 나타내는 신분증을 항상 휴대해야 하게 했으며 이는 민족적 양극화를 조장하는 데 기여했다.

1950년대 후반, 르완다인들은 벨기에의 식민지 지배에 저항하기 시작했다. 그러나 1959년, 벨기에는 부지 왕정을 대통령 공화국으로 변화시키기 위해 다시 한 번 인종적 분열을 이용했는데 바로 후투족 지식인을 대거 발탁하여 국가운영을 맡긴 것이다. 이는 후투혁명 또는 사회혁명(Hutu or Social Revolution)이라고도 불리는데, 이러한 급진적 권력 이동은 수백 명의 투치족이 죽임을 당하고 수만 명이 망명을 떠나는 계기가 되었다.[20] 이후 르완다에서는 급진적인 후투정부가 선출되었다. 권력을 잡은 후투족은 투치족에게 대부분의 국가적 문제에 대한 책임을 물었고, 후투족·투치족 간의 사회적 차별을 제도화하기 시작했다. 투치족은 부룬디와 우간다에서 후투 정권에 대한 저항조직 결성을 시도했으나, 그들의 게릴라 전술은 계속 실패하였다. 후투정부는 지속적으로 투치족을 탄압했으며, 이로 인해 약 3만 명 이상의 투치족이 사망하였고 10만 명 이상이 국경을 넘어 탈출하였다.[21] 이후 르완다는 1962년 후투정부 아래 독립국이 되었다.

이후 수십 년 동안 민족적 적대감은 비교적 가라앉았지만. 1980년대 후반 르완다의 경제 위기와 농업위기가 중첩되면서 긴장이 고조되었다. 르완다의 주요 농업 작물은 커피로서, 이는 농민 수입의 대부분과 정부 수입의 상당 부분을 책임지고 있었다. 1993년 연구에 따르면, 르완다정부는 커피에 대한 수출세로만 외화의 60~80퍼센트를 벌어들였다.[22] 1969년부터 1981년까지 정부는 무슨 수를 써서라도 모든 곳에서 커피 생산을 추진하기 위한 정책을 도입하였다. 예를 들어, 정부에서 후원하는 농장에 커피 생산을 의무화하는 한편, 다른 작물로 대체하기 위해 커피나무를 베어버리거나 하는 것을 금지했다. 그 결과 커피 생산은 매년 평균 4.4퍼센트 성장하였고 르완다 경제는 커피의 가격이나 수요의 변화에 취약해졌다.

국제커피협정(ICA)은 각 생산자에게 쿼터제를 도입하여 커피 물가를 안정시키는 데 일조했다. 그러나 1987년, 주요 국제 커피 거래자들의 압력이 증가하면서 ICA 내부 의견 차이가 심화되었다. ICA가 곧 붕괴될 것이라는 소식은 세계 커피 가격을 하락시켰고 국내 농민들로부터 커피를 정가에 사들인 Fonds d'égalisation(르완다 안정화 펀드[Rwanda's stabilization fund])이 막대한 부채를 지게 되었다. 1989년 6월 미국이 실제로 ICA에 대한 지원을 중단했고 회담은 교착상태에 빠지면서, 르완다 경제에 심각한 타격이 본격화되었다. ICA 쿼터제는 폐지되었고 세계 커피 가격은 불과 몇 달 만에 50퍼센트 이상 급락하였다.

커피값 하락은 르완다정부의 수입을 감소시켰고 지방에서는 기근까지 발생하는 등 인구 대다수가 경제적 위험에 빠졌다. 르완다정부는 1987년부터 1991년 사이에 수출 실적이 50퍼센트 감소하면서 심각한 재정 문제에 직면하였다. 세계은행에 따르면, 르완다의 1인당 국내총생산(GDP)은 1981~1986년 0.4퍼센트에서 커피시장 침체(1987~1991) 직후 5.5퍼센트로 떨어졌다.[23] 세계은행은 수십 년 전부터 르완다를 지원해왔고, 그 당시 르완다가 일관성 있게 성공적인 사회경제적 발전을 이루고 있다고 평가하기도 하였다. 또 다른 보고서는 르완다정부가 지나친 농촌 인구에 대해 우려해 왔으며 따라서 신중하고 건전하며 현실적인 경영정책을 추구하고 있다고 평가했다.[24] 심지어 르완다에 대한 1986년 세계은행 보고서는 르완다 국민의 사회적, 문화적 결속력에 대해 긍정적으로 평가하였다.[25] 이처럼 사회적 화합을 추구하는 것처럼 보이는 르완다에 대한 긍정적인 이미지들은 대량학살이 발생하기 전까지 계속되었다. 이러한 이미지는 후투족과 투치족 사이의 커져가는 적대감을 감추는 데 이용되었다.

세계은행 자체 평가에서 르완다정부의 부패와 잘못된 경영의 문제점을 확인하였으나 여전히 세계은행은 르완다정부를 긍정적으로 평가하였다. 그리고 이러한 긍정적인 이미지는 르완다가 많은 해외 원조를 받는 데 일조하였다. 1989~1990년 기간 동안 공적 개발 원조는 르완다 GNP의 11.4퍼센트를 차지했는데, 이는 아프리카에서 가장 높은 수치 중 하나였다. 세계은행에 따르면 1982년부터 1987년 사이에 해외 원조가 르완다정부 공적투자의 70퍼센트 이상을 차지하였다. 전반적으로 해외 원조 규모는 1980년대 1인당 평균 미화 45달러에서 1990년대 1인당 미화 80달러로 증가하였다. 요컨대 르완다는 국제사회로부터 많은 지원을 받은 나라 중 하나였다.[26]

르완다에서 커피는 필수적인 수입원인 가운데 커피 가격이 무너지고 기근이 널리 퍼지자 1988년 세계은행 사절단이 파견되었다. 르완다정부는 파장을 우려하여 세계은행과 국제통화기금(IMF) 개혁안의 도입을 몇 년간 반대하였으나 결국 재정지원을 대가로 합의했다.[27] 개혁안은 무역 자유화와 통화 평가절하, 농업에 대한 모든 보조금의 해제, 르완다 국가 커피안정기금의 폐지, 국영기업의 민영화와 공무원의 해고를 포함하였다.[28] 이러한 개혁 중 일부만이 시행되었는데 그 시기는 르완다 애국전선(FPR: Front Patriotique Rwandais)으로 알려진 반란군의 우간다 침공이 있은 지 불과 몇 주 후인 1990년 11월이었다. 그 결과 통화의 평가절하로 인해 봉급에 대한 화폐 가치가 낮아지고, 공공부문의 부조리가 드러났고, 정부가 FPR과의 전쟁에 대한 군비 지출을 늘리면서 부채 또한 계속 늘어났다. 이와 함께 심각한 식량 부족이 르완다를 다시 강타했다. 기후변동, 토지의 질 저하, 작물다양화 부족 등의 복합적인 요인에 따른 농업위기가 심화되면서 식량부족 현상이 가중된 것이다. 추후에 일어난 내전은 농업 위기를 더욱 악화시켰다.[29]

내전은 공식적으로 FPR의 봉기와 함께 발발했다. FPR은 1987년에 공식적으로 창설되었지만, 우간다에 망명중인 투치 지식인들이 르완다로 돌아가 국가를 통치하는 것을 목표로 당을 결성했다는 점에서 반란군의 기원은 1979년으로 거슬러 올라간다. 1990년 10월, FPR의 군단이 르완다에 입성하면서 3년 반의 내전이 시작되었다. 반군은 작지만 전투 경험이 많았으며 투치족 난민들이 많이 포함되어 있었다. 반군은 서방 국가들의 자금 지원을 받았으며 '국민통합'과 부패 척결이라는 '8개항 계획'의 임무를 수행하고 있다고 주장함으로써, 난민들의 귀환을 다섯 번째 목표로 삼았다.[30] 그들이 부패 척결을 내세운 이유는 1973년 이후 르완다를 통치한 하바리마나(Habyarimana) 대통령이 연이은 선거에서 99퍼센트의 압도적 표차로 당선되면서 선거과정에서의 부패 혐의를 받아왔기 때문이다.

FPR의 침략은 르완다군에 의해 밀려났지만 정부에 영구적인 위협을 가하였고, FPR은 이로 인해 동북 지역을 장악했다. 이 일이 발생하자, 집권세력은 하바리마나 대통령의 주도로 인종차별적 편견을 급진화하기로 결정했다. FPR은 가장 큰 위협요인으로 묘사되었지만, 그 나라 안에 살고 있는 모든 투치족들을 위험세력으로 분류하였다. 1990년 10월 4일, 군대는 수도 키갈리에서 일련의 총격 사건을 일으켰고, 이로 인해 투치족 1만여 명이 투옥되었다. 신문과 라디오 방송국이 극단적인 보도를 통해 투치족을 혐오스러운 선전의 대상으로 만드는 작업을 수행하자 르완다정부는 이에 대한 재정적 지원을 확대하였다. 내전이 진행되자, 군, 경찰과 협력하여 지역 및 국가 공무원들이 수천 명의 투치족들을 살해하는 한편,[31] 프로파간다 측면에서 1972년 투치군이 장악한 부룬디에서 10만~20만 명의 후투족을 투치군이 살해했다는 선전을 통해[32] 후투족의 단결을 도모하였다.

많은 연구에서 FPR과 르완다정부 모두 동일한 기관에서 자금을 지원받았음이 밝혀졌다. 비록 대부분의 무기 구입은 민간에서 그리고 원조 프레임워크 계약 밖에서 진행 되었지만, 무기가 정부 지출의 일부가 되었고, 세계은행이 감시하는 국가 예산의 일부가 전용되었음이 확인되었다. 국립 르완다은행으로부터 수집된 자료들은 하바리마나 대통령의 집권당이 기부자들로부터 받은 돈을 이후 대량학살 때 사용할 약 100만 마체테(날이 넓고 무거운 칼)를 수입하기 위해 사용했다는 것을 입증했다. 마체테는 민족적 증오심을 부추기는 데 주요 역할을 한 급진 반투치 인터햄웨 민병대(Anti-Tutsi Interhamwe militia)와 연계된 조직인 라디오 밀레 콜린스 조직(Radio Mille Collines) 등 여러 경로를 통해 수입되었다.[33]

FPR과 르완다정부군 간 전투는 1993년 8월에 공식적으로 종료되었으며, 그해 10월 유엔 평화유지군이 창설되었고, 국제사회는 분쟁 후 자유주의 패러다임을 수용한 하바리마나정부로 하여금 FPR와 권력분점 협정을 요구하였다. 그러나 아루샤 평화협상은 진행이 쉽지 않았는데, 하바리마나 일파가 르완다 국가 통제를 완전히 박탈하겠다고 위협했기 때문이다. 평화협상의 이면에서는 투치족을 겨냥한 혐오 선전이 이어졌다. 이 시점에서 집권당의 원로인 에두아르 카레메라(Éduard Karemera)와 마티외 응기루파테(Matthieu Ngirumpatse)에 의해 인테르함웨(Interahamwe) 소속 젊은 이들을 전문 군인으로 훈련시키는 작업이 진행되었다. 인테르함웨는 원래 르완다의 후투족 자치당의 느슨한 지지를 받고 있는 젊은이들의 준군사 집단이었다. 1993년 이 지지의 성격이 바뀌었는데, 인테르함웨가 직접 자금을 조달하고 많은 수의 무기를 받기 시작했다. 달레르는 그의 책에서 당의 최고위급에 있는 개인들이 내린 결정이 대량학살의 근거를 어떻게 마련했는지에 대해 다음과 같이 기술하고 있다.

> 인테르함웨 소속 젊은이들은 전국 여러 곳의 육군 기지와 육군 교관들로부터 군사 훈련을 받는데 살인 기술에 특별히 중점을 둔 3주간의 무기 및 준군사 코스를 훈련 받았다. 이후 청년들은 그들의 마을로 돌아가 투치족 리스트를 작성하고 무력행사를 이행하기 위한 대기를 명령받았다.[34]

1994년 4월 6일, 아루샤에서 회담을 마치고 돌아오던 와중 비행기 추락사고로 하바리마나가 사망하자 상황은 급격히 악화되었다. 키갈리에서 군대, 대통령 경호원, 민병대의 선동으로 첫 분쟁이 시작되었지만, 수십만 명이 희생당한 살육은 곧 나라 전체로 번졌다.[35]

르완다 내 분쟁에 대한 유엔의 평화유지 임무는 실패로 끝났다. 유엔의 분명한 목표는 IMF와 세계은행이 추진하고 있는 지속적인 경제자유화 과정과 병행하여 추진되는 민주주의로의 평화적인 전환을 감시하는 것이었다. 이러한 외부 행위자들의 관점에서 볼 때 이중 개혁은 그 나라의 사회 경제적 안정을 도모할 것으로 기대되었으나, 실질적인 효과는 나타나지 못하였다.[36]

르완다 유엔팀은 1994년 대량학살을 일으킨 전쟁의 재발을 막기 위한 충분한 수단을 갖추지 못했으며, 대부분의 인력은 교전이 일어나자 빠르게 현장에서 철수했다. 달레르(Roméo Dallaire) 장군의 지휘를 받은 소규모 평화유지군이 르완다에 남아 있었으나, 유엔의 명령으로 민간인 보호를 위한 무력 사용마저도 불허되었기 때문에 당시 일어났던 학살을 막기에 역부족이었다. 이후 유엔 안보리가 르완다에 대한 제2차 평화유지 임무를 승인했을 때에도 각국 정부는 이 승인의 이행을 꺼려하였다. 이 비극을 목격한 달레르는 유엔의 형식주의적인 정치(red tape politics)와 임무에 지원되는 재원이 현저히 부족하다는 점에 대해 비난했다. 그는 전략적 혹은 자원적 가치가 없는 작은 나라인 르완다에서 700만~800만 명의 흑인 아프리카인들이 겪는 어려움에 대한 세계 사회의 근본적인 무관심이 문제의 근원이라고 결론지었다.[37] 1994년 6월 프랑스는 유엔의 허가 아래 민간인 보호를 위한 '터키옥 작전(Operation Turquoise)'을 개시하였다. 비록 성과는 제한적이었으며 논란의 여지 또한 존재하였으나, 그해 말 FPR 반군이 승리함으로써 투치족정부의 탄생 기반이 마련되었다.[38]

1995년 르완다의 외부 채권단은 새로 장악한 투치정부와 전 정권의 부채에 대한 논의를 착수하였다. 본 논의에서 투치정부는 과거 후투정부가 세계은행의 차관으로 마체테를 구입하였고 이것이 대량학살의 무기가 되었다는 점에서 차관이 '악의적인 부채'이나 이것 또한 르완다정부의 합법적 부채라는 것을 인정했다. 한편 1998년 스톡홀름에서 열린 공여국 특별회의(special donors' meeting)에서 전후 재건을 위한 미화 5억 520만 달러 규모의 다자간 신탁기금이 조성되었다. 이 기금은 르완다의 세계은행(즉, IDA 부채), 아프리카개발은행(African Development Bank), 국제농업 개발기금(International Fund for Agricultural Development Bank)에 대한 부채상환에 쓰이기로 예정되었다.[39]

극심한 무력충돌은 기존의 이론으로는 설명이 어렵지만 모든 분쟁은 그 발생의 원인으로 간주되는 요소들이 복잡하게 얽혀있다는 점은 유의미하다. 또한 애석하게도 모든 무력충돌은 오랫동안 지속되는 심리적, 사회적, 경제적 피해를 야기한다는 연관성이 있다. 인간 중심적 접근에 바탕을 둔 개발정책은 불관용의 정치적 풍토와 함께 사회적 양극화를 지속시키는 국가체계를 해체하는 데 효과가 있는 경우에 한해 긍정적인 변화를 가져 올

수 있다. 우빈(Peter Uvin)은 1994년 르완다에서 일어난 비극의 원인에 대한 자신의 연구 결과를 요약하면서 다음과 같이 결론지었다.[40]

> 르완다의 대량학살은 인종, 지역, 사회적 배척을 바탕으로 빈민들에게 박탈, 굴욕, 취약성을 증가시켰던 개발 모델의 실패로 인해 일어난 극단적인 결과이다. 실패한 개발 모델은 하향식이고 권위주의적인 성격으로 국가가 부추긴 인종차별과 그 차별이 지속되도록 하였다. 그 결과 대중들은 상황에 무지하게 됨과 동시에 교육받지 못했으며, 명령과 슬로건을 거부할 수 없게 만들었다. 이외에도 개발모델의 실패는 민족적 기억상실(ethnic amnesia), 기술관료주의(technocracy), 정치적 맹목성을 바탕으로 한 개발협력 관행에서 기인한 실패였다.

그러나 분쟁의 원인을 규명함에 있어 분쟁을 야기한 양측에 중요한 역할을 한 개인들이 있었다는 것을 알 수 있다. 이들은 계획을 세우고, 군대를 훈련시키고, 작전을 조직했으며 민족과 문화적 차이를 심화시켰다. 르완다 국제형사재판소(ICTR)는 2015년 12월 이 중 93명을 반인륜적 범죄 혐의로 기소했으며 르완다 집단학살 후 20여 년 지났음에도 불구하고 이에 대한 처벌은 진행형이다. 어떤 이론도 비극을 예측하지 못했으며 충분히 설명을 제시하지도 못한다. 르완다에서 일어난 사건을 이해하려고 노력함과 동시에 단순화하기 어려운 내전에 대한 통찰력이 필요한 이유이다.

3. 문화의 중요성에 대한 의문점

헌팅턴(Samuel Huntington)은 냉전 이후에 전개된 세계화의 조류에 반박하는 "문명의 충돌(*The Clash of Civilizations*)"이라는 논문을 발표했는데, 이 논문은 곧 영향력 있는 새로운 이론의 토대가 되었다. 헌팅턴은 최근 주목받고 있는 이슈인 문화적 정체성을 설명하기 위해 "지리적 변혁, 경제적 세계화에 대한 대응과 자원 경쟁에 대한 이해가 필수적이다"라고 주장한다. 헌팅턴의 주장에 따르면 현대의 많은 무력충돌은 문화적 차원에서 발생하였다. 또한 향후 전쟁의 원인으로써 문화가 가장 중요한 요소가 될 것이라고 본다. 그가 주장하는 바는 다음과 같다.[41]

> 새로운 세계에서 갈등의 근본적 원인은 이데올로기적이거나 경제적인 이유가 주가 되지 않는다. 인류간의 충돌이 발생하는 원인으로 가장 큰 원인은 바로 문화이다. 국가는 가장 강력한 행위자로 여전히 존재하겠지만 세계 정치에서의 주요 충돌은 다른 문명의 국가들 또는 다른 무리들 사이에서 일어날 것이다.

헌팅턴은 유사한 문화적 특성을 가진 국가들이 다른 '동일 종족의' 국가들과 함께 모여 다른 문화 집단에 맞설 것으로 예측했다. 그는 이러한 문명권을 (중화유교권[중국 및 베트남과 한국을 포함한 동남아시아의 유교문화권], 일본, 힌두권, 이슬람권, 정교권[대부분 러시아], 서구 기독교권[유럽계, 북아메리카계, 호주계, 뉴질랜드계], 라틴아메리카, 아프리카) 등 8개로 구분 지었는데, 아프리카에 대해서는 다양한 문화 때문에 명확한 정의가 어렵다고 평가하였다.[42] 헌팅턴은 현재 서구 기독교권이 모든 문명 중에서 가장 지배적인 국가로 보이지만, 새로운 강대국의 출현으로 서구의 힘이 다른 문명들에 비해 쇠퇴할 것이라고 예측하였다. 또한 헌팅턴은 이슬람과 아시아 문명을 서구의 지배에 대적할 문명권으로 보았다는데, 특히 서구에 대한 이슬람의 도전은 무슬림 세계에서 이슬람의 문화적, 사회적, 정치적 부활과 그에 수반되는 서구적 가치와 제도의 거부에서 비롯된다고 보았다.[43] 헌팅턴은 이러한 이슬람 문화권 부활의 주요 성장동력을 이슬람 사회 내 사회적 운동과 그들의 지속적인 인구 성장에 기반한다고 보았다. 반면 아시아의 도전은 문화적 가치관의 우월성을 강조하는 아시아 국가들의 성공적인 경제 성장에서 온다고 보았다. 실제로 이 두 문화권은 앞으로 몇 년 동안 경제적

자원과 세계적 영향력을 놓고 경쟁하면서 서구 문명과 충돌할 것으로 예상된다.[44]

비록 많은 학자들이 그의 예측에 동의하지 않았으나, 헌팅턴은 매우 흥미로운 논점을 제시한다. 그의 이론에 대한 첫 번째 주요 논쟁거리는 문화의 원시성에 대한 거부이다. 많은 학자들은 세계가 더 이상 문화나 문명이 아니라 국가에 의해 지배된다고 생각한다. 이러한 반론은 '국가는 합리적이고 타산적인 존재로서 자신의 진보와 발전에 관심을 둘 뿐, 불확실하고 예측 불가능한 문화나 문명적 요소에는 무관심하다'라는 현실주의자들의 가정에 근거한다. 더불어 아자미(Fouad Ajami)는 헌팅턴의 주장에 따르면 "국가가 시장 점유율을 다투고, 무자비한 세계 경제에서 경쟁하고, 일자리를 창출하며, 빈곤에서 탈피할 수 있는 데 정책적 우선순위를 두는 대신에 문명적 유대와 문명 간 연결고리와 신의를 쌓는 데 집중"하는 모습을 보일 텐 데 현실 정치는 그렇지 않다고 주장하며 문명 요소를 중요하게 본 헌팅턴의 주장을 비판한다.[45] 이러한 비판은 문명이 국가에 영향을 주거나 통제하는 것이 아니라, 국가로부터 영향 받고 통제받는 객체라는 이해를 바탕으로 한다. 결과적으로, 국민 간 다양한 민족적 차이가 존재할지라도 정부는 국민들을 통합하는 데 큰 역할을 한다는 것이다.

"문명의 충돌" 논문에 대한 두 번째 비판은 실제 발생한 무력충돌에 대한 양적 분석을 실시한 학자 집단에 의해 제기되었다. 이들 학자들은 "1993년부터 1994년까지 약 1년 동안 발생한 윤리·정치적 충돌 50개 중, 18개만이 헌팅턴의 문명 충돌에 해당한다"라는 결과를 통해 헌팅턴의 주장에 반론을 제기하였다.[46] 1991~2002년 내전을 겪은 시에라리온에서도 내전은 문명 간의 갈등만이 원인이라고 볼 수 없었다. 시에라리온에서 충돌의 원인은 주로 농경사회적 특징에 뿌리를 두고 있는 것으로 이해되며, 이 문제로 인해 '국내 노예와 관련된 노동 착취에 대항하는 폭력'이 발생하였다.[47]

그러나 헌팅턴의 논문은 과거 한정된 기간 동안 벌어진 수많은 충돌에 대한 분석보다는 미래에 대한 예측 측면에서 유의미한 시사점을 제시한다. 일례로 이슬람 근본주의 단체에 기반한 테러집단이 미국에서 일으킨 2001년 9·11테러가 그 근거이다. 분쟁의 원인이 문화적 요소에서 기인할 수 있다는 사실을 경험하면서 많은 학자들이 헌팅턴의 주장을 재고하게 된 것이다. 따라서 일각에서는 9·11테러로 세계가 문명 간 갈등의 시기로 접어들었다고 보는 한편, 일부는 테러리즘을 경제적, 정치적 차원 혹은 비합리성의 영역으로 해석을 시도하는 부류로 나뉘었다.

　헌팅턴에 대한 마지막 비판은 그가 문화적 본질주의를 조장하고 있다는 점이다. 뚜렷한 종교 집단에 의해 발생하는 모든 내전 사건들을 고려해보면, 종교 외에도 분쟁의 폭발과 이 같은 갈등이 연속적으로 유발되는 여타 요인들을 다수 발견할 수 있다. 게다가 동일한 이슬람 문명권 내에서도 큰 충돌이 많이 일어나고 있는 것으로 보인다. 2014년부터 자칭 이슬람국가로 자처하는 나라들은 종교에 대한 사명(civilizational mission)이라는 명목으로 리비아, 서부 이라크, 시리아 일부 지역의 영토를 정복하기 위한 시도를 거듭해왔다. 본질적으로 '이슬람국가(Islamic State)'는 서구적 가치뿐만 아니라 다른 이슬람 분파, 특히 시아파 무슬림(Shia Muslims) 등의 자유로운 형태의 이슬람을 거부하는 근본적인 무장 수니파 운동(Sunni movement)이다. 따라서 '이슬람국가'는 배타적인 정치·신학적 권위를 바탕으로 이슬람교도들을 통치하기 위한 영역을 세우고자 하였으며, 이를 위해 끊임없이 분쟁을 조장하고 새로운 조직을 결성하였다.[48] 이러한 가운데 수니파 운동은 2003년 미국의 이라크 침공 이후 몇 년 동안 이라크와 같은 취약국에서 성장을 기반을 넓혀 왔다. 또한 최근 영국과 프랑스의 테러에서 볼 수 있듯이, '이슬람국가'는 전 세계 젊은이들을 계속해서 자신의 집단으로 유혹하며 지구적인 위협을 가하고 있다.[49] 또 다른 예로, 2017년 6월 7일 테헤란의 아야톨라 호메이니(Ayatollah Khomeini) 성지와 이란 의회에서 일어난 자살폭탄과 총기테러 사건은 수십 명의 사상자를 냈다. 이것은 '이슬람국가

(Islamic State)'가 시아파 무슬림국가를 대상으로 한 전례 없는 공격이었다.[50] '이슬람국가'가 선동하는 문화 기반 분쟁은 어느 정도 헌팅턴의 이론에 잘 들어맞는다. 하지만 '이슬람국가'가 동일한 종교를 가진 시아파 교도들의 정당성을 거부하고 그들을 맹렬히 공격하는 것은 헌팅턴의 이론이 완전히 적용되지는 않는다는 것을 보여준다. 결론은 종교적 테러와 헌팅턴의 '문명의 충돌'이라는 주장 간의 연결성을 이끌어 낼 수 있는지 여부 및 헌팅턴의 주장에 반대하는지 여부와 관계없이, 그의 연구는 여전히 중요한 가치를 가진다는 것이다.

헌팅턴 이론의 의의는 문화적 정체성이 현 시대의 결정적인 특징 중 하나가 되고 있다는 것이다. 다시 말하자면, 헌팅턴의 주장이 합리적이고 사리사욕적인 실체로서의 국가의 두드러지는 역학을 간과한다는 비판에도 불구하고, "문명의 충돌"은 문화적 신념이 국경을 넘어 국제 정치적 영역에 영향을 미친다는 사실을 통찰력 있게 제시하였다는 점에서 의미가 있다고 하겠다.

하지만 이처럼 새로운 국제사회의 특징을 서구문명이 이해하지 못하는 이유는 종교를 사적인 영역으로만 여김으로써 국가와 종교의 분리가 당연하다고 여기는 데 있다. 그러나 문화적 가치를 바탕으로 하는 문명에서는 정치가 종교의 역할을 정당화한다. 헌팅턴은 분쟁의 문화적 특성이 국가들 간의 관계를 해석하는 방식을 규정할 것이라고 예측했다. 폴란드와 인도 등 새로 선출된 정부들이 권력을 확보하기 위해 종교적 색채를 사용했다는 사례들은 이러한 해석을 뒷받침한다. 예를 들자면 러시아의 푸틴 대통령은 러시아 정교회의 열렬한 지지자다. 교회와 그 부속 기관들은 2013년에서 2015년 사이에 대통령으로부터 보조금으로 총 2억 5,600만 루블을 지원받은 가장 큰 수혜자였다. 1991년에는 오직 31퍼센트의 러시아인들만이 정교회 교인이었으나, 2008년에는 러시아인 중 72퍼센트가 스스로를 정교회라고 밝혔다. 이로 미루어 볼때 푸틴의 제국주의적 야망은 점점 커지고 있다고 할 수 있다.[51] 러시아정부는 우크라이나 내전에서 반군을 지원하고, 시리아 아사드 정권(Assad regime)을 옹호하는 동시에 서방세계를 비판하면서 문화적 호의를 얻었다. 러시아정부는 '2012년 외국인 대리인법(The 2012 Foreign Agents Law)', '2013년 종교적 표현에 대한 보호법(The 2013 Law Protecting Religious Feelings)', '2015년 바람직하지 않은 집단 조직에 대한 법(The 2015 Undesirable Organizations Law)'을 강화함으로써, 서구 문명을 자유방임적이며, 타락했고, 개인주의적인 것으로 묘사하고 있다. 즉, 서구 문명은 러시아 가치와 양립할 수 없는 것으로 간주한다.[52] 또한, 비판론자들은 러시아 정교회가 정치적 목적을 위해 정부의 선전과 함께 순응과 애국심을 증진시키기 위해 종교를 동원하고 있다는 점에 대해 우려하고 있다.[53]

종파 및 민족 정체성과 관련된 문화적 요인에 대한 잘못된 이해는 2003년 미국의 이라크 전쟁 이후 이라크의 운영 과정에 큰 부담을 주는 요소로 작용하였다. 문화적인 요인들은 이라크 붕괴에 있어 중요한 역할을 하였으며, 군사집단의 내부 문화는 분쟁 당사자 양쪽의 군사 전략에 영향을 미치는 것으로 인식되고 있다. 따라서 무력충돌과 문화 간 관계에 대한 탐구의 필요성이 대두되면서 최근 두 권의 저서가 발간되었는데, 정책 수립자들과 군사 전략가들이 전쟁에 대한 문화의 영향을 이해하지 않을 경우 그들의 무지로 인해 끔찍한 결과에 직면하게 될 것이라 주장되어 있다.[54]

무너진 사회를 회복하고 평화를 공고히 하기 위해, 진실화해위원회(Truth and Reconciliation Commissions)가 여러 나라에서 도입되었다. 그 중 잘 알려진 예는 남아프리카공화국이 1995년 동 위원회 발족을 통해 아파르트헤이트(남아프리카 공화국의 인종차별정책) 기간 동안의 인권 침해에 대한 진위를 밝힘으로써 민족화해를 꾀한 사례이다. 그 후 전 세계적으로 시에라리온, 스리랑카, 콜롬비아, 르완다 등 20개 이상의 위원회가 수립되었다. 이러한 위원회들은 분쟁 후 사회 내 공동체 의식을 되찾기 위한 수단으로 인식되고 있다. 대부분 호평을 받았으나 위원회들의 권한이 제한되어 있다는 점과 제안된 권고사항들을 이행하지 않았다는 이유로 비난을 받기도 한다. 하지만 중요한 것은 문화 심리학자들이 위원회의 관행 자체가 서양과 기독교의 개념에 근거하고 있다는 의구심을 제기했다는 점이다. 위원회는 객관적인 진실이 있다는 가정 하에 운영되는 반면, 개방성과 자백을 강조한다. 하지만 이러한 관행은 종종 사생활을 중요시하는 주관적인 개인의 욕구 그리고 토착의 문화적 가치와 충돌한다. 또한 위원회가 참여자들에게 증거를 마주하고 증언을 요구하는 과정에서 참여자들에게 분쟁을 회상하게 한다면 이는 참여자들의 트라우마를 연상시키는 부정적 효과를 초래할 수도 있다. 반면에 해방과 문화심리학(liberation and cultural psychology)에 기초한 집단기억행동(collective memory practice)은 피해를 입은 지역사회를 치유하는 대안이 될 수도 있다.[55]

4. 갈등 점화: 유혈 충돌의 여러 가지 원인

헌팅턴의 가설은 현대에 발생하는 대부분의 갈등 원인이 **민족성**(*ethnicity*)에 자리잡고 있다는 것이다. 즉, 같은 지리적 특성을 공유하지만 관습과 문화에 의해 서로 구별되는 다른 민족 집단들은 서로에 대한 강한 반감을 바탕으로 배타적인 정체성을 형성하는 경우가 많은데 이것이 분쟁으로 이어지기도 한다는 것이다.

　　민족정체성은 언어와 소속집단의 관계 속에서 형성되기도 하지만, 젊은 사람들의 집단에 대한 자기 인식, 공동체 내 다른 집단에 속한 사람들에 대한 식별을 통해 민족정체성이 두드러지게 나타나기도 한다. 이것은 때때로 상당히 정형화된 편견이 섞인 구어적 표현에서 찾을 수 있다.[56]

　　종교적 차이와 언어적 차이가 결합될 때 상호 간의 편견은 오래 지속될 수 있다. 냉전 중에는 긴밀하게 시행된 정책으로 민족적 반감이 유혈사태로 이어지는 것을 막을 수 있었다. 그러나 냉전이 끝났을 당시 냉전시대의 정책으로 인해 오랫동안 숨겨져 있던 민족적 차이가 드러나자 민족적 폭력이 증가하게 되었다. 구 유고슬라비아 사태는 이 주장을 뒷받침하기 위해 자주 인용되는 사례다.[57] 유고슬라비아는 남유럽에 위치한 국가로 제2차 세계대전 이후에 평화와 번영을 누렸다. 이 나라의 정치지도자였던 티토(Josif Broz Tito)는 유고슬라비아가 다양한 인종적 사회로 구성되어 있음에도 불구하고 1980년 그가 사망할 때까지 평화적으로 통치했다. 심지어 유고슬라비아를 구성하고 있었던 세르비아, 크로아티아, 보스니아, 슬로베니아, 몬테네그로, 마케도니아 등 6개국은 다른 역사뿐 아니라, 로마 가톨릭, 동방 정교회, 이슬람교와 같이 각기 다른 종교를 표방하고 있었다. 그들이 결속되었던 유일한 이유는 바로 소련의 침공위협 때문이었는데 냉전이 끝나고 소련이 붕괴되자, 유고슬라비아는 인종적으로 분열되어 내전으로 치닫게 된 것이다.

1980년대 후반의 심각한 경제 위기로 인해, 인종적으로 다른 국가들은 1991년부터 독립을 선언하기 시작했다. 긴장이 고조되면서 나라를 유지하려는 중앙정부의 시도는 결국 폭력으로 이어졌다.[58] 이 갈등은 거의 10년 간 전 지역을 황폐화시켰다. 실제로 1995년 7월에 있었던 전투에서 세르비아군은 이슬람 도시와 스레브레니카의 유엔 안전지대를 공격했는데 네덜란드 평화유지군 30여 명은 3일 동안 현지인 8,000여 명이 살해당하는 동안 아무런 조치를 취하지 못했다.[59] 보스니아 내 폭력 대부분이 세르비아에 의해 발생된 것으로 보이지만, 사실은 이 지역의 모든 민족 집단이 잔학행위에 가담하였다. 1997년부터 2000년 사이에 전 유고슬라비아 대통령 겸 세르비아 정치인 슬로보단 밀로셰비치(Slobodan Milošević)는 2001년 새로 선출된 정부에 의해 체포된 후 헤이그로 이송되어 구 유고슬라비아 국제형사재판소에서 대량학살과 전쟁범죄 혐의로 재판을 받게 되었는데, 밀로셰비치와 그의 측근들이 문화적, 민족적 차이와 편견을 과장함으로써 30만 명이 넘는

사망자를 야기했다는 점이 협의의 근거였다.[60]

과거 식민지 국가들은 독립을 쟁취하기 위한 무력분쟁 과정에서 민족성을 활용하였다.[61] 이러한 가운데 '민족 자결주의'는 '위협적인 이방인에 대한 거부'를 정당화하며 여러 지역에서 인종적 분열을 심화시켰다. 처음 갈등을 촉발한 것은 오랫동안 시달린 불만에서 비롯된 보복의 필요성이었다. 여기에 식민지 개척자들과 냉전체제, 특히 아프리카, 동부, 중부 유럽, 중앙아시아에 인위적으로 그려진 국경으로 빚어진 영토분쟁이 상황을 더 악화시켰다.

민족전쟁 가설은 몇 가지 잘못된 가정을 토대로 한다는 비난을 받는다. 첫째, 이 가설은 민족성에 변화가 없으며 원시적이라는 것을 당연하게 여긴다는 점이다. 하지만 정치심리학은 이러한 주장을 반박한다. 정치심리학 연구는 민족성이 생물학적으로 뿌리내리기 보다는 사회적으로 구성되며 민족이 공유하는 '상징, 신화, 기억'으로 시간이 흐르면서 변화할 수 있고, 다시 변형될 수 있다고 본다.[62] 따라서 정치심리학에서는 민족성이 인간의 발명품이라고 주장하는데 이는 결국 정치적 목적을 위해 사악한 인간들이 민족성을 조작할 수 있음을 의미하기도 한다.

민족성이 폭력의 중요한 동기일지라도 민족성이라는 것 자체가 실재적 차이에 기반한 것이 아니라 사람들이 그 차이를 믿는다는 사실에 근거하기 때문에 중요하지 않은 요소로 여겨진다. 또 다른 비판으로는 오늘날의 인종적 증오가 고대로부터 시작되었다고 가정하는 것이다. 실제로 오늘날 대부분의 민족적 적대감은 놀라울 정도로 현대적이다. 다수의 경우 정부의 엘리트들이 인종적 신화와 공포를 심리적으로 조작하여 폭력 여건을 조성하기 전까지, 이들 민족들은 수세기 동안 평화롭게 공존해 왔다.[63]

민족성이 사회적으로 구성되는 범주라는 것에 동의하고, 그 개념을 한 단계 더 발전시킨 학자들이 늘어나고 있다. 예를 들어, 히로나카(Ann Hironaka)는 1945년 이후 대부분의 전쟁이 인종적 불평등에 의해 시작되었다는 주장에도 불구하고, 실제로는 객관적인 인종적 기준을 가지고 있지 않다고 믿는다. 히로나카는 어떤 경우에는 '민족 집단', '국적(nationality)', 그리고 심지어 '국가'에 대한 애국심이나 이러한 애국심 같은 감정이 존재하지 않고 단순히 상상된 것이거나, 냉소적인 군부와 정치지도자들이 사회적으로 제조하고 착취한 것이라고 주장한다. 르완다는 이와 관련된 대표적인 사례이다. 대개 식민지 통치가 끝난 국가의 국민들은 자국에 대한 애국심을 가지기가 어려우며 오히려 자신의 민족집단과의 연대에 더 애착을 가진다. 따라서 히로나카는 강력한 제도의 부재가 민족적 분열보다 중요한 요소라고 주장한다. 또한, 히로나카는 약한 국가는 경제발전에 필요한 조건을 만들 수 없고, 분쟁의 평화적인 관리를 위한 역량이 부족하며, 설상가상으로 사소한 권리의 보호 실패조차도 분쟁으로 이어지는 구조에 있다고 주장한다. 반면 캐나다와 미국과 같이 제도적으로 강한 국가들은 많은 인종 집단을 이끌고 있지만 내부 인종 갈등으로 고통 받지 않는다고 지적한다.[64]

또 다른 설명은 무력충돌 뒤에 숨겨진 경제적 동기에 관한 것이다. 가난한 나라들은 보통 사람의 기본적인 경제적 필요를 충족시키는 데 있어 큰 어려움이 있다. 비효율적인 농업관행, 가용 토지의 부족, 낙후된 교통 인프라, 높은 인구 밀도, 사회적 분열, 부패, 부실운영 등은 필요한 자원의 부족을 초래할 수 있다. 종종 천연자원은 풍부하지만, 위에 언급한 문제들이 그 국가의 국민들로 하여금 천연자원의 혜택을 누리는 장애물이 된다. 그러한 환경에서는 탐욕스러운 기업가가 수익성 있는 천연자원에 대한 지배력을 행사함으로써 부를 획득하려는 욕구에 의해 갈등이 촉발된다. 겉모습과는 달리 상당수 갈등이나 분쟁은 민족적 증오에서 비롯되기 보다는 경제적 요인에서 비롯되었다고 할 수 있다.

가장 기본적인 군사목표라고 여겨지는 전투에서 적을 물리친다는 것은 경제적 이해관계로 대체되었다. 전쟁은 때때로 반군까지 참여하는 전시 정치경제의 출현을 야기하였고, 이를 교묘히 감추는 역할을 하였다. 이 때문

에 일부 정당들은 승전보다 전쟁의 연장을 더 간절히 바랄 수도 있다.[65]

과거의 불만이나 갈등이 분쟁을 지속시키는 데 악용되는 한편, 이들 불만이나 갈등을 증폭시킴으로써 반란 단체들은 자신들의 지지기반을 확대하곤 하였다. 반란군이나 민병대 조직은 여러 가지 유용한 경제 기능을 제공하기도 하는데, 킨(David Keen)은 폭력의 7가지 단기적 경제 기능을 다음과 같이 설명한다.[66]

1. 약탈과 강탈: 미약한 국가에서 부를 획득하는 가장 쉬운 방법
2. 강탈: 힘을 가진 사람들이 보호비를 징수하는 수단
3. 거래 통제: 가격 인상을 위해 자원 공급을 조작하는 행위
4. 노동 착취: 폭력적 위협과 함께 낮은 임금 또는 무임금(노예)을 받아들이도록 강요
5. 토지 직접통제: 천연자원에 대한 직접적 통제(흔히 그 지역의 인구감소를 야기)
6. 해외 원조를 통한 이득: 가장 필요한 사람들에게 보내진다는 전통적인 의미가 아닌 지역 주민들에게 도리어 팔린다는 것
7. 중앙정부나 외부세력이 군에 대한 자금지원 증가를 목적으로 전쟁을 발발하거나 장기화시킴

이러한 동기 요소는 단독으로든 복합적으로든 폭력을 촉발할 수 있으며, 일단 폭력사태가 시작되면 폭력의 수준과 상관없이 해당 폭력을 연속시키는 경향을 보여왔다. 결과적으로 이러한 경제적 동기에 기반한 폭력은 해당 국가의 발전에 파괴적인 영향을 미쳐왔다.

사례연구: 앙골라의 경제적 탐욕으로 인한 분쟁

1990년대 남아프리카에 위치한 앙골라는 심각한 국가적 위기가 끊이지 않

는 상황을 경험했다. 40년간의 내전으로 앙골라는 2002년 유엔 HDI 평가에서 173개국 중 최하위권인 161위에 머물렀다. 이러한 통계결과의 원인은 30퍼센트에 달하는 인구가 어린 나이에 사망했기 때문이다. 또한, 살아남은 인구 중 거의 절반은 저체중이었고, 1/3은 공식적인 교육 기회를 전혀 받을 수 없었다. 성인의 2/3는 하루 미화 1달러 미만으로 생활하였고, 42퍼센트는 문맹이었으며 식수는 안전하지 못했다. 보건 서비스는 부재하였으며, 식량부족은 일상다반사였다. 이로 인해 앙골라의 평균수명은 47세에 불과했으며 반세기 동안의 내전으로 전체 인구 중 1/3인 400만 명이 난민으로 전락했고, 이들 중 100만 명은 생존을 위해 해외 식량원조에 의존해야 했다.[67]

앙골라의 특징은 천연자원이 풍부함에도 불구하고 경제발전의 실패가 지속된 가운데 최빈곤 상태에 있다는 점이다. 앙골라는 프랑스보다 지리적으로 두 배 이상 큰 영토와 더불어 상당한 석유, 다이아몬드, 금 매장량을 보유하고 있었다. 앙골라의 석유 생산량은 1980년대부터 1990년대 동안 일일 약 80만 배럴로 이전 대비 4배 증가하여 사하라 이남 아프리카에서 두 번째로 큰 석유 생산국이 되었다. 같은 기간 앙골라의 비산업용 다이아몬드 생산량은 세계 5위 수준이었다.[68]

앙골라 분쟁은 포르투갈로부터 독립을 쟁취하기 위한 투쟁이 본격화되었던 1961년 시작하여 1975년에야 공식적으로 종료되었다. 분쟁이 발발했을 때부터 3개의 독립당들에 대해서 강대국들과 그 동맹국들이 1개 혹은 2개의 정당을 지지하는 양상을 띠었다. 소련과 쿠바, 중국은 처음부터 앙골라해방인민운동(MPLA: Popular Movement for the Liberation of Angola)을 위해 무기와 군대, 훈련을 지원했다. MPLA는 좌파 정당으로 1975년에 앙골라 최초의 공식 정부를 구성했다. 반면 아프리카 대륙에 공산주의가 확산되는 것을 두려워한 미국과 남아프리카공화국은 반군을 지원하기 시작했는데, 반군은 앙골라완전독립민족동맹(UNITA: National Union for the Total Independence of Angola)을 결성하기에 이른다. 반대 정당 간 교전은 1965년 MPLA군에 대한 남아프리카공화국군의 공격으로 시작되었다. 냉전 분단 속 양측 지원은 1988년 유엔에 의해 쿠바와 남아공 군대의 철수가 결정될 때까지 수십 년간 계속되어 왔다. 하지만 흥미롭게도 당시 민주주의와 공산주의 세력 사이의 이념적 대립은 앙골라에서 폭력을 지속시키는 동기로서 작용하지 않았다. MPLA와 UNITA 행위의 주요 동인은 바로 1980년대 후반 앙골라 석유, 다이아몬드, 금 매장량을 통제하려는 욕구였다. 실제로 경제적 야욕이 독립전쟁 이후 상당부분의 원동력으로 작용했을 가능성이 더 높다.

앙골라전쟁이 장기전 양상을 띠자 유엔은 세 차례에 걸쳐 평화유지군을 앙골라에 파병하였는데 이는 모두 실패하였다. 제1차 유엔앙골라진상조사단(UNAVEM I: The first United Nations Angola Verification Mission)은 휴전을 보완하기 위해 1988년에 창설되었으며, 쿠바군의 철수를 검증하는 임무를 맡았다. 외부 지원이 없어진 만큼 전쟁이 끝나기를 기대했지만 분쟁은 지속되었다. 1991년 제2차 유엔앙골라진상조사단(UNAVEM II)은 휴전을 감시하고 평화수립 과정을 지원하기 위한 것이었으나 전면전이 재개되어 철수하게 된다. 이후 1995년의 제3차 유엔앙골라진상조사단(UNAVEM III) 또한 보다 포괄적 위임과 더 큰 지원을 받았음에도 불구하고 실패로 끝났다.[69]

거듭되는 유엔 평화유지활동에도 불구하고 분쟁이 지속된 것은 MPLA정부와 UNITA 반군 모두가 분쟁의 혜택을 누리며 심지어 전쟁을 종결 짓고 싶은 마음도 없었다는 것을 반증한다. 앙골라 분쟁을 연구한 학자들은 양당 지도자들이 앙골라의 천연자원을 개인적 이익을 위해 사용했다고 보고 있다. 실제로 다이아몬드, 금, 석유의 판매로 얻은 수입의 상당 부분이 양측 군부엘리트의 친지의 계좌로 흘러들었고 나머지 조차도 군사무기를 구입하는 데 사용되었다. 1992년과 1998년 사이 UNITA는 다이아몬드 판매로 미화 37억 달러를 벌어들였고 MPLA는 같은 기간 동안 석유 판매에서 매년

미화 2억 달러에서 30억 달러 사이를 벌어들였다.[70]

앙골라에서 벌어진 오랜 전쟁의 주역은 민족도 문화도 아니었다. 전쟁을 지속시킨 주된 동기는 앙골라 엘리트의 개인적 경제적 이득이었다. 만약 앙골라 자원에 대한 국제시장이 존재하지 않았다면, 정부와 반군 모두 폭력을 계속할 동력이 없었을 것이다. 외국 투자자들은 앙골라의 다이아몬드와 석유를 착취하는 데 일조하였다. 1998년 UNITA는 다이아몬드 수출금지 조치 이후에도 다이아몬드를 계속해서 국제시장에 내놓았다. 동시에 이러한 판매 금지령에도 불구하고 해외의 군사용 무기는 반란군들에게 계속 흘러 들어갔다. 논쟁이 있기는 하나 앙골라에서 운영되는 쉐브론, 엘프 아키테인, BP, 엑손모빌을 포함한 세계 최대의 석유회사들 중 일부는 그들이 필요한 수익을 앙골라로부터 제공 받았기 때문에 분쟁을 영구화하는 데 기여한 공모자라고 할 수 있다. 또한, 이 회사들은 앙골라에 지불한 미화 9억 달러에 금액 중 상당 부분이 무기를 구입하는 데 사용되었다는 의혹을 받았다. 실제로 1990년대 후반에 석유회사들은 앙골라 근해 지역의 탐사 및 생산권을 확보하기 위해 막대한 돈을 지불했으며,[71] 지속된 분쟁은 UNITA의 지도자인 사빔비(Jonas Malheiro Savimbi)가 사망한 2002년에야 끝났다. 사빔비는 앙골라의 다이아몬드를 관리하는 UNITA로부터 미화 약 40억 달러의 재산을 축적한 것으로 알려졌으며,[72] 2002년 평화협정으로 UNITA는 무기 사용을 포기하게 되었다.

분쟁은 앙골라 경제를 혼란에 빠트렸고, 분쟁이 끝난 후에 비로소 풍부한 천연자원인 금, 다이아몬드, 광대한 숲, 대서양 어업 그리고 석유를 활용하기 위한 제한적인 정치 및 경제개혁을 도입하게 된다. 지난 10년간 경제는 성장하기 시작했고, 2008년 선거와 2010년 새 헌법 도입 이후 정국은 안정을 되찾았다. 그러나 이러한 발전에도 불구하고 앙골라는 세계에서 가장 가난한 나라 중 하나로 남아 있다. 1979년부터 집권해 온 산토스(José Eduardo dos Santos)의 주도로 앙골라는 MPLA의 지배를 받고 있다. 포브

스지는 약 30억 달러의 재산을 소유하고 있는 산토스의 딸 이사벨을 아프리카 대륙에서 가장 부유한 여성으로 선정했다. 또한 2016년 이사벨은 부친에 의해 국영석유회사 소난골의 최고 경영자로 임명되었으나, 정작 앙골라 국민들은 인구의 절반 이상이 빈곤상태이며 여전히 기대 수명이 세계에서 가장 낮은 국가에 해당한다.[73]

무력충돌 이면의 경제적 이익은 정치지도자들로 하여금 정치활동의 동기를 형성한다. 전략적 자원이나 귀금속(precious metals and stones)이 풍부함에도 불구하고 만성적인 빈곤을 벗어나지 못하는 나라를 두고, 자원의 저주(resource curse)라는 단어가 생겨났다. 이 가설은 자원이 풍부한 국가들이 자원이 없는 국가들보다 역설적으로 더 가난하다는 것을 관찰하면서 설득력을 얻고 있다.[74] 이 가설은 네덜란드병 현상(Dutch Disease phenomenon)에서 기원되었는데, 이는 17세기 초 네덜란드 튤립 전구 가격이 급등하면서 처음 관찰되었다. 네덜란드병은 특정 제품의 가치가 갑자기 상승하면 엄청난 통화 가치 상승으로 이 제품의 생산에 대한 국내 우선순위의 변화가 초래될 때 발생한다. 앙골라의 예를 들어 보면, 석유로부터의 막대한 수익 흐름이 정부가 다른 산업에서 피해를 대체하기 위해 궁극적으로 석유 수출에 의존하게 만들었다. 국가의 경제성장을 왜곡하는 것 외에도 자원의 저주는 심각한 정치적 결과를 초래한다.

가장 큰 위험 중 하나는 정치학자들이 말하는 소위 견제주체들이 자기 이익을 위해 비생산적 활동에 경쟁적으로 자원을 낭비하는 지대추구 행위(rent-seeking behavior)의 출현이다. 특히 천연자원의 경우, 그 자원의 가치와 그것을 추출하는 비용 사이에 흔히 경제지대라고 불리는 간극이 존재한다. 그러한 경우 민간부문 행위자들, 정치인, 개인 등 경제주체들은 이러한 지대를 얻기 위해 정치적 메커니즘을 사용할 정당성을 갖게 된다.[75]

가난한 나라에서 국유기업, 정부 관료, 반군의 지대추구 기회는 기존의 사회적 긴장을 심화시킨다. 중요한 자원에 접근하기 위해 경쟁하는 그룹들 사이의 적대감은 종종 격렬한 충돌로 폭발한다. 아낌없는 지원을 받았음에도 불구하고 앙골라는 자원의 저주 가설의 대표적인 사례가 되었다. 석유 수익을 담당하는 국가기구 전체를 통제하는 것이 중요하기 때문에 석유로 인해 국가에서 내전이 더 많이 일어날 가능성이 높게된 것이다.[76] 또한, 지리경제적 고려사항도 한 몫 한다. 제도적으로 약하지만 자원이 풍부한 국가에서는 자원에 대한 국제적 수요가 급증함에 따라 내부 갈등이 촉발될 수 있다. 글로벌 수요가 자원에 대한 수익을 증가시킴으로써 갈등은 심화되고 따라서 자원 통제권을 놓고 싸우기 위해 더 많은 무기를 사들이게 되는 것이다.[77]

　내전의 이면에 대한 또 다른 설명으로 개발-원조-갈등을 연결하는 결합에 초점을 맞출 수 있다. 우빈(Peter Uvin)은 르완다의 대량학살 분쟁의 과정을 조사하였는데, 결론적으로 원조 기관들이 폭력적인 분쟁의 발생에 대한 책임이 있음을 밝혔다. 원조 수행 기관이 추진하는 편협한 발전에 대한 경제 기술적 관점은 인권침해, 지속적인 소득불평등, 사회적 배재, 선별적 민족 집단에 대한 모욕 등에 대한 문제들을 간과함으로써 민족집단 간의 적대감을 확산시키고 구조적 폭력을 조장하는 상황을 촉발한다는 주장이다. 더욱이 외부적으로 정의된 매개변수를 따라 기능함으로써, 개발 원조 시스템은 사람들의 능력을 방해하고, 그들의 요구를 간과하며, 가치관을 빼앗는다. 따라서 우빈은 "사람들이 수동적이거나, 불쾌하거나, 근본주의적이거나, 냉소적이거나, 인종차별적이거나, 폭력적이거나, 이러한 환원주의적 계획에 저항한다는 것은 놀랄 일이 아니다"라고 주장한다.[78] 이러한 맥락에서 분쟁 국가들에 대한 국제사회의 원조는 중요한 의미를 가진다. 즉 폭력의 가해자인 독재자들이 통치하는 국가에 대한 국제사회의 원조는 이들 독재자들로 하여금 국내 정치적 맥락에서 자신의 통치를 정당화하는 수단으로 악용되고 있으며, 이러한 국제사회의 원조를 받기위해서는 경제난이 필요하다는 점에서 독재자들은 경제난을 오히려 악용하는 상황이 벌어지고 있다.

5. 분쟁의 덫으로부터 탈출

분쟁의 덫(conflict trap)이란 한 나라의 내전을 설명할 수 있는 구조적 요인을 의미한다. 콜리어(Paul Collier)의 실증 연구는 분쟁의 덫에 대해 다음과 같이 설명한다.

> 한 나라에서 내전이 발생하기 쉽도록 만드는 특정 경제상황이 있고, 이뿐 아니라 일단 충돌이 시작되면 폭력의 사이클을 멈추기 어렵게 만드는 덫이 된다.[79]

이러한 경제 조건으로는 빈곤, 경기 침체, 1차 상품에 대한 의존이 있다. 분쟁의 위험은 구체적인 경제적 특성에 따라 상이하며 결과적으로 모든 분쟁은 특수성에 영향을 받는다고 할 수 있다.[80] 콜리어는 역사에 대한 불만과 민족적 차이와 같은 다른 요소들의 중요성을 경시하기도 하지만, 기회주의적인 정치인과 불만을 품은 반군들이 폭력을 조장하기 위해 기존의 분열을 이용하기 좋아한다는 것 동의한다.

2017년 고질적인 분쟁에 시달리고 있는 국가 리스트에는 분쟁의 덫에 걸린 것으로 보이는 아프가니스탄, 남수단, 콩고, 차드 등 최소 4개국이 포함되어 있다. 서구 세력의 무력 개입으로 탈레반정부를 제거한 후, 2001년 평화구축 본 컨퍼런스(The 2001 peacebuilding Bonn Conference)를 통해 아프가니스탄의 안정화를 꾀하였으나 이는 실패로 돌아갔다. 이러한 가운데 탈레반은 2003년 초에 정부와 서방의 동맹국들에 대한 저항을 지속하게 된다. 2016년 현재, 아프가니스탄은 민간인 사상자 증가, 탈레반의 세력 회복, 이슬람 국가의 시아파 무슬림 대상 종파 간 폭력 조장 등으로 인해 계속된 분쟁상태에 있다.[81]

남수단내전은 크게 북부의 무슬림과 남부의 기독교인과 토착민들 간 20년 동안 진행되고 있는 충돌로 문명 간 분쟁의 대표적인 예 중 하나이다.[82]

남수단의 분쟁은 2012년 남수단 독립당시 대통령과 그의 권력을 공고히 하는 데 일조하였던 다른 당 지도자들 사이의 연합이 2013년 붕괴되면서 시작되었다. 이러한 갈등은 여당 내의 정치적 논쟁, 지역 및 민족 간 전쟁으로 인한 수단인민해방운동(Sudan People's Liberation Movement), 군대 내부의 위기라는 세 가지 차원을 따라 복잡하게 형성되어 있다.[83] 이러한 상황에서 오랫동안 지속된 남쪽 분리주의에 대한 야망은 과거에 뿌리를 두고 있다.[84] 2015년 8월에 체결했던 평화협정은 오래가지 못했고 남수단에서는 다시 참혹한 분쟁이 증가해왔다. 남수단 내 상당수의 유엔 평화유지군이 주둔하고 있지만 주로 유엔 기지의 민간인을 보호하는 임무를 맡고 있었다. 남수단에는 무기가 과잉 공급되고 있는데 이것은 전쟁을 억제하는 데 있어서 주요 장애물로 작용하고 있다. 실제로 2011년 당시 남수단 전국에 190만~300만 개의 소형무기가 있을 것으로 추정되었으며, 이는 3명당 1개 꼴로 소총을 소유하고 있는 상태였다고 할 수 있다. 이 무기들은 중국, 캐나다, 우크라이나, 남아프리카 그리고 다른 나라들로부터 계속 유입되는 것으로 파악되었는데 즉각적인 무기 수출입 금지조치가 시급한 이유이다.[85] 남수단의 분쟁이 특히 비극적인 것은 남수단의 잠재적인 경제발전이 분쟁으로 인해 후퇴하고 있기 때문이다. 근래의 폭력사태가 발생하기 직전, 남수단은 빠르게 성장하는 세계경제 국가 중 하나가 될 것으로 예상되었다. 독립 직후 남수단은 국내총생산(GDP)의 82퍼센트를 차지하는 월 미화 4억 달러의 석유 수입을 거둬들이고 있었다. 수단에서 분리되면서 기존 석유 생산량의 75퍼센트를 확보했지만, 송유관과 기반시설에 대한 통제권을 쥔 수단과 거래를 성사시켜야 했다. 과거의 분쟁은 이 거래를 극도로 힘들게 만들었으며,[86] 이런 합의를 어떻게 도출할 것인가에 대해 상충적인 견해는 여당 내부의 정치적 불화의 주요 원인이었고, 결국 분쟁을 초래하게 되었다.

그 다음으로는 나이지리아, 니제르, 부르키나파소, 코트디부아르, 카메룬, 차드를 포함한 여러 나라들이 포함된 대사헬과 차드 호수 유역의 분쟁으로서, 수세대를 거쳐 내전을 겪어 온 지역들이다. 콩고민주공화국의 분쟁은 지금과의 특징이 비슷한 주역들이 개입했던 1996년의 전쟁으로 거슬러 올라갈 수 있다. 전쟁은 1965년부터 나라를 통치해 온 모부투 세세 세코 (Mobutu Sese Seko) 전 대통령에 대한 '제2의 독립' 반란으로 시작되었다. 반군들은 모부투 정권을 끌어내리는 데 성공했지만, 나라는 여전히 긴장 상태가 해결되지 않은 채로 기존과 다를 게 없는 국가 기관들이 존재하는 위태로운 상태에 놓여있었다. 반군 지도자인 카빌라(Laurent Kabila)는 이 지역의 석유와 다이아몬드에 대한 미화 5억 달러 상당의 채굴 거래를 성사시키기는 했지만 이에 대한 이익을 나누려고 하지 않았다.[87] 결론적으로, 폭력사태가 재발되는 데는 여러 가지 이유가 있지만 그 중 이전의 '독립' 지도자들과 동맹국들 사이의 경쟁관계를 과소평가 할 수가 없는 이유가 여기에 있다.[88]

차드는 폭력이 만연하는 사회의 또 다른 대표적인 예이다. 석유수립과 외교적 의존은 수 세대에 걸쳐 무력충돌을 부채질했다. 사회에서 폭력의 포화상태는 식민지 시대부터 시작되었기 때문에 역사적 맥락을 살펴보는 것이 중요하다고 하겠다. 데보스(Marielle Debos)가 국가는 '무력에 의한 정부 (government by arms)'가 됨으로써 폭력을 영구화하는 역할을 한다고 지적한 것처럼 폭력의 위협을 통치의 도구로 삼으며 제대로 된 기능을 하지 못하는 국가는 지속적인 불안감을 조성하고 평화로운 시기에도 폭력을 일상화한다. 데보스는 차드에 관한 그의 책에서 폭력의 일상적인 수용이 차드 사회에 만연하게 될 것이며 결국 나라의 일상적인 기능 중 일부가 될 수 있다고 주장한다.[89]

> 차드에서는 군부는 공식적인 실체는 아니지만 실제로 실질적인 주체로서 기능을 한다. 무질서는 군대와 국가를 통치하는 방법 중 하나이다. 군부는 관료정치에 완전히 통합되어 있지 않지만 여전히 국가와 연결되어 있다. … 전쟁을 끝내는 것만으로는 충분하지 않다. 진정한 문제는 국가에 의해 재생산을 통해 지속되는 전간기(inter-war)를 벗어나는 것이다.[90]

일단 한 나라가 분쟁의 덫에 빠지면, 사람들의 생존본능은 권력의 위치에 있는 사람들에게 그들 자신을 의존하게 만든다. 현재 닥친 상황에서 권리가 없고 삶의 전망이 보이지 않는 사람들은 보호와 고용 가능성을 제공하는 편에 있고 싶어 하는 경향이 있다. 권력의 자리에 있는 사람들은 폭력의 위협을 통해 그들의 동맹을 공고히 하기 위해 국가의 구조를 이용한다. 그러므로 이러한 폭력이 발생할 수 있는 가능성은 계속 발생하며, 국가의 통치능력(governability)이 발생할 과정을 저하한다.

대부분의 갈등은 각자의 목적을 추구하는 군부와 정치지도자들의 이성적인 결정을 수반하지만, 어떤 지도자들은 신의 섭리에 대한 망상에 이끌리기도 한다. 가장 악명 높은 예시로는 코니(Joseph Kony)가 있는데, 그는 자신이 현대의 예언자라고 주장함으로써 추종자들을 대상으로 자신에 대한 추종을 제도화하는 데 성공하였다. 코니는 약 30년 동안 우간다 북부의 마을과 콩고, 남수단에서 자신을 신에 의한 저항군 지도자로서 위상을 굳혔으며 이를 바탕으로 야만적인 지배를 하였다. 이 잔인한 자칭 예언자가 세운 행동강령을 어긴다는 명분으로 잔혹행위를 일삼았음에도 불구하고 수천 명의 충성스런 지지자들을 확보하는 데 성공했다. 그는 10만 명 이상의 죽음과 5만 명 어린이 유괴의 배후자로 알려져 있다.[91] 2017년 코니는 대량학살과 반인륜적 범죄 혐의로 국제형사재판소에 의해 아프리카에서 지명 수배를 받고 있다.

무장 파벌들은 종종 유엔 아동권리협약(UN's Convention on the Rights of the Child)을 위반하면서 내전에 18세 이하의 어린이를 투사로 이용해 왔다. 대표적인 사례는 시에라리온이 있다.[92] 아이들이 군인이 되기 쉬운 몇 가지 요인들이 있으며, 이 중 가장 분명한 요인은 그들이 전쟁의 중심에 서 있기 때문이다. 폭력적인 분쟁에 직접적으로 노출되는 것은 아이들이 군인으로서 분쟁에 참여할 수 있는 왜곡된 기회를 갖도록 하며 또한 전쟁으로 영웅이 될 수 있다는 생각을 가지게 할 수 있다. 또는 가족 구성원의 죽음에 대한 복수심을 품게하고 납치된 경우 그 이후에 전쟁에 참여하도록 강요받기도 한다. 아이들은 종종 교육을 받을 수 있다거나 비폭력적인 직업을 주겠다는 약속에 속아 군에 입대할 때도 있다. 아이들은 또한 그들 자신이나 가족 구성원에게 해를 가한다는 협박이나 감옥에 넣겠다는 위협을 받고 강제로 동참하게 될 때도 있다. 불안정성도 아이들이 군대에 참여하게 되는 주요 요인 중 하나이다. 많은 나라에서 무장단체에 소속되어 총을 소지하고 있다는 것은 살해당할 가능성이 적다는 것을 의미한다. 또한, 군대에 속하는 것은 식량을 얻을 수 있음을 의미하며 상당한 보수를 받을 수 있음을 의미할 수도 있다.[93] 비록 불법적인 아동 모집 때문에 무장 충돌에 동원되는 아이들의 수에 대한 정확한 데이터를 확인하기는 어렵지만, 유니세프는 전 세계적으로 수만 명의 아이들이 무력충돌에 참여하고 있다고 추정한다.[94]

동일한 유니세프 보고서에 따르면 지난 10년간 적어도 6만 5,000명의 어린이들이 무장단체로부터 해방되었다. 하지만 분쟁으로 상처를 입은 아이들은 일상으로의 복귀가 매우 어렵다. 과거 차드에서의 무력충돌 당시 반군과 정부군으로 활동한 젊은이들에게 이후 무슨일이 일어났느냐는 질문

글상자 5.1 어린이 및 분쟁에 대한 유니세프 자료

- 2013년 이후 남수단에서는 군대에 동원된 아동 수가 1만7000여 명으로 추산되며 중앙아프리카공화국에서는 최대 1만 명이 징집된 것으로 추산된다.
- 유엔과 파트너 기관/국가에서 검증한 데이터에 따르면, 나이지리아와 이웃 국가들에서는 2016년에만 보코하람에 의해 약 2,000명의 아이들이 징집 되었다.
- UN은 예멘에서 2015년 3월 갈등이 고조된 이후 1,500건에 가까운 아동 징집 사례가 보고되고 있다.

에 그들은 주저없이 "반쪽은 감옥에 있고, 반은 반란군에 있고, 반은 강도이다"라는 가슴 아픈 답변을 하였다.[95] 분쟁이 빈번한 나라에서 군인으로서의 경험은 군대, 반란군 심지어 강도로서 활용될 수 있다. 즉 이들 군대 경험을 가진 젊은이들은 전쟁에 대한 확실한 명분과 대의에 따라 지도자를 선택하는 것이 아니라 반군 지도자들이 국제협정을 통해 새로운 정체성이나 지위를 부여받게 되면 단순히 이를 추종할 수 밖에 없는 환경에 있었다. 이에 대해서 데보스(Marielle Debos)는 다음과 같이 평한다.

> 유동적 충성심은 무정부 상태에 대한 징후가 아니며 실질적인 직업으로서의 무장 폭력은 국가의 붕괴나 폭력의 문화가 만연한 사회에서 나타나지 않는다. 무기를 든 사람들의 경력은 정치적 맥락의 일부분이다. 그들은 무장 파벌주의와 연결되어 있으며, 다시 전쟁을 일으키는 원인이 되기도 한다.[96]

분쟁의 덫은 정치, 심리, 문화, 사회 등 다차원적이기 때문에 변덕스럽고, 벗어나기 어렵다는 특징을 지닌다. 분쟁 후 사회(post-conflict society)의 최대 목표는 폭력의 재발을 막는 것이며, 이를 위해 질서를 구축하려는 조직적인 시도는 전쟁으로 황폐화된 사회가 평화로운 사회경제발전의 길로 나아갈 수 있도록 하는 필수적인 단계이다. 이 기간의 평화를 굳건히 하기 위해서 민주적인 선거제도는 온건한 사상을 지향하고 불법적인 증오연설을 하는 등 폭력을 선동하려는 이들을 처벌하는 방식으로 설계될 수 있다. 또한 일단 분쟁 국가에 평화와 질서가 확립되면, 다음은 사회적 불활실성을 낮추기 위해서 민주화와 시장개혁을 추진할 가능성이 높은데,[97] 민주화는 복잡한 과정이기 때문에, 정치적, 경제적 자유화를 성공적으로 주입하기 위해서는 일련의 시장 개방의 개혁을 도입하는 것만으로는 충분하지 않다. 이를 위해 파리(Roland Paris)는 '자유화 이전의 제도화(Institutionalization before Liberalization)'라는 새로운 평화구축전략을 제안한다.

분쟁 후 즉각적으로 필요한 것은 신속한 선거, 민주적 동요, 경제적 '충격 요법'이 아니라, 이러한 정치 및 경제개혁을 관리할 수 있는 정부 제도의 빠른 구축과 새로이 결합된 자유화에 대한 보다 규제되고 점진적인 접근이다.[98]

주

1) Lotta Themner and Peter Wallensteen (2014) "Armed Conflicts, 1946–2013," *Journal of Peace Research*, Vol. 51, No. 4, pp. 541–554.

2) Meredith Reid Sarkees (2017) *The Correlates of War Typology of War: Defining and Categorizing Wars*(Version 4 of the Data), p. 5, The Correlates of War Project at The Pennsylvania State University. Online, available at: www.correlatesofwar. org.

3) John W. Burton (2001) "Peace Begins at Home – International Conflict: A Domestic Responsibility," *International Journal of Peace Studies*, Vol. 6, No. 1, p. 5.

4) Paul Collier (2008) *The Bottom Billion: Why the Poorest Countries are Failing and What Can Be Done About It*, Oxford, UK: Oxford University Press, pp. 34–35.

5) Paul Tiyambe Zeleza (2008) "The Causes and Costs of War in Africa," in Alfred Nhema and Paul Tiyambe Zeleza (eds.), *The Roots of African Conflicts – The Causes and Costs*, Oxford, UK, Athens, OH, Pretoria, SA: James Currey Ltd., Ohio University Press, and Unisa Press, p. 22.

6) Jean-Marie Guehenno (2017) "10 Conflicts to Watch in 2017 – From Turkey to Mexico, the List of the World's Most Volatile Flashpoints got a Lot More Unpredictable This Year," *Foreign Policy*, January 5. Online Edition.

7) Laurie R. Blank and Benjamin R. Farley (2015) "Identifying the Start of Conflict: Conflict Recognition, Operational Realities and Accountability in the Post-9/11 World," *Michigan Journal of International Law*, Vol. 36, No. 3, pp. 466–539.

8) Jean-Marie Guehenno (2017) "10 Conflicts to Watch in 2017, op. cit.

9) Immanuel Kant (2010) *Kant's Principles of Politics: Including His Essay on Perpetual Peace (1891)*, translated by W. Hastie, Whitefish, MT: Kessinger Publishing.

10) Michael Doyle (1983) "Kant, Liberal Legacies, and Foreign Affairs II," *Philosophy and Public Affairs*, Vol. 12, Fall, pp. 323–353.

11) John W. Burton (2001) "Peace Begins at Home – International Conflict: A Domestic Responsibility" op. cit., p. 6.

12) John W. Burton (2001) "Conflict Prevention as a Political System," *International Journal of Peace Studies*, Vol. 6, No. 1, p. 28.

13) Roland Paris (2004) *At War's End: Building Peace After Civil Conflict*, Cambridge,

UK: Cambridge University Press, p. 5.

14) Ibid.

15) UN (1948) *Convention on the Prevention and Punishment of the Crime of Genocide, Article 2, Adopted by Resolution 260 (III)A of the General Assembly of the United Nations*, December 9.

16) Alison Des Forges and Timothy Longman (2004) "Legal Responses to Genocide in Rwanda," in Eric Stover and Harvey Weinstein (eds.), *My Neighbor, My Enemy: Justice and Community in the Aftermath of Mass Atrocity*, Cambridge, UK: Cambridge University Press, p. 50.

17) J. Matthew Vaccaro (1996) "The Politics of Genocide: Peacekeeping and Disaster Relief in Rwanda," in William J. Durch (ed.), *UN Peacekeeping, American Policy, and the Uncivil Wars of the 1990s*, New York, NY: St. Martin's Press, p. 369.

18) Michel Chossudovsky (2003) *The Globalization of Poverty and the New World Order*, Montreal, Canada: Global Research Publishers, Electronic Edition, Location 2988–3295 of 11018.

19) Roland Paris (2004) *At War's End: Building Peace After Civil Conflict*. op. cit., p. 70.

20) Nigel Eltringham (2006) "Debating the Rwandan Genocide," in Preben Kaarsholm (ed.), *Violence, Political Culture and Development in Africa*, Oxford, UK, Athens, OH, Pretoria, SA: James Currey Ltd., Ohio University Press, and Unisa Press, pp. 78–79.

21) Peter Uvin (1996) *Development, Aid and Conflict: Reflections from the Case of Rwanda*, Working Paper 24, Helsinki, Finland: United Nations University World Institute for Development Economics Research, pp. 6–9.

22) Marysse, S., E. Ndayambaje, *et al.* (1992) *Revenues ruraux au Rwanda avant l'ajustement sturcturel. Cas de Kirarambogo*. Louvain La Neuve: CIDEP, cited in Peter Uvin (1996) *Development, Aid and Conflict: Reflections from the Case of Rwanda*, op. cit., p. 26.

23) Michel Chossudovsky (2003) *The Globalization of Poverty and the New World Order*, op. cit.

24) Peter Uvin (1996) *Development, Aid and Conflict*, op. cit., pp. 13–15.

25) Ibid., p. 14.

26) Ibid., p. 15.

27) Roland Paris (2004) *At War's End: Building Peace After Civil Conflict*, op. cit., p. 71.

28) Michel Chossudovsky (2003) *The Globalization of Poverty and the New World Order*, op. cit.

29) Peter Uvin (1996) *Development, Aid and Conflict*, op. cit., p. 29.

30) Nigel Eltringham (2006) "Debating the Rwandan Genocide," op. cit., p. 85.

31) Peter Uvin (1996) *Development, Aid and Conflict*, op. cit., pp. 31–32.

32) Nigel Eltringham (2006) "Debating the Rwandan Genocide," op. cit., p. 74.

33) Michel Chossudovsky (2003) *The Globalization of Poverty and the New World*

Order, op. cit., Location 3407 of 11018.

34) Romeo Dallaire (2003) *Shake Hands with the Devil: The Failure of Humanity in Rwanda*, Toronto, Canada: Random House, p. 142.

35) Peter Uvin (1996) *Development, Aid and Conflict*, op. cit., p. 32.

36) Roland Paris (2004) *At War's End: Building Peace After Civil Conflict*, op. cit., pp. 71-72.

37) Romeo Dallaire (2003) *Shake Hands with The Devil*, op. cit., p. 6.

38) J. Matthew Vaccaro, "The Politics of Genocide: Peacekeeping and Disaster Relief in Rwanda," op. cit., pp. 367-369.

39) Michel Chossudovsky (2003) *The Globalization of Poverty and the New World Order*, op. cit., Location 3476 of 11018.

40) Peter Uvin (1996) *Development, Aid and Conflict*, op. cit., p. 34.

41) Samuel P. Huntington (1993) "The Clash of Civilizations?," *Foreign Affairs*, Vol. 72, No. 3 (Summer).

42) Samuel P. Huntington (2011) *The Clash of Civilizations and the Remaking of World Order*, New York, NY: Simon & Schuster, pp. 45-47.

43) Ibid., p. 102.

44) Ibid.

45) Fouad Ajami (1993) "The Summoning," *Foreign Affairs*, Vol. 72, No. 5, p. 2.

46) Bruce M. Russett, John R. Oneal, and Michaelene Cox (2000) "Clash of Civilizations, or Realism and Liberalism Deja Vu?," *Journal of Peace Research*, Vol. 37, No. 5, p. 588.

47) Paul Richards (2006) "Forced Labour and Civil War − Agrarian Underpinnings of the Sierra Leone Conflict," in Preben Kaarsholm (ed.), *Violence, Political Culture and Development in Africa*, Oxford, UK, Athens, OH, Pretoria, SA: James Currey Ltd., Ohio University Press, and Unisa Press, p. 181.

48) Zachary Laub (2016) *The Islamic State − Backgrounder*, Washington, DC: Council of Foreign Relations, August 10.

49) Jean-Marie Guehenno (2017) "10 Conflicts to Watch in 2017," op. cit.

50) Russell Goldman (2017) "How the Iran Terror Attacks Unfolded at Two Sites," *New York Times*, June 7.

51) Marvin Kalb (2015) *Imperial Gamble: Putin, Ukraine, and the New Cold War*, Washington, DC: Brookings Institution Press.

52) George Soroka (2016) "Putin's Patriarch − Does the Kremlin Control the Church?," *Foreign Affairs − Snapshot*, February 11.

53) Sergei Chapnin (2015) "A Church of Empire − Why the Russian Church Chose to Bless Empire," *First Things*, November.

54) Peter R. Mansoor (2011) "The Softer Side of War − Exploring the Influence of Culture on Military Doctrine," *Foreign Affairs − Review Essay*, Vol. 90, No. 1.

55) Glenn Adams and Tug ̆ce Kurtis , (2012) "Collective Memory Practices as Tools for Reconciliation − Perspectives from Liberation and Cultural Psychology," *African Conflict and Peacebuilding Review*, Vol. 2, Issue 2, pp. 5-28.

56) Preben Kaarsholm (2006) "Politics and Generational Struggle in KwaZulu-Natal," in Preben Kaarsholm (ed.), *Violence, Political Culture and Development in Africa*, Oxford, UK, Athens, OH, Pretoria, SA: James Currey Ltd., Ohio University Press, and Unisa Press, p. 153.

57) David Patrick Houghton (2009) *Political Psychology - Situations, Individuals, and Cases*, London, UK: Routledge, pp. 180-181에서 인용한 영국 메이저 전 총리의 연설 발췌 내용을 읽어보라.

58) Michael Mann (2005) *The Dark Side of Democracy: Explaining Ethnic Cleansing*, Cambridge, UK: Cambridge University Press, pp. 254-366.

59) Michael Mann (2005) *The Dark Side of Democracy: Explaining Ethnic Cleansing*, op. cit., pp. 256-258, 363-365, and 395-397.

60) Ibid.

61) Yahya Sadowski (2000) "Ethnic Violence: Fact or Fiction?," in Myra H. Immell (ed.), *Ethnic Violence*, San Diego, CA: Greenhaven Press, p. 32.

62) Joseph Nye (2005) *Understanding International Conflicts: An Introduction to Theory and History* (5th edition), New York, NY: Pearson Longman, p. 154.

63) Patrick Houghton (2009) *Political Psychology*, op. cit., pp. 168-183.

64) Ann Hironaka (2005) *Neverending Wars: The International Community, Weak States, and the Perpetuation of Civil War*, Cambridge, MA: Harvard University Press, pp. 53-60.

65) Mats Berdal and David M. Malone (eds.) (2000) *Greed and Grievance: Economic Agendas in Civil Wars*, Boulder, CO: Lynne Rienner Publishers, pp. 2, 26-27.

66) David Keen (2000) "Incentives and Disincentives for Violence," in Mats Berdal and David M. Malone (eds.), *Greed and Grievance: Economic Agendas in Civil Wars*, op. cit., pp. 29-31.

67) Michael Renner (2002) *The Anatomy of Resource Wars*, Washington, DC: World Watch Institute, pp. 5-6.

68) Ibid., p. 32.

69) Yvonne C. Lodico (1996) "A Peace That Fell Apart: The United Nations and the War in Angola," in William J. Durch (ed.), *UN Peacekeeping, American Policy, and the Uncivil Wars of the 1990s*, New York, NY: St. Martin's Press, pp. 104-122.

70) Michael Renner (2002) *The Anatomy of Resource Wars*, op. cit., pp. 32-34.

71) Ibid., p. 34.

72) Paul Collier (2008) *The Bottom Billion*, op. cit., p. 28.

73) The AfricaW (2017). Online, available at: www.africaw.com/major-problems-facing-angola-today, accessed January 30, 2017.

74) Richard M. Auty (1993) *Sustaining Development in Mineral Economies: The Resource Curse Thesis*, London, UK: Routledge.

75) Macartan Humphreys, Jeffrey D. Sachs, and Joseph E. Stiglitz (eds.) (2007) *Escaping the Resource Curse*, New York, NY: Columbia University Press, p. 5.

76) Ibid., p. 13.

77) Paul Collier and Anke Hoeffler (2004) "Greed and Grievance in Civil War," *Oxford Economic Papers*, Vol. 56, No. 44, pp. 563–595.

78) Peter Uvin (1996) *Development, Aid and Conflict*, op. cit., pp. 34–35.

79) Paul Collier (2008) *The Bottom Billion*, op. cit., p. ii.

80) Ibid., p. 34.

81) Scott Worden (2017) "How to Stabilize Afghanistan — What Russia, Iran, and the United States Can Do," *Foreign Affairs — Snapshot*, April 26.

82) Samuel P. Huntington (2011) *The Clash of Civilizations*, op. cit., p. 137.

83) Alex de Waal and Abdul Mohammed (2014) "Breakdown in South Sudan — What Went Wrong and How to Fix it," *Foreign Affairs — Snapshot*, January 1.

84) Richard Cockett (2010) *Sudan: Darfur and the Failure of an African State*, New Haven, CT: Yale University Press.

85) Aditi Gorur and Rachel Stohl (2016) "Two Options for South Sudan — And Neither of Them is Good," *Foreign Affairs — Snapshot*, July 27.

86) Alex de Waal (2013) "Sizzling South Sudan — Why Oil is Not the Whole Story," *Foreign Affairs — Snapshot*, February 7.

87) Paul Collier (2008) *The Bottom Billion*, op. cit., pp. 21–22.

88) Philip Roessler and Harry Verhoeven (2016) *Why Comrades Go to War: Liberation Politics and the Outbreak of Africa's Deadliest Conflict*, Oxford, UK: Oxford University Press.

89) Marielle Debos (2016) *Living by the Gun in Chad: Combatants, Impunity and State Formation*, London, UK: Zed Books. Electronic Edition.

90) Ibid., Locations 3688 and 3726 of 8583.

91) Peter Eichstaedt (2014) "Kony 20Never — Inside the Mind of Africa's Most Wanted Man," *Foreign Affairs — Snapshot*, January 14.

92) Myriam Denov (2010) *Child Soldiers: Sierra Leone's Revolutionary United Front*, Cambridge, UK: Cambridge University Press.

93) Rachel Brett and Irma Specht (2004) *Young Soldiers: Why They Choose to Fight*, Boulder, CO: Lynne Rienner Publishers, pp. 9–15, 24, 39–41.

94) UNICEF (2017) "At Least 65,000 Children Released from Armed Forces and Groups over the Last 10 Years — UNICEF News Release," New York and Paris: UNICEF, February 21.

95) Marielle Debos (2016) *Living by the Gun in Chad*, op. cit., Location 1704 of 8583.

96) Ibid., Location 615 of 8583.

97) Roland Paris (2004) *At War's End: Building Peace After Civil Conflict*, op. cit., pp. 191–235.

98) Ibid., pp. 7–8.

추가 읽을거리

Fawaz A. Gerges (2016) *ISIS: A History*, Princeton, NJ: Princeton University Press.

Ron E. Hassner (2016) *Religion on the Battlefield*, Ithaca, NY: Cornell University Press.

Siri Hettige and Eva Gerharz (eds.) (2015) *Governance, Conflict and Development in South Asia: Perspectives from India, Nepal and Sri Lanka*, New Delhi, India: Sage Publications.

T. David Mason and Sara McLaughlin Mitchell (eds.) (2016) *What Do We Know About Civil Wars?*, Lanham, MD: Rowman & Littlefield.

Constantine Pleshakov (2017) *The Crimean Nexus: Putin's War and the Clash of Civilizations*, New Haven, CT: Yale University Press.

Philip Roessler (2016) *Ethnic Politics and State Power in Africa: The Logic of the Coup-Civil War*, Cambridge, UK: Cambridge University Press.

Anders Themner (ed.) (2017) *Warlord Democrats in Africa: Ex-Military Leaders and Electoral Politics*, London, UK and New York, NY: Zed Books.

젠더관계와 개발

6장

1. 젠더의 개념화

젠더관계에 대한 국제사회 인식과 태도의 변화를 기념하기 위해 유엔은 1975년부터 1985년의 기간을 '유엔 여성 10년(Decade for Women)'으로 선언했다. 이 기간은 다수의 특별회의와 사업이 활발하게 진행되어 긍정적인 변화를 이끌어낸 낙관적 시기라고 볼 수 있다. 당시 발표된 여러 결의문에는 전 세계 여성들이 겪는 구조적 장벽에 대응하기 위한 세 가지 주요 정책 이니셔티브가 포함되었다. 해당 이니셔티브들은 공정성, 토지소유권, 기본 인권에 대한 평등한 권리와 같은 문제들을 주로 다루었다. 20년 이상이 지난 지금도 변화를 위한 투쟁은 여전히 진행 중이며 "선진국 여성조차도 유엔 여성 10년의 세 가지 행동계획에 명시된 권리를 누리지 못하고 있다."[1] 여성들이 직면하는 문제를 인정하는 행위 그 자체야말로 올바른 방향으로 나아가기 위한 중요한 단계였다고 볼 수 있다. 그 결과, 오늘날의 개발기구들이 전 세계 여성들의 평등을 촉진하기 위한 공약을 담은 정책 권한들을 표방하게 된 것이다.

　개발의 맥락에서 가장 주목할 점은 가난하고 취약한 지역사회 여성들이 부담하는 사회경제적 압박의 몫이 엄청나다는 것이다. 이러한 부담은 대개 빈곤의 악순환을 끊을 수 있을 여성의 능력을 제한하는 사회적 성역할에서 비롯된다. 젠더에 기반한 위계질서가 기저에 깔려있는 개발문제들을 인식할 때 비로소 인간개발을 제한하는 저해요소를 해결할 수 있다.

　어느 정도 개선이 되었지만 여성은 여전히 노동착취, 사회경제적 배제, 강제 결혼, 물리적 폭력의 두려움에서 자유롭지 않으며, 오늘날에도 우리 사회에는 성차별이 만연해 있다. 여성주의 학자들은 젠더를 다음과 같이 정의한다.

> 남성과 여성이 가져야할 모습을 설명한 사회적으로 구성된 특성. 강함, 합리성, 독립성, 보호자 그리고 공적 영역의 특성들은 남성성과 연관되는 반면, 약함, 정서, 관계성, 피보호자 및 사적 영역 등의 특성들은 여성성과 관련지어진다.[2]

　페미니즘은 이러한 이분법적 특성을 자연스러운 것으로 인정하는 것에 반대하며, 이러한 것들이 정치와 다양한 정책결정과정에 미치는 영향에 대해 끊임없이 경고한다. 또한, 페미니즘은 여성과 여성의 사회발전에 대한 기여에 대해 침묵해 온 고전적 학자들의 연구에 질문을 던진다.

　예를 들어, 앞서 논의했던 경제적 자유주의의 아버지로 알려진 아담 스미스(Adam Smith)는 공장에서 노동 특화의 효율성을 중시한 반면 가계 단위의 역동성은 간과했으며, 다음과 같이 계몽된 자기 이익의 중요성을 강조하였다. "우리가 저녁식사를 할 수 있는 것은 정육점 주인, 양조업자 또는 제빵사의 선의 덕분이 아니라 그들이 각자 자신의 이익을 추구하기 때문이다."[3] 이에 대해 한 여성주의 학자는 "아담 스미스는 요리사, 가사도우미, 아내, 어머니를 무시한 채 이 상인들 중 그 누구도 실제로 저녁 식사를 식탁에 올리지 않는다는 사실에 대해 함구했다"라며 날 선 비판을 제기했다.[4] 경제에 대한 국가의 개입을 강력히 반대한 아담 스미스는 기혼 여성의 재산권 박탈이나 교육에 대한 접근을 제한하는 것은 문제 삼지 않았다.[5] 이러한 사고는 명백히 18세기 유럽의 역사적 맥락에 기반을 두고 있으며, 페미니즘은 이렇게 역사적으로 누락된 사실을 조명하는 역할을 한다. 마르크스(Karl Marx)와 엥겔스(Friedrich Engles)처럼 혁명적인 열의로 가득 찬 학자들조차도 대부분 "사회주의 여성운동을 위한 공간을 제한하는" 당시의 가부장적 태도를 따랐다.[6] 점점 확산되는 남성 노동조합운동의 지지를 얻기 위하여, 자본주의의 열렬한 비판가인 이들은 "가부장제와 권위주의의 전유에 취약한 단순화된 사회주의 이론을 생성해냈다."[7] 여성주의 학자들은 여성들의 과거와 현재의 잃어버린 목소리를 되찾는 과정에서 광범위한 정치경제 분야에 초당파적 분석을 제안한다.

어느 공동체나 저마다의 견해를 갖고 있으며 역사와 관습에 의해 형성된 가족 구조에 복잡하게 연결된 개인들로 이루어진 복잡한 사회적 매트릭스(social matrix)를 형성한다. 많은 문화권에서 어머니로서의 여성은 '본연의(natural)' 역할로서 아이들과 노인을 돌보는 사람의 이미지로 해석된다. 이러한 고정관념은 여성의 역량을 약화시키고 여성의 독립적인 선택권을 침해하며, 그 과정에서 여성의 행위자성(agency)을 제한한다. 타고난 돌봄 역할의 지위로 강등된 여성들은 경제활동에 도움이 되는 기술을 배울 기회를 잃는다. 페미니즘은 이렇게 사회적으로 구성된 성별에 따른 역할로부터 여성과 모든 개인을 해방시키고자 한다.

여성의 역량을 강화하고 여성을 해방시키려는 페미니즘의 명분이 늘 환영받는 것만은 아니다. 페미니즘은 보편적이고 서구적이라는 비판을 받으며 종종 세계 각지의 종교적, 문화적 가치와 충돌한다. 이에 대해 누스바움(Martha Nussbaum)은 모든 인간이 존엄성을 가지고 가장 핵심적인 인간

기능을 수행할 수 있도록 한다는 점에서 보편적 가치의 본질을 옹호한다. 이러한 맥락에서 여성에게 가해진 여러 제한들은 부당한 것이다. 어느 대륙 에나 여성이라는 이유만으로 기본적인 인권을 존중받고 완전한 역량을 갖 춘 개인이 될 수 있는 권리를 침해받는 여성들이 존재한다. 인간의 역량에 대한 보편적인 개념은 다음과 같은 방향성을 제시해준다.

> 다양성, 다원주의와 개인의 자유에 대한 합당한 고려는 보편적 규범을 인 정하는 것과 상충되지 않는다. 물론 개인을 행위자이자 목적 그 자체로서 다루며 다양성, 다원주의와 자유를 보호하고자 한다면 보편적 규범들이 실제로 필요하다. 이 모든 문제를 한꺼번에 해결하는 가장 좋은 방법은 역량이 인간의 자유 영역을 침범하는 것이 아니라 보호한다는 사실을 강 조하면서 보편적 규범을 완전한 인간 기능을 위한 역량의 구성요소로 만 들어 내는 것이다.[8]

이러한 접근은 성평등을 다음과 같이 규정하는 유엔개발계획(UNDP: United Nations Development Programme)의 의무사항과 일치한다.

> 성평등은 여성과 남성, 여아와 남아의 평등한 권리, 책임 및 기회를 의미 한다. 평등은 여성과 남성이 똑같아야 한다는 것이 아니라 여성과 남성의 권리, 책임과 기회가 그들의 성별에 따라 결정되지 않는 것을 의미한다. 또한, 여성과 남성 모두의 이해관계, 필요와 우선순위를 고려하고 여성과 남성 내 각기 다른 그룹의 다양성을 인정하는 것을 의미한다. 성평등은 단순히 '여성의 문제'가 아니라 여성과 남성에 대한 고려와 이들의 완전한 참여를 필요로 한다. 여성과 남성 간의 평등은 인권 문제이며 지속가능한 인간 중심의 개발을 위한 전제 조건이자 지표로 여겨진다.[9]

성평등 달성 및 여성과 여아의 역량 강화는 유엔 지속가능발전목표 (SDGs)의 5번에 해당된다. 2015년 유엔은 2030년까지 빈곤을 종식시키고 지속가능한 미래를 구축하기 위한 17개의 목표를 제시하였다.[10]

2. 젠더와 개발: 접근법의 변화

페미니스트들은 국제관계의 이론과 실제가 주로 남성들에 의해 발전되어 왔기 때문에 '빈곤의 여성화(feminization of poverty)', 경제적 불평등, 성폭력과 정치적 주변화를 포함한 여성의 문제들이 경시되는 것을 오랫동안 관찰해왔다. 남성성의 관점은 다음의 결과를 초래한다. 첫째, 여성들은 사회적으로나 정치적으로 제한된 역할을 맡았고, 이로써 이들의 요구는 종종 부수적인 것으로 다뤄져왔다. 둘째, 여성들이 자신의 문제를 해결하는 데 있어 적극적으로 나설 수 없었기 때문에 이들의 문제를 '고치기' 위한 접근 방식은 부적절하거나 잘못 설정되었다. 끝으로, 지배적인 남성적 담론은 인권, 사회 복지, 가정 폭력, 경제적 불안정성과 같은 '여성적인' 문제 대신 국방, 금융, 거시경제의 안정성과 같은 '경성적 문제(hard issues)'들을 지나치게 강조하는 경향이 있다.

국제사회는 개발과 세계정세의 지배 담론 내에서 점차 여성과 젠더관계에 대해 관심을 기울이기 시작했다. 다음은 여성을 향한 국제사회의 인식 변화를 주도한 대표적인 사건들이다.[11]

1. 1975년부터 1985년까지의 유엔 여성 10년을 포함하여 1970년대에 시작된 국제 페미니즘운동
2. 환경, 젠더기반 불평등, 인권과 같은 더욱 '연성적 문제(soft issues)'에 대한 논의의 계기가 된 미국과 소련 간의 냉전 종식
3. 지식과 이해의 자연스러운 발전
4. 국제정치 무대에서 활동하는 여성의 수 증가
5. 통신 기술의 발전에 따른 여성 단체와 시민사회단체의 동원력 확대

지난 수십 년간 여성 문제를 개발 분야에 통합하고자 하는 다섯 가지 주요 접근 방식이 공식적으로 논의되어 왔다. 시기에 따라 복지적 접근(welfare approach), 개발에의 여성통합(WID: women in development), 젠더와 개발(GAD: gender and development), 여성과 개발(WAD: women and development), 성주류화(MGE: mainstreaming gender equality) 등과 같은 논의들이 있었다. 탈식민시대에 등장한 복지적 접근은 근대화 이론의 영향을 많이 받았으며 인구 통제에 우호적이었다. 또한, 세계은행을 포함한 국제원조기구의 지원을 받아 경제성장과 소비주의를 촉진하는 데 집중했다. 가족계획을 촉진하고 아동 영양실조 대응을 목표로 여러 사회 복지 프로그램이 협력대상국에 도입되었다. 복지적 접근은 여성을 직접 수혜 대상자로 지정하는 대신, 부의 증가가 남편 또는 남성 공급자에 의해서 여성에게 재분배될 것이라는 가정 하에 남성들을 주요 대상으로 한 개발 방식을 활용하였다.

두 번째 접근법은 1970년대 후반 복지적 접근에 대한 대응으로 시작되었다. 복지적 접근법은 가정 내 수행하는 주요 역할의 시각에서 여성을 바라본다는 비판을 받은 반면, WID 접근법은 여성을 위한 소득 창출 사업에 특히 집중하였다. 그러나 이 사업들은 구체적으로 해당 지역사회 여성들의 필요에 초점을 맞추지 않았기 때문에 크게 성공하지 못하였다. 폰 브라운뮐(Claudia von Braunmühl)은 이를 두고 "개발도상국의 여성들은 마치 그들 사이에 차이가 거의 없는 동질적인 집단인 것처럼 여겨졌다"고 하였다.[12] WID 사업들은 여성의 물질적 부를 증진시키지 않았을 뿐만 아니라, 무엇보다 "여성의 종속적 지위에 거의 영향을 미치지 않았다"고 밝혀졌다.[13]

GAD 접근법은 1980년대 영국 서섹스대학교에 근간을 두고 있다. 이전의 접근 방식들은 여성의 요구를 사전에 결정된 것으로 다룬 데에 반해, GAD는 사회적으로 구성된 성, 그리고 젠더 관계에 더 많은 중점을 두고 "여성을 개발 원조의 수혜자가 아닌 변화의 주체로 보았다."[14] 이 접근 방식으로 인하여 개발 프로그램들은 '역량 강화의 원칙(principle of empowerment)'을 중요하게 다루게 되었다. '젠더'를 분석의 단위로 사용함으로써 '여성들의 문제'는 '젠더 문제'가 되고 탐구의 범위는 더욱 넓어졌다. 이 접근 방식은 젠더에 기반을 둔 권력 관계의 구조를 분석하는 동시에 여성의 정치적, 경제적 역량강화를 위해 여성들이 스스로 조직할 것을 강조하였다.

WAD 접근법은 마침내 글로벌 남반구와 글로벌 북반구 간의 격차 문제를 다뤘다. 특히 식민주의의 영향을 감안할 때 글로벌 남반구의 여성들은 과거의 접근 방식들이 개발도상국 여성의 젠더 관계와 요구를 반영하지 못한다고 비판하였다.[15] 모한티(Chandra Mohanty)는 서방 국가의 페미니스트들이 비서방 국가의 여성들과 그들의 사회적, 경제적 관계에 대해 가설을 세우고 피상적인 지식을 만들어 내는 것을 비판하였다.[16]

1990년대 후반부터 성주류화 접근 방식이 성평등을 촉진하기 위한 글로벌 전략으로 채택되었다. "2014~2017년 UNDP 성평등전략(UNDP Gender Equality Strategy 2014-2017)" 보고서는 성주류화를 다음과 같이 정의하고 있다.

젠더 관점을 주류화하는 것은 모든 지역과 모든 수준에서 법, 정책 또는 프로그램을 포함하여 어떤 계획이든지 그것이 여성과 남성에 미치는 영향을 평가하는 과정이다. 이는 여성과 남성이 평등하게 수혜를 입고 불평등이 지속하지 않도록 하기 위하여 이들의 관심사 및 경험들을 모든 정치, 경제, 사회 분야 정책과 프로그램의 설계, 이행, 모니터링 및 평가의 핵심 요소로 만드는 전략이다. 궁극적인 목표는 성평등 달성이다.[17]

성평등 촉진과 여성의 역량 강화는 UNDP 개발 방식의 본질이자 핵심 전략이다. UNDP 위임권한은 "여성과 여아의 동등한 권리를 옹호하고 차별적 관행에 맞서며, 불평등과 배제에 영향을 미치는 역할과 고정관념에 도전하는 것"을 포함한다.[18]

"여성에 대한 모든 형태의 차별 철폐에 관한 유엔협약(UN CEDAW: UN Convention on the Elimination of All Forms of Discrimination Against

Women)"은 전 세계적으로 여성 문제를 인식하고 그들의 권리를 국제법에 의한 원칙에 따라 보장하는 전환점이 되었다. 이 협약은 1981년 9월 3일에 발효되었으며, 2017년 기준 99개국 정부가 서명하였다. 협약의 이행에 있어 아쉬운 점은 국내법과 관습의 이름으로 국가가 요구하는 유보조항이 너무 많다는 것이다.[19] 또 하나의 중요한 것은 1995년 북경에서 열린 유엔 여성회의의 결의문으로 도출된 북경행동강령(Beijing Platform for Action)이다. 이 문서는 "여아가 잠재력을 최대한 발휘하기 위해서는 생존, 보호 및 개발에 필요한 영적·지적·물질적 필요가 충족되고 동등한 권리가 보호되는 우호적인 환경에서 자라야 한다"고 밝히고 있다.[20] 또한, '모든 인류를 위해 모든 여성들의 평등, 개발, 평화'라는 목표의 중요성도 이 회의를 통해 전 세계적으로 인식되었다.[21] 제12조에 따라 국가들은 다음에 대한 의무를 재확인하였다.

> 사고, 양심, 종교, 신념의 자유를 포함하여 여성과 남성이 개별적으로 또는 공동체에서 필요로 하는 도덕적, 윤리적, 영적, 지적 수요에 기여하고, 결과적으로 사회에서 자신의 잠재력을 최대한 실현하며 그들의 삶을 그들이 바라는 대로 만들어 갈 수 있는 가능성을 보장하는 여성의 역량 강화와 발전.[22]

북경회의 이후 유엔 인간개발보고서(UN Human Development Report)는 성개발지수(GDI: Gender-related Development Index)와 여성권한척도(GEM: Gender Empowerment Measure)와 같은 젠더 관련 복합 지수를 발표하였다. GEM은 여성 국회의원 비율, 고위관리직 및 전문직 중 여성 비율, 남성 대비 여성의 추정소득 비율과 같은 지표를 활용하여 여성의 경제 및 정치참여와 그들의 경제력을 측정하기 위하여 설계되었다. 이러한 지수는 성별 격차를 정확하게 포착하여 중요한 젠더 문제를 반영하는 데에 한계가 있다는 비판을 받았고, 이에 대한 대안으로 유엔은 2010년 성불평등지수(GII: Gender Inequality Index)와 신규성개발지수(nGDI: new Gender Development Index)를 도입했다. nGDI는 주로 교육년수 관련 데이터 수집을 개선하는 반면, GII는 모성 사망률 및 여성의 노동시장 참여에 대한 데이터 수집을 통해 여성의 재생산 건강(reproductive health)을 측정한다.[23] UNDP는 매년 인간개발보고서를 발행하고 있으며, 2016년에는 "모두를 위한 인간개발(Human Development for Everyone)"이라는 제목으로 앞서 언급한 지표 관련 데이터를 실었다.[24]

전 세계 대부분의 여성들이 만족스러운 삶 또는 '충분히 인간다운 삶'을 살아가는 데 필수적인 지원을 받지 못하는 것에 대해 누스바움은 여성의 역량강화를 위해 앞서 논의된 센(Amartya Sen)의 자유로서의 발전 접근법과 함께 개발된 역량 접근법을 제안한다. 누스바움은 "모든 사람들은 목적 그 자체로서 가치가 있고 존중받을 만하며, 단지 평균의 총합만을 볼 것이 아니라 개개인 모두의 기능을 봐야 한다"라며, 모든 페미니스트들이 공유하는 생각을 간결하면서도 강력하게 전달하고 있다.[25] 그 결과 '목적으로서의 개인'이라는 누스바움의 이론은 '개인역량의 원칙'으로 진화한다. 역량 접근법은 인간의 핵심적 기능 역량이라는 맥락에서 여성과 여성의 삶을 바라본다. 개별 권리의 중요한 기능을 수행하며, 대체하거나 배제할 수 없는 인간의 핵심 기능 역량은 다음과 같다.

1. 삶: 평균적 수명을 누릴 수 있을 것(단명으로부터의 자유)
2. 신체적 건강: 건강할 수 있을 것
3. 신체적 완전성: 자유롭게 이동하며, (성폭력과 가정폭력을 포함하여) 모든 신체적 위험으로부터 안전할 수 있을 것
4. 감각, 상상력 및 사고: 자유롭게 사고하고, 적절한 교육, 정치적 및 예술적 표현의 권리, 종교의 자유 등을 통해 함양된 이성적 사고를 할 수 있을 것
5. 감정: 다른 사람을 사랑하고 사랑을 표현할 수 있으며, 이러한 역량을 저

해할 수 있는 '지나친 공포와 불안'을 갖지 않도록 보장할 수 있을 것

6. 실천이성: '선의 개념을 형성하고 자신의 삶의 계획에 대해 비판적인 성찰'을 할 수 있을 것

7. 소속: A. 공동체의 다른 사람들과 사회적 상호작용을 할 수 있을 것. 이는 결사와 정치적 표현의 자유를 필요로 한다. B. 자기존중과 무굴욕(non-humiliation)을 통해 존엄하고 동등한 존재로 대우받을 수 있을 것. 이는 일할 권리와 모든 형태의 차별로부터 자유로워질 권리를 필요로 한다.

8. 다른 종들: 동물, 식물, 그리고 자연과 함께 살고 관계를 맺을 수 있을 것

9. 놀이: 웃고, 놀고, 여가 활동을 즐길 수 있을 것

10. 자신의 환경에 대한 통제: A. 정치적 선택에 참여할 수 있고, B. 동등한 재산권과 고용권을 갖는 것과 관련된 모든 것[26]

이 목록은 법적, 헌법적 보장에 영감을 줄 수 있는 인간 역량에 대한 보편적 사고에 기반하여 정치적 원칙을 다져나가는 데 도움을 준다. 모든 국가는 이를 준수하도록 권고받는다.[27] 누스바움은 페미니즘의 통찰력에 기대어 여성들이 필요 수준의 기능적 역량을 갖추지 못한 점을 지적하며 이를 정의의 문제로 상정한다. 그녀는 공리주의적 경제의 특징인 추상적인 규범적 이론 대신 국제개발정책 수립에 실질적으로 필요한 철학, 즉 여성의 종속과 배제의 경험에 대한 이해를 도울 철학적 방향을 제시한다.[28]

누스바움은 센의 역량 접근법을 여성에 초점 맞춰 적용하고 논의를 확대함으로써 개발분야에 기여했다. 두 학자 모두 권리, 자유 및 기타 비효용적 가치를 무시하는 경향이 있는 경제발전에 대한 전통적 접근방식의 한계에 도전한다. 만족과 행복을 향한 공리주의적 탐색은 개개인의 웰빙과 궁핍의 정도를 비교하는 데 있어서는 한계가 있다. 센이 말했듯 사람들의 욕구와 필요는 환경에 따라 달라질 수 있으며, 이는 특히 역경 속에서도 삶을 견뎌내기 위한 한 방식이기 때문이다. 따라서 효용에 따른 산출 방식은 계층화된 사회에서 만성적으로 혜택 받지 못한 사람들, 비관용적인 사회에서 지속

적으로 억압받아온 소수자들, "착취적 환경에서 상습적으로 혹사당하는 노동자들, 극심한 성차별적 사회에서 절망적으로 복종을 강요받는 주부들"[29)] 과 같이 끊임없는 박탈을 경험하는 이들에게는 매우 불공평한 기준일 수 있다. 사회적 및 경제적으로 주변화된 사람은 생존을 위해 어쩔 수 없이 박탈과 타협하며, 특히 정당한 법적 절차에 의해 고충이 해결될 수 없다는 것을 알 때 더욱 그렇게 강요받는다.

역량 접근법의 핵심은 개인의 행위자성을 확장시키는 것이며, 경제 불평등과 성 불평등의 문제를 해결하기 위한 프로그램에 있어 정부와 개발기구들의 책무성을 강조하면서 정의를 추구한다. 역량 접근법은 또한 "진정한 책무성은 개인의 권리를 수반한다"는 사실을 상기시킨다.[30)] 1993년 세계인권회의 참가국은 비엔나선언과 행동계획을 채택했는데, 이 행동계획의 열여덟 번째 문단은 UNDP에서도 사용하는 여성의 권리에 대해 정의를 내리고 있다.[31)]

여성과 여아의 인권은 보편적 인권의 불가양, 불가결, 불가분한 부분이다. 국내적, 지역적, 국제적 수준에서 정치적, 시민적, 경제적, 사회적, 문화적 생활에 대한 여성의 완전하고 평등한 참여, 그리고 모든 형태의 성차별 근절은 국제사회의 최우선적인 목표이다.

역량 접근법은 개발기구들이 인간개발을 저해하는 요소를 조사하고 측정하는 방식에 큰 영향을 미쳤으며, 현재 UNDP에서 사용되는 여성의 역량강화 개념을 재정의하는 데에도 기여하였다.

여성의 역량강화에는 5대 요소가 있다. 여성의 자기존중감, 선택권, 기회와 자원에 대한 접근권, 가정 안팎에서 자신의 삶을 통제할 힘을 가질 권리, 그리고 더 정의로운 국내 및 국제사회에서의 사회적, 경제적 질서 구축을 위해 사회적 변화의 방향에 영향을 미칠 수 있는 능력이 다섯 가지 요소에 해당된다.

역량강화의 개념은 성평등과 관련이 있지만 여성 스스로가 자신의 운명을 개척해나갈 수 있는 능력을 핵심으로 한다는 점에서 구별된다. 여성의 역량강화를 위해서는 동등한 역량(교육, 건강 등), 자원과 기회에 대한 동등한 접근(토지, 일자리 등)에 대한 보장뿐만 아니라, 그러한 권리, 역량, 자원, 기회를 활용하여 전략적 선택과 결정(리더십을 발휘할 기회, 정치제도 참여 등)을 할 수 있는 행위자성을 반드시 갖추는 것을 의미한다. 또한, 여성이 이러한 행위자성을 행사하기 위해서는 억압과 폭력에 대한 두려움 없이 살 수 있어야 한다.[32]

3. 취약계층 역량강화: 성평등을 향하여

차별은 모든 사회의 여성들에게 영향을 미치지만, 개발도상국의 빈곤층 여성들은 특히 취약한 상황에 노출되어 있다. 한 여성의 사회경제적 제약은 그녀의 경험, 사회화, 그리고 두려움에 의해 형성된다. 수용된 규범의 제도화는 아마도 개인의 사회적 성을 인식하는 가장 큰 수단일 것이다. 여성은 태어나기 전부터 위험에 노출되는데, 이는 중국에서의 초음파 활용 및 성감별에 의한 성차별 낙태 혹은 출산 후 여아 유기 현상에서 잘 나타난다. 그 결과 중국은 남성이 여성보다 3,400만 명 더 많은 최악의 성비 불균형 국가가 되었다. 중국정부가 40여 년 전 '한 자녀 산아제한정책'을 시행한 이래로 중국 의사들은 3억 3,000만 건 이상의 낙태수술을 한 것으로 알려졌다.[33] 또한, 스리랑카에서는 첫째 출산 이후 불임수술에 동의하지 않은 여성이 재차 임신할 경우 밭에서 일할 기회나 병원에 입원할 권리가 박탈당했다.[34] 남성보다 훨씬 많은 여성들이 가정폭력 피해와 성매매의 위협 속에 살아가고 있다. 2014년 발표된 유엔 보고서에 따르면 알려진 인신매매 피해자 중 49퍼센트가 성인 여성이며, 33퍼센트가 아동(남아 12퍼센트, 여아 21퍼센트)

인 것으로 나타났다.[35] 또한, 예측 불가능한 고용, 저임금, 그리고 사회적 보호장치가 미비된 상태의 고용으로 정의되는 취약 고용 사례에서도 상당한 성별 격차를 발견할 수 있다. 북아프리카, 사하라 이남 아프리카, 아랍의 일부 국가에서는 여성이 남성보다 취약노동자일 확률이 25~35퍼센트 더 높다.[36]

　　가정 환경이 자녀를 강한 여성으로 키우거나 가부장제에 순응하도록 사회화하는 중요한 역할을 한다는 점은 틀림없다. 여성들은 홀로 아이를 양육하고, 저임금의 저평가된 직업과 취약한 사회적 지위에 갇혀 있는 자신을 발견한다. 손튼(Arland Thornton)은 가족계획, 성인 간의 합법적인 결혼, 여성의 자기 가치에 대한 존중 등 현대적인 가족 개념을 장려하는 것이 사회 전반에 크게 기여할 것이라고 주장한다.[37] 문화와 전통을 존중하는 것도 중요하지만, 동시에 전통이 여성의 근본적인 자유와 권리를 침해하지 않도록 보장하는 것도 중요하다. 여아들을 그들보다 훨씬 나이가 많은 남성들에게 시집 보내고, 중매 결혼한 여성들이 남편의 선의에 의존하여 살 수 밖에 없도록 하는 관습은 정당화하기 어렵다. 실제로 몇몇 국가에서는 어린 신부들이 탈출의 기회나 선택권 없이 강제 결혼을 당하는 사례를 볼 수 있다. 게다가 어떤 여아들은 남편을 거부하거나 그에게 '불복종'하는 여성을 '훼손하고 살해하는 것'을 의미하는 '염산 고문(acid bath)'과 같은 처벌을 당하기도 한다.[38] 관습법과 종교법을 따르는 지역에서는 남성들이 죽은 친형제들의 아내를 상속받는다. 여성들은 남편의 유산을 물려받을 수 없기 때문에 무일푼으로 남겨진다.

　　토지 소유권이 없는 여성들은 열심히 경작한 땅을 결국 남편이나 남편의 친척들에게 빼앗기는 절망을 경험한다. 통상 농사일을 더 많이 해오던 여성들은 남성들이 새로운 수익을 찾아 고향을 떠나면서 농사에 더해 가사노동과 자녀양육까지 떠맡게 되었다. 제조업 혹은 서비스업 관련 일자리를 구하지 못한 연령이 높은 여성들은 주로 농촌 지역 인구의 많은 비율을 차지한다.[39] 남아프리카에서 연구를 진행 중인 제이콥스(Susie Jacobs)는 토지 보장이 여성에게 중요한 관심사였지만 고용, 적절한 주거환경, 전기, 더 나은 의료, 인권 등의 문제도 최우선 과제라고 하였다.[40] 구조조정 프로그램의 예시에서 알 수 있듯이 여성은 외부 조건의 변화에 가장 큰 영향을 받는다. 여성은 '실질 임금 하락, 실업률 상승, 소비재 가격 급등, 공공 지출 수준 및 구성의 변화로 인해 부과된 추가 부담'으로 피해를 입었다.[41] 카메룬에서는 공공부문의 구조조정과 민영화의 결과로 미숙련 여성노동자들이 가장 먼저 실직했으며, 특히 야자수, 고무, 차, 바나나 농장에서 일하는 여성들이 큰 타격을 입었다. 일자리와 함께 건강보험 및 주택임대와 같은 사회보장 서비스를 잃은 여성들은 비공식 부문 혹은 더 오래 일하고 더 적게 벌며 혜택도 없는 농업 부문 일자리를 구할 수 밖에 없었다. 여성들은 주기적으로 경찰에 의해 세금을 과다납부 당하거나 강탈당했고, 일터로 가기 위해 장거리를 이동해야 했으며, 강간과 강력범죄에 노출되었을 뿐 아니라, 신용에 대한 접근도 제한적이었다.[42] 최저 임금을 받으며 혹사 당하는, 사회적으로 주변화된 여성들은 학대적인 관계일지라도 생존을 위해 기꺼이 결혼을 선택한다.

게존(Lisa L. Gezon)이 결혼, 친족, 보상에 대해 마다가스카르에서 실시한 연구는 미혼 여성의 역량이 매우 제한적이라는 것을 보여준다. 사회에서 여성들은 그들이 남성들과 맺는 관계적 맥락에서 구조적으로 의존적이고 취약할 수 밖에 없다.[43] 여성들은 "농사일, 사소한 구매 및 판매, 남성과의 성관계 및 가사일을 통해 생활비를 벌고 있는 것으로 나타났다."[44] 게존은 특히 남성이 농지를 소유하거나 직접 관리하는 경우, 결혼이 여성에게 경제적 안정성을 제공할 수 있다고 주장한다. 결혼하지 않은 여성은 심각한 어려움에 직면하게 된다. 이들은 토지에 접근하기 매우 어렵게 되며 여성들이 농지를 관리하는 경우에도 농장 유지에 필수적인 남성 노동력을 고용할 수 없게 된다. 보통 남성들이 농지를 갈거나 수레를 끄는 데 필요한 가축 떼에 접근할 수 있고, 힘도 더 세기 때문에 때로는 더욱 힘이 드는 농사 일에 유리할 수도 있다.

마다가스카르의 한 지역에서는 운하 수류 조절 시스템으로 인해 여성들의 활동이 제한되었는데 이는 해당 시스템이 권력있는 남성들이 이끄는 가부장적인 가족들에 의해 통제되었기 때문이다. 미혼 여성들은 밤에 밭에 일하러 가면 폭행을 당할 수도 있다는 두려움에 시달렸다. 이러한 상황은 그들을 사기와 조작에 취약하게 만들었다. 저자에 따르면 한 여성의 이웃에 사는 남성은 그 여성이 밤에는 물 공급 시스템을 점검하지 않는다는 사실을 알고 야간에는 물이 여성의 밭을 우회하도록 조작하였다. 그 결과 해당 여성의 밭은 시들었고, 이웃 남성의 작물은 훨씬 잘 자라게 되었다. 일부 여성들은 지역사회 내 남성들에 대한 경제적 의존을 강조하는 가부장적 사회관계에 굴복하여 남성들을 위한 가사일과 성관계로 돌아섰다.[45] 이와 같이 취약한 여성들은 경제적 독립을 촉진하는 기본적인 도구가 필요하며, 소액 대출과 같은 프로그램은 농업 및 기타 경제 부문에서 여성의 자급력을 향상시킴으로써 이러한 의존 관계를 깰 수 있었다.

소액 대출 개념이 여성을 염두에 두고 설계된 것은 결코 우연이 아니었다. 소액 대출은 개발도상국 여성들의 역량을 강화하는 중요한 도구로 자리 잡았다. 최초의 소액 대출기관인 그라민은행(Grameen Bank)의 창업자 유누스(Muhammad Yunus)는 여성에게만 소액 대출을 제공하기로 했고, 이러한 결정은 그의 고향인 방글라데시에서 시작부터 매우 논란이 되었다. 남편들과 공동체의 남성 지도자들은 그라민은행의 대출 프로그램을 그들의 권위에 대한 직접적인 위협으로 보았다. 하지만 유누스는 여성들이 아이와 노인 돌봄을 책임지는 전통적인 역할을 고려했을 때, 기아와 빈곤은 남성보다 여성의 문제에 더 가깝다고 생각했다. 그는 다음과 같이 가난한 여성들이 사회에서 가장 소외된 계층의 구성원이라는 것을 알고 있었다. 그의 관찰에 따르면,[46]

우리 사회의 가난한 여성은 전적으로 불안정하다. 남편이 원하면 언제든지 쫓아낼 수 있기 때문에 그녀는 남편의 집에서 불안정한 것이다. … 그녀는 글을 읽고 쓸 줄 모르며, 그녀의 의지와 상관없이 보통 돈을 벌기 위해 집 밖으로 나가는 것이 허용된 적이 없다. 그녀는 친정에서와 마찬가지 이유로 시댁에서도 불안정하다. 그들은 먹일 입 하나를 줄이기 위해 그녀를 가장 먼저 내쫓을 것이다.

소액 대출은 가난한 여성들에게 어느 정도의 재정적 안정을 제공하는 것을 목표로 하였다. 그라민은행의 연구에 따르면 여성은 남성보다 가족의 생활환경을 개선하기 위해 돈을 더 현명하게 사용한다.[47] 소액 대출은 또한 가난한 여성들이 작은 사업을 시작하고 구조적인 억압에 맞서는 데 필요한 자신감을 얻을 수 있는 기회를 제공했으며, 그 과정에서 수많은 가정에서의 전통적인 가부장적 구조를 바꾸기 시작했다.

여성은 집단적으로 가정폭력과 성적 학대, 정치적 차별, '빈곤의 여성화'에 취약하다. 개인적 차원에서도 성 불평등이 지속되는 특수한 환경에 각각 놓여있다. 억압을 허용하는 가족 구조로 인해 많은 경우 여성들은 피할 곳이 없다. 누스바움에 따르면,

많은 경우 여성들이 가정 내에서 겪는 피해의 형태는 다음과 같다. 여성은 목적 그 자체로서가 아닌, 다른 사람의 필요를 충족시키는 부속품이나 도구로 취급되고, 행위자성을 가진 가치있는 자가 아닌 단순한 재생산자, 요리사, 청소부, 성적 배출구, 돌봄자로 취급된다.[48]

끊임없는 구조적 한계에도 불구하고 점점 더 많은 여성들이 긍정적인 변화를 일으키기 위해 대담한 발걸음을 내딛고 있다. 구조적 문제에 대해 현지화된 대응과 더불어 시위를 통한 여성의 정치적 무대 진입은 여성들이 변화를 일으킬 수 있다는 것을 보여주었다. 눈에 보이도록 등장하는 단순한 행위만으로도 변화가 유도될 수 있다. 누스바움은 인터뷰를 통해 여성들이 집단

을 조직하고, 관심과 서비스를 요구하는 것 자체만으로도 남성들이 그들을 "무엇인가를 할 수 있는 힘 있는 자들"로 다르게 본다는 것을 발견했다.[49] 여성들은 구조적인 성 불평등에 공동 대응함으로써 성별 격차를 줄이고, 역량을 달성해나갈 수 있다.

지금까지의 논의를 비춰보면 여성의 역량강화에 있어 중요한 세 가지 원칙이 있다. 첫째는 여성들이 학대나 경제적으로 피폐한 상황에서 벗어날 수 있는 선택의 여지를 갖도록 하는 것이다. 여성의 경제적 선택권을 확대하는 정책은 그들의 웰빙을 향상시키고 가정과 지역사회 내 여성의 협상력을 강화한다. 둘째, 여성노동의 가치인정은 가사노동 및 성별 임금 격차 관련 정책에 영향을 끼친다는 점에서 중요하다. 셋째로 자기가치감은 여성이 자신의 능력에 대한 믿음을 되찾는 데에 있어 중요하다. 이상 세 가지를 작동시키는 한 가지 방법은 여성의 정치참여와 사회적 역량강화를 촉진시키기 위해 여성의 조직화를 장려하고 여성단체에 재정을 지원하는 것이다.

풀뿌리 사회정치 참여와 성 정체성에 관한 파딜라(Beatriz Padilla)의 연구에 따르면, 시민사회 단체에서 활동하는 여성들은 집안과 공공의 영역을 오가며 활동한다는 점에서 그들의 활동 범위를 더 유동적이라고 여긴다. 지역사회에서 활발히 활동하게 된 여성들은 다른 여성들의 사회 참여 역시 독려했으며, 자신을 남성에게 의존하는 여성들과는 다르게 여겼다. 이는 그들이 "전통적인 성 역할에 도전했으며, 남편이나 파트너에 기대지 않고, 주변 환경을 스스로 바꾸고 그들의 요구에 대한 답을 찾을 수 있는 조직력을 갖추고 있다"고 느꼈기 때문이다."[50]

히말라야 산맥에 사는 치프코 여성들은 저항의 표시로 거주지역에 변화를 일으키기 위해 그들의 성 역할을 활용했다. "형제의 손목에 비단실을 매달아주는 충실하고 사랑스러운 여동생이나 누나 또는 아이들의 목숨이 달린 나무를 구하기 위해 기꺼이 위험을 무릅쓰는 용기 있는 엄마"[51]로서의 고정관념을 수용한 현지 여성 조직은 마을의 삼림파괴를 중단시켰는데, 만

약 막지 못했다면 소중한 물푸레나무는 다시 심어지지 않았을 것이고 대안으로 남은 것은 가정에서 사용하기에 적합하지 않았을 것이기에 그들은 목재를 얻기 위해 더 장거리를 이동해야 했을 것이다.[52]

여성 역량강화의 한 가지 중요한 측면은 여성 스스로 자신의 신체에 대한 통제권을 갖는 것이다. 누스바움이 언급한 핵심적인 인간의 기능적 역량 세 가지는 건강한 삶을 살 수 있는 능력과 출산 관련 문제를 스스로 선택할 수 있는 권한 등의 내용을 포함한다.[53] 오늘날 모성 건강에 대한 기존의 해석과 이해에서 탈피하며 중요한 전환을 시사하는 새로운 연구가 있다. 이러한 전환은 아동 및 모성 사망 위험을 다루는 것부터 성 불평등, 인종 차별, 식민주의의 유산과 같은 모성사망의 위험을 높이는 복잡한 원인을 다루는 데까지 다양하다. 이 연구는 글로벌 북반구와 글로벌 남반구 여성들 간 출산에 대한 인식의 차이가 있다는 것을 보여준다. 글로벌 남반구의 여성들은 위험을 최소화하고 가난의 낙인을 벗기 위해 새로운 의학기술에 대한 완전한 접근을 선호하는 반면, 글로벌 북반구의 여성들은 의료진의 개입을 최소한으로 줄인 편안한 환경에서의 자연주의 출산을 점점 더 선호하고 있다.[54]

세계보건기구(WHO) 출산 건강 연구부(RHR)는 사람들이 "자신의 성 및 재생산 생활을 스스로 통제하고 관련 보건서비스에 접근할 수 있도록 역량을 강화하는 것"의 중요성을 강조한다. 이것은 HIV/에이즈, 원치 않는 임신, 여성할례, 성폭력과 같은 건강관련 문제 대응에 있어 필수적인 단계다.[55] 세네갈 도시에서 성매매 여성 대상 HIV/에이즈 예방 프로그램을 조사한 연구자는 안타깝게도 사업담당기관이 충실히 책임을 이행하지 않았다는 것을 발견했다. 예를 들어, 진료소에서 무료제공하는 콘돔에 대해 돈을 요구하거나, 갑자기 문을 닫아 필요한 여성들이 공급을 받지 못하는 상황들이 발생하였다.[56]

비록 대부분의 여성들이 자발적 선택보다는 가정에서의 학대와 폭력을 피해 최후의 수단으로 매춘을 시작하지만, 의도가 어찌됐든 성매매 여성들은 사회적으로 주변화된다. 여성은 남편이나 자녀에게 버림받고 일자리를 얻는 데 필요한 기술이 없기 때문에 결국 거리로 내몰리게 되거나 인신매매를 당하기도 한다. 유엔은 불법 인신매매가 국제적으로 증가하고 있다고 발표했다.[57] 여성들은 허위 광고에 속아 외국으로 유인된 후 그곳에서 고립되고 인신매매범의 소유물로 취급된다. 그들은 보통 불법체류자 상태로 여권도 빼앗겼기 때문에 경찰에게 도움을 기대할 수 없으며, 폭력적이고 착취적인 환경에서 물리적·감정적 학대를 당하거나 콘돔의 사용 없이 강간을 당할 수 있기 때문에 HIV/에이즈에 노출될 위험이 높다. 따라서 유엔인구기금(UNFPA, 전 유엔인구활동기금)은 여성과 여아에 대한 폭력이 인권 침해이자 공중 보건의 최우선 과제라고 일관되게 주장하고 있다.[58]

1995년 북경행동강령은 '여성에 대한 폭력'을 다음과 같이 정의한다.

> 강제 혹은 자의적 구금 등 공적 혹은 사적 영역에서 여성에게 물리적, 성적, 심리적 상해를 입히거나 그에 대한 협박 등을 포함한 젠더기반폭력 행위.[59]

이 행동강령의 113절은 특히 가정과 지역사회 내에서의 폭력을 언급한다. 그러나 지참금 관련 폭력, 성적 학대, 여성할례, 부부간 강간이 가정 내에서 끊임없이 발생하고 있다. 여러 전통적인 지역사회에서 가정생활은 사적인 문제로 간주되며, 여성 보호에 관한 법은 대부분의 국가에서 효력이 없다. 예를 들어, 2005년 국제앰네스티에서 발표한 보고서에 따르면 나이지리아의 일부 지역에서 여성의 3분의 2 이상이 가정 내에서 어떤 형태로든 폭력을 경험한 적이 있다.[60] 그들의 형법상 부부강간죄는 범죄로 간주되지 않았으며, 법의 테두리 안에서도 사법제도는 도움을 청하는 여성들에게 정의나 보호를 제공하지 않았다.[61]

과테말라의 경우 곤경에 처한 여성들이 때로는 "법적 보호나 적절한 치료를 제공"해야하는 의무를 저버린 정부로부터도 외면당한다.[62] 2001년부터 2006년까지 과테말라에서는 2,200명 이상의 여성들이 잔인하게 살해되었다. 이들 중에는 학생들과 가난한 여성 노숙인들도 있었지만 대부분은 성매매 종사자들이었다. 이러한 여성들은 낙인으로 인해 가해자들을 고발하는 것을 두려워한다. 유죄 판결로 끝난 사건은 2006년 단 두 건에 불과했다. 국제앰네스티는 경찰의 잘못된 수사, 정보 누락, 불충분한 증거와 자료 수집을 발견했다.[63]

젠더기반 폭력과 차별은 분열되고 건강하지 못한 사회의 반증이다. 개인의 권리가 존중되는 민주주의 국가에는 성 불평등이 설 자리가 없다. 따라서 성평등 촉진은 UNDP 최근 전략의 기본 원칙이며, UNDP는 다음의 세 가지 주요 업무 영역을 제시한다.[64]

글상자 6.1 UNDP 주요 전략 활동영역

1. 지속가능한 발전 경로:
불평등에 대응하고 다양한 배경의 여성과 여아의 역량강화를 위한 정책을 재구성하는 기회를 제공하는 것이며, 이로써 여성이 포괄적이고, 정의롭고, 평등하면서도 지속가능한 발전을 촉진하는 데에 있어 촉매제가 되어 남성과 동등한 파트너가 되는 것이다. 여성의 참여 속에서 빈곤 종식, 지속가능한 소비와 생산 패턴의 촉진과 천연자원의 지속가능한 관리가 이루어질 수 있다.

2. 포괄적이고 효과적인 민주적 거버넌스:
거버넌스에 여성과 남성의 동등한 참여와 서비스의 평등한 혜택을 보장하는 것은 포괄적이고 효과적인 민주적 거버넌스를 달성하기 위한 전제조건이다. UNDP의 민주적 거버넌스 영역은 여성의 법적 권리와 역량을 증진시키고, 그들의 사법접근성을 강화하며, 성인지적(gender responsive)이면서 공평한 서비스 제공을 보장하고, 의사결정에서 동등한 참여를 촉진할 기회를 제공한다.

계속 ▶▶

3. 회복탄력성 구축:

성평등과 여성의 역량강화는 개인적, 제도적, 사회적 회복탄력성을 구축하는 데 필수적이다. 전반적으로 구조적 불평등, 특히 경제·사회·정치 영역에서 여성과 남성 간의 불평등은 경제적 충격, 재난과 기후관련 충격과 정치적 충격의 영향을 악화시키고 지속가능한 발전과 지속적 평화를 저해한다. 여성들은 공식 및 비공식 평화 과정의 모든 단계에 참여해야 하며, 그들의 우선순위는 분쟁 예방, 위기로부터의 조기 회복, 지속적인 평화, 회복탄력성, 그리고 지속가능한 발전을 위한 의제의 기초가 되어야 한다.

UNDP 성평등전략은 회원국이 이행해야 할 실질적인 정책 권고와 조치들을 열거한다.[65] UNDP는 이행을 촉진하기 위해 여러 유엔기구와 전 세계 시민사회단체들과 협력해왔다. 그러나 성평등 촉진 및 여성의 역량강화를 위해 투입된 지난 다년간의 개발원조사업의 결과는 엇갈린 결과를 낳았다. 보건 및 교육과 같이 일정 수준의 재원이 뒷받침되는 분야에서는 측정 가능한 성과를 확인할 수 있었다. 전 세계적으로 1995년부터 2015년 사이에 모성 사망률이 거의 절반으로 떨어졌고 초등교육에서의 성별 격차는 사실상 사라졌다. 하지만 경제 및 정치참여, 젠더기반 폭력 등 실질적인 개발 재원이 부족한 분야에서는 여성의 지위가 변하지 않았거나 심지어 퇴보하는 결과를 나타냈다. 예를 들어, 라틴아메리카와 카리브해 지역에서는 빈곤율이 감소했음에도 불구하고 1997년부터 2012년까지 남성 대비 여성 빈곤층 비율이 증가했다. 학자들은 개발기구들이 여성과 여아들의 발전을 우선 과제로 충분히 다루고 있지 않다고 본다.[66]

4. 장벽 극복: 리더와 행동가로서의 여성

UNDP 성평등전략은 성평등 달성을 위해 제거되어야 하는 구조적 장벽의 존재를 인정한다.[67] 2016년 인간개발보고서는 여성이 잠재력을 실현하는 데 필요한 역량강화를 가로막는 강력한 젠더 장벽을 확인해 주었다. 예를 들어, 여성은 150개 이상의 국가에서 기회에 대한 법적 차별을 받고 있고, 18개국에서는 여성들이 취직을 위해 남편의 승인을 받아야 하고, 32개국에서는 여권 발급 절차가 남성들과 다르며, 100개국에서는 단지 여성이라는 이유로 특정 직업을 갖는 것이 금지된다. 이 보고서는 이러한 장벽들 중 일부가 "노골적인 폭력과 차별법, 배타적인 사회규범, 정치참여의 불균형, 기회의 불평등한 분배와 같은 사회적·정치적 정체성 및 관계성에 깊이 내재되어 있다"고 지적한다.[68]

많은 나라에서 여성들은 계속해서 정치, 경제 무대에서 상대적으로 작은 자리를 차지하고 있다. 여성 총리를 배출한 인도, 파키스탄, 방글라데시, 스리랑카, 트리니다드토바고, 페루, 기니비사우, 태국, 세네갈, 말리와 같은 예외도 있는 반면, 미국 정부는 여전히 갈 길이 멀고, 미국만큼은 아니더라도 캐나다 정부도 마찬가지 상황이다.[69] 선진국보다 여성의 정치대표성이 높은 일부 개발도상국들이 있는데, 의회에서 여성이 차지하는 비율로 보면 코스타리카 33.3퍼센트, 니카라과 39.1퍼센트, 쿠바 48.9퍼센트, 에콰도르 41.6퍼센트, 남아프리카공화국 40.7퍼센트, 볼리비아 51.8퍼센트, 르완다 57.5퍼센트, 우간다 35퍼센트이다.[70] 캐나다와 미국의 수치는 각각 28.2퍼센트, 19.4퍼센트이다. 일반화하기는 어렵지만 "균등하지 않고 여성의 참여를 촉진시키지 않는다"는 점에서 이러한 수치들은 다양한 정치적, 사회적, 문화적 환경 내 여성의 협상력과 관련된 핵심적인 주제이다.[71]

그럼에도 불구하고 HDI 통계와 비교했을 때 인간개발지수가 매우 높은 국가군은 여성의 정치대표성도 매우 높은 수준인 것으로 나타났다. 2015년

HDI 상위 15개국 중 여성 국회의원 비율은 스웨덴이 43퍼센트 이상, 미국과 아일랜드는 19퍼센트 이상이다.[72] 세계 각 지역마다 또 다른 흥미로운 차이점이 있다. 예를 들어, 북유럽국가들은 여성 국회의원 비율이 가장 높은 반면, 대부분의 중동 국가에서는 카타르 0퍼센트, 쿠웨이트 1.5퍼센트, 사우디아라비아 19.9퍼센트로 상당히 낮은 수치를 기록했고, 사하라 이남 아프리카 최빈국 상황은 모잠비크와 같이 39.6퍼센트로 높은 비율을 나타내는 국가와 9.5퍼센트의 말리와 같이 낮은 국가 등으로 다양했다.[73] 이러한 현상을 오랜 기간 연구한 학자들은 선거정치에 있어 문화적 요인의 중요성과 더 평등한 국가일수록 여성 국회의원 수가 많다는 국가별 차이를 관찰했다.[74]

거버넌스 특성의 변화에 따른 차이도 있다. 일례로 탈공산주의 국가인 폴란드와 헝가리 일대에서 일어난 개혁의 움직임은 젠더중립적인 것과는 거리가 멀었다. 개혁의 과정에서 사회주의 프로그램들이 사라지면서, 여성들은 여러 직장에서 동시에 일하며 가족을 돌보는 등 불균형적으로 과중한 부담을 지게 되었다. 여성 정치인의 수도 감소했다. 과거 양국은 여성 참여를 의무화하는 쿼터제를 도입했었지만 폴란드에서 여성 국회의원 비율은 20퍼센트 이상에서 쿼터제 폐지 이후에는 13퍼센트로 떨어졌다. 탈공산주의 헝가리에서는 이 비율이 7~11퍼센트로 공산주의체제에서 20퍼센트가 넘었던 것과는 뚜렷한 차이를 보였다.[75] 이는 부분적으로는 민주주의 개혁의 과도기에 발생한 대규모 경제적 변화에 기인한다. 가변적인 경제 상황은 특히 여성들을 변화하는 노동시장과 경제적 불확실성 가운데 실업과 저임금의 두려움 등으로 특징지어지는 위태로운 상황에 노출시켰다. 국제비정부기구들은 여성의 정치참여를 적극 권장하려고 했지만, 여성이 정치에 자원할 여력이 없다는 사실을 알게 되었다. 실제로 서방의 비정부기구들은 현지의 국내정치에 대한 이해없이 지역 여성단체에 그들의 전략을 강요하여 이들을 사회적으로 주변화시키는 데 영향을 미쳤다고 비판을 받기도 했다.[76]

경제적 상황이 개선되면 여성의 정치참여가 확대될 것이라고 예상할 수 있다. 실제로 폴란드의 경제적 상황은 호전되었다. 2015년 폴란드 여성들은 22.1퍼센트의 의회 의석을 차지했고 폴란드는 HDI 목록에서 36위에 올랐다. 같은 해 헝가리는 해당 지수에서 44위를 차지했지만 여성 국회의원 비율은 10.1퍼센트에 불과했다. 이 두 국가 간의 흥미로운 차이점 중 하나는 성불평등지수(GII)인데, 이 수치는 폴란드가 헝가리보다 더 높다. 2014년에 폴란드는 28위, 헝가리는 40위를 차지했다.[77] 폴란드의 성평등은 여성의 확대된 정치참여에 의해 반영되었을 수도 있다.

전 세계적으로 더 전통적인 지역사회에서 문화적 규범은 "중동의 종교에 의한 배제부터 남태평양 가부장적 종족공동체주의에 이르기까지" 여성이 사회 내 특정 역할의 성 고정관념을 받아들이도록 사회화하는 강력한 도구가 될 수 있다.[78] 여아들은 종종 아이들을 양육하고 가족 농장을 가꾸는 데 참여하도록 사회화되는 반면, 남아들은 가정과 공적 영역 내에서 사회의 리더가 되도록 장려된다. 또한, 때때로 여성들은 눈에는 보여도 들리지는 말아야 한다는 것을 배우는데, 이는 공적 영역에서 그들의 자신감을 더욱 떨어뜨리고 그들의 의견이 남성들의 의견만큼 중요하지 않다는 것을 주지시킨다.

> 많은 나라에서 전통은 계속해서 어머니나 주부로서의 여성의 주요 역할을 강조하고 강요한다. 전통적이고, 강하고, 가부장적인 가치 체계는 성별 역할 분업을 선호하며, 소위 '전통적인 문화적 가치'는 어떠한 정치 과정에서든지 여성의 발전, 진보, 참여에 격렬히 반대한다.[79]

지난 몇 년 동안 이루어진 발전에도 불구하고, 일부 국가의 여성들이 여전히 문화적으로 영향을 받은 가족법에 따라 차별을 받고 있다는 연구들도 있다. 예를 들어, 여성들은 여행하고 일하며 공적 영역에 독립적으로 참여하는 능력에 제약을 받는다.[80] 아부자이드(Gehan Abu-Zayd)에 따르면, 이집트, 요르단, 레바논과 같은 나라들, 특히 토착 부족들 사이에서 전통적인 규범은 여성이 남성과 섞이지 않도록 규정하고 있으며, 실제로 이집트의 한 국회의원은 "어떤 부족의 우두머리는 여성이 선거에 출마하는 것을 막기 위해 자신의 부족 전체를 동원하겠다고 그녀에게 말했다"고 상세하게 설명했다.[81]

한 사회에서 여성의 경제적 발전과 쇠퇴된 문화의 역할은 밀접한 관련이 있다. 전통적인 장벽을 깨고 노동력의 일부가 되는 여성들은 기술발전, 어디서든 접근가능한 소셜미디어, 여성을 위한 교육기회에 의해 이미 달라진 사회적 동학을 변화시킬 수 있다. 이러한 변화는 전통적 가치관의 약화와 기존 관습에의 도전으로 이어진다. 한 학자의 말에 의하면,

> 가정 밖에서 노동에 참여한다는 것은 여성들의 의식을 제고하는 효과가 있다. 예를 들면, 경제가 발전하면서 노조나 전문직 단체 등에서 공식적인 직책과 경험을 쌓을 가능성이 높은 여성의 수가 늘어난다. 문화는 발전과 연관있으며, 발전에 따라 남성 대비 여성의 사회적 지위는 더욱 평등해진다. 한편, 유사한 발전 수준의 두 국가라도 성평등에 있어서는 한 국가가 다른 국가보다 훨씬 더 높은 수준을 보일 수 있다. 문화는 항상 중요한 요소로 고려되어 왔지만 직접적인 효과를 증명하는 것은 어려웠다.[82]

여성들은 경제적 의사결정 과정에 참여함에 있어 계속해서 중요한 난관에 직면하고 있다. 많은 여성들은 정치적으로 활발하고 사회경제적으로 독립적이고자 하는 여성들의 욕구를 지지하지 않는 남편과 아버지에게 의존적이다. 세계 각지의 빈곤 수준을 분석한 여러 연구는 선진국과 개발도상국 사회 내 최빈곤층 중 여성이 불균형적으로 많은 비율을 차지한다고 밝힌다. '빈곤의 여성화'라고 불리는 이 현상은 사실 급격히 늘어난 여성이 주가 되는 가구들의 높은 빈곤 수준을 입증한 연구에 뒤이어 미국에서 처음 생겨났다. 1980년대 중반에 이르러서는 미국 빈곤층의 거의 절반이 여성이 주가 되는 가구에 속해 있을 것으로 예상되었다.[83] 위 현상을 추가적으로 분석한

연구들은 여성들이 많은 사회에서 경제적으로 최하위에 위치해 있다는 것을 입증하였다. 그들은 자신들의 환경을 바꿀 수 없는 위험에 처해 있는데, 이는 여성들이 취업 관련 기술을 습득하는 데 사회적 제약이 있고 자본을 축적하거나 재산을 소유할 수 없도록 하는 법적 제약 등 구조적 장벽에 직면해 있기 때문이다.

　금융위기와 경기 침체의 시기에 여성이 가장 큰 영향을 받는다는 사실은 증명되었다. 열악한 경제 상황은 "특정 산업과 직군에 그들을 밀어 넣고, 다른 산업에의 진출을 금지하고, 일반적으로 경제 생활의 주변으로 밀어 넣는 사회적 장벽에 맞서는" 여성들이 속한 국가의 구조조정정책으로 악화될 수 있다.[84] 여성은 가족구조가 가부장적인 지역에서 특히 경제적으로 취약한 경향이 있다. 이러한 지역사회에서는 원하는 직장에 취업을 하거나 노동의 결실을 마음대로 배분할 수 없다. 이들은 상당한 양의 무급 가사노동을 하면서도 시장에서 판매할 공예품이나 기타 품목도 생산할 책임이 주어진다. 이러한 생산품은 대부분 가정 내 유일한 재정적 의사결정자인 남편이나 아버지가 빼앗아 판매한다.

　이 연구는 여성들이 경제적으로 취약한 상태에 머물게 되는 추가적인 이유를 설명한다. 1. 관습적 편견과 가정 내 불평등은 저소득층 여성과 여아의 소비를 감소시키고 이들이 받을 수 있는 혜택을 감소시킨다. 2. 여성의 지리적 및 직업 이동성은 가족돌봄과 자녀양육 책임에 의해 제한된다. 3. 법적, 관습적 틀은 여성을 자율적인 시민으로 취급하지 않고 오히려 부양가족이나 미성년자로 취급하는 경향이 있다. 그 결과, 많은 국가에서 여성은 재산을 소유하거나 상속받을 수 없고, 구직을 하거나 고용을 유지하거나 남편이나 아버지의 허락 없이 대출을 받을 수 없다. 4. 노동시장의 차별과 성별 직종 분리는 여성들이 저임금의 부수적인 고용 부문, 비공식 부문, 그리고 '유연한 노동' 시장에 집중되는 결과를 초래한다.[85] 이 연구는 다음과 같이 결론내린다.

비록 세계 빈곤층의 대다수가 여성이라는 주장은 입증될 수 없지만 여성의 취약한 지위는 논증할 여지가 없다. 전 세계적으로 여성들은 최소 세 가지 측면에서 빈곤의 최대 피해자이다. 첫째, 많은 국가에서 여성은 성불평등 및 권리와 역량의 저해요소로 인해 특히 남성 대비 다양한 빈곤의 조건에서 취약한 상황에 놓인다. 또한, 극심한 착취적 상황에도 더 많이 노출되어 있다. 둘째, 여성은 생산 및 재생산 활동에 있어 남성보다 장시간 일하지만 더 적은 수입을 얻는다. 셋째, 여성이 스스로 가난에서 벗어나는 데 필요한 역량은 그들의 사회적, 직업적 이동성에 대한 문화적, 법적, 그리고 노동 시장의 제약에 의해 제한된다.[86]

역사를 통틀어 배경과 상관없이 여성들은 교육에 대한 접근에 있어 차별을 받아왔다. 교육은 건강한 생활 및 적정 생활수준을 누릴 역량과 더불어 HDI의 3대 핵심 요소 중 하나이다. HDI의 교육 요소는 25세 이상 성인의 평균교육년수와 18세 미만 아동의 기대교육년수로 측정한다. 수집 및 공개된 HDI 통계자료는 최소 중등교육을 받은 여성 및 남성 비율을 나타낸다. 2005~2014년 동안 수집된 지표에 따르면 높은 인간개발 수준은 여성의 교육년수와 상관관계가 있다.

캐나다, 오스트리아, 핀란드, 에스토니아에서는 25세 이상 여성의 100퍼센트가 일정 중등교육을 이수했으며 이어서 영국, 노르웨이, 스위스, 미국, 그리고 여타 선진국들이 그 뒤를 따르고 있다. 또한 56퍼센트에 육박하는 에스토니아와 핀란드를 제외하고 위 언급된 국가의 여성 노동시장 참여율은 모두 60퍼센트를 넘는 것으로 나타났다. 사우디아라비아의 경우 여성의 60.5퍼센트가 일정의 중등교육을 이수했지만 20퍼센트만이 노동시장에 참여했다. 이는 각각 56.3퍼센트, 47.5퍼센트 수치를 나타내었던 아르헨티나와는 사뭇 다른 상황인 것이다. 파나마, 베네수엘라, 멕시코, 브라질, 중국과 같이 상대적으로 HDI가 높은 일부 개발도상국에서 중등교육을 받는 여성은 여전히 60퍼센트 미만이지만 여성의 노동시장 참여율은 파나마 49

퍼센트에서 브라질 59.4퍼센트, 중국 63.9퍼센트에 이르기까지 매우 높다. 이들 국가의 많은 여성들은 저숙련, 저임금 노동에 종사하는 것으로 추정할 수 있다.[87]

HDI 중하위권에 위치한 국가들의 상황은 예상대로 더욱 암울하다. 일정 정도의 중등교육을 이수한 여성 비율이 20퍼센트에서 40퍼센트 사이인 국가를 추려내면 인도네시아, 파라과이, 방글라데시, 인도, 케냐 등이 있다. 그러나 여성의 노동시장 참여율을 살펴보면 62.2퍼센트로 매우 높은 케냐에서부터 27퍼센트인 인도에 이르기까지 그 범위가 명확하지 않아 여성의 교육년수는 이들의 노동시장 참여율을 예측하는 주요 요인이 되지 않는다는 것을 알 수 있다. HDI 하위권의 캄보디아, 예멘, 마우레타니아(모리타니), 르완다, 세네갈, 파푸아뉴기니, 아프가니스탄, 탄자니아 등에서는 일정 정도의 중등교육을 받은 여성의 비율이 10퍼센트 미만이다.[88] 역시나 여성의 노동시장 참여율에 있어서는 비율이 가장 높은 탄자니아(88.1퍼센트)부터 르완다(86.4퍼센트), 캄보디아(78.8퍼센트), 예멘(25.4퍼센트), 아프가니스탄(15.7퍼센트)에 이르기까지 크게 차이가 나는 것을 볼 수 있다.[89] 이러한 차이는 문화적 요인과 여성들이 집 밖에서 일자리를 구하지 못하게 하는 전통적인 가족 구조에 의해 일부 설명될 수 있다. 그러나 전반적으로 이러한 통계는 여성들이 종사하는 직종에 대해서는 설명할 수 없으며, 다만 여성의 중등교육에 대한 접근성이 문제가 되고 있는 HDI 중하위권 국가에서 대다수 여성이 취약한 저임금 노동을 수행한다고 가정할 뿐이다.

남아시아에서 인간개발을 저해하는 요소에 대해 연구한 두 학자는 여성이 매우 높은 교육의 기회비용으로 인해 자퇴한다는 것을 발견했다.[90] 무상교육이 제공되는 지역에서도 교과서, 교복 및 기타 부대비용을 부담하지 못하는 가족들이 많았다. 문화적 관점에서도 부모들은 결혼 후 집을 떠나 남편의 보호 아래 들어가게 될 딸의 교육에 투자하고 싶어하지 않았다. 장거리를 이동해야 한다는 점도 여아들에게는 불리하게 작용했다. 전통적인 사회에서는 통학거리가 멀 경우 통학비용을 고려하여 아들에게 교육 우선권을 주었다.

보통 여성의 자립 역량을 저해하는 요소는 복합적으로 존재한다. 교육에 대한 접근이 보장된다고 해서 여성이 지역사회의 강한 리더가 될 수는 없다. 남아프리카공화국의 여성 역량강화 사례를 보면 어린이집 설립으로 인해 엄마들이 정치에 활발히 참여하고 일할 수 있게 되었다. 또한, 사무실 내에 여자화장실을 포함한 새로운 시설들이 설치되었다.[91] 남아프리카공화국의 신규 헌법은 공공부문에서 여성의 고용을 높이는 것을 목표로 적극적 우대조치를 도입함으로써 여성들에게 안정감과 자신감을 주었다. 또한 여성 지위실과 관련된 젠더 특화 부서들도 출범하였다. 여성지위실은 이른바 '연성적 문제'에 주목할 임무를 맡았고, 결국 면역 프로그램 확대, 주택 보조금 지급, 학교 개보수 등을 위한 입법을 하였다.[92]

한국의 경우 1990년대 여성 국회의원 비율은 3퍼센트에 불과했다. 이 시기 민주화를 향한 끊임없는 노력에도 불구하고 제도화된 정치에는 남성적인 성격이 존재했다.[93] HDI 상위권에 자리 잡았지만, 여성 국회의원 비율 기준 23위를 차지해 상대적으로 낮은 16.3퍼센트에 머물렀으며 여성의 노동시장 참여율은 50.1퍼센트에 불과했다.[94] 한국 사례는 예외가 아니며 전통지향적 사회 내 성역할은 여성이 정부에서 획득할 수 있는 직무의 유형을 결정한다. 그러나 한국 사례는 또한 민주화가 여성의 보다 더 동등한 참여 기회를 증가시키지만 사회적 인식 변화에는 시간이 필요하다는 것을 보여준다.

여성은 분명 어느 정치체제에서든지 핵심 구성원이지만, 여성의 정치대표성 확대는 전 세계 공통의 과제로 남아있다. 유엔 여성, 평화와 안보에 관한 결의안(1325호)은 "국가·지역·국제기관 및 분쟁의 예방·관리·해결을 위한 메커니즘의 모든 의사결정 단계에서 여성의 대표성을 높일 것을 각국이 보장해야 한다"고 요구하고 있다. 더욱이 이 결의안 60조는 다음과 같은 내용을 포함하고 있다.

> ### 글상자 6.2 제60조의 내용
>
> 여성의 역량강화는 평화와 안보에 대한 여성의 역할과 공헌에 초점을 맞춤으로써 그들의 이미지를 재정립한다. 이러한 관점에서 여성들은 피해자 또는 사회적 지원의 수혜자라는 이미지에서 벗어나 다음의 권리를 누리는 시민이 된다.
>
> - 참여, 대표성 및 의사결정
> - 자원 및 생산 투입요소에 대한 공정한 접근
> - 자율권
> - 자신의 신체에 대한 통제와 폭력으로부터의 보호[95]

환경운동가이자 여성운동가인 마타이(Wangari Maathai, 1940~2011)는 이러한 원칙들을 삶의 기준으로 삼았다. 그녀는 2004년 여러 장애물을 극복하고 노벨평화상을 수상한 최초의 아프리카 여성으로 많은 이들에게 영감을 주었다. 케냐 출신의 전직 국회의원인 그녀는 지속가능한 발전, 민주주의와 평화에 대한 기여로 국제적 명성을 얻었다.

마타이의 인생은 개발도상국 출신 여성운동가의 모습을 여실히 드러낸다. 그녀는 아버지가 일하는 농장에서 살면서 입학 시기가 늦어졌지만 교육에 대한 의지가 남달랐다. 일찍이 교육이야말로 가난에서 벗어나는 길이라고 믿은 그녀는 케냐의 초등학교와 중고등학교를 우수한 성적으로 졸업했고 이후 1960년 케네디(John F. Kennedy) 프로그램을 통해 미국 유학 기회를 획득했다. 유학을 마친 그녀는 남다른 의지로 틀에 박히지 않은 방식의 여성 인권운동을 펼쳤다. 그녀는 평생 아프리카 전역의 정부 대상으로 교육 분야에 대한 더 많은 투자를 확보하기 위해 로비를 벌였다. 그녀는 케냐로 돌아와서 숲을 가꾸고 버려진 땅을 다시 채움으로써 농촌 여성들의 요구에 부응하는 것을 목적으로 그린벨트운동(Green Belt Movement)이라는 단체를 세웠다. 여성들은 기본적으로 "장작, 깨끗한 식수, 균형잡힌 식단, 주거지, 소득"을 필요로 했다.[96] 나무를 심음으로써 여성들은 "특히 사회적, 경제적 지위와 가족 내에서의 인정 등 스스로의 삶을 통제하는 힘을 얻을 수 있었다."[97] 마타이는 또한 법치주의를 옹호하고 정치 집회를 조직하는 등 케냐에서 활발한 정치활동을 펼쳤다. 그녀는 2002년 국회의원 선거에 출마하여 98퍼센트의 득표율로 당선되었고 이후 환경부 차관을 역임했다.[98] 취약한 개개인의 역량을 강화하고자 했던 마타이의 용기와 결단력은 다음과 같이 개발에 대한 인간중심 접근법을 중시했던 그녀의 신조를 잘 나타낸다.

> 자립심 촉진을 위한 현지 지역 여성들과의 활동은 정치 지도자들이 국내외적 상황에 상관없이 사람들의 생활 환경 개선의 중요성을 인식하는 것이 얼마나 필수적인지를 일깨워 주었다.[99]

실천가들과 학자들은 오래 전부터 "글로벌 문제에 대한 근본적인 해결방안을 세우고 경제 발전을 달성하는 가장 중요한 방법"으로 현지 여성운동가들을 양성하여 모든 분야에서 동등한 파트너로 만드는 것이라고 주장해 왔다.[100] 이런 요구에도 불구하고 개발기구들은 여성과 여아 발전의 저해요소를 제거할 수 있는 목표를 우선순위에 두는 것의 중요성을 잘 인지하지 못했다.

여성에 대한 투자가 빈곤퇴치와 경제성장에 이익을 가져온다는 것을 입증하는 실질적인 증거에도 불구하고 개발 원조에서의 성별 격차는 계속되고 있다. 예를 들어, 한 연구는 여성의 경제참여에 대한 장벽을 낮추는 것이 빈곤을 줄이고 GDP를 증가시킨다고 한다. 또한, 성평등 촉진은 식량 안보를 강화시킨다. 식량농업기구의 한 연구에 따르면 생산자원에 대한 여성의 동등한 접근이 농업 생산량을 증가시키고 기아인구를 1억 5,000만 명으로 감소시킬 수 있다. 여성의 건강 증진은 가시적인 경제적 효과를 갖는데, 예를 들어, 가족계획에 대한 접근은 경제성장을 촉진하고, 여성의 교육적 성취의 확대는 가계 소득의 증가는 물론 보건 지출과 영아 및 아동 사망률 감소로 이어진다.[101]

캐나다 국제개발청장은 경제발전에 있어 여성의 핵심적인 역할을 인정하면서 캐나다의 원조 제공에 관한 획기적인 변화를 공표했다. 페미니스트 국제원조정책이라고 불리는 이 새로운 전략은 캐나다 개발의제에 여성을 전면에 내세우며, 원조의 효과를 향상시키는 동시에 여성들이 그들의 지역사회 발전에 긍정적인 변화의 주체가 되는 것을 막는 주요 장벽과 배제의 형태들을 퇴치하는 것을 목표로 한다. 캐나다의 새로운 페미니스트 국제원조정책은 다음의 여섯 가지 행동 영역을 우선시한다.[102]

1. 성평등 및 여성과 여아의 역량강화

이 영역은 성적 및 젠더기반 폭력 축소를 목표로 하고 있다. 적극적으로 여성의 역량을 강화하고, 폭력 생존자들에게 서비스를 제공하며, 여성의 권리 증진을 위해 일하는 단체들에게 원조가 제공된다. 추가 재원은 여성들과 여아를 대상으로 하는 전문적인 보건과 사회 서비스를 제공할 수 있는 협력대상국 정부의 역량 구축을 위해 투입될 것이다.

2. 인간 존엄성 증진

여성과 여아들의 구체적인 수요를 인식하면서 가장 취약한 계층의 사람들을 보호하기 위한 시기적절한 인도적 지원에 초점을 맞추고 있다. 건강관리, 교육, 적절한 영양과 같은 기본적인 사회 서비스에 대한 접근을 강조하고 있다. 인도적 위기 상황에서의 젠더기반 폭력을 예방하기 위해 출산 건강 수요와 상담을 위한 지원과 관련하여 추가 재원이 할당될 것이다.

3. 모두를 위한 경제성장 촉진

이 행동 영역은 포용적 경제 발전을 촉진하는 페미니스트 원칙과 일치한다. 원조는 사회구성원 전체의 경제기회 창출 및 강화에 집중될 것이다. 여성과 여아들의 경제적 자립 보장에 특히 중점을 둘 것이다.

4. 환경보호 촉진 및 기후 행동 장려

여성들, 특히 아이와 노인 돌봄을 전담하는 여성들은 천연자원의 고갈과 환경 문제에 의해 가장 큰 영향을 받는다. 이 행동 영역은 환경보호와 기후 변화 대응정책을 설계하고 이행하는 과정에서 여성이 지도자로서 참여할 것을 장려한다.

5. 포괄적 거버넌스 지향

굿 거버넌스의 중요성에 대해 인식하고, 기본적인 인권을 존중하는 동시에 모든 시민들의 사회적, 경제적 기회를 촉진하는 법치주의, 포용적 제도, 책임 있는 정부를 강화하는 개혁을 지원하는 것을 목표로 한다. 여성에 대한 모든 형태의 차별 철폐에 특별한 관심을 기울이는 한편 여성의 정치참여 확대를 장려할 것이다.

6. 글로벌 평화와 안보 강화

해당 행동 영역에서는, "평화 구축 및 분쟁 후 재건 노력에 여성의 참여 확대, 안보 부문에서 여성의 대표성을 높이고 평화유지군에 의한 성폭력 및 학대에 대한 무관용 원칙 강화정책을 시행하는 것"을 지원한다.[103]

위 6대 행동 영역은 모두 상호 연결된 도전과제를 제시하고 있으며, 가장 취약한 계층에 속한 개개인의 생활을 개선하기 위해 동시다발적 대응과 협력이 필요하다는 점을 유념해야 한다.

이 종합적 전략은 경제 발전에 대한 인간 중심 접근법을 적용하는 매우 실질적인 제안이다. 원조에 있어서 전환적인 변화에 대한 강조는 개발기구들이 가장 필요로 하는 곳에 원조를 제공할 것을 촉구한다. 이 정책은 혁신적이고 효과적인 성인지적 해결방안을 장려하며 낭비와 중복 방지를 위한 새로운 모니터링 제도도 포함한다. 이 정책은 전 세계적으로 호평을 받아 해외 원조의 새로운 모델이 될 수 있음을 시사했다.

주

1) Judith P. Zinnsser (2002) "From Mexico to Copenhagen to Nairobi: The United Nations for Women, 1975-1985," *Journal of World History*, Vol. 13, No. 1, p. 143.

2) J. Ann Tickner and Laura Sjoberg (2016) "Feminism," in Time Dunne, Milja Kurki, and Steve Smith (eds.), *International Relations Theories: Discipline and Diversity* (4th Edition), Oxford, UK: Oxford University Press, p. 180.

3) Nancy Folbre (2009) *Greed, Lust, and Gender*, Oxford, UK: Oxford University Press의 59페이지에 인용.

4) Nancy Folbre (2009) *Greed, Lust, and Gender*, op. cit., p. 59.

5) Ibid., p. 60.

6) Ibid., p. 186.

7) Ibid., p. 223.

8) Martha C. Nussbaum (2000) *Women and Human Development – The Capabilities Approach*, New York, NY: Cambridge University Press, p. 106.

9) UNDP (2014) *The Future We Want: Rights and Empowerment – UNDP Gender Equality Strategy 2014–2017*, New York, NY: United Nations Development Programme, p. 27.

10) UNDP (2016) *Human Development Report 2016 – Human Development for Everyone*, New York, NY: UNDP, p. 46.

11) Diana Thorburn (2000) "Feminism Meets International Relations," *SAIS Review*, Vol. 20, No. 2, pp. 3–4.

12) Claudia von Braunmuhl (2002) "Mainstreaming Gender – A Critical Revision," in Marianne Braig and Sonja Wolte (eds.), *Common Ground or Mutual Exclusion? Women's Movements and International Relations*, London, UK: Zed Books, p. 57.

13) Ibid., p. 58.

14) Linda Cardinal, Annette Costigan, and Tracy Heffernan (1994) "Working Towards a Feminist Vision of Development," in Huguette Dagenais and Denis Piche (eds.), *Women Feminism and Development*, Montreal, Canada: McGill-Queen's University Press, p. 414.

15) Janet Henshall Momsen (2004) *Gender and Development*, London, UK: Routledge, p. 14.

16) Chandra T. Mohanty (1988) "Under Western Eyes: Feminist Scholarship and Colonial Discourse," *Feminist Review*, Vol. 30, No. 3, pp. 61–88.

17) UN (2001) *Supporting Gender Mainstreaming*, New York, NY: The Office of the Special UN Adviser on Gender Issues and Advancement of Women, March.

18) UNDP (2014) *The Future We Want: Rights and Empowerment – UNDP Gender Equality Strategy 2014–2017*, op. cit., p. 3.

19) UN (2017) *The Convention on the Elimination of All Forms of Discrimination Against Women*, New York, NY: The United Nations Treaty Collection. Online, available at: https://treaties.un.org/pages/Home.aspx?clang=_en accessed May 15, 2017.

20) UN (1995) *Fourth World Conference on Women Platform for Action*, Section 39.

Online, available at: www.un.org/womenwatch/daw/beijing/platform/plat1.htm# concern.

21) Beijing Declaration and Platform for Action (1995) *Fourth World Conference on Women*, September 15, 1995, A/CONF.177/20 (1995) and A/CONF.177/20/Add.1 (1995), point 3. Online, available at: www1.umn.edu/humanrts/instree/bejingdec. htm.

22) Ibid., Section 12.

23) UNDP (2015) *Gender Equality in Human Development − Measurement Revisited*, Issue Paper Prepared for the Expert Group Meeting, New York, NY: UNDP-Human Development Report Office.

24) UNDP (2016) *Human Development Report 2016 − Human Development for Everyone*, New York NY: UNDP.

25) Martha C. Nussbaum (2000) *Women and Human Development*, op. cit., p. 56.

26) Ibid., pp. 79−80.

27) Ibid., p. 298.

28) Ibid., pp. 299−301.

29) Amartya Sen (1999) *Development as Freedom*, New York, NY: Random House, pp. 62−63.

30) William Easterly (2010) "Democratic Accountability in Development: The Double Standard," *Social Research*, Vol. 77, No. 4, p. 1076.

31) UNDP (2014) *The Future We Want: Rights and Empowerment − UNDP Gender Equality Strategy 2014−2017*, op. cit., p. 27.

32) UNDP (2014) *The Future We Want: Rights and Empowerment − UNDP Gender Equality Strategy 2014−2017*, op. cit., p. 27.

33) Simon Rabinovitch (2013) "Data Reveal Scale of China Abortions," *Financial Times*, March 15.

34) Betsy Hartmann (1995) *Reproductive Rights and Wrongs: The Politics of Population Control* (2nd edition), Boston, MA: South End Press, p. 42.

35) UNODC (The United Nations Office on Drugs and Crime) (2014) *The Global Report on Trafficking in Persons*, New York, NY: UN, p. 5.

36) UN-Habitat (2016) *World Cities Report 2016 − Urbanization and Development: Emerging Futures*, Nairobi, Kenya: UN-Habitat p. 16.

37) Arland Thornton (2001) "The Development Paradigm, Reading History Sideways, and Family Change," *Demography*, Vol. 38 No. 4, p. 454.

38) Amnesty International (2005) *Nigeria: Unheard Voices: Violence Against Women in the Family*, May 31.

39) Janet Henshall Momsen (2004) *Gender and Development*, London, UK: Routledge, p. 141.

40) Susie Jacobs (2004) "Livelihoods, Security and Needs: Gender Relations and Land Reform in South Africa," *Journal of International Women's Studies*, Vol. 6, No. 1, p. 12.

41) Bharati Sadasivam (1997) "The Impact of Structural Adjustment on Women: A

Governance and Human Rights Agenda," *Human Rights Quarterly*, Vol. 19, No. 3, pp. 648−649.

42) Lotsmart Fonjong (2004) "Challenges and Coping Strategies of Women Food Crops Entrepreneurs in Fako Division, Cameroon," *Journal of International Women's Studies*, Vol. 5, No. 5, pp. 3−12.

43) Lisa L. Gezon (2002) "Marriage, Kin and Compensation: A Socio-Political Ecology of Gender in Ankarana, Madagascar," *Anthropological Quarterly*, Vol. 75, No. 4, pp. 675−706.

44) Ibid., p. 676.

45) Ibid., pp. 682−684.

46) Muhammad Yunus with Alan Jolis (2001) *Banker to the Poor − The Autobiography*, Dhaka, Bangladesh: The University Press Limited, p. 88.

47) Ibid., pp. 88−90.

48) Martha C. Nussbaum (2000) *Women and Human Development*, op. cit., p. 243.

49) Ibid., p. 287.

50) Beatriz Padilla (2004) "Grassroots Participation and Feminist Gender Identities: A Case Study of Women from the Popular Sector in Metropolitan Lima, Peru," *Journal of International Women's Studies*, Vol. 6, No. 1, pp. 109−110.

51) Tamma Kaplan (2001) "Uncommon Women and the Common Good: Women and Environmental Protest," in Sheila Rowbotham and Stephanie Linkogle (eds.), *Women Resist Globalization: Mobilizing for Livelihood and Rights*, London, UK: Zed Books Ltd., p. 35.

52) Ibid., p. 32.

53) Martha C. Nussbaum (2000) *Women and Human Development*, op. cit., p. 78.

54) Candace Johnson (2014) *Maternal Transition: A North-South Politics of Pregnancy and Childbirth*, London, UK: Routledge.

55) WHO (2004) Department of Reproductive Health and Research of the WHO "Sexual Health − a New Focus for WHO," *Progress*, No. 67. p. 2.

56) Michelle Lewis Renaud (1997) *Women at the Crossroads: A Prostitute Community's Response to AIDS in Urban Senegal*, New York, NY: Routledge, pp. 79−80.

57) UN.GIFT (2010) *Human Trafficking and Business: Good Practices to Prevent and Combat Human Trafficking*, Report Prepared by United Nations Global Initiative to Fight Human Trafficking (UN.GIFT).

58) UNFPA (2008) *UNFPA Strategy and Framework for Action to Addressing Gender Based Violence 2008−2011*, New York, NY: The United Nations Population Fund (UNFPA).

59) UN (1995) *Fourth World Conference on Women Platform for Action*, Section 113. Online, available at: www.un.org/womenwatch/daw/beijing/platform/violence.htm.

60) Amnesty International (2005) *Nigeria: Unheard Voices: Violence Against Women in the Family*, May, 30 London, UK. Index number: AFR 44/004/2005. Online, available at: www.amnesty.org/en/documents/afr44/004/2005/en/

61) Ibid., p. 3.
62) Amnesty International (2005) *Guatemala: No Protection, No Justice: Killings of Women in Guatemala*, Report, June.
63) Ibid.
64) UNDP (2014) *The Future We Want: Rights and Empowerment − UNDP Gender Equality Strategy 2014−2017*, op. cit., p. 9.
65) Ibid., pp. 10−13.
66) Rachel Vogelstein (2016) "Development's Gender Gap − The Case for More Funding for Women and Girls," *Foreign Affairs − Snapshot*, July 26.
67) UNDP (2014) *The Future We Want: Rights and Empowerment − UNDP Gender Equality Strategy 2014−2017*, op. cit., p. 5.
68) UNDP (2016) *Human Development Report 2016 − Human Development for Everyone*, p. 6.
69) 캠벨(Kim Campbell)은 1993년 멀로니(Brian Mulroney) 사임 이후 짧은기간 캐나다 총리를 지냈으나, 이후 선거에서 패배하였다.
70) UNDP (2015) *Human Development Indicators for 2015*, New York, NY: UNDP, table 5.
71) Nadezdha Shvedova (2002) "Obstacles to Women's Participation in Parliament," *in Women in Parliament*, Stockholm: International IDEA.
72) UNDP (2015) *Human Development Indicators for 2015*, op. cit., table 5.
73) Ibid.
74) Pippa Norris and Ronald Inglehart (2001) "Cultural Obstacles to Equal Representation," *Journal of Democracy*, Vol. 12, No. 3. p. 134.
75) Patrice C. McMahon (2002) "International Actors and Women's NGOs in Poland and Hungary," in Sarah E. Mendelson and John K. Glenn (eds.), *The Power and Limit of NGOs: A Critical Look at Building Democracy in Eastern Europe and Eurasia*, New York, NY: Columbia University Press, p. 32.
76) Ibid., pp. 50−51.
77) UNDP (2015) *Human Development Indicators for 2015*, op. cit., table 5.
78) Andrew Reynolds (1999) "Women in the Legislatures and Executives of the World: Knocking at the Highest Glass Ceiling," *World Politics*, Vol. 51. No. 4, p. 551.
79) Nadezdha Shvedova (2002) "Obstacles to Women's Participation in Parliament," op. cit.
80) Gehan Abu-Zayd, "In Search of Political Power − Women in Parliament in Egypt, Jordan and Lebanon," *in Women in Parliament*, Stockholm, Sweden: International IDEA, p. 4.
81) Ibid., p. 5.
82) Nadezdha Shvedova (2002) "Obstacles to Women's Participation in Parliament," op. cit.
83) Valentine M. Moghadam (2005) *The "Feminization of Poverty" and Women's Human Rights*, Paris, France: The Gender Equality and Development Section of UNESCO, p. 6.

84) Ibid., pp. 21–22.

85) Ibid., pp. 22–23.

86) Ibid., pp. 31–32.

87) UNDP (2015) *Human Development Indicators for 2015*, op. cit., table 5.

88) Ibid. 해당 국가들은 캄보디아 9.9퍼센트부터 탄자니아 5.6퍼센트 사이의 순서대로 나열되어 있다.

89) Ibid., table 5.

90) Mahbub ul Haq and Khadija Haq (1998) *Human Development in South Asia*, Oxford, UK: Oxford University Press, p. 87.

91) Mavivi Myakayaka-Manzini (2002) "Women Empowered – Women in Parliament in South Africa," in Nadezdha Shvedova, *Obstacles to Women's Participation in Parliament*, op. cit.

92) Ibid.

93) Seungsook Moon (2002) "Women and Democratization in the Republic of Korea," *Good Society*, Vol. 11, No. 3, p. 37.

94) UNDP (2015) *Human Development Indicators for 2015*, op. cit., table 5.

95) UN (2000) *United Nations Security Council Resolution 1325 on Women, Peace and Security*. Online, available at: www.un.org/womenwatch/osagi/cdrom/documents.

96) Wangari Maathai, Nobel Lecture, December 10, 2004, Oslo, Norway. Online, available at: http:// nobelprize.org/peace/laureates/2004/maathai-lecture-text.htm.

97) Ibid.

98) BBC News (2004) "Wangari Maathai Rose to Prominence Fighting for those Most Easily Marginalized in Africa – Poor Women," Friday, October 8. Online, available at: http://news.bbc.co.uk/1/hi/world/africa/3726084.stm.

99) Wangari Maathai (2009) *The Challenge for Africa*, New York, NY: Pantheon Books, p. 127.

100) Danny Glenwright (2017) "Ottawa's Focus on Aid Delivery for Women is Smart – and Will Save Money," *Globe and Mail*, June 11.

101) Rachel Vogelstein (2016) "Development's Gender Gap – The Case for More Funding for Women and Girls," op. cit.

102) Government of Canada (2017) *Canada's Feminist International Assistance Policy*. Online, available at: http://international.gc.ca, accessed June 9, 2017.

103) Ibid.

추가 읽을거리

Dara Kay Cohen (2016) *Rape During Civil War*, Ithaca, NY: Cornell University Press.

Helene Cooper (2017) *Madame President: The Extraordinary Journey of Ellen*

Johnson Sirleaf, New York, NY: Simon & Schuster.

Jana Everett and Sue Ellen M. Charlton (2013) *Women Navigating Globalization: Feminist Approaches to Development*, Lanham, MD: Rowman & Littlefield.

Namulundah Florence (2014) *Wangari Maathai: Visionary, Environmental Leader, Political Activist*, Brooklyn, NY: Lantern Books.

Ann Marie Leshkowich (2014) *Essential Trade: Vietnamese Women in a Changing Marketplace*, Honolulu, HI: University of Hawaii Press.

Janet Momsen (2013) *Gender and Development* (2nd edition), London, UK: Routledge.

Aili Mari Tripp (2015) *Women and Power in Postconflict Africa*, Cambridge, UK and New York, NY: Cambridge University Press.

환경, 지속가능성, 개발

7장

1. 지속가능한 발전의 개념화

세계 역사에서 인간은 기술적 진보를 추구해왔고 이용 가능한 토지를 활용하면서도 자연 환경 보호에 대해서는 큰 관심을 갖지 않았다. 희소성이라는 개념은 경제적 분석 측면에서 핵심적으로 사용되지만, 해당 용어가 자연환경에 대한 고려를 토대로 고안된 것은 아니었다. 희소성의 딜레마(dilemma of scarcity)는 사회에 무한한 필요가 있지만 자원은 한정되어 있다는 것이다. 고전경제학 이론에 있어 지구의 제한된 천연자원 문제는 단한번도 중요 고려대상이었던 적이 없었다. 급속한 산업화, 자원채취, 토지남용으로 인해 발생한 환경적 피해에 대해 정책결정자들이 인지하기 시작한 것은 불과 몇십년 밖에 되지 않았을 뿐이다. 천연자원을 현명하게 사용하는 문제는 세계 인구가 지속적으로 증가하면서 뚜렷해지기 시작했다.

경제활동, 국가정책, 천연자원, 생태계, 사회 기능의 방식 간에는 필연적인 연결성이 존재하며 **지속가능발전**(*sustainable development*)의 개념은 이러한 이슈들이 어떻게 연결되어 있는지에 대한 고민으로 시작되었다. 환경에 대한 공식적인 논의는 1972년 스웨덴 스톡홀름에서 열린 유엔 인간환경회의(UN Conference on the Human Environment)에서 처음 등장했다. 회의의 핵심 주제는 다음과 같다.

- 인간과 자연환경의 상호의존
- 사회경제발전과 환경보호의 연결
- 환경문제에 대한 공동대응과 글로벌 비젼의 필요성

이러한 주제를 바탕으로 세계환경개발위원회(World Commission on Environment and Development)는 1987년 보고서를 발간하고 지속가능한 발전 "미래 세대가 그들의 필요를 충족할 수 있는 능력을 저해하지 않으면서 현재 세대의 필요를 충족하는 발전"으로 정의하였다.[1]

지속가능한 발전 이슈를 다룬 포괄적이고 다자가 참여한 이 보고서가 178개 정부에 의해 채택될 때까지 다시 5년이 소요되었다. 승인은 1992년 브라질 리우데자네이루에서 개최된 유엔 환경개발회의(UN Conference on Environment and Development)에서 이루어졌다. 동시에 유엔은 중요한 리우 합의(Rio agreement)의 이행에 관한 모니터링과 보고를 담당하는 지속가능한 발전에 대한 특별위원회를 만들게 된다. 2013년 이 위원회는 지속가능발전에 대한 유엔 고위급정치포럼(HLPF: UN high-level political forum)으로 대체되었고 현재 이곳은 합의된 선언을 채택하고 유엔의 개발 의제를 정의하는 것을 책임지고 있다.

지속가능발전 개념은 지구와 천연자원의 취약성에 대한 인식을 높이는 데 정치적으로 성공했지만 비판 또한 불러일으켰다. 학자들과 정책 결정자들은 지속가능성에 대한 다양한 접근을 허용하는 용어의 넓은 범위에 대해 불평하였다. 구체적으로 그들은 지속가능발전의 개념적 틀이 정치한 메타

이론적 기준을 충족시키는 데 실패하였다고 평가하는데, 여기에는 목표에 대한 분석적 정의와 목표를 이행하기 위해 사용되는 구조가 포함된다. 결과적으로 해당 개념은 지속가능한 발전을 이룰 수 있는 연구를 진척하고 정책을 고안하는 데 있어 제한적이었다.[2] 2015년이라는 기한까지 명시된 목표를 달성하지 못한 새천년개발목표(Millennium Development Goals)가 이에 상응하는 사례이다. 빈곤을 근절하기 위한 세계적인 합의를 강화하려는 움직임 안에서 유엔 총회는 2015년 9월 지속가능발전목표(Sustainable Development Goals)로 알려진 환경적, 사회적, 경제적 목표들을 포괄하는 새로운 계획을 채택한다. 지속가능발전목표에는 빈곤 종식, 지구 보호 등을 포함하여 향후 15년 간 번영을 보장하는 국제적 노력을 위한 17개 목표가 있다. 이러한 목표는 유엔의 새로운 지속가능한 발전 의제의 일부분이다.[3]

환경문제의 중요성은 경제조직의 개혁을 주장해온 제도주의 경제학자들에 의해 점차적으로 인식되고 있다. 개혁의 필요성은 세 가지의 상호 연결되어 있는 요인들로부터 발생된다. 1. 국제경제와 물리적 환경의 상호의존 증가, 2. 인구통계학과 기술의 폭발적 영향, 3. 정부와 개발기구들에 대한 엄격한 물리적 제약이 해당 요인에 속한다.[4] 글로벌 시장의 통합은 많은 기회를 제공하였을 뿐 아니라 급속한 경제적·기술적 진보에 의해 촉발된 외부효과를 가져왔다. 개별국가들과 지역적 국가 단위에서조차 산성비, 대기와 해양오염, 공공보건 위기, 대규모 이주, 깨끗한 물의 부족과 같은 글로벌 위기에 효과적으로 대응할 수 없었다. 그러한 문제들은 국가의 정치적 경계를 뛰어넘는 환경적 측면을 나타내며 왜 집단행동이 필요한지를 보여주었다.

최근 몇 년에 걸쳐 여러 국제회의에서는 환경문제에 대한 협력증진을 위해 관련국들이 협약에 서명을 해왔다. 가장 주목할 만한 것은 유엔기후변화협약(UN Framework Convention on Climate Change)하에서 2015년에 타결된 파리협정(Paris Agreement)이다. 이 협정은 서명국들이 온실가스 배출을 목표한 기한까지 감축하기로 약속한 것이다.[5] 그러나 2017년 새로운 행정부하에서 미국의 예견된 철회는 협정을 위태롭게 하였고 한계를 드러냈다. 환경문제의 중요성은 더해가지만 어떠한 다자적 정책수단이 실시되어야 하는지에 대한 느슨한 합의만 있을 뿐이다. 더욱이 그러한 조치들을 실행하는 것을 보장하는 강제 기제가 없다. 2017년 세계개발보고서(World Development Report)는 굿 거버넌스를 활성화시키고 평화, 정의, 강력한 제도를 돕는 정부의 역량에 대해 평가하는 것에 집중했다. 이 보고서는 규범적인 성명과 함께 시작한다.

> 모든 사회는 구성원들로 하여금 폭력(안보)의 위협으로부터 자유롭게 하는 것과 번영을 증진하는 것(성장)과 그러한 부가 어떻게 분배되는지(평등)에 대해 관심을 가진다. 또한 사회는 환경적으로 지속가능한 방법으로 이러한 목표를 달성할 것을 염원한다고 전제한다.[6]

이런 진보적 움직임에서 세계무역기구 가입국들은 "지속가능한 발전을 증진시키고 무역 조치들과 환경적 조치들 사이의 관계를 파악하기 위해" 무역환경위원회(Committee on Trade and Environment)를 설립한다.[7] 그러나 오늘날까지도 무역과 환경을 연결하는 국제적 합의는 없다. 지속가능한 발전은 유엔, 국제통화기금, 세계은행, 세계무역기구의 의제에 영향을 미치는 개념으로 광범위하게 사용되고 있지만 그 어떤 조직들도 해당 문제에 대한 법적 구속력을 갖는 조약을 보유하고 있지는 않다.

2. 인구증가에 따른 경제발전의 지속가능성

지속가능한 발전에 대한 생각은 1970년대 초부터 환경피해가 전 세계적으로 점차 가시화되면서부터 구체화되기 시작하였다. 그것은 또한 21세기 후반 성장에서의 기술만능주의(cornucopian) 관점에 대한 대응이기도 하였다. 기술만능주의 용어는 고대 그리스 '풍요의 뿔(horn of plenty)'에서 유래되었다. 기술만능주의는 한정된 자원을 가지고 있는 지구를 보호해야 한다는 개념을 거부한다. 기술만능주의자들은 기술적 진보가 잠재된 환경적 재앙을 방지하고 인간에게 해를 끼치는 생태적 불균형을 개선할 수 있다고 믿는다.[8] 기술만능주의자들은 자유 시장이 최소한의 규제와 함께 작동할 수 있다면 세계경제가 미래에도 계속 성장할 수 있다고 주장하는 자유주의자적인 경향이 있다. 그럼에도 불구하고 1970년대 석유 파동과 전 세계적으로 환경오염에 대한 인식이 높아짐에 따라 기술만능주의자들이 성장을 위한 환경적 장벽을 거부하는 것은 도전을 받게 된다. 경제학자들을 포함한 많은 학자들은 한계 없는 성장 원칙에 기초한 국제 경제의 확장이 실제로 지속가능한지에 대해 궁금해하기 시작했다. 산림이 점차적으로 없어지고 경지가 사라져 황폐해지는 개발도상국에서는 경제 이익과 환경적 필요를 균형화할 수 있는 새로운 접근법에 대한 추진력이 더욱 크게 작용하였다.

　지속가능발전 개념에 대한 정의를 내린 "우리 공동의 미래(Our Common Future)" 보고서는 환경문제를 개발정책에 대한 논의에 포함시키는 토대를 제공한다. 이 보고서는 보고서 준비에 책임을 맡은 노르웨이 수상 그로 할렘 브룬틀란(Gro Harlem Brundtland) 의장의 이름을 따라 '브룬트란트 보고서'로 불리기도 한다. 그녀는 전문에 다음과 같이 기술하였다.

　생존과 관련된 많은 중요 문제들은 불평등한 발전, 빈곤, 인구증가와 관계가 있다. 이는 지구의 토지, 물, 산림을 비롯한 다른 천연자원에 전례없는 압력을 가하고 있으며, 특히 개발도상국에서 더욱 심하게 나타난다. 빈곤과 환경악화의 악순환은 기회와 자원의 낭비로 어어진다. 특히 그것은 인적자원의 낭비이다.[9]

　이 보고서는 20세기의 중대한 문건 중의 하나이다. 보고서는 지구가 직면한 환경문제에 대한 세계적인 인식과 빈곤, 불평등, 환경오염 간의 연결을 보여준다.

지속가능한 발전의 필요성은 경제적 국제화의 동력이 천연자원의 부족을 향한 두려움과 생태적으로 유해한 화석연료 에너지에 대한 지속적인 의존이 충돌하는 것으로 보일 때 나타났다. 그러나 지속가능발전 개념의 철학은 단지 비관론에만 갇혀있는 것은 아니다. 환경 비판론자들은 세계경제성장의 속도를 늦추는 것을 지지한다는 점에서 급진적이다. 기술만능주의자들과는 정반대로 그들은 성장에 한계가 있으며 현재의 자원 감소율은 불가피한 재앙을 가져올 것으로 믿는다. 다른 한편으로 지속가능한 발전의 기본전제는 경제성장이 가능하지만 신중히 재검토되어야 한다는 것이다. 브룬트란트 보고서는 다음과 같이 결론을 맺는다.[10]

> 지속가능한 발전의 개념은 절대적 한계가 아닌 기술이나 사회체제의 현상태와 환경자원을 이용하는 인간 활동의 결과를 받아들이는 생물권의 역량 한계를 의미한다. 하지만 기술과 사회조직 모두가 개선되어야 경제성장의 새로운 시대적 길을 열 수 있을 것이다.

브룬트란트 보고서는 오늘날에도 지속가능한 발전을 성취하기 위해 완수해야 할 주요 과제가 무엇인지를 알려준다는 점에서 의미가 있다. 더 많은 환경보호와 기술들이 보다 나은 에너지 효율을 얻기 위해 개선되어야 하고 환경 친화적인 방식으로 사용되어야 한다. 브룬트란트 보고서는 남반구의 가난한 국가들에 특별한 관심을 기울이고 있다. 특히 미래 세대를 위한 보편적인 공정성을 확보하는 것에 관심을 갖고 있다. 이 보고서는 사회적 공정성, 경제성장, 환경적 지속성이 서로 배타적인 것이 아니라 오히려 각 사회가 환경을 존중하고 모든 사람들이 자신의 기본적인 필요를 채우는 것을 용인하면서 경제성장을 달성하는 균형적인 방식을 제안한다. 보고서의 보다 논쟁적인 함의들은 지속가능한 경제성장이 기술과 사회변화를 필요로 한다는 것을 인정하고 있다는 점이다.

브룬트란트 보고서는 지속가능성을 보장하기 위해 8개의 핵심 의제에 대한 긴급한 조치를 권고한다. 8개의 의제는 다음과 같다.

1) 인구와 인적자원

브룬트란트 보고서는 1985년 단 한 해동안 약 8,500만 명이 당시 세계인구 48억 명에 더해 증가했다는 점을 지적하며 인구증가에 대응하기 위한 긴급한 조치를 요구했다. 2016년 8월 기준 유엔은 보고서를 통해 세계인구가 74억 명에 이르렀고 2025년까지 80억 명을 초과할 것으로 예상했다. 유엔은 또한 지구상에 인구수와 가용자원 사이의 우려되는 격차를 지적하고 "인구증가의 대부분이 주로 저소득 국가, 생태학적으로 낙후된 지역, 그리고 빈곤 가정에서 나타나기 때문에 문제가 더욱 심각하다"는 점을 밝힌다.[11] 선진국들이 불균형적으로 더 많은 양의 지구 자원을 사용하기 때문에 일인당 자원 소비에 있어서 공정하다고 할 수 없다.

2) 식량안보

1950년 이후 곡물, 육류, 우유의 국제적 생산이 급격히 증가했음에도 불구하고 세계의 많은 지역에서 지속되는 광범위한 기아를 퇴치하기 위해 브룬트란트 보고서는 긴급 조치를 촉구하였다. 보고서는 식량생산의 증가가 새로운 종자 다양성의 활용과 관개의 증가를 포함한 농업의 새로운 방식으로 가능했지만, 이러한 새로운 발명의 비용은 대다수 개발도상국의 소규모 농민들이 부담할 수 있는 수준을 넘어서고 있음을 지적한다. 북반구의 농업 보조금은 새로운 농업 방식에 의존하게 되면서 초과 생산을 초래하였다. 화학 살충제와 비료의 남용이 물의 오염과 식량 사슬에서 화학물질의 생물학적 확대를 가져오게 되어 이러한 방법들은 환경에 해로운 영향을 가져왔고 결과적으로 광범위한 토지 황폐화에 기여하였다. 보고서는 식량안보가 적절한 보호 프로그램을 필요로 하며, 이는 토지 및 다른 자연 자원의 남용에 기여하는 부적절한 농업, 경제, 무역정책들에 의해 악화될 수 있다고 결론지었다. 2017년 기준, 농업은 국제무역의 가장 왜곡된 영역으로 남아 있다.[12] 수백만 명이 여전히 배고픔을 느끼며 잠에 든다. 식량안보는 유엔의 2015년 지속가능발전목표 중 두 번째 목표로 설정되어 있다.[13]

3) 종과 생태계

브룬트란트 보고서는 세계의 식물, 동물, 미생물 보존의 중요성을 강조한다. 보고서에 따르면 지구 경지의 4퍼센트만이 종과 생태계 보존에 쓰이고 있다. 보고서는 또한 대부분의 생물학적 다양성의 생태계가 습한 열대 우림이라고 명시한다. 라틴아메리카의 산림은 식물, 동물, 조류, 곤충 등 100만이 넘는 종을 보유하고 있는 것으로 추정된다. 의약품 생산의 상당 부분이 열대 우림에서 발견된 종들에 의존하고 있기 때문에 이러한 산림파괴는 세계에 중대한 문제점을 시사한다. 지난 몇 십 년 동안 많은 종의 멸종은 가속화되었다. 많은 보호구역이 인구의 증가와 경제적 고려 때문에 상업화되었다. 2016년 유엔은 열대지역 국가들에서 이루어지는 연간 산림파괴가 700만 헥타르 혹은 아일랜드 규모에 상응한다고 보고하였다. 생태계와 산림보호는 2015년 지속가능발전목표 중 다섯 번째 목표로 설정되어 있다.[14]

4) 에너지

브룬트란트 보고서는 천연가스, 석유, 석탄, 이탄, 전통적인 원자력 등 지구의 핵심 자원 에너지가 재생 불가능하다는 사실을 강조하였다. 화석 연료에 대한 의존은 네 가지 주요 결과들을 가져왔다. 1. 이산화탄소 배출로 인한 심각한 기후변화의 가능성(온실효과), 2. 화석연료 연소로 인한 도시와 산업 대기오염, 3. 동일 요인들로 인한 환경의 산성화, 4. 폐기물의 생산과 처리에 관련된 핵시설 근로자의 건강 위기와 발전소 주변의 공동체 파괴를 이끄는 재난 발생 가능성 요인이다. 보고서는 2025년까지 전 세계 에너지 소비가 1980년에 비해 40퍼센트 증가할 것이라고 예측했다. 오늘날의 상황은 그 보고서가 예측했던 최악의 시나리오에 부합하고 있다. 국제에너지기구(IEA: International Energy Agency)의 보고에 의하면 2014년 세계 석유 수요는 하루 9,260만 배럴(mb/d)이다. 2015년 세계 수요는 하루 평균 9,400만 배럴로 1.4mb/d이 증가했다. 이러한 증가에는 화석연료 사용이 75퍼센트 이상 차지하고 있고 석탄과 석유가 핵심 연료 혼합의 중심에 놓여 있다고 국제에너지기구(IEA)는 예측하였다. IEA는 또한 개발도상국에서의 보다 나은 삶의 질 관점에서 볼 때 증가하는 에너지 수요를 대응하기 위해 2030년까지 미화 26조 달러(2008년 달러 기준)가 필요하다고 예측하였다.[15] 모두를 위한 적정가격의 신뢰할 수 있는 지속가능한 에너지는 2015년 지속가능발전목표 중 일곱 번째 목표로 설정되어 있다.[16]

5) 산업화

브룬트란트 보고서는 경제성장을 가져온 무모한 산업화가 환경에 파괴적인 영향을 미쳤음을 비판했다. 보고서는 선진국에서 제조업 생산이 완만한 감소 추세를 나타내지만 개발도상국에서는 이에 상응하는 증가가 있을 것으로 예측했다. 개발도상국 상품 무역의 구성은 비석유수출 중 기본재 대비 공산품이 1960년 기준 13.3퍼센트에서 1982년 54.7퍼센트로 꾸준히 증가하였다.[17] 유엔무역개발회의(UNCTAD)의 연구에 의하면 이러한 흥미로운 추세는 2014년부터 지속되고 있음을 보여준다. 가장 중요한 것은 개발도상국이 브룬트란트 보고서 때와 마찬가지로 여전히 개발도상국이 세계 시장의 천연자원과 농산물의 주요 공급처로 남아있다는 것이다. 개발도상국의 수출 중 농산물은 세계 시장에서 3분의 2를, 천연자원은 4분의 3정도를 차지하고 있다.[18] 남반구 국가들에서 천연자원의 책임감 있는 추출과 폐기물 및 산업오염의 처리를 확실히 보장하는 역량은 제한적이다. 비록 선진국들이 적절한 기술을 보유하고 있지만 국가들 간의 터무니없는 비용과 기술적 불평등은 개발도상국으로 하여금 기술적 해결책의 이점을 이용하는 것을 제한하고 있다. 브룬트란트 보고서는 이러한 관점에서 가난한 국가들을 돕기 위한 긴급 행동을 요구해 왔다. 유엔의 2015년 지속가능발전목표에서 지속가능한 산업화는 아홉 번째 목표로 설정되어 있다.[19]

6) 도시의 도전

브룬트란트 보고서는 세기가 전환될 때쯤 전 세계 인구의 50퍼센트가 도심지에 살고 있을 것으로 내다보았다. 실제 유엔의 연구에 따르면 2014년 기준, 세계 인구의 54퍼센트가 도시 지역에 살고 있으며 이 수치가 2050년에 이르러서는 66퍼센트까지 증가할 것으로 보았다. 1,000만 명 혹은 그 이상의 거주자들이 있는 메가시티들의 새로운 성장은 아시아와 아프리카에 주로 집중되어 있다.[20] 도시의 급속한 확대는 도시의 사회기반시설의 부족, 취약한 사회 서비스, 불충분한 주택과 환경과 연관된 건강 문제들을 초래하였다. 개발도상국에서 빠르게 성장하는 도시들은 자원 부족으로 인해 깨끗한 식수, 위생, 학교, 교통시설 등의 기본 서비스 부족을 경험하고 있음을 브룬트란트 보고서는 강조하였다. 보고서는 지속가능한 도시발전 문제에 대한 국가적 전략을 요구하였다. 또한 지리적으로 균형 있는 경제성장을 촉진하기 위해 지역사회를 강화하는 것을 지지하였다.[21] 도시들을 포용적이고 안전하며 회복력 있고 지속가능하도록 만드는 것은 유엔 2015년 지속가능발전목표의 열한 번째 목표로 설정되어 있다.[22]

7) 공공재 관리

브룬트란트 보고서는 글로벌 공공재(*global commons*)에 대해 일치된 국제적인 행동을 요구했다. 증가하고 있는 경제적·생태적 상호의존의 현실이 대양과 남극대륙, 우주 공간에 대한 국가 주권 원칙을 도전해 왔음을 보고서는 지적하였다. 이는 모든 국가들이 상호 연대책임을 갖는 글로벌 공공재의 일부분에 해당한다. 글로벌 공공재에 대한 지속가능한 발전은 국제적인 협력과 감시, 개발, 공동 이익의 관리를 위한 합의된 체제를 통해서만 보장될 수 있다.[23)] 보고서는 남획과 해양 오염과 같은 해양 환경 보호의 문제들이 급속히 증가하고 있음을 지적하였다. 2016년 유엔개발계획(UNDP) 보고서는 지구 대양과 바다의 현 상태에 관한 몇 가지 충격적인 데이터를 제공한다. 예를 들면, 매년 3억 톤의 플라스틱이 생산되고 그 중 오직 15퍼센트만이 재생됨에 따라 바다의 1제곱 마일 당 4만 6,000개의 버려진 부유 플라스틱이 수거되지 않은채 남겨져 있다. 대양, 바다, 해양자원을 보호하고 지속가능하게 사용하는 목표는 2015년 유엔의 지속가능발전목표 중 열네 번째(원문에는 seventeenth으로 표기되어 있으나 해양자원의 보호 관련 목표는 지속가능발전목표의 열네 번째에 해당하는 목표임. 원서의 오류로 보여 열네 번째로 수정 – 역자 주) 목표로 설정되어 있다.[24)]

8) 평화, 안보, 발전, 그리고 환경

브룬트란트 보고서는 결론 중 한 장에서 환경적인 압박을 갈등의 요인으로서 지적하였다. 깨끗한 물과 같이 삶을 지속하게 하는 자원의 부족, 토지의 과잉 개발, 유해 오염, 천연자원의 고갈, 그리고 기후변화는 기근과 빈곤의 심화로 이어지고 이는 사회적 불안과 갈등에 기여하게 된다. 보고서는 과도한 군비지출 역시 개발도상국들이 직면한 긴급 환경문제로부터 재원을 전용시킬 수 있음을 경고한다. 보고서 결론에서 개발도상국과 선진국 모두 지출의 우선순위를 다시 고려할 것을 요구하였다. 국제사회에서의 평화구축은 2015년 유엔의 지속가능발전목표 중 열여섯 번째 목표로 설정되어 있다.[25]

비록 발표된 지 30년이 지났지만 브룬트란트 보고서의 결론들은 놀랍게도 오늘날까지 유효하다. 보고서는 발전정책의 미래 방향에서 환경문제를 최우선시 하였으나 이에 관한 몇가지 중요한 비판 또한 제기되었다. 비판가들은 지속가능한 발전을 어떻게 평가할 것인지에 대해 의문을 제기하였다. 그들은 브룬트란트 보고서의 용어 정의가 지나치게 단순화되어 있다는 점과 의제에 관한 복잡성을 지적한다. 또 다른 주요 비판은 물질적 행복과 선진국의 경제적 지위에 특권을 부여하는 기술의 중요성에 대한 주장으로부터 제기되었다. 보고서는 또한 정책 결정자들이 특정한 상황에서 지속가능성이 실제로 무엇을 의미하는지를 알 수 있게 하는 구체적인 목표나 가이드라인을 제공하는데 실패했다고 지적된다.[26]

지속가능한 발전을 성취하는 전략에 대한 사회적 합의의 어려움에도 불구하고 현 세대는 단기간의 경제성장의 기회비용과 건강한 지구를 유지하기 위한 장기적인 전망을 반드시 고려해야 한다. 주요 국제기구들에 의해 만들어진 개발 의제들은 모든 곳에서의 빈곤퇴치를 희망하지만 전반적인 세계 인구는 빈곤한 개발도상국에서 높은 증가율을 나타내며 계속적으로 팽창하고 있다. 유엔은 2100년까지 가장 가난한 지역 중 하나인 사하라 사막 이남 아프리카의 인구가 네 배가 될 것으로 예측했다.[27] 인구증가의 문제는 윤리적 측면으로 인해 복잡하다. 대부분의 세계 종교는 자연 생식 과정을 제한하는 조치들을 공개적으로 금지하고 있다.

인구증가에 대해 비관적이면서도 매우 영향력 있는 이론으로 알려진 맬서스(Thomas Robert Malthus, 1766~1834년)는 영국의 인구통계학자이자 정치경제학자이다. 영국의 산업혁명 시기에 쓰여진 그의 논문, "인구론(An Essay on the Principle of Population)"에서 그는 억제되지 않은 인구증가는 결국 식량 공급을 압도하게 되며 따라서 인류에게 재난을 가져올 것으로 예측했다.[28] 높은 출산율은 경제에 가용한 노동자들의 수를 증가시키기 때문에 높은 출산율을 경제적 이득으로서 긍정적으로 평가한 전통적인 이해에 대해 그는 이의를 제기한 것이다.

맬서스는 언제 그러한 재난이 일어날 것인지에 대한 시기를 특정하지 않았지만 재난이 아직 일어나지 않았다고 하는 편이 안전할 것이다. 간단히 말해 경제발전이 진행되면서 높은 사망률과 높은 출산율에서 낮은 사망률과 낮은 출산율로의 사회적 전환을 제안하는 인구변천이론(demographic transition theory)에서 한가지 설명을 찾을 수 있다.[29] 이러한 전환은 20세기 기술적으로 가장 앞서간 유럽국가에서 삶의 수준 향상, 피임의 가능성, 여성 교육, 의약품 발전을 포함하는 일련의 요인들로 인해 그들의 인구가 낮은 출생율과 낮은 사망률로 안정화되면서 나타났다. 유아 사망률이 높고 발전된 의약품의 사용이 용이하지 않은 가난한 국가들에서는 유아의 생존률에 대한 가족들의 확신이 없기 때문에 출산율이 높다. 인구변천이론은 경제적으로 발전된 근대사회에서는 다자녀 출산에 대한 필요성을 상대적으로 적게 느낄 것이기에 출산율이 떨어질 것이라고 주장한다. 현재 세계 인구의 비대칭적 증가는 이러한 주장에 대한 신빙성을 일부 제공한다.

세계 인구의 급속한 증가에 대한 다양한 태도는 개발 공동체를 분리시켰다. 맬서스의 끔찍한 예측에 대한 추론은 오늘날에도 인구 과잉에 대한 토론으로 계속되고 있다. 로마 클럽(Club of Rome)이라는 글로벌 싱크탱크에 의해 1972년 진행된 **성장의 한계**(*Limits of Growth*)라는 연구는 가용자원이 유한한 지구에서 인구의 확장이 얼만큼 위험한 결과를 낳을 수 있는지를 계산하기 위해 컴퓨터 시뮬레이션을 사용하였다. 30년 후 과학자들은 최초 보고서의 결론을 재검토하여 인류는 지속가능하지 않은 영역으로 더 깊숙이 빠져가고 있다고 결론지었다. 그 연구는 해수면 상승, 수산자원의 고갈, 산림파괴, 토양 유실, 오염된 상수도를 지적하고 있다.[30]

성장의 한계의 우울한 전망에 대해 많은 비판이 있어왔지만 다른 시각에서는 과도하게 사용한 천연자원으로 인해 사회적 붕괴를 이미 목격하고 있다고 본다. 다이아몬드(Jared Diamond)는 그의 저서, 『문명의 붕괴: 과거의 위대했던 문명은 왜 몰락했는가(Collapse: How Societies Choose to Fail or Succeed)』에서 르완다의 높은 인구 밀도, 토양유실, 가뭄, 지역의 산림황폐화로 인한 식량부족이 1994년 100일간 발발한 집단학살 기여했다고 상정했다. 다이아몬드는 르완다가 벨기에로부터 독립한 이후 농업생산과 르완다 인구 모두 어떻게 불평등하게 증가했는지에 대해 논의했다. 르완다에서 여전히 사용되는 비효율적이고 전통적인 농업 방식의 문제를 더욱 악화시킨 것은 바로 높은 인구밀도로 인해 잠재적 농지가 밀려나게 된 점이라고 그는 설명하였다. 더욱이 부유한 농부들이 가난한 농부들로부터 토지를 사들이고 토지분쟁이 빈번해짐에 따라 르완다에서는 농지 그 자체가 열망의 대상이 되었다.[31]

인구 성장에 대해 비관론을 공유하는 또다른 학자는 재생산 선택에 대한 엄격한 통제가 있어야 한다고 주장하였다. 미생물학자 하딘(Garrett Hardin)은 "공유지의 비극(The Tragedy of the Commons)"이라는 그의 논문을 통해 유명세를 얻게 되었는데, 이 논문에서는 모든 사람이 자신의 소를 방목할 수 있는 공유지가 존재하는 경우가 가정되었다. 논문은 공유지로 사용되는 목초지에 소가 지나치게 많이 방목될 때에도 사람들은 계속해서 자신의 가축을 먹이려 하고, 이에 따라 들판이 망가지게 된다고 주장한다. 하딘에 따르면 공동으로 사용가능한 자원에 대해 다른 사람들이 사용을 멈추지 않을 경우 개개인은 해당 자원 보존의 필요성을 느끼지 못하게 된다. 사람들은 들판이 파괴됨으로 인해 발생할 피해를 인지할지 모르나, 이기심, 탐욕, 규제되지 않은 부당이용이 한데 섞여 결국 모두가 땅을 사용할 수 없게끔 만들어버리는 것이다.[32] 하딘의 주장은 사유재산권 증진과 비옥한 토지에 대한 엄격한 정부규제를 지지한다.

런던정치경제대학교의 정치경제학 교수인 바우어(Peter Bauer)는 인구증가 주제에 대한 잘못된 추론에 대해 경고한다. 바우어가 보기에 문제는 인구의 압력에 있는 것이 아니라 무능력한 경제정책에 있다는 것이다. 서구식 경제를 반영하고 출산에 대한 서구의 태도를 수용하는 건전한 정책과 더불어 고임금의 확보는 결과적으로 개발도상국의 출산율 감소로 이어질 것이다.[33]

브룬트란트 보고서에서 지적된 대부분의 문제들은 유엔의 2015년 지속가능발전목표에서도 확인된 바와 같이 오늘날 발전의 최우선순위로 남아있다. 한 가지 분명한 예외는 존재한다. 브룬트란트 보고서는 세계인구증가를 상위의 행동 과제로 두었다. 이와 대조적으로 지속가능발전목표를 채택한 2015년 유엔 결의안은 이 문제를 거의 언급하지 않는다. 세계인구가 2017년 기준 70억 명이 넘는 것으로 기록되고 있고, 2025년까지 80억 명에 이를 것을 고려할 때 이는 놀라운 일이다. 윤리적 측면, 그리고 재생산 권리(reproductive rights)가 개인권에 해당한다는 인식은 보편적 목표로서의 인구관련 우려를 제기하는 것을 어렵게 하였다. 한편, 기술의 진보가 모든 사람을 지구에서 먹여 살리는 것을 가능하게 한 것 또한 사실이다. 오늘날의 가장 큰 도전은 인구증가라기보다 우리가 어떻게 가용 천연자원들을 지속가능한 방식으로 사용하는가의 문제이다.

3. 비재생자원, 에너지안보, 석유의 힘

인구증가는 환경보호의 필요성을 강조할 수 있는 사안 중 하나에 불과하다. 또 다른 문제는 석유와 가스에 대한 현대경제의 의존성에 관련된 것이다. 이러한 비재생자원에 대한 사람들의 의존은 사회 경제적 발전과 천연자원의 지속가능한 사용 간의 관계를 더욱 복잡하게 만든다. 예긴(Daniel Yergin)은 이 주제를 다룬 그의 저명한 책에서 석유에 대한 세계역사를 이해하는 데 있어 세 가지 중요한 주제를 제시한다. 첫째, 석유는 근대 자본주의 경제발전에서 있어 핵심적인 역할을 해 왔다. 둘째, 석유는 국가 발전전략과 세계정치 및 권력과 긴밀히 연결되어 있다. 셋째, 석유에 대한 의존성이 큰 탄화수소 문명이 이루어짐에 따라 우리는 이러한 의존으로 인해 파생되는 환경문제들을 간과하곤 한다.[34] 초기에는 석유가 자동차 산업의 성장을 가능하게 하고 최초의 비행기의 설계를 가속화하였다. 차는 도로와 고속도로의 네트워크를 위한 수요를 가져옴으로 사회경관을 완전히 변화시켰다. 오늘날 석유와 천연가스는 수송뿐 아니라 대부분의 산업 전력공급 자원이며 비료, 플라스틱, 화학제품 등의 핵심 요소가 되면서 다양한 상업적 용도를 가지고 있다. 우리의 문명은 석유가 없으면 붕괴할 것이다. 적정한 공급을 보장하는 것에 대한 우려는 국제적 합의들로 이어졌으나 갈등 또한 촉발시켰다. 세계경제에서 석유회사는 가장 큰 규모의 다국적 기업체로 남아 있다. 하지만 세계경제에서 석유의 우세한 위치는 환경운동으로 인해 도전을 받고 있다. 석유의 논의는 국제정치의 역학과 긴밀히 연결되어 있으므로 경제발전의 지속가능성은 에너지안보의 맥락에서 고려되어야 한다.

산업화와 경제성장이 세계적으로 일어나면서 석유 수요는 계속적으로 증가하고 있다. 표 7.1은 지속적인 석유 의존에 대한 간략한 역사를 보여준다. 수치들은 국제에너지기구(IEA)와 경제협력개발기구(OECD)의 2015년 보고서에서 인용하였다.[35]

이 표는 자국의 경제발전을 위해 적정한 석유 공급을 확보하는 데 관심이 있는 전 세계의 개발도상국에 초점을 맞추고 있다.

이 예시 보고서는 환경적으로 해로운 화석연료를 통한 전력생산이 같은 기간 동안 놀랍게 증가한 것을 보여준다. 1971년 전 세계는 화석연료를 통해 시간당 390만 5,386기가와트(GWh)의 전력을 생산했다. 1기가와트는 시간당 10억 와트 혹은 34.1억 Btu(영국 열량단위)이다. 2013년 그 수치는 1,571만 5,235기가와트로 증가하였다. 이러한 증가에 가장 큰 부분은 개발

표 7.1 전 세계 특정 지역별 석유소비의 역사적 비교   (단위: 만 톤)

지역	1971	1990	2013
아프리카	2,927.3	6,794.8	14,169.3
중앙·남아메리카	7,204.2	11,793.2	21,487.0
아시아(중국 제외)	5,222.5	14,607.9	39,910.9
중국(홍콩 포함)	3,684.9	8,616.5	43,314.7
세계	195,419.8	252,966.4	358,479.4

도상국에서 발생한다. 예를 들어, 중국은 1971년 화석연료에서 11만 4,636 기가와트의 전기를 생산하였지만 2013년에는 423만 5,474기가와트로 생산이 확대되었다.[36] 또한, 보다 친환경적인 가솔린과 차량, 선박, 비행기를 위한 좋은 엔진의 개발에도 불구하고 세계 석유소비는 1971년 8억 7,105만 톤에서 2013년 22억 8,785만 톤으로 계속해서 증가하고 있다.[37]

1990년에서 2008년까지 세계 석유소비는 하루 6,700만 배럴에서 8,600만 배럴로 대략 30퍼센트가 증가하였다.[38] 미국 에너지관리청(EIA)에서 발간된 "국제 에너지 전망 2016(International Energy Outlook 2016)"의 자료에 따르면 2012년부터 2040년까지의 전 세계적인 에너지 수요는 상당히 증가하는 것으로 나타났다. 에너지 총 소비는 2012년 59경 9,000조 Btu에서 2020년 62경 9,000조 Btu로 확대되며 2040년에는 81경 5,000조 Btu가 되어 2012년에서 2040년까지 48퍼센트가 증가하는 것으로 예측되었다.[39] 이러한 데이터는 경제정책결정에서 왜 에너지안보가 의제를 주도해왔는지를 설명한다.

에너지안보에 대한 우려는 사실 유럽통합의 첫 회담을 이끄는 중심이었다. 드 용(Jacques de Jong)을 인용하자면

유럽연합 프로젝트는 1952년 유럽석탄철강공동체(ECSC: European

Coal and Steel Community)의 창설과 함께 에너지 자원으로 시작되었다. 1951년 프랑스, 독일, 이탈리아, 그리고 베네룩스 3국에 의해 체결된 유럽석탄철강공동체조약은 산업의 근간이 되는 철강과 석탄을 통제함으로서 이러한 국가들을 연합하고자하는 열망이었다. 그러므로 이는 제2차 세계대전 이후 '에너지를 통한 평화(peace-through-energy)' 접근을 활용한 평화구축에 있어 중요한 토대를 마련하였다.⁴⁰⁾

에너지안보를 위한 석유의 막대한 중요성에도 불구하고 국가들을 장려하여 그들의 에너지정책들을 조정하기 위한 법적 구속력이 있는 국제조약은 존재하지 않는다. 석유의 탐사와 분배에 관하여 안정성과 지속성을 보장하는 합의가 없는 것이다. 그와는 반대로 석유 역사는 갈등과 치열한 경쟁, 그리고 가격의 불확실성으로 점철되어 왔다.⁴¹⁾

시초부터 인간은 나무를 베고 목재를 모아서 온기와 요리를 위한 필수적인 열을 스스로 제공해 왔다. 석탄과 화석연료는 유럽의 산업혁명을 촉진시켰고 과학의 발전을 돕는 데 중요한 기술혁신의 길을 열어왔다. 석탄은 중국과 인도를 포함한 많은 개발도상국들에게 값싼 에너지 자원이 되어 왔다. 화석연료 배출을 억제하고자 하는 노력에 대한 개발도상국의 일반적인 저항은 과거 선진국들이 그러한 제약 없이 산업화를 이루어 낸 점을 지적하는 것으로 설명된다.

비록 석탄과 목재가 여전히 전 세계에서 다양한 수준으로 사용되고 있지만 근대경제와 사회를 움직이는 가장 중요한 에너지 자원은 블랙 골드(black gold)와 원유(crude oil)로 알려진 석유이다. 석유에 대한 끊임없는 수요가 탐사기술의 대대적인 확장을 촉발시켰고, 심해 원유탐사와 역청탄 파쇄(혹은 수압 파쇄)로 알려진 셰일 케로겐으로부터의 원유 추출이 가능해지면서 석유는 블랙 골드로 여겨졌다.

20세기 원유의 세계무역은 소위 세븐 시스터즈(Seven Sisters) 혹은 7대 거대 석유회사에 의해 지배되고 있다. 세븐 시스터즈는 미국정부에 의해 스탠더드 오일(Standard Oil)이 분리되면서 만들어졌다. 뉴저지의 스탠더드 오일은 회장이자 대주주인 록펠러(John D. Rockefeller)에 의해 1970년에 설립되었다. 일찍이 록펠러는 석유의 중요성을 인지하고 전 세계 국가들의 발전 경로들을 바꾸기 시작했다. 록펠러는 스탠더드 오일을 확장하는 데 있어 냉혹하였으며 이 과정에서 상대를 압박, 화물운임 조정, 산업 스파이, 심지어 경쟁자들에 대한 위협을 통해 양보를 노골적으로 요구하는 등, 다소 미심쩍은 전략을 사용했다는 기록이 다수 남아 있다. 이러한 전략들은 1879년까지 효과가 나타나 뉴저지의 스탠더드 오일은 미국 정제생산능력의 90퍼센트를 통제하게 된다.[42] 루즈벨트(Franklin Roosevelt) 행정부는 1906년 연방의 독점금지법에 근거하여 독과점을 인정하고 주 사이의 통상을 억제하기 위해 스탠더드 오일을 상대로 소송을 제기한다. 이 사안은 미국 대법원이 스탠더드 오일을 여러 개의 법인체로 해체시키면서 1911년에 종결된다. 세븐 시스터즈 중 가장 규모가 컸던 뉴저지의 스탠더드 오일은 향후 엑손(Exxon)으로 전환되어 업계의 선두를 빼앗기지 않았으며, 모빌(Mobil)로 전환된 뉴욕 스탠더드 오일이 규모상 두 번째를, 그리고 이후 셰브런(Chevron)이 된 캘리포니아 스탠더드 오일이 그 뒤를 이었다.[43]

그러나 스탠더드 오일이 해체된 방식은 '조각난 기존의 회사체(parts)'들이 서로 조화를 이루며 작동하는 것을 막아내지 못했고, 새롭게 전환된 회사들은 기존의 상업적 관계를 그대로 유지해 나갔다. 1938년 3월 캘리포니아 스탠더드 오일에 의해 사우디아라비아의 모래밭에서 원유가 발견되었다. 소칼(Socal)과 텍사코(Texaco)는 아람코(Aramco)라는 합작투자사업을 시작하여 자원을 개발하였다.[44] 1940년대까지 미국의 원유회사는 독일과 영국의 회사들과 함께 중동에서 강력한 행위자들이 되었다. 사우디아라비아에서의 미국의 발견은 미국 회사가 석유의 지정학적 게임과 중동정치를 시작하게 된 중요한 계기가 되었다. 미국의 회사가 중동의 석유를 시추하는 것이 가능해진 것은 지난한 협상과 소위 1928년 7월의 레드라인합의(Red

Line Agreement)의 결과였다.[45] 이 합의가 서명될 때까지 영국을 위주로 한 유럽의 석유회사들은 이란, 이라크 및 여러 작은 걸프지역에서 사실상의 독점을 하고 있었다. 그들은 마지못해 미국 회사들이 사우디아라비아를 포함하여 레드라인 안쪽으로 제한된 접근을 할 수 있도록 허용했다. 미국의 발견은 미국과 사우디의 오랜 관계의 시작이었다.[46]

개발의 관점에서 이는 흥미로운 이야기이다. 1933년 캘리포니아 스탠더드 오일이 예상치 못한 사막에서 석유를 찾았던 대가로 사우디에게 마지못해 적은 선불금을 지불하기로 합의했을 때 국가는 여러 유목 공동체로 구성되어 있었다. 비록 그들의 부는 전적으로 석유에 의존하고 있었지만 1970년 후반 사우디아라비아는 세계에서 가장 부유한 국가 중 하나가 되어가고 있었다. 아람코는 원칙적으로 1976년 사우디아라비아에 의해 국영화되었지만 상업관계 지속을 보장하기 위해 외국의 파트너들과 합의를 이루어야만 했다. 이는 사우디아라비아가 여전히 가공/정제, 수송, 판로 등을 해외에 의존하고 있었기 때문이다.[47]

1970년대까지 세븐 시스터즈는 "수직적 통합을 통해 탐사와 정제기술 뿐만 아니라 공급, 수송, 정제, 판매를 통제하면서" 사실상 그들의 국내 및 국제시장을 지배하고 있었다.[48] 그들은 잘 조직화되어 있었고 이로 인해 개발도상국의 석유 생산자들과 성공적으로 협상할 수 있었다. 그 결과는 안정된 공급시장과 지속적으로 낮은 가격이었다. 원유 가격과 생산에 대한 세븐 시스터즈의 영향력에 대응하여 네 개의 페르시아만 국가들(이란, 이라크, 쿠웨이트, 사우디아라비아)과 베네수엘라는 1960년 9월 원유에 대한 높은 가격을 확보하기 위한 목적으로 석유수출국기구(OPEC: Organization of the Petroleum Exporting Countries)를 창설한다.[49] 1973년까지 다른 8개의 국가들(카타르, 인도네시아, 리비아, 아랍 에미리트국 연합, 알제리, 나이지리아, 에콰도르, 가봉)이 석유수출국기구에 참여한다. 에콰도르는 1992년 회원자격이 중단되었지만 2007년 정식 회원국으로 돌아온다. 인도네시아는

2009년 회원자격이 중단되었다.[50]

세계적으로 풍부한 석유공급은 OPEC이 존재했던 초기 10년 동안에는 크게 상관없었다. 그렇지만 미국이 국내 비축분 축소를 경험하기 시작하자 해외 석유에 대한 의존은 이슈가 되었다. 1973년 미국이 심각한 에너지 위기를 경험하면서 석유 가격은 베럴 당 미화 2달러에서 11달러로 상승하게 된다. 유가 급등은 아랍-이스라엘 제4차 중동전쟁(Yom Kippur War) 여파로 OPEC이 미국에 대한 석유 수출을 금지하기로 결정한 후에 이루어졌다. 원유 수출에서 석유의 총 수입은 1972년 미화 230억 달러에서 1977년 미화 1,400억 달러로 증가한다.[51] 석유 공급의 붕괴와 OPEC에 의한 일방적 행위의 위협은 전 세계적으로 에너지안보에 대한 우려를 고조시켰다. 세븐 시스터즈에 의해 지배되던 시대가 막을 내린 것이다.

1970년대 중반까지 OPEC은 세계 원유를 조정하고 판매 규칙을 결정하는 것으로 알려지면서 지정학적 무대에서 영향력 있는 행위자가 되었다. 비록 주류 서구의 담론은 습관적으로 OPEC을 카르텔로 정의하지만 가입국들은 그들의 조직을 '시장 안정화를 위한 온건한 힘'으로 설명한다. 카르텔 개념은 OPEC을 부정성과 불명예의 내러티브로 표현하였다. 놀랍게도 OPEC의 반경쟁적 행위는 관세 및 무역에 관한 일반협정/세계무역기구(GATT/WTO)의 경쟁 규칙에 이의제기가 되지 않았으며 대부분 그럴 의지도 없었다.[52] 1979년 미국 연방지방법원은 OPEC의 행위가 '상업행위'가 아닌 국가에 의한 '정부행위'이며 1976년의 주권자면책특권법에 의해 보호받을 수 있다고 판결하였다. 이러한 법률적 결정은 OPEC을 미국의 반경쟁법의 범위로부터 효과적으로 벗어나게 하였다. 미국 의회에서는 이러한 결정을 번복시키기 위한 여러 차례의 시도가 있었지만 모두 실패하였다.[53]

1998년 경제협력개발기구(OECD)는 '경성(hard core)' 카르텔에 대항한 효과적인 행위와 관련된 의회 권고 채택으로 반카르텔 프로그램을 실시하였지만 OPEC에 대응하여 그 어떤 조치도 취한 적이 없었다. 그 권고는 카르텔의 정의에 대해 다음과 같이 설명한다.

> '경성 카르텔'은 반경쟁적 합의로서, 반경쟁적 동조된 행위 혹은 가격을
> 결정하기 위해 경쟁자에 의해 반경쟁적 합의로 조작된 입찰(공모 입찰)을
> 하며 구매자, 공급자, 지역 혹은 일정한 거래분야를 할당함으로서 산출량
> 제한, 혹은 쿼터, 또는 분담, 아니면 시장을 분리하는 것이다.[54]

1973년 석유파동 직후 유럽은 1974년 국제에너지계획(International Energy Program)에 대한 규약을 만들고자 하는 미국의 요청에 응답하여 국제에너지기구(IEA) 창립을 이끌었다. 규약의 주요 핵심은 공급부족 상황에서 대서양 원유 배분을 보장하도록 하는 자동적 제동 장치였다. 그 후 1985년 '역내에너지시장을 향해(Towards an Internal Energy Market)' 보고서가 발표될 때까지 유럽집행위원회(EC: European Commission)는 별다른 행동을 취하지 않았고 1987년 브룬트란트 보고서는 에너지 사안을 환경 지속가능성에 대한 증가하는 우려와 연결시켰다.[55]

지난 수십 년 동안 국가들은 안정적인 석유와 가스공급을 확보하기 위한 다양한 국가전략을 운영해왔다. 대부분 이러한 전략들은 국제 에너지 시장을 안정화하는 데 거의 도움이 되지 않았던 양자 간 협의로 이어졌다. 에너지에 관한 가장 충실한 국제협력인 북미자유무역협정(NAFTA: North American Free Trade Agreement)의 제6장은 멕시코를 포함하는 지역 무역 합의의 한 부분임에도 불구하고 캐나다와 미국 두 국가 간의 합의로 남아있다. 제6장에서 멕시코는 국가헌법을 인용하여 제외되어 있는 실정이다.[56]

멕시코 헌법상 모든 지하자원은 국가의 소유라는 점이 명시되어 있다. 이는 정부가 경쟁을 제한하여 1938년 외국 사업자들의 자산을 국유화하는 구실을 제공하였고 부실경영 촉진 및 해당 산업부문의 혁신을 저해하는 결과를 가져왔다. 대규모의 원유 공급에도 불구하고 멕시코의 발전전략은 성공하지 못했다. 그 이유는 멕시코의 발전전략이 원유 수입에 지나치게 의존했

기 때문이다. 유가가 1980년대 초 하락하였을 때 멕시코 국영 회사인 페멕스(Pemex)는 발생하는 재정 문제로부터 국가를 지켜내는 데 역부족이었다. 정치적 부패와 경제적 부실의 혼란에서 1982년까지 국가는 미화 840억 달러의 엄청난 대외부채를 지게 되었다. 비록 멕시코의 경우 자국의 석유 비축분이 지속적인 경제성장과 번영을 보장하는데 충분했었음에도 불구하고, 이것은 많은 개발도상국에 영향을 미쳤던 채무 위기의 첫 번째 징후였다. 초기 멕시코 경제발전에 도움이 되었던 원유 사업에 대한 지나친 의존은 멕시코 경제를 약화시키는 주요 요인이 되었다.[57] 멕시코를 심각한 부채로부터 구제하였던 긴급자금대출에 따라 국가는 자유화로 발전전략을 변경하였다. 1994년 멕시코는 미국, 캐나다와 함께 NAFTA에 서명하였다.

NAFTA는 무역을 지속가능한 발전과 연결하여 전문에 명백하게 명시했던 첫 번째 무역 합의였다. 협정하에서 세 국가는 환경 관련 부가협약을 맺기로 합의하였고, 이는 협정당사국 모든 국가 내 환경 관련 제도 구축으로 이어졌다. 또한, 캐나다에 본부를 둔 3국 간 환경협력위원회(Commission for Environmental Cooperation)를 설립하였는데, 이는 NAFTA의 환경에 대한 역효과 및 국가 환경법의 비집행 혐의를 조사하는 장치였다. 그러나 비평가들은 NAFTA의 환경기구들과 조항들이 제도적으로 취약하며 각각의 정부로부터의 재정지원이 저조하다는 점을 신속하게 지적하였다. 예를 들어, NAFTA의 분쟁 조정에 관한 많은 조항들은 기업들로 하여금 환경규제에 대해 이의를 제기하도록 하고 있다. 요약하자면 효력을 발휘하기 위해 NAFTA의 환경적인 측면은 강력해질 필요가 있다.[58]

무역협정에서 환경 관련 조항들은 늘어나고 있다. 하지만 그러한 합의들은 규제완화를 찬성하고 투자와 무역에 특혜를 주는 경향이 있었다. NAFTA에서 가장 중요한 부분은 미국과 캐나다 사이의 에너지 협상에 대한 것이다. NAFTA의 비례원칙조항(제315조, 제605조)에 의하면 캐나다는 미국에 대한 석유와 천연가스 공급을 직전 3년 평균 수준으로 유지하도록 되

어 있으며 사실상 이는 캐나다 석유와 다른 에너지 자원 수출을 미국에 의
무화한 것이다.[59] 다른 학자들은 NAFTA의 비례원칙조항이 캐나다와 미국
간에 진행 중인 에너지 협력을 보장하는 것으로 작동한다고 주장하였다.

> 앨버타(Alberta)의 오일 샌드(tar sands)와 매켄지 델타(Mackenzie
> Delta)의 천연가스전은 미래 캐나다 생산의 유망한 자원들이다. 최소한
> 캐나다 석유와 천연가스전은 (전략비축유에 추가로) 극심한 부족을 대비
> 하여 북아메리카 '보험정책'의 한 부분 역할을 해야 할 것이다.[60]

국제 에너지 협력을 위한 법률적 체계를 마련하기 위한 가장 야심찬 시도
는 에너지헌장조약(Energy Charter Treaty)이다. 그것은 1990년대 초반
유럽의 주도로 등장했지만 2016년 기준 48개 체결국만이 실제로 서명하고
비준하였다. 더욱이 카자흐스탄을 제외하고 가입국 어느 곳도 주요 산유국
이 아니었다. 중국, 나이지리아, 캐나다, 미국, 사우디아라비아, 이란, 쿠웨
이트, 베네수엘라는 단지 참관국으로 남아 있으며 러시아, 호주, 노르웨이
는 조약 비준도 하지 않았다. 일각에서는 조약이 의미가 없으며 강제 집행
을 가능하게 하거나 불이행을 억제할 수 있는 조약의 세부적인 분쟁해결 중
재가 포함되어 있지 않다고 비판한다.

그러나 지난 20년간 OPEC의 영향력은 약화되었다. 세계의 석유공급의
대부분을 OPEC의 가입국가들이 여전히 통제하고 있긴 하지만 많은 양의 석
유들이 점차적으로 발견되고 있으며 미국, 러시아, 브라질, 캐나다와 같은
국가들에서 생산되고 있다. 세계 유가만큼이나 동일하게 중요한 것은 새로
운 시추기술이며 이는 캐나다와 미국이 특히 우수하다. 몇몇은 이를 미국의
에너지 혁명이라 부르며 미국의 가스와 석유생산에 영향을 주고 있다고 주
장한다. 한 산업 전문가는 미국의 원유생산이 2010년 이후 25퍼센트가 증
가한 점을 고려 할 때 미국은 전 세계의 가장 큰 석유 수출국이 될 것이라고
내다보았다. 동시에 미국의 원유생산은 2008년 이후 60퍼센트가 증가하였

다.[61] 그 결과로 인해 일부는 OPEC의 영향력이 지속해서 줄어들고 있다고 보는 것이다.

OPEC의 또다른 문제는 일부 가입국들의 놀랍도록 낙후된 개발 상황에서 비롯된다. 비평가들은 석유와 같이 수익성이 좋은 자원에 대한 과도한 의존은 국가들로 하여금 그들의 경제를 다각화시키는 열의를 단념시키고 핵심 천연자원의 약탈적인 착취로 이어진다고 주장한다. 예를 들어, 나이지리아는 세계의 가장 큰 석유매장층 중 일부분이 위치해 있는 광대한 나라이다. 그러나 이러한 이점을 사용할 기회를 날려버린 국가 사례로 꼽히기도 하며, 지구상의 가장 심각한 환경문제를 가지고 있는 곳이다. 원유수출의 선도 국가이지만 이러한 역량을 발전의 성공으로의 전환에는 실패하는 역설에 대해 학자들은 소위 '자원의 저주(resource-curse)'라는 가설을 세웠으며, 이는 앞서 무력 갈등의 맥락에서 언급된 바 있다. 석유와 천연가스 자원으로부터 보장된 수익이 계속해서 발생하면 정부가 혁신, 다각화, 그리고 책무성을 추구하지 않도록 방해하게 되는 경우가 다반사이다. 그러한 국가들은 풍부한 양의 핵심 자원이 지속가능한 발전을 방해하기 때문에 '자원의 저주'를 겪게 되는 것이다.[62]

전 세계 원유생산 중 약 3분의 1은 중동에서 이루어진다. 중동은 갈등의 땅으로 인접국가 간 관계가 적대적이며 권위주의 통치의 특징을 나타낸다. 사우디아라비아를 통치하는 사우디의 왕가는 지난 수십 년 간 전 세계에서 가장 큰 원유 생산국이었으며, 최근에서야 국가는 경제를 다각화하기 시작하였다. 사우디아라비아는 원유공급으로 막대한 수익을 얻고 있었지만 석유수출 의존형 국가를 유지하는 데 드는 비용은 커지고 있었고, 왕국 불안정성에 대한 염려가 생겨나기 시작했다.[63] 한 중요 실증연구에 의하면, 자원이 풍부한 대부분의 국가들은 부유하지 않음이 밝혀졌다. 배럴당 미화 60달러인 석유를 대량으로 생산하는 사우디아라비아조차 미국과 견줄 수 있을 정도로 자국민을 빈곤선 위로 끌어올리는 데는 어려움이 있을 것이다.

이 연구는 재생불가능한 자원의 고갈을 고려하지 못함으로 인해 자원부국들이 자신들의 수익 토대를 잘못 이해하고 있다고 주장한다. 즉 "집안의 은을 팔면서 가구소득을 증대시키는 것과 마찬가지이다. 이는 지속될 수 없으며 수입의 원천이 되는 것이 아니라 자산처리의 한 형태일 뿐이다."[64]

세계 원유공급에 대한 우려는 대안적인 에너지를 연구할 것을 거듭 강조해왔다. 새로운 원유추출 기술이 완벽하더라도 이로 인해 생기는 피해를 흡수할 수 있는 환경적인 역량에 대한 의문은 여전히 존재하는 것이다. 고압의 모래, 물, 혼합 화학물질을 투입하는 수압 파쇄법은 '우물 패드(well pads)'라고도 알려져 있는 시추 지점에서 대기와 물의 오염, 많은 양의 토양 손상을 발생시키는 것으로 알려져 있다. 환경적으로 볼 때 가스와 석유를 추출하기 위한 수압 파쇄법(fracking)은 많은 양의 물을 사용하고 방대한 땅을 필요로 하기에 비용이 많이 든다. 경제학자들은 환경활동가들이 지속가능한 발전에 위험하다고 보는 외부효과와 비용 면에서 이 방법을 선호하지 않는다.[65] 지금까지 최악이었던 환경재난 중 하나는 브리티시 페트롤룸(British Petroleum)이 멕시코만의 원유채굴을 위해 했었던 해양 석유시추와 관련이 있다. 2010년 4월 20일 심해 지평선(Deepwater Horizon)이라 불리는 연안의 채굴 구멍이 폭발하게 되어 역사상 가장 큰 기름 유출이 발생하였다. 해당 사건 직후 브리티시 페트롤룸은 다수의 미국 환경규제를 위반한 것으로 고발을 당하여 몇 년 동안 지속된 법적 절차에 휘말리게 되었다.[66] 이러한 비극은 1989년 3월 엑손(Exxon) 소유의 유조선이 알라스카 연안의 암초에 걸리면서 발생한 엑손발데즈(Exxon Valdez) 원유 유출 사고의 기억을 상기시켰다. 이 사건은 세계적으로 광범위한 영향력을 가지고 있었던 원유회사인 엑손의 합법성을 약화시키는 계기가 되었다.[67] 두 재난들의 환경적 영향은 전례가 없는 것이었다. 원유가격의 하락과 함께 이러한 발전들은 거대 석유회사에 의해 실행되고 있는 현재의 사업 모델에 대한 의문을 불러일으켰다. 호주 연안 석유사업부터 캐나다 오일 샌드에 이르기까지 산업 전반에 걸쳐 미화 약 4,000억 달러의 기대 투자가 취소되거나 연기되었다.

> 거대 석유회사의 "일몰이 다가오고 있다." 한편으로 재생가능한 에너지
> 와 기후 정치는 화석연료의 수요 증가를 억제할 것이며 다른 한편으로 작
> 고 민첩한 회사들은 셰일 오일과 가스 산업을 이끌 것이다.[68]

화석연료와 셰일 파쇄 대신 에너지를 제공할 수 있는 기술은 핵에너지이
다. 그러나 핵에너지는 논란이 매우 많다. 에너지 목적을 위해 핵프로그램
을 이용하는 것은 많은 개발도상국에게는 엄두로 못 낼 정도로 고비용일 뿐
아니라 그러한 프로그램과 관련된 위험은 막대할 수 있다. 스리마일섬, 체
르노빌, 후쿠시마는 핵발전소에서 사고가 일어날 때 발생할 수 있는 위험성
에 대해 상기시킨다. 체르노빌 발전소의 원자로 중 하나가 폭발했을 때, 국
경을 넘어 동유럽국가들에 방사능이 확산됨에 따라 이는 곧 국제적인 문제
로 확대되었다. 참사는 1986년 4월 26일 우크라이나 (당시 소비에트 연방
지역) 체르노빌 발전소에서 일어났다. 해당 사건의 환경적 영향은 대단히
파괴적이었다. 폭발로 인해 발생한 방사능 낙진은 유럽과 스칸디나비아 지
역에 걸쳐 수십 마일을 이동해 갔으며, 이는 재앙 수준으로 토지를 영구히
오염시켰고, 약 20만 인구의 피난과 재정착으로 이어졌다. 재난 이후 30년
이 지났지만 그린피스(Greenpeace)는 피해지역과 그 주변의 많은 구역이
황무지로 남아있고 수 천명의 사람들이 계속해서 치명적인 질병으로 고통
받고 있음을 보고하였다. 결국 사고는 1945년 히로시마와 나가사키에 떨어
진 두 개의 핵폭탄보다 100배가 넘는 방사능을 유출한 것이었다.[69] 그 결과
여러 국가들은 그들의 정책 목적을 변경하고 추가적인 핵발전소 확장을 중
단하기로 결정하였다. 에너지 생성의 수단과 관계없이 에너지 생산과 소비
와 관련하여 지속적으로 제기되는 문제는 바로 이것이 환경에 가져올 영향
에 대한 것이다.

4. 산림파괴, 오염, 기후변화의 정치

개발도상국에 특히 영향을 미치는 다른 생태계 이슈는 사막화를 이끄는 산림파괴와 토양침식이다. 지구상의 산림손실과 사막확장은 천연자원의 손실만을 의미하는 것이 아니라 농업생산 및 많은 공동체들의 생활방식까지 위협하고 있다. 더욱이 나무와 대부분의 식물은 광합성 작용을 통해 대기 중의 이산화탄소를 흡수하고 산소를 다시 방출하기 때문에 산림파괴는 대기오염에 영향을 주는 요인으로 간주된다. 2016년 인간개발보고서(Human Development Report)는 놀라운 데이터를 제시한다.

비록 산림파괴가 산불이나 예측이 어려운 기후패턴으로 인해 발생할 수 있지만 근대 시기에 있어 산림파괴의 광대한 범위는 생활공간의 확장, 산업화 농업을 위한 벌목과 관련된 인간 활동에 기인한다. 세계 인구증가와 함께 토지 수요, 목재 생산, 식량 등은 지구의 산림에 부정적인 영향을 미쳤다. 브라질의 경우 아마존의 열대우림지대는 가축 목장을 위한 공간으로 대체되고 있다. 건축을 위한 목재 제공, 도시 확장, 신규 도로망 구축을 위해 숲은 개간되고 있다.

맹그로브는 일반적으로 세계의 열대 해안 지역에서 발견되는 나무이다. 환경론자들은 이러한 맹그로브의 벌채가 2004년 인도양 지진으로 발생한 쓰나미의 심각성에 영향을 미친 것으로 여겨진다. 강한 바람과 파도로부터 해안지역을 보호하는 일종의 자연 방파제 역할을 해온 맹그로브는 몇몇 지역에서 크게 줄어들었는데 이는 호텔 부지, 새우 양식, 주거지 확보 등의 공간을 제공하기 위함이었다. 환경문제 전문가들은 맹그로브가 손상되지 않은 상태로 있었더라면 20만 명이 넘는 것으로 주장되는 쓰나미의 파괴적인 피해 여파가 줄어들었을 것이라고 믿는다. 산림의 제거는 허리케인과 쓰나미 뿐만 아니라 대홍수에 대한 취약성이 증가하는 것을 의미한다. 아마존 지역, 아프리카, 동남아시아의 산림파괴는 다른 지역에서는 가뭄을 초래하

글상자 7.1 2016 인간개발보고서 데이터

매년 240억 톤의 비옥한 토양이 부식으로 유실되며 1,200만 헥타르의 땅이 가뭄과 사막화로 황폐화되어 1,500만 명의 생명과 삶의 터전에 영향을 미치고 있다. 사막화는 1억 3,500만 명에 이르는 사람들을 2045년까지 이주시킬 수 있다. 생물다양성은 전 세계 절반 이상의 지역에서 안전한 수준 이하에 머물러 있으며 …

2012년 840만 명에 이르는 사람들이 대기와 물, 대지오염으로 사망했다. 연간 최소 650만 명이 대기오염으로 사망하는 것으로 알려져 있으며, 이보다 많은 수가 오염으로 인해 부상을 당한다. 복지 손실에서 대기오염의 비용은 5조 달러로 되며 이 중 60퍼센트 가량은 저개발지역에서 발생한다. 약 27억 명의 사람들은 실내공기오염을 야기하는 목재와 폐기물 소각을 통한 취사와 난방에 의존하고 있으며 이는 대부분 여성과 아이들에게 가장 큰 영향을 미치고 있다. 실내 대기오염은 연간 대략 350만 명의 사망자를 초래하고 있다. 숲과 나무들은 13억 인구들에게 핵심적인 자원을 제공하고 있으며 개발도상국에서의 산림 소득은 농촌지역의 농가 수익 다음으로 큰 수입원이다. 6,000만 명에서 2억 명 사이의 토착 주민들은 생존을 위해 숲에 의지하고 있다. 세계의 허파 역할을 하는 산림은 또한 기후변화를 늦추며 탄소 저장소(carbon sink)의 역할을 하고 있고 복원력을 높이고 있다.[70]

지만 일부 지역에서는 홍수가 나는 식의 불안한 강우 패턴 변화들을 야기하고 있다.[71]

말라리아와 같은 질병의 확산 역시 산림파괴의 영향으로 알려져 있다. 말라리아는 특히 아프리카 대륙에서 심각한 문제이다. 치명적인 바이러스를 옮기는 모기를 통해 전염되는 말라리아는 30만 명이 넘는 사람들을 전염시켰고 이로 인해 매년 약 100만 명 정도가 사망하고 있다. 관련된 연구에서도 밝히듯, 벌채된 지역은 알맞은 조건이 충족될 경우 모기 서식에 적합하기 때문에 삼림파괴가 말라리아 확산을 가중시킨다. 예를 들어, 연구가 진행된 한 아프리카 지역에서는 광산 개발을 위한 공간을 확보하기 위해 대규모의 삼림벌채가 행해졌는데, 이에 대한 결과로 곧이어 말라리아 전염은 4분의 3이 증가했다. 또한, 산림파괴 이후 수면병, 모래파리 질병과 같은 병들이 급증하였고, 이러한 질병을 치료할 만한 적절한 의약품을 갖고 있지 못한 가난한 지역사회에서는 그 피해가 대단히 파괴적일 수 있다.[72]

토지를 더 손상시키는 농업방식을 포함하여 산림파괴는 기온 상승과 강우 발생 감소로 이어진다. 이러한 결과는 건조해지는 경관이다. 더구나 나무들은 이산화탄소를 소비하여 산소를 제공하기 때문에 산림파괴는 지구 대기의 이산화탄소 증가에 부분적인 원인으로 지목되어 왔다. 환경전문가들은 기후변화가 근대 시기에 발생한 산림파괴의 영향으로 인해 가속화되고 있다고 본다. 기후변화의 핵심적인 논쟁 사안은 일정 기간 동안 대기와 수온이 상승하는 현상인 지구 온난화이다. 기후변화에 대한 뚜렷한 설명을 하기 위해 여러 이론들이 상술되어 왔지만 가장 유명한 것은 온실효과이다. 인간의 활동은 지구 온난화를 발생시킬 수 있는 온실가스 배출로 이어지면서 온실효과를 더욱 증폭시키게 되었다. 온실가스들은 이산화탄소, 아산화질소, 프레온 가스, 메탄가스를 포함한다. 화석연료의 연소는 대기에 방출되는 원천이 되기 때문에 이산화탄소는 인간 활동으로 인한 모든 가스들의 배출 가운데 압도적으로 가장 큰 비중을 차지한다.[73] 태양복사열이 하층 대기권에 갇히면서 지표면이 온실과 같이 데워지는 온실효과는 전 세계에 영향을 미치고 있다. 세계 온도는 상승하고 이로 인해 기후는 영향을 받게 된다.

산림파괴와 연관된 것은 한때 농업에 사용되고 야생동물의 서식지로 필요했던 대지가 사막으로 확장되는 이른바 사막화 현상이다. 이러한 이슈들은 동아프리카의 목축사회에 문제가 되고 있다. 목축사회는 전통적으로 가축과 목초지를 관리하기 위해 땅을 이용해 왔다. 관습적으로 목축 집단들은 과도한 방목을 방지하고 기근과 가뭄을 파하기 위해 타 지역으로 이주하게 된다. 그렇지만 불행하게도 근대사회로 넘어오게 되며 그들의 이동성은 과거와 다르게 제한받게 되었다. 그들은 최근 도시화와 상업지대의 민영화의 결과로 토지 가용성이 줄어드는 것을 목격해왔고, 정치적 경계구역이 표시되기 시작하였다. 자신들의 가축을 기르기 위해 공유지를 사용하는 행위들로 인해 정치인과 국제개발기구들은 그러한 집단들로 하여금 그들의 삶의 방식을 바꾸도록 할 수 있다는 기대를 갖고 현대사회에 통합시키고자 하였다. 통합에 대한 논쟁은 목축 사회의 행위를 허용하는 것이 결국 공유지의 비극이 되는 것인지를 규정하고자 한 것이다. 만약 개별 거주자들이 더 많은 부를 위해 자신들의 가축을 증가시키고자 하고 그들의 행위를 규제할 수 있는 법이 없다면 개별 거주자들은 모두에게 부과되는 비용으로 자신의 소득을 최대화하기 때문에 녹지는 파괴된다. 비록 공유지의 비극이 역사적으로는 목축 집단들의 유목 특성으로 인해 회피되어 왔지만 이러한 집단들의 영구정착은 비극을 현실화할 수 있다. 지나친 방목과 전통적인 농업방식이 음식과 물의 부족 뿐 아니라 지역의 환경 악화로 이어졌던 케냐 카자이도 지구(Kajiado district)의 마사이족(Maasai)은 이러한 불행한 사실을 전형적으로 보여준다.[74]

사막화의 원인들이 단지 과도한 방목과 토지의 사용으로 한정되는 것은 아니다. 지나친 관개에 의한 토양의 염류화와 삼림파괴는 사막화에 기여해 왔다. 농업에서의 개간은 여분의 물과 함께 경지를 제공하는 데 있어 상당히 도움이 되며 식량생산의 증가로 이어지게 된다. 그러나 지나친 개간은 토지에 해로운 영향을 줄 수 있다. 만약 개간 시스템이 부실하게 설계되고 관리가 안되어 관개용수가 적절하게 빠져나가지 않는다면 문제가 발생한다. 용수가 과도하게 축적된다면 그것은 점차적으로 대지 표면에 가깝게 올라갈 것이고 이는 물 안의 소금과 같은 미네랄로 인해 토양 염류화를 일으킨다. 토양의 염분 축적은 토양악화로 인해 생산성 감소로 이어질 수 있으며 심지어 경작지를 불모지로 만들 수 있다. 유역의 제거는 솔트 플랫(salt flats)의 확장을 가져오기 때문에 사막화는 이러한 조건들을 악화시킨다. 이와 같은 사례는 강어귀가 삼림 개간으로 인해 손상을 입었던 세네갈과 브라질에서 발생했다. 적정한 배수 시설의 부족이 지나친 관개의 유일한 이유는 아니다. 특정 장소에 많은 우물들이 있을 때도 과도한 관개는 발생할 수 있다. 지하수면이나 지하수의 지표면이 지나치게 많은 우물들의 영향으로 인해 극적인 방식으로 붕괴된다면 우물들은 마르게 되고 땅은 사용할 수 없게 될 것이다. 요약하자면 부실한 정책과 취약한 관리 감독의 조합은 경지 확장, 과도한 방목, 사회기반시설 확장으로 이어지게 되고 결국은 사막화에 기여하게 되는 것이다.[75]

사막화의 결과는 비옥한 토지를 유실하는 것 이상으로 지대한 영향을 가져온다. 사막은 단순히 초목식물이 부족하거나 없는 지역이 아니다. 그것은 물이 전무한 지역이다. 물은 일상적인 인간의 소비와 위생을 위해서 뿐만이 아니라 농업과 산업을 위해서도 중요하다. 인간은 현재 접근 가능한 물의 절반 이상을 사용하고 있으며 이러한 소비는 점차 증가하고 있다. 더욱이 사하라 이남의 아프리카, 인도, 방글라데시, 파키스탄, 중국과 같은 지역에서 지하수는 관개의 목적으로 과도하게 사용되었다. 중국의 경제성장은 특히 하천, 토양, 공기의 심각한 환경오염을 야기했고 주변 국가들에게 지속적인 영향을 미치고 있다.[76] 물에 대한 수요는 이미 20세기 중반의 세 배에 달하고 있으며 미래에도 증가할 것이다.

환경문제의 특징에도 불구하고 기후변화의 증거에 대해서는 여전히 논란이 진행 중이다. 비록 이론에 반대하는 사람들은 학계에서 소수에 불과하지만 몇몇의 저명한 과학자들은 지구 온난화 이면의 과학에 대해 의문을 가진다. MIT의 린드젠(Richard S. Lindzen)은 그러한 온실효과 회의론자 중 한 명이다. MIT와 NASA의 과학자들로 구성된 팀에서 수행된 연구를 바탕으로 한 논문에서 그는 구름 형성의 변화가 어떻게 온실가스의 온난화 효과를 상쇄할 수 있는지를 밝혔다. 다른 논문에서 그는 최근 몇 년 동안 기온 변화가 있었다는 것은 동의하지만 금세기의 지구 온난화와 그 결과로서의 기후변화를 주장하는 예측의 정확성과 불명확성에 대해 이의를 제기하였다. 이산화탄소는 지구 대기의 약 0.04퍼센트를 차지하기 때문에 일부 과학자들은 인간 활동으로 인해 증가하는 대기 중 이산화탄소 농도는 결과적인 온도 상승에 무의미한 것으로 판단한다.[77]

세계의 평균온도가 이번 세기 동안 지속적으로 상승할지 여부와 관계없이 이러한 이론을 지지하는 과학자들에 의하면 지구 온난화가 유지됨에 따른 비용은 상당하다. 산림의 파괴, 경작지의 재구성, 산악 빙하와 만년설의 해빙으로 인한 해수면 상승이 이를 뒷받침한다. 전 세계적인 해수면 상승은 여러 결과들을 가져오게 될 것이다. 첫째는 침수이며 특히 섬으로 구성된 국가들의 낮은 해안 지역을 위협하게 될 것이다. 높은 해수면의 또 다른 결과는 연안 지역의 홍수 증가이다. 이는 개발도상국에게 즉각적인 피해를 줄 수 있는 새로운 유형의 도전을 초래할 수 있다. 침식은 절벽과 해변에서 가속화될 것이며 관련된 국가의 관광산업에 피해를 줄 것이다. 더욱이 지하수와 강에 스며드는 염분의 증가로 담수 생태계는 오염될 수 있다.

환경오염은 지구 온난화로 악화 되었는지 여부와 상관없이 심각한 개발 문제이다. 일부 사람들에게는 이는 사실상 사회 붕괴의 잠재적 원인으로 간주되기도 한다. 국제관계학에서는 환경 그 자체로서는 역사적으로 큰 역할을 하지 않았다. 그러나 최근에는 환경에 대한 위협이 국가안보뿐 아니라 심지어 인류를 위협할 수 있다는 것을 인정하면서 환경안보의 개념이 소개되었다. 혹자는 환경안보의 부족이 이미 개발도상국의 평화와 질서의 기반을 약화시키고 있다고 주장한다. 『무정부시대가 오는가(*The Coming Anarchy*)』라는 영향력 있는 그의 저서에서 카플란(Robert D. Kaplan)은 인구과잉, 환경악화, 자원부족이 어떻게 사회 붕괴를 가져올 수 있는지에 대해 저술했다. 그의 예측은 환경문제에 대한 다음과 같은 이해로 채워져 있다.

이제 20세기 초 국가안보 이슈인 '환경' 그 자체가 무엇인지에 대해 이해할 때이다. 나일강 삼각주, 방글라데시와 같이 매우 혼잡한 지역에서 급증하는 인구, 확산되는 질병, 산림파괴, 토양침식, 해수면 상승이 가져올 정치적 그리고 전략적 효과는 대량 이주를 촉발시키고 결국 집단 갈등을 유발하는 등, 다른 모든 문제들이 궁극적으로 발원하게 되는 핵심적인 대외정책의 도전이 될 것이다.[78]

사람과 사회 간의 미래 갈등이 자원을 둘러싼 싸움이 될 것을 예측한 것은 카플란만이 한 것은 아니었다. 그의 저서, 『환경, 부족, 폭력(*Environment, Scarcity, and Violence*)』에서 호머딕슨(Thomas F. Homer-Dixon)은 환경적 희소성의 근원과 증가하는 무력 갈등과의 관계에 대한 상세한 모델을 개발하였다.[79] 그는 희소성(scarcities)이 재생 가능 자원의 고갈과 악화, 이러한 자원들에 대한 수요 증가, 그리고 이에 대한 불공평한 배분으로 인해 생겨난다는 것을 보여주기 위해 중국의 물 부족, 사하라 이남 아프리카의 인구증가, 멕시코의 토지 분배에 관하여 논의한다. 카플란은 이러한 희소성이 빈곤의 악화, 대규모의 이주, 깊은 사회균열, 취약한 제도로 이어질 수 있음을 보여주었다. 그는 멕시코 치아파스(Chiapas) 지역에서의 갈등과 다수의 아프리카 그리고 아시아 국가들에서 진행되고 있는 혼란상황이 부분적으로는 환경 관련 문제의 결과라는 점을 주장하였다. 현재 소말리아의 푼틀란드(Puntland) 지역은 내부 무력 갈등 중에 있으며 적대행위를 가중시킨 요인 중 하나는 지난 2년간 그 지역을 삼켰던 엄청난 가뭄이었다. 620만 명에 가까운 사람들 혹은 전체 소말리아 인구의 거의 절반이 심각한 물과 음식 부족을 경험해 왔다.[80]

2016 세계개발보고서(World Development Report)는 환경문제의 복잡성을 보여주었다. 우리는 세계적 불평등에 대한 우려부터 에너지안보, 경작지와 산림의 감소, 기후변화의 가능성, 제한된 천연자원을 둘러싼 갈등까지 광범위한 이슈들이 폭넓게 고려되었지만 환경의 지속가능성이 초점의 중심

이었다. 인간개발, 환경, 경제성장이라는 서로 보완되어야 하는 세 가지 상호의존적 경로의 맥락에서 세계개발보고서는 경제성장을 환경, 그리고 사회가 살아가는 방식과 그들 주변에 있는 세계와 연결하였다. 이 세 가지가 공동으로 함께 다뤄지고, 또한 어떤 경우에도 서로 대치되지 않도록 하는 것이야말로 이 보고서의 가장 중요한 교훈이다. 이러한 맥락에서 2015년 9월 유엔 총회에서 채택된 새로운 개발목표들을 요약하는 것은 유의미하다.[81]

글상자 7.2 2015 지속가능발전목표(SDGs)

목표 1
모든 곳에서 모든 형태의 빈곤 종식

목표 2
기아 종식, 식량 안보와 개선된 영양상태의 달성, 지속 가능한 농업 강화

목표 3
모든 연령층을 위한 건강한 삶 보장과 복지 증진

목표 4
모두를 위한 포용적이고 공평한 양질의 교육 보장 및 평생학습 기회 증진

목표 5
성평등 달성과 모든 여성 및 여아의 권익신장

목표 6
모두를 위한 물과 위생의 이용가능성과 지속가능한 관리 보장

목표 7
적정한 가격에 신뢰할 수 있고 지속가능한 현대적인 에너지에 대한 접근 보장

목표 8
포용적이고 지속가능한 경제성장, 완전하고 생산적인 고용과 모두를 위한 양질의 일자리 증진

계속 ▶▶

글상자 7.2 계속

목표 9
회복력 있는 사회기반시설 구축, 포용적이고 지속가능한 산업화 증진과 혁신 도모

목표 10
국내 및 국가 간 불평등 감소

목표 11
포용적이고 안전하며 회복력 있고 지속가능한 도시와 주거지 조성

목표 12
지속가능한 소비와 생산 양식의 보장

목표 13
기후변화와 그로 인한 영향에 맞서기 위한 긴급 대응

목표 14
지속가능발전을 위한 대양, 바다, 해양자원의 보전과 지속가능한 이용

목표 15
육상생태계의 지속가능한 보호·복원·증진, 숲의 지속가능한 관리, 사막화 방지, 토지황폐화의 중지와 회복, 생물다양성 손실 중단

목표 16
지속가능발전을 위한 평화롭고 포용적인 사회 증진, 모두에게 정의를 보장, 모든 수준에서 효과적이며 책임감 있고 포용적인 제도 구축

목표 17
이행수단 강화와 지속가능발전을 위한 글로벌 파트너십의 활성화

현명한 환경정책은 타당하다. 이러한 이해를 바탕으로 미국의 오바마 행정부는 기후변화에 관해 만료된 교토의정서(Kyoto Protocol)를 대체할 협정에 관한 새로운 논의를 적극적으로 지지하였다. 195개 국가들이 처음으로 보편적이고 법적 구속력을 갖는 국제기후행동계획(global climate action plan)을 수립하기 위해 2015년 12월 파리에서 격렬한 협상의 마지막 단계가 진행되었다. 협정을 타결하는 데 있어 어려움은 국가들의 다양한 이익으로 인해 초래되었다. 예를 들어, 산유국, 대규모 산림지대 국가, 천연자원에 의존하는 내륙국가, 사막화 문제에 직면한 가난한 국가, 해안선 침식을 겪는 섬, 성숙하고 발전된 국가 모두 분명한 환경적 도전에 직면하고 있다. 교토의정서와는 대조적으로 새로운 협약은 모든 조인국들로부터의 구속력 있는 약속을 요구하기로 하였다. 일부 개발도상국은 인도와 함께 이러한 견해를 반대하였다. 인도는 구속력을 갖는 협약이 자신들의 경제성장을 제한할 것으로 생각하여 우려를 표명하였다. 중국은 특히 국내정치에 대한 간접적인 모니터링에 대해 염려하였다. 결국, 협상은 모두를 위한 강력한 합의를 이뤄내기 위해 이를 추진하던 유럽연합과 미국의 야망이 반영되었다.

공식적으로 파리협정(Paris Agreement)으로 불리는 이 협정은 모든 가맹국들이 세계적인 유해 가스배출을 급격히 감소시킴으로써 지구의 평균온도 상승을 조정할 것을 약속했다. 파리협정은 또한 정부들이 5년마다 모여 그러한 감축을 위한 포부가 큰 목표들을 정하고 약속한 목표들의 이행에 관한 진행상황을 보고하기로 하였다. 파리협정은 완벽하지 않았지만 미국과 유럽 모두 가난한 개발도상국들이 의무 사항을 이행할 수 있도록 하기 위해 필요한 자금을 지원할 것을 약속하였다. 결과적으로 파리에서 체결된 본 협정은 개발도상국을 위한 원조확대라는 대가를 치르게 된다고 할지라도 기후변화에 맞서기 위한 세계적 노력에 헌신하는 국가들 간의 강력한 연대가 형성되었다는 점을 보여준 것이다.[82] 그렇지만 이러한 연합은 트럼프 행정부 하의 미국 환경정책의 방향 전환으로 인해 약화되었다. 파리협정은 많은 국가들에 의해 비준되어 2016년 11월 4일 발효되었다.[83]

중국정부는 환경문제를 인정하여 엄격한 배출 규제를 채택하고 오염된 강을 정화하기로 약속하였다.[84] 2014년 미국과 중국은 양국에서의 배출량을 줄이기 위한 새로운 합의에 서명하였다. 이 합의에 의해 중국은 2030년 이후 탄소배출이 증가하는 것을 방지하기로 약속하였고 미국은 2025년까지 배출량을 2005년 수준으로 26퍼센트 감축하기로 약속했다. 이 합의는 결국 기후변화에 관한 2015년 파리협정의 발판을 마련하였다. 인도는 계속적으로 협정이 자신들의 경제에 부정적으로 작용할 수 있기 때문에 부당한 계획이라고 보고 있다. 전 인구의 4분의 1이 여전히 전기에 접근하지 못하고 있는 인도는 화석연료 배출에 대한 대가를 치르더라도 국내 수요를 우선적으로 충족시켜야 한다고 주장하고 있다.[85]

그러나 파리협정은 미국이 환경정책 접근을 전환하던 당시 상황에서 불확실한 미래에 직면하게 되었었다. 이러한 변화는 경제를 활성화시키고 탄광에서의 일자리를 되찾을 것이라는 희망과 함께 환경규제를 철회하는 것과 관계가 있다. 경제적 관점에서도 이것은 전혀 타당하지 않다. 심각한 오염물질인 석탄은 채굴이 값비싸고 매우 비효율적이다. 중국에서조차 석탄으로 인한 독성 배출의 해로움을 인지하고 새로운 청정기술에 투자하기로 결정한 바 있다. 새로운 전략은 2015년을 시작으로 무수한 풍력 터빈과 태양광 패널을 설치하는 것과 관계가 있다. 중국정부는 2017년 100개가 넘는 화력발전소 건설을 취소한 것으로 기록되어 있다. 이러한 계획들은 시진핑 주석의 2015년 파리협정 준수에 대한 지지를 보여주는 것이자 중국의 친환경적인 정책 전환을 시사하는 것이다.[86]

파리협정의 틀에서 이루어진 약속들은 환경의 지속가능성을 옹호하는 것이지만 국제조약으로는 한계가 있다. 환경과 관련된 대부분의 주요 정책들은 해당 의제와 관련하여 계속해서 증가하는 국제적 합의로 인해 다른 국가들과 협력하여 국내적으로 만들어 진다. 브렉쓰루 연구소(Breakthrough Institute)에 의해 수행된 한 연구는 국가들이 환경문제에 대해 변화하고 있는 사회적 태도와 일관되게 배출 감소를 위한 정책들을 제도화하고 있음을 보여 주었다. 그러한 규제 조치들은 1997년 교토의정서 이전부터 제도화되고 있었으며 국가들이 이를 도입하고 있음을 보여준다.

결과적으로 새로운 미국 행정부가 파리협정을 포기한다 할지라도 환경문제
는 계속적으로 경제정책 입안에 영향을 미칠 것이다. 미국이 원자력발전소
에 투자를 지속하고 풍력과 태양 에너지 배치에 세금 혜택을 유지하며 셰일
혁명을 지속한다면 미국의 탄소배출 결과는 미국이 파리에서 약속했던 것
을 훨씬 능가할 수 있다.[87] 오늘의 정치가 무엇이든 관계없이 정책 결정자들
이 환경적인 영향을 최소화하면서 우리들의 한정된 자원을 지혜롭게 사용
하는 사람들을 보상하는 것은 현명한 처사일 것이다.

주

1) UN World Commission on Environment and Development (1987) *Our Common Future*, August 4. The full text of the Brundtland Report can be downloaded as UN General Assembly Document A/42/427. The UN website is online, available at: www.un.org.

2) Merle Jacob (1994) "Toward a Methodological Critique of Sustainable Development," *Journal of Developing Areas*, Vol. 28, No. 1, January, pp. 237–252.

3) UN (2015) *Resolution Adopted by the General Assembly on 25 September 2015* (A/RES/70/1), New York, NY: The United Nations.

4) Robert Picciotto (1997) "From Participation to Governance," in Christopher Clague (ed.), *Institutions and Economic Development*, Baltimore, MD: Johns Hopkins University Press, p. 363.

5) UN/FCCC (Framework Convention on Climate Change) (2015) *Adoption of the Paris Agreement* (FCCC/CP/2015/L.9/Rev.1), Paris, 12 December.

6) World Bank (2017) *World Development Report – Governance and the Law*, Washington, DC: The World Bank Group, p. 4.

7) WTO (1994) WTO Legal Texts – 1994 *Marrakesh Ministerial Decision on Trade and Environment*. Online, available at: www.wto.org.

8) Robert A. Jackson (1995) "Population Growth: A Comparison of Evolutionary Views," *International Journal of Social Economics*, Vol. 37, No. 1, p. 3.

9) UN World Commission on Environment and Development (1987) *Our Common Future*, op. cit.

10) Ibid.

11) Ibid., chapter 4.

12) Fiona Smith (2009) *Agriculture and the WTO: Towards a New Theory of Inter-*

national Agricultural Trade Regulation, Cheltenham, UK: Edward Elgar.

13) UNDP (2016) *Human Development Report 2016 − Human Development for Everyone*, New York, NY: UNDP, p. 46.

14) Ibid., p. 46.

15) Llewelyn Hughes and Phillip Y. Lipscy (2013) "Politics of Energy," *Annual Review of Political Science*, Vol. 16, May, pp. 449−469.

16) UNDP (2016) *Human Development Report 2016*, op. cit., p. 46.

17) UN World Commission on Environment and Development (1987) *Our Common Future*, op. cit., chapter 8, table 8.2.

18) UNCTAD (2015) *Key Statistics and Trends in International Trade 2014*, Geneva, Switzerland: UNCTAD, p. 5.

19) UNDP (2016) *Human Development Report 2016*, op. cit., p. 46.

20) UN (2014) *World Urbanization Prospects − The 2014 Revision*, New York, NY: UN DESA Population Division.

21) UN World Commission on Environment and Development (1987) *Our Common Future*, op. cit., chapter 9.

22) UNDP (2016) *Human Development Report 2016*, op. cit., p. 46.

23) Ibid., chapter 10, paragraphs 1 and 2.

24) Ibid., p. 46.

25) Ibid., p. 46.

26) Becky J. Brown, Mark E. Hanson, Diana M. Liverman, Robert W. Merideth Jr (1987) "Global Sustainability: Toward Definition," *Environmental Management*, Vol. 1, No. 6, November, pp. 713−719.

27) UNFPA (2016) *State of World Population 2016*, Report Published by the United Nations Population Fund (UNFPA). Online, available at: www.unfpa.org/swop (accessed March 18, 2017).

28) Thomas R. Malthus (1798) *An Essay on the Principle of Population*, Published in 1958, New York, NY: E.P. Dutton and Co.

29) John C. Caldwell (2006) *Demographic Transition Theory*, The Netherlands: Springer Publishing.

30) Donella Meadows, Jorgen Randers, and Dennis Meadows (2004) *The Limits to Growth: The 30-Year Update*, White River Junction, VT: Chelsea Green Publishing Company.

31) Jared Diamond (2004) *Collapse: How Societies Choose to Fail or Succeed*, New York, NY: Viking Press, pp. 320−323.

32) Garrett Hardin (1968) "The Tragedy of the Commons," *Science*, Vol. 162, No. 3859, pp. 1243−1248.

33) Peter Bauer (2000) *From Subsistence to Exchange*, Princeton, NJ: Princeton University Press.

34) Daniel Yergin (2008) *The Prize: The Epic Quest for Oil, Money and Power*, New York, NY: Free Press, prologue.

35) OECD/IEA (2015) *Energy Statistics for Non-OECD Countries − 2015 Edition*, IEA:

Paris, France, pp. 567–569 (tables: 61–63).

36) Ibid., pp. 524–525 (tables: 18–19).

37) Ibid., p. 590 (table: 84).

38) Daniel Yergin (2008) *The Prize*, op. cit., prologue.

39) EIA (Energy Information Administration) (2016) *The International Energy Outlook*, Washington, DC: The US Department of Energy.

40) Jacques de Jong (2008) "The 2007 Energy Package: The Start of a New Era?," in Martha M. Roggenkamp and Ulf Hammer (eds.), *European Energy Law – Report V*, Antwerp, Belgium: Intersentia Publishers, p. 95.

41) Daniel Yergin (2008) The Prize, op. cit.

42) Ibid., p. 26.

43) Ibid., pp. 91–94.

44) Daniel Yergin (2008) *The Prize*, op. cit., p. 392.

45) Ibid., p. 189.

46) Rachel Bronson (2006) *Thicker Than Oil: America's Uneasy Partnership with Saudi Arabia*, New York, NY: Oxford University Press.

47) Daniel Yergin (2008) *The Prize*, op. cit., pp. 632–633.

48) Joan E. Spero and Jeffrey A. Hart (2003) *The Politics of International Economic Relations*, Belmond, CA: Thomson & Wadsworth, p. 301.

49) M. Roggenkamp, C. Redgwell, I. del Guayo, and A. Rønne (eds.) (2007) *Energy Law in Europe – National, EU, and International Regulation* (2nd edition), Oxford, UK: Oxford University Press, p. 7.

50) OPEC (2017). Online, available at: www.opec.org.

51) Daniel Yergin (2008) The Prize, op. cit., p. 616.

52) 이는 국가들이 쿼터를 유지하거나 수출에 대한 기타 양적 제한을 할 수 없도록 금지한 GATT 제11조를 OPEC이 위반한 것이라 주장할 수 있다.

53) Dan Weil (2007) "If OPEC Is a Cartel, Why Isn't It Illegal?" *Newsmax American*, November 25.

54) OECD (1998) *Recommendation of the Council Concerning Effective Action against Hard Core Cartels*, C(98)35/FINAL, p. 3.

55) Jacques de Jong (2008) "The 2007 Energy Package: The Start of a New Era?," op. cit., pp. 96–98.

56) Maxwell A. Cameron, Brian W. Tomlin (2000) *The Making of NAFTA – How the Deal was Done*, Ithaca, NY: Cornell University Press.

57) Daniel Yergin (2008) *The Prize*, op. cit., pp. 254, 712–714.

58) Stephen P. Mumme (1999) "NAFTA and Environment," *Foreign Policy in Focus*, October 1.

59) Tony Clarke (2008) *Tar Sands Showdown: Canada and the New Politics of Oil in an Age of Climate Change*, Toronto, Canada: Lorimer, p. 138.

60) Gary C. Hufbauer and Jeffrey J. Schott (2005) NAFTA *Revisited – Achievements and Challenges*, Washington, DC: Institute for International Economics, p. 59.

61) Edward L. Morse (2014) "Welcome to the Revolution – Why Shale is the Next

Shale," *Foreign Affairs*, Vol. 93, No. 3, pp. 3-7.

62) Macartan Humphreys, Jeffrey D. Sachs, and Joseph E. Stiglitz (eds.) (2007) *Escaping the Resource Curse*, New York, NY: Columbia University Press.

63) Ian Bremner (2004) "The Saudi Paradox," *World Policy Journal*, Vol. 21, No. 3, p. 25.

64) Geoffrey Heal (2007) "Are Oil Producers Rich?," in Macartan Humphreys, Jeffrey D. Sachs, and Joseph E. Stiglitz (eds.), *Escaping the Resource Curse*, op. cit., p. 170.

65) Fred Krupp (2014) "Don't Just Drill, Baby – Drill Carefully – How to Make Fracking Safer for the Environment," *Foreign Affairs*, Vol. 93, No. 3, pp. 15-20.

66) FT (2010) "BP: Eagles and Vultures, *Financial Times*, July 1.

67) Steve Coll (2012) *Private Empire – Exxon Mobil and American Power*, New York, NY: Penguin Group.

68) Ed Crooks and Chris Adams (2016) "Oil Majors' Business Model Under Increasing Pressure," *Financial Times*, February 16.

69) Greenpeace (2016). Online, available at: www.greenpeace.org/international/en/campaigns/ nuclear/nomorechernobyls/, accessed March 2017.

70) UNDP (2016) H*uman Development Report 2016*, op. cit., p. 38.

71) Deborah Lawrence and Karen Vandecar (2014) "Effects of Tropical Deforestation on Climate and Agriculture," *Nature Climate Change*, Vol. 5, pp. 27-36.

72) Jonathan A. Patz, Thaddeus K. Graczyk, Nina Geller, and Amy Y. Vittor (2000) "Effects of Environmental Change on Emerging Parasitic Diseases," *International Journal of Parasitology*, Vol. 30, No. 12: pp. 1395-1405.

73) William D. Nordhaus (1991) "To Slow or Not to Slow: The Economics of the Greenhouse Effect," *Economic Journal*, Vol. 101, No. 407, pp. 920-921.

74) Elliot Fratkin (2001) "East African Pastoralism in Transition: Maasai, Boran, and Rendille Cases," *African Studies Review*, Vol. 44, No. 3, pp. 2-6.

75) Helmut Geist (2005) *The Causes and Progression of Desertification*, Surrey, UK: Ashgate Publishing.

76) Judith Shapiro (2016) *China's Environmental Challenges* (2nd edition), Cambridge, UK: Polity Press.

77) Christopher Essex and Ross McKitrick (2002) *Taken by Storm – The Troubled Science, Policy and Politics of Global Warming*, Toronto, Canada: Key Porter Books Limited, pp. 41-43.

78) Robert D. Kaplan (2001) *The Coming Anarchy – Shattering the Dreams of the Post-Cold War*, New York, NY: Vintage Books, pp. 19-20.

79) Thomas F. Homer-Dixon (2001) *Environment, Scarcity, and Violence*, Princeton, NJ: Princeton University Press.

80) Vanda Felbab-Brown (2017) "Puntland Problems – It's Not Just Al Shabab That Threatens the Region's Stability," *Foreign Affairs – Snapshot*, June 15.

81) UN (2015) *Resolution Adopted by the General Assembly on 25 September 2015 (A/RES/70/1)*, op. cit.

82) Nick Mabey (2015) "The Geopolitics of the Paris Talks," *Foreign Affairs Snapshot*, December 13.

83) UN/FCCC (2015) *Adoption of the Paris Agreement* (FCCC/CP/2015/L.9/Rev.1), op. cit.

84) Kenneth Rapoza (2016) "China's Tougher Environmental Policies Not Only Good for The Locals," *Forbes*, December 26.

85) Scott Moore (2014) "Delhi Dilemma: India Is Now the Biggest Barrier to a Global Climate Treaty," *Foreign Affairs − Snapshot*, November 20.

86) Fred Krupp (2017) "Trump and the Environment: What His Plans Would Do," *Foreign Affairs*, Vol. 96, No. 4, July/August.

87) Ted Nordhaus and Jessica Lovering (2016) *Does Climate Policy Matter? − Evaluating the Efficacy of Emissions Caps and Targets Around the World*, Oakland, CA: The Breakthrough Institute, November 28.

추가 읽을거리

Paul Collier (2010) *The Plundered Planet: Why We Must − and How We Can − Manage Nature for Global Prosperity*, Oxford, UK: Oxford University Press.

Felix Dodds, Ambassador David Donoghue, Jimena Leiva Roesch (2017) *Negotiating the Sustainable Development Goals: A Transformational Agenda for an Insecure World*, London, UK: Routledge.

Sarah Harper (2016) *How Population Change Will Transform Our World*, Oxford, UK: Oxford University Press.

Geoffrey Heal (2016) *Endangered Economies: How the Neglect of Nature Threatens Our Prosperity*, New York, NY: Columbia University Press.

Stephen J. Macekura (2015) *Of Limits and Growth: The Rise of Global Sustainable Development in the Twentieth Century*, New York, NY: Cambridge University Press.

J.R. McNeill and Peter Engelke (2016) *The Great Acceleration: An Environmental History of the Anthropocene since 1945*, Cambridge, MA: The Belknap Press of Harvard University Press.

Joseph Romm (2015) *Climate Change: What Everyone Needs to Know*, New York, NY: Oxford University Press.

지역개발과 식량안보

8장

1. 식량안보의 정의

식량은 인간의 안위와 생존을 보장하는 가장 기본적인 자원으로 공동체의 생존에 있어 충분한 영양 공급은 필수적 요소라는 인식에도 불구하고, 여전히 전 세계 수백만 명의 사람들이 만성적인 기근에 고통 받고 있다. 이러한 인식에서 클로버(Jenny Clover)는 다음과 같이 식량의 중요성을 강조한다.

> 식량권은 국제인권법에 반복적으로 명시되어 있으며 개별 국가들에 의해 그 중요성이 인식되고 있는 권리임에도 불구하고 최근 식량권은 다른 권리보다 가장 빈번히 침해받고 있다.[1]

실제로 식량권은 생존을 위한 필수적인 요소라는 인식에도 불구하고 만연하게 침해받고 있으며, 이는 결핍, 기아 등 빈곤과 관련된 문제들을 야기하고 있다. 본 8장에서는 개발도상국에서 지속적으로 발생하는 이러한 문제들에 대해 논의한다. 또한, 개발도상국의 가난한 농부들이 빈곤의 악순환에서 벗어나게 하는 농업 및 사회보호 프로그램과 새로운 구상들을 살펴볼 것이다.[2] 이는 전 세계 8억 명의 굶주린 사람들 대부분이 사하라이남 아프리카 농촌지역에 살고 있으며, 이들의 생계가 주로 농업에 의존하고 있다는 점에서 중요하다고 할 수 있다.[3]

이 장의 주요 주제는 식량안보(food security)에 관한 것으로, 동 개념은 개발과 마찬가지로 논쟁의 여지가 많다. 초기에 유엔은 이에 대한 주된 담론으로 국가 및 국제적 차원에서 식량을 충분히 생산하는 것에만 집중하는 등 식량안보에 대한 문제를 협의의 개념으로 정의하였다. 그러나 수년간 실무자들의 학문적 논쟁과 중재 끝에 이 문제에 접근하는 패러다임이 변화될 수 있었다. 결과적으로 새천년에 들어서면서 식량안보는 제한된 식량공급과 제한된 식량접근이라는 양쪽 측면의 문제로 이해되기 시작했다. 센(Amartya Sen)은 식량에 대한 권리의 중요성에 초점을 맞춤으로써 기근과 결핍에 대한 기존의 사고방식을 바꾸는 데 기여한 연구자이다.

2002년 세계식량정상회의(World Food Summit) 당시 취약국의 정상들은 전 세계 기아퇴치를 위한 즉각적인 조치를 요청하였다. 이들은 기본적인 인권이 실현될 수 있는 실질적인 목표를 제시할 필요성을 주장하였고, 2004년에 이르러서는 유엔식량농업기구(FAO)를 중심으로 식량권을 추상적인 목표가 아닌 실질적 이행 차원에서 접근하기 위한 일련의 지침을 마련하였다. 이러한 움직임과 함께 대부분의 나라들이 전 세계 누구에게나 식량안보를 보장하겠다고 약속 하였는데 '국가식량안보에서 식량권의 점진적 실현을 지원하기 위한 자발적 지침(Voluntary Guidelines to Support the Progressive Realization of the Right to Adequate Food in the Context of National Food Security)'은 식량안보를 다음과 같이 정의했다.

식량안보는 모든 사람들이 활력 있고 건강한 삶을 위해 영양상으로 충분하면서도 음식에 대한 선호 및 충분한 양과 영양가 있는 음식에 대한 물리적, 경제적 접근을 가지고 있을 때 가능하다. 식량안보의 4대 축은 이용성(availability), 공급의 안정성(stability of supply), 접근성(access)과 활용성(utilization)이다.[4]

본 문서는 식량안보 개념을 뒷받침하는 4대 축을 명확히 함과 동시에 식량안보의 실현을 위해 다음과 같은 내용이 보장되어야 한다고 명시하면서 인간의 생존에 필요한 영양분을 충족하기 위한 충분한 양과 양질의 식량에 대한 이용성 보장을 강조한다. 또한, 취약계층을 포함한 모든 사람들이 특정 문화 내에서 안정성이 보장된 식량의 물리적·경제적 접근성에 관한 내용을 포함하고 있다.[5]

이러한 정의는 세계적인 맥락과 지역발전을 모두 포함하는 넓은 맥락에서 식량안보를 이해할 수 있도록 한다. 국제적 관점은 국제 농업무역에 영향을 미치는 요인을 강조하는 반면, 국가적 관점은 국가별 농업부문에 영향을 미치는 변화를 다루기 때문이다.

전통적으로 개발도상국들은 주로 농업 국가였으나 식민지화의 물결은 산업화와 결합되면서 이러한 사회 내 조직체계를 변화시켰다. 특히 비료의 발명과 최근 유전자 변형 씨앗 등 새로운 기술은 전 세계의 농업 방식에 영향을 미쳤다. 그러나 새로운 기술과 유전자 변형 씨앗에 대한 접근은 개발도상국의 가난한 농부들에게 딜레마를 야기하였다. 농부들이 기존에 일상적으로 그들의 생산물을 보관하고 재사용할 수 있는 권리(*farmers' rights*)가 있었던 반면 유전자 변형 씨앗은 특허권에 의해 보호되기 때문에 임의적 사용이 불가능하다. 따라서 연구를 통해 개발된 유전자 변형 씨앗을 합법적으로 사용하기 위해서는 라이센스에 대한 비용을 지불해야 한다. 이 때문에 개발도상국의 많은 농부들은 높은 비용 때문에 이러한 씨앗을 이용할 수 없게 되었다. 다시 말해서, 유전자 변형기술을 통해 개발된 씨앗이 높은 효율성과 질병 면역력을 가졌다는 사실은 선진국의 비옥한 토양보다 개발도상

국에 더 적합하고 필요한 씨앗이라는 것을 의미한다. 따라서 식량안보 문제
는 지식재산권(IPR: Intellectual Property Rights)에 관한 기술개발 및 무
역정책과 밀접하게 연관되는데, 실제로 개발도상국의 농촌문제 해결을 위
한 사업 시 신용대출 문제와 기술의 개입을 결합할 때 농촌의 빈곤을 감소
시키는 측면에서 장기적으로 더 나은 결과를 낳는다는 사례가 존재한다.[6]

2. 세계적인 기아, 농촌 빈곤, 문제 있는 농업무역

식량권과 관련하여 1948년 세계인권선언 제25조 제1항은 다음과 같이 명
시하고 있다.

> 모든 사람은 의식주, 의료 및 필요한 사회복지를 포함하여 자신과 가족의
> 건강과 안녕에 적합한 생활수준을 누릴 권리와, 실업, 질병, 장애, 배우자
> 사망, 노령 또는 기타 불가항력의 상황으로 인한 생계 결핍의 경우에 보
> 장을 받을 권리를 가진다.

자국의 국민들에게 안전과 함께 충분한 식량공급을 보장하는 것은 모든
국가 정부의 기본적인 책임이다. 그럼에도 불구하고 만성적인 기아 상태는
세계 곳곳에 만연하다. 유엔식량농업기구(FAO: Food and Agriculture Or-
ganization of the United Nations)가 2015년에 발간한 보고서 '세계 식량
불안정 현황(State of Food Insecurity in the World)'에 따르면 다음과 같
은 통계를 확인할 수 있다.[7]

> 전 세계적으로 약 7억 9,500만 명의 사람들이 영양실조로 고통 받고 있
> 는데, 이는 1990~1992년에 비해 2억 1,600만 명이 감소하였으며 지난
> 10년 동안 1억 6,700만 명이 감소한 수치이다. 개발도상국에서의 엄청
> 난 인구증가에도 불구하고 감소율이 더욱 두드러졌다. 하지만 최근 몇 년

동안 중앙아프리카와 서아시아 등 일부 개발도상국들의 정치적 불안정과 비포용적 경제성장은 국가발전을 저해하였다.

FAO는 1945년 유엔전문기구로 설립되었으며, 1951년 본부가 이탈리아 로마에 설치되었다.[8] FAO는 전 세계 기아퇴치를 위한 국제적 노력을 주도하고 있으며 모든 국가들이 동등한 자격으로 모여 협상하고 정책을 논의하는 중립적인 기구의 역할을 하고 있는데 FAO의 전략적인 목표는 다음과 같다.

- 기아, 식량 불안정, 영양실조 퇴치에 기여
- 농업, 임업, 어업의 생산성과 지속가능성 향상
- 농촌지역 빈곤감소
- 포괄적이고 효율적인 농업 및 식품시스템 지원
- 위협과 위기에 대처하는 생계 회복력(resilience of livelihoods) 증대

이러한 발전에도 불구하고 전 세계 수백만 명의 사람들이 영양실조에 시달리고 있다. 지속되고 있는 인구증가에 대한 우려와 함께 전 세계에 식량이 부족해질 수 있다는 주장이 제기되고 있는데, 맬서스(Thomas R. Malthus)의 지지자들은 현재의 인구 성장을 억제하기도 어려울 뿐만 아니라 결국 지속적인 식량부족은 장기적으로 봤을 때 사회의 불안정성을 야기할 수 있다고 주장한다.[9]

영양부족(undernourishment) 및 필수 비타민과 미네랄의 결핍은 한 해 500만 명 이상의 어린 아이들의 목숨을 앗아간다. 또한, 이러한 영양불량(malnutrition)은 개발도상국 주민들의 질병 면역력을 약화시켜 생산성을 약화시킬 뿐만 아니라, 오히려 생산된 재화와 부가 이들 주민들의 질병 치료에 사용되는 상황을 초래함으로써 부의 낭비를 초래한다.

개발을 위한 비용은 막대하나 경제적 관점에서 보았을 때 사람들이 굶주리면 그 사회의 발전이나 번영을 기대하기 어렵게 된다. 사회적 관점에서

보더라도 영양의 부족은 사회적 분열을 초래하고 사회 내 불평등을 심화시키며, 정치적 관점에서 식량부족과 식량접근 확대를 요구하는 투쟁과 분쟁은 사회적 불안이나 내전으로 이어질 수 있다.

이처럼 미래의 식량부족에 대한 우울한 전망 가운데 일부 학자들은 인류가 기아를 근절할 수 있는 자원과 기술을 가지고 있지만 결정적인 문제는 식량과 자원의 불균형적 사용과 분배에서 비롯된다고 지적한다. 이 논쟁의 가장 큰 지지자인 핀스트럽-앤더슨(Per Pinstrup-Andersen)은 다음과 같이 말했다.

> 식량공급이 만약 수요에 따라 정확히 분배된다면 현재의 식량생산 규모는 모든 사람들의 기본 열량을 충족시키기에 충분하다. 또한 1인당 식량공급은 향후 20년 동안 더 증가할 것으로 예상된다. 그러므로 현재를 포함한 가까운 미래에 있어 세계 식량문제는 식량부족의 문제가 아니다. 오히려 세계는 식량과 관련된 광범위한 기아와 영양불량, 식량생산에 있어서 천연자원의 잘못된 운영, 그리고 비만 등 세 가지 주요 문제에 직면하게 될 것이다.[10]

현재 생산되고 있는 식량으로 전 세계의 모든 사람을 먹여 살릴 수 있다는 그의 주장에도 불구하고 식량 불안정성은 심각한 세계적 문제로 남아 있다. 2015년은 새천년개발목표(MDGs: Millennium Development Goals)의 모니터링 기간이 끝나는 해였지만, 기아문제에 대한 긍정적인 결과가 충분히 확인되지 않았다. FAO 보고서에 따르면 129개국 중 총 72개 개발도상국에서만 새천년개발목표(MDGs)의 기아감소 목표가 달성되었다.[11]

가까스로 목표에 도달한 대부분의 국가들은 안정된 정치적 상황과 경제성장을 누렸으며, 취약계층을 위한 사회보호정책을 동반하기도 했다. 하지만 안타깝게도 이러한 발전은 전 세계적으로 불균형하게 나타났다. 라틴아메리카, 동아시아 및 동남아시아, 코카서스와 중앙아시아, 북아프리카 및 서아프리카와 같은 일부 지역은 영양실조에 걸린 인구의 비율이 크게 감소하였다. 예를 들어, 라틴아메리카에서는 1990~1992년 동안 6,600만 명이 영양실조로 고통 받았지만, 2015년도에는 약 3,400만 명으로 줄었다. 동아시아의 경우 1990년대 초반 2억 9,500만 명에서 2015년 약 1억 4,500만 명으로 감소하였다. 동남아시아 지역은 2015년에 약 6,100만 명의 인구가 영양실조였는데 이는 1990년대 초 약 1억 3,800만 명의 인구와는 대조적인 수치이다. 남아시아, 오세아니아, 카리브해, 남아프리카와 동부아프리카에서도 이러한 진전이 이루어졌다.

그러나 남부 아시아와 사하라 이남 아프리카 두 지역에서는 이 같은 발전이 이루어지지 못했다. FAO 보고서에 따르면 2014~2016년 동안 남아시아의 영양실조 인구는 2억 8,100만 명이며, 사하라이남 아프리카 지역에서는 약 2억 2,000만 명으로 추정되었다. 남아시아에서 영양실조자의 수는 약간 감소했지만, 사하라이남 아프리카에서는 1990년대 초 수치인 1억 7,600만 명에서 오히려 더 증가하였다.[12) MDGs에서 달성하고자 한 수치에 도달하지 못한 많은 나라들의 경우 그 나라에서 발생한 자연재해, 경제위기, 정치적 불안, 무력충돌 등 여러 요인들이 식량 불안정성을 증가시켰다고 볼 수 있다.

다소 모순이 있기는 하나 실증적 연구는 개발도상국들의 경우 일반적으로 도시 지역보다 농촌 지역에서 식량 불안정성이 높다는 주장이 있는데,[13) 이 상황을 설명하기 위해서는 빈곤이 존재하며 자급적 생활을 영위하며 농촌지역에 거주하는 인구의 불리한 입지에 대한 몇 가지 요인들을 살펴볼 필요가 있다.[14)

이들 농촌 지역에 살고 있는 대부분의 인구는 가난하고 재난을 피할 수 있는 충분한 주거, 인프라 및 서비스가 부족하다. 또한 그들은 홍수가 나기 쉬운 지역 및 지질학적으로 불안정한 지역에 살거나, 한계지(생산력이 낮은 토지)를 경작한다. 여기에 인구학적인 변화, 환경 파괴, 강, 댐, 토지 관리에 있어서의 변화나 개혁은 오히려 취약성을 증가시키기도 한다. 특히 최빈국과 분쟁이 자주 발생하는 국가에서 자연재해에 대한 취약성은 피해를 더욱 악화시킨다.

농업은 용수 확보 등 예측이 어려운 많은 변수에 영향을 받기 때문에 가장 노동 집약적이며 쉽지 않는 직종이라고 할 수 있다. 이 때문에 청년들은 더 나은 일자리를 찾기 위해 농업보다는 도시로 이주하는 인구 통계학적 변화를 보이고 있다. 또한, 많은 농가에서 겪고 있는 비참한 상황이 발생하는 요인 중에 하나는 식량생산의 효율성을 극대화하는 최신기술을 바탕으로 대규모의 경제성 창출이 가능한 거대 농업회사들과의 불공평한 경쟁이다. 결과적으로 소규모 농부들은 사회·경제적으로 최하위에 위치해 있으며, 경제발전에 있어 가장 큰 어려움을 겪는다. 또한, 많은 소작농들은 문맹이거나 농작물의 유통을 위한 상업적 자본에 의존할 수 밖에 없으며, 신용거래에 쉽게 접근할 수 없기 때문에 그들은 결국 정부 관료들, 상인 그리고 대부업자들에게 의지할 수 밖에 없다.[15] 또한 소작농들은 일반적으로 그들의 삶을 향상시키기 위해 정부를 상대로 새로운 발전 계획을 제시하거나 실질적으로 로비를 할 수 있는 능력이 부재하다. 결론적으로 개발도상국의 농부들은 정규 교육을 충분히 받지 못하고 도시 중심지에 접근하기 어려우며, 정부 방침을 알지 못하기 때문에 그들의 문제점과 고충을 정치인들에게 전달하고 설득하는 데 어려움을 겪는다.

> 전체 중 농민들이 차지하는 인구가 대다수임에도 불구하고 그들은 대게 제3세계 정치에서 다소 소극적인 역할을 한다. 대부분의 최빈국에서는 경쟁적인 선거가 부재하기 때문에 다수 농민들의 의견은 정치에 전혀 영향력을 미칠 수 없다. 또한, 빈곤, 교육 부족, 제3자에 대한 의존, 정책 결정과정에서의 소외나 배제와 같은 요인들이 농민의 정치적 영향력을 제한시킨다.[16]

개발도상국의 소규모 농부들은 애초부터 사회 기반시설이 열악한 지역에 널리 분산되어 존재하며 이러한 이유로 그들은 단일한 세력을 형성하기가 어렵다. 이와는 대조적으로 선진국의 농부들은 잘 조직되어 있고 도로와 기술 등 잘 갖춰진 인프라에 의해 연결되어 있으며 일반적으로 국가 보조금에 의해 보호받는다. 실제로 EU와 미국의 농부들은 개발도상국의 소규모 농부들과 달리 그들 정부의 농업정책에 효과적으로 영향을 미칠 수 있는 가장 강력한 로비 단체들 중 하나이다.

농업보조금의 가장 보편적인 예는 EU 공동농업정책(CAP: EU Common Agricultural Policy)이다. 이는 EU 전체 예산의 50퍼센트를 훨씬 넘는 규모로 1957년 EU 설립 문서 중 하나인 로마조약(Treaty of Rome)에 규정된 목적을 달성하기 위해 1960년대 초에 수립되었다. 공동농업정책은 농산물에 대한 가격에 인위적으로 인플레이션을 초래하여 유럽 농부들이 오랫동안 이익을 보게 했던 가격 유지 프로그램이다. 프로그램에 충당되는 비용 증가와 여러 비판의 목소리로 인해 수년에 걸쳐 공동농업정책은 몇 가지 개혁을 단행하였는데, 일례로 2003년에 이뤄진 개혁은 농업 생산물에 지원금을 보조해 주는 직접지불제도 대신에 농부들에게 보다 명확한 시장 정보를 제공하는 것이었다. 이러한 개혁은 몇 가지 변화를 가능케 하였는데, 1990년대 동안 CAP 예산은 약 500억 유로로 1985년 EU 예산의 70퍼센트를 차지했던 것과 달리 2009년에는 총 예산의 약 40퍼센트로 감소하였다.[17] 이후 2013년에 추가 개혁이 논의되었고 이 개혁은 2015년에 시행되었다. 그러나 2016년 EU 예산의 약 39퍼센트인 580억 유로(미화 약 610억 달러)가 농업보조금에 사용되고 있으며, 이 중 대부분은 EU 인구의 약 3퍼센트를 차지하는 농부들을 위한 직접적인 재정지원 프로그램에 사용되었다.[18]

EU와 다른 선진국들 중 특히 미국에서 시행되는 보호주의 농업정책들은 국제 농업시장에서 경쟁을 저해하고, 농업 생산성에 지장을 주며, 거대 농업기업들을 편애하는 등 시장 시스템을 왜곡한다고 비판받았다. 대부분의 가난한 나라들은 높은 수입관세와 그들의 농산물에 부과된 높은 안전기준(safety guideline)으로 인해 발전 기회를 잃어 왔다. 또한, 보조금은 특정 농산물의 과잉공급을 조장할 뿐만 아니라 잉여분을 개발도상국 국가들에 원조 형태로 판매하거나 지원하게 한다. 결과적으로 세계시장에서 선진국의 농업 보호주의는 가난한 농부들의 상품이 보조금을 많이 받는 선진국의 농업 상품과 경쟁할 수 없기 때문에 파산하는 결과를 초래함으로써 개발도상국의 농촌빈곤을 심화시키고 있다. 2003년 유엔 인간개발보고서(Human Development Report)에 따르면 EU 국가들은 소(cow)의 사육을 위해 2000년 한 해 두당 미화 약 913달러의 보조금을 지급한 것으로 나타났다. 이는 EU가 사하라이남 아프리카 지역의 주민 한사람에게 지원한 미화 8달러에 비해 훨씬 큰 규모이다. 일본 역시 가장 높은 농업보조금을 지원하고 있으며, 보조금을 받아 사육된 소 한 마리당 가격은 미화 2,700달러에 달하는데, 정작 일본은 아프리카 주민들에게는 1인당 미화 약 1.47달러의 원조만 지원했을 뿐이다. 2000년 사하라이남 아프리카의 1인당 평균 소득은 공식적으로 미화 490달러 였다.[19]

농업보조금에 대한 문제는 우루과이 라운드 무역협상(Uruguay Round of trade negotiations)에서 해결될 것으로 기대되었다. 이 역사적인 협상은 1995년 관세 및 무역에 관한 일반협정(GATT: General Agreement on Tariffs and Trade)을 대체하는 공식적인 무역기구가 창설되면서 잠정적으로 종결되었다. 1986년 회담이 시작되었을 때 주요 목표 중 하나는 문제가 많은 농업무역을 해결하는 것이었다. 이 과정에서 여러 난관을 극복하고 비로소 농업에 관한 WTO 최종협정(The final WTO Agreement on Agriculture)이 체결되며, 농업무역의 자유화를 향한 미미한 움직임이 나타나기 시작하였다. 무엇보다도 WTO 최종협정의 주요 의의는 세계경제에서 왜곡이 심한 농업부문 내 공정한 경쟁을 도입하려는 다자간 시도가 시작되었다는 것이다.

WTO 농업협정의 세 가지 주요 성과는, 첫째, 기존의 비관세 장벽이었던 쿼터제와 예측 불가능으로 인한 무제한관세를 고정적이고 예측가능한 제한

관세로 전환하였다는 점이다. 둘째, WTO 농업협정은 새로운 수출 보조금을 금지하였고, 원칙적으로 WTO 회원국들에게 기존 보조금 삭감을 의무화했다. 셋째, WTO 농업협정은 외국과의 경쟁으로부터 국내 농업인들을 보호하기 위한 국내보조금 및 기타 지원 조치들을 다루기 시작하였다. 본 협정은 진보적인 협상 과정의 일환으로 농업부문의 지원과 보호를 실질적으로 감소시키는 것을 목표로 하였다.[20] 따라서 WTO 설립 이후 개발도상국들은 모든 나라의 자유무역을 촉진하는 WTO 명령을 이행하기 위해 농산물에 대한 공정한 접근을 요구할수 있게 되었다. 이 과정에서 개발도상국들은 WTO가 선진국들에게 불공정 규정을 유지해왔으며 그러한 규정들이 가난한 나라들을 희생시키면서 선진국들의 국내 농업시장을 보호하고 있다고 비판하였다. 이는 전체 WTO 체계가 개발과 무역의 연관성을 반영하여 개혁되어야 한다고 주장하는 이유이다.

　개발도상국들은 WTO 도하협상(WTO Doha round of negotiations) 기간 동안 농업무역 규정의 불균형 중 일부가 개선될 것으로 기대했다.[21] 즉 개발도상국에게 중요한 세 가지 이슈는 국내 지원 대책에 대한 의미 있는 감소, 시장 접근성의 중대한 개선, 모든 형태의 수출 보조금의 단계적인 폐지 등이다. 회담 시작부터 WTO 회원국들은 "식품 무역 자유화는 식량안보를 위험에 빠뜨릴 것"이라는 입장과 "식품 무역 자유화는 식량안보에 더 많은 기회를 가져다줄 것"이라는 입장으로 나뉘었다.[22] 논쟁의 양쪽 모두 확고한 입장을 가지고 있었으나 현실에서 식량안보는 공정한 무역규정의 도입, 그 이상의 문제였다. 농업, 소득 수준, 식품 시장 등 농업의 생산성 요소 외에도 생태학적 균형, 자원 보존, 인구증가, 정치 및 법률 체계와 같은 요소들도 식품안보에 영향을 미칠 수 있기 때문이다.[23] 농업과 관련된 기존의 다자간 무역규정은 여전히 공정함과는 거리가 멀다. WTO 농업에 대한 제한협정은 주요 식량 수출 국가들이 기존의 국내 보조금을 유지할 수 있도록 허용하지만 개발도상국에는 새로운 보조금의 도입을 금지하고 있다. 게다가 선진국들은

WTO의 위생 및 검역조치에 관한 협정(WTO Agreement on Sanitary and Phytosanitary Mesaures)을 유리하게 활용했다. 이 협정은 수입 제품의 위생 및 검역상태가 예상 기준보다 낮을 경우 각국이 농산물 수입에 대해 무역 제한을 가할 수 있도록 한 것이다. 주요 무역국들은 식품 안전에 대한 우려를 핑계로 개발도상국의 농산물에 대해 여러 차례 무역의 문을 닫았고 그들의 행동을 방어하기 위해 WTO 협정의 조항을 이용했다.

2001년 카타르에서 열린 제4차 WTO 각료회의에서 발표된 도하선언(Doha Declaration)은 무역과 개발의 확실한 연관성을 인정하는 계기가 되었다. 그러나 협상은 더디게 진행되어 2017년 까지도 마무리되지 못하였다. 개발도상국들은 선진국들의 농업보조금이 공정한 조건으로 거래하는 것을 어렵게 만들고 있는데 정작 공정한 무역은 개발도상국의 식량안보 달성을 위해 필수적이라고 주장한다. 식량수출은 가난한 농부들이 수입을 얻고 더 많은 농업생산을 촉진하게 만든다는 이유에서이다. 또한 개발도상국들의 관점에서 보면 식품과 다른 상품들에 대한 공정한 무역은 이들 개발도상국들이 경제적으로 독립하는 데 있어 중요한 산업이라는 인식에 기반한다. 그러나 EU는 식량이 인간의 기본욕구 중 하나이기 때문에 다른 재화와 동일하게 취급할 수 없으며, '문화적인 중요성'처럼 보호되어야 한다고 주장함으로써 농업보조금을 정당화 하였다.

우루과이라운드의 지지부진한 협상과정에 실망한 옥스팜은 2009년 한 보고서에서 개발도상국의 빈곤퇴치를 위한 국제사회의 노력에 대해 비판하였다. 이 보고서는 개발보다는 시장접근에 더 중점을 둔 도하라운드가 선진국의 입장을 어떻게 두둔하였는지를 지적하였다. 2005년 홍콩에서 열린 WTO 각료회의에서 농업에 대한 진전이 이루어졌지만 개발도상국들은 비농업 시장에서 정책 공백을 감수해야 했다. 그리고 홍콩 각료회의에서 농업수출 보조금을 단계적으로 폐지하겠다는 정치적 약속이 이루어졌음에도 불구하고, EU와 미국은 국내적 압력으로 인해 2009년 농업수출 보조금을 다시 도입하였다.

2003년 칸쿤에서 열린 WTO 각료회의에서 처음으로 문제의 심각한 조짐이 감지되었는데, 그 당시 면화를 생산하는 베냉, 부르키나파소, 차드, 말리를 포함한 아프리카 국가들이 협력하여 선진국들 특히 미국이 지원하고 있는 면화 보조금 폐지에 대한 즉각적인 조치를 요구하였다. 이처럼 아프리카에서 일부 최빈국들이 면화 무역을 중요하게 생각함에도 불구하고 본 제안은 칸쿤 각료회의에서 진지하게 다뤄지지 못했다.[24] 결과적으로 제5차 WTO 각료회의는 농업을 포함한 다양한 이슈에 대한 합의에 이르지 못한 채 공식선언 없이 종결되었고 선진국과 개발도상국 간의 이견을 좁히려는 시도에 심각한 차이가 있음이 확인되었다. 이 회의과정에서 EU와 미국의 농업 이익집단(로비스트그룹)들은 WTO 각료회의에 지속적인 영향력을 행사하였다. 도하라운드의 실패에서 벗어나기 위한 시도로 2005년 홍콩 WTO 회의에서 제한적인 진전이 이루어졌다. 본 최종 선언문에서 2013년을 농업수출 보조금 철폐의 해로 명시하고 선진국의 면화수출 보조금은 2006년까지 없애야 한다는 추가적인 약속이 합의되었다.[25] 그러나 이 선언은 교역을 왜곡하는 국내의 면화에 대한 보조금 철폐를 요구하지 않았다. 예를 들자면 국내의 보조금은 미국 생산자들이 국제시장에서 면화를 원가 이하로 판매할 수 있게 함으로써 가난한 나라들과의 경쟁에서 손쉽게 우위를 점할 수 있게 한다. 이러한 형태의 보조금은 2004년 기준으로 미국 면화 보조금(미화 약 38억 달러)의 80~90퍼센트를 차지했던 것으로 추정된다. 게다가 이 선언은 대외원조로 잉여식량을 전환하는 것이 국내 농민들을 위한 객관적 보조금으로 분류될 수 있도록 WTO 회원국들에게 식량원조에 대한 규정을 만들 것을 요청하였으나, 이행의 결과물에 대한 제시는 따로 요구되지 않았다.[26]

2013년 발리에서 열린 각료회의 때까지 도하라운드의 진전은 거의 전무하였다. 아제베도(Roberto Azevêdo) 신임 WTO 사무총장은 협상을 추진하겠다는 결의를 굳혔고, 이 목표는 WTO 설립 이후 첫 다자간 협정에 서명함으로써 부분적으로 달성되는 것처럼 보였으나, 도하라운드의 출범을 성공시키기에는 충분하지 않았다. WTO 규정에서 식량 비축 면제를 두고 논쟁이 계속되고 있는 가운데, 인도는 식량 비축을 보조금 지급으로 분류하는 것에 대해 미국에 항의 하였다. 최종적으로 WTO 각료회의는 선진국들이 식량안보를 이유로 정부가 식량재고를 직접적으로 관리하는 데 대해서는 제동을 걸었다. 대신에 WTO 회원국들은 WTO의 분쟁양해각서(DSU: Understanding on Rules and Procedures Governing the Settlement of Disputes)하에서 당분간 (선진국의) 식량재고 프로그램과 같은 이슈에 대해서 이의를 제기하지 않기로 하였다.[27]

국내 농업 지원정책 개혁은 2015년에 개최된 나이로비 WTO 각료회의에서도 중요한 이슈였으나 협상 도중 제기된 반대 의견으로 인해 조정되지 못했다. 긍정적인 측면으로는 나이로비 패키지(Nairobi package)에 여전히 농업수출 보조금을 사용하고 있는 나라들이 국내 상황을 고려하여 보조금을 없애기로 약속을 하는 등 농업의 수출경쟁에 대한 결정이 포함되었다는 것이다. 법적 구속력을 갖는 해당 결정은 선진국들이 2018년까지 보조금을 폐지하도록 규정하고 있다. 면화와 관련하여 나이로비합의는 최빈국들의 무관세·무쿼터 접근을 허용할 것을 요구했다. 또한, 나이로비 합의에서 WTO 회원국들은 발리회의 당시 개발도상국이 이의를 제기하지 않은 식량비축 프로그램 유지하는 데 합의하였다. 개발도상국의 입장에서 볼 때 이는 바람직한 결과가 아니었으며, 해당 결정을 WTO의 효과성과 다자간 무역규정의 안정성에 대해 점점 더 의문을 제기하게 만들었다. 나이로비회의에 참석한 협상 대표단들은 식량안보를 목적으로 식량재고 확보에 관해 처음 동 이슈를 논의한 보고서에서 일련의 선택사항들을 허용하였다. 이 보고서는 다자적 관점에서 개발도상국이 제기한 식량이슈를 검토했다는 데 의미를 가진다.[28] 그러나 WTO는 가난한 나라의 농촌 경제를 발전시키기 위해 국제농업시장에서의 공정한 경쟁을 위한 다자적 무역 규정을 개혁하기 보다는, 선진국들의 농업 산업의 이해관계의 압력에 굴복하고 말았다는 평가를 받는다.

3. 지식재산권, 유전자변형 농산물, 무역관련 지식재산권에 관한 협정과 농민의 권리 간의 갈등

식품안전에 관한 논쟁에서 중요한 주제는 새로운 기술의 사용과 농민들이 농산물의 품질 및 공급을 향상시키기 위해 새로운 기술을 자유롭게 사용할 수 있는가에 관한 이슈이다. 농약과 화학비료의 개발로 농업의 효율성이 크게 향상되었으나 농산물의 재배방식을 바꾼 가장 혁신적인 사건은 상업적 생산을 위해 개발된 유전자변형 농산물(GMO: Genetically Modified Organisms)이었고, 점점 더 다양한 농작물과 가축, 토양 박테리아가 유전공학(genetic engineering) 실험 중에 있다.

유전자변형 기술의 도입과 관련하여 안전성(safety)과 접근성(access)이라는 두 가지 주요 문제가 있다. 첫째는 식품 안전성에 대한 의심으로 화학비료와 살충제의 사용 증가는 토양 환경의 지속가능성과 화학적 촉진으로 재배되는 농산물의 질에 대해 의구심을 갖게 하며, 유전자변형 식품의 안전성에 대한 논쟁을 불러일으키기도 한다. 실제로 농부들은 전통적인 발아 기법을 사용하여 여러 세대에 걸쳐 식물과 동물의 유전적 변화에 관여해 왔다. 과거에도 식물에서 동물에 이르기까지 구체적이고 우성적인 특성을 뽑아내기 위한 인공적인 교배 실험이 이루어졌고, 이러한 유전공학 기술은 사실상 제한적으로 이루어져 왔다. 그러나 최근 수십 년 동안 유전공학 분야의 기술 발전으로 유전적인 물질의 정교한 조작과 유기체 내 유전적 변화에 대한 정밀한 관리가 가능하게 되었다. 과학자들은 유전공학을 통해 한 종에서 나온 새로운 유전자를 전혀 관계없는 종과 결합시켜 농업 성과를 최적화하거나 질병에 대한 면역력을 키울 수 있게 되었다. 농작물, 가축, 토양 미생물은 유전공학 실험의 대상인 생물체의 대표 사례로, 특히 농작물은 GMO의 가장 대표적인 사례 중 하나이다. 유전적으로 진화된 씨앗의 장점으로는 농작물 수확량 증가, 식량생산 비용 감소, 농약의 필요성 감소, 질적으로 향상된 영양분, 면역력 그리고 식량안보의 증대 등이 있다. 또한 많은 가축들도 생산량을 높이고 질병에 대한 민감성을 줄이도록 유전적으로 조작되었다. 예를 들어, 연어는 더 크고 빨리 자라도록 만들어졌고, 소는 광우병에 대한 면역력을 키우도록 강화되었다.[29]

> 1992년 브라질 리우데자네이루에서 열린 리오 유엔지구정상회의(The 1992 UN Earth Summit in Rio de Janeiro)에서 150개국이 생물다양성협약(Convention on Biological Diversity)에 서명하였고, 그 결과 1993년 12월 29일 발효되었다. 이 협약은 1) 생물학적 다양성 보존, 2) 생물학적으로 다양한 성분의 지속가능한 사용, 3) 유전적 자원의 사용에서 발생하는 이익의 공정하고 공평한 분배 등 세 가지 주요 목표가 포함되었으며, 2000년 1월에는 새로운 기술적 진보에 대응하여 바이오안전성의정서(Cartagena Protocol on Biosafety, 카르타헤나의정서라고도 불림)가 채택되었다.

GMO를 비판하는 사람들은 GMO로부터 발생하는 이익에 대해 의심을 하는데 유전자 공학은 자연적인 과정에 인간이 인위적으로 개입하는 것을 일컫기 때문에 이에 따른 장기적인 결과는 불확실하다는 것이다. 어떤 사람들은 아직 GMO의 효과가 정확하게 알려지지 않았기 때문에 인류는 GMO의 사용을 전면 금지하거나 그들의 발전과 활용을 제한해야 한다고 지적한다. 실제로 사전 예방원칙(precautionary approach)은 국제환경법의 표준이 되었으며 여러 국가에서 정책결정의 토대로 받아들였다. GMO에 대한 사전예방 접근법은 생물 안전에 관한 카르타헤나의정서에서 통합되었다. 본 의정서는 GMO의 안전한 유전자 전달, 관리, 사용 및 국경 간 이동을 규제하는 국제조약이다. 제1조는 본 의정서의 목적을 다음과 같이 명시한다.

이 의정서는 환경과 개발에 관한 리우선언(Rio Declaration on Environ-
ment and Development)의 제15원칙에 포함된 사전주의적 접근방식에
따라 인체건강에 미치는 위해를 고려하고 특히 국가간 이동에 초점을 두
면서 생물다양성의 보전 및 지속가능한 이용에 부정적 영향을 미칠 수 있
는 현대생명공학기술로부터 나온 유전자변형생물체의 안전한 이동, 취급
및 이용에 있어 적절한 보호수준을 보장하는 데에 기여하는 것을 목적으
로 한다.

각국은 잠재적으로 생태학적 해가 우려되거나 건강과 관련하여 과학적
불확실성의 가능성이 존재하는 상황에서 GMO의 사용을 제한하고자 할
때, 카르타헤나의정서를 참고할 수 있다. 사전 예방원칙에 따라 수출자는
해당 GMO가 안전하다는 것을 증명할 책임을 지게 되는데, EU는 본 사전
예방원칙을 반영하였다.[30] 이와 반대로 미국의 입법자들은 보건, 안전 및
환경정책을 유도하기 위한 목적으로 다소 다른 접근법인 비용편익 분석과
정량적 위험평가를 선호하였다. 이에 대해 비평가들은 정부가 산업 및 생산
자의 이익을 수용하기 위해 미국 내부에 사전 예방원칙에 대한 비판적인 시
선을 끊임없이 조장하고 있다고 주장한다.[31]

두 번째 문제는 새로운 기술에 대한 접근과 관련이 있다. 비료 및 GMO
에 사용된 화학식은 모두 특허를 받았다. 이는 특허를 낸 발명가가 본 개발
에서 파생된 제품에 대한 접근 가격(라이센스)을 설정할 권리가 법적으로
존재함을 의미한다. 역사적으로 많은 비용을 필요로 하는 특허과정을 수반
하는 개발(invention)은 선진국의 독차지였다. 현재 특허로 인해 법적으로
보호되는 새로운 기술개발의 대부분은 선진국 기업들인데, 이들은 개발을
위해 우수한 대학과 긴밀히 협력하고 있으며 최고의 연구개발 시설에 투자
한다. 새로운 기술은 더 큰 수익과 훨씬 더 많은 시장 점유율의 확보를 의미
한다. 결과적으로 새로운 기술을 개발하는 경쟁이 가속화됨에 따라 선진국
의 기업들은 해당 기술을 독점할 수 있다. 이러한 독점은 특허 사용 비용을

매우 높게 설정하여 개발도상국의 소외계층 소비자들은 새로운 유전자변형 기술을 이용하기 어렵게 만든다.

빈곤국 또한 그들의 발전 전망과 농업 생산량을 향상시킬 수 있는 새로운 기술적 개발에 높은 관심을 가지고 있다. 빈곤한 개발도상국의 농부들은 유전자변형 씨앗의 유통을 통제하는 거대 다국적 기업들에 의한 세계 식량 시장의 독점을 두려워한다. 그 우려의 근원은 개발도상국과 산업화된 선진국의 다양한 분야의 연구개발에 있어 기술적 격차라고 볼 수 있다. 이러한 상황은 개발도상국을 불리하게 만들고 있는데, 이는 생명을 살리는 약품, 화학비료, GMO 등 많은 기술이 현재 지식재산권(IPR)에 의해 보호되고 있기 때문이다. 사실상 지식재산권은 경제발전의 원동력 중 하나로 여겨지는데, 지식 기반 경제의 중요성이 증가함에 따라 지식재산의 창출, 사용 및 보급은 새로운 발전 기회를 결정하는 중요한 요소가 되었다.

IPR 이슈는 무역관련 지식재산권에 관한 협정(TRIPS: Agreement on Trade-Related Aspects of Intellectual Property Rights)의 도입과 함께 주목받기 시작하였으며, TRIPS는 WTO의 핵심 부분이 되었다. 처음부터 이 합의는 논란의 여지가 많았으며 이로 인해 기술 선진국과 다른 국가 간의 갈등이 촉발되었다. 개발도상국들은 TRIPS가 WTO의 모든 회원국에 지식재산권 보호에 관한 4가지 국제협약을 채택하고 철저히 준수하도록 규정한다는 사실에 분개하였다. 이 중 두 개 협약의 기원은 선진국들이 무형의 창조물과 기술을 합법적으로 보호하기로 결정했던 19세기로 거슬러 올라간다. 1995년 세계무역기구(WTO)가 설립되기 전까지 어느 나라든 이 협약에 가입하는 것은 선택사항이었다. 가장 유명한 협약은 특허와 관련된 파리협약(Paris Convention)과 저작권을 다루는 베른협약(Berne Convention)이다. 두 협약은 모두 여러 차례 수정되었으며 세계지식재산권기구(WIPO: World Intellectual Property Organization) 중심으로 시행되었다.

TRIPS협정에 따르면 모든 WTO 회원국은 기존의 네 가지 협약에 서명해야만 하며,[32] 특허, 상표, 인접 권리를 포함한 저작권, 산업 디자인, 지리적 지표, 집적회로(integrated circuits), 영업비밀(trade secret) 등 IPR의 주요 범주와 관련된 보호를 보장할 의무가 있다.[33] TRIPS 찬성자들은 이 법이 협정에 의해 명시된 최소한의 IPR 보호 수준을 보장하기 때문에 모든 국가들이 국가별 IPR 법을 설계할 수 있는 상대적인 자유를 가지고 있다고 지적한다. 예를 들어, TRIPS에 따른 특허 보호의 최소 기간은 신청일로부터 20년으로 이 최소 표준은 선진국의 IPR 법이 제공하는 보호 수준과 일치하지만, 많은 개발도상국에서는 관련 법률이 존재하지 않는 경우가 많다.

TRIPS협정 제7조는 IPR의 보호가 기술혁신은 물론 기술의 이전 및 보급에 기여해야 한다고 규정하고 있는데 이는 개발도상국의 주요 관심 사항이다. 상호우위, 사회적·경제적 복지, 권리와 의무의 균형의 개념에 따르면 IPR의 승인과 집행은 더 높은 사회적 가치의 대상이 된다는 것을 알 수 있다. 한편 TRIPS를 시행한 첫 6년은 외국 직접 투자에 참여하는 자국 기업에 대해 적절한 수준의 IPR을 보호하려는 선진국들의 시도가 돋보였다. 그러나 저개발국들의 개발목표를 충족시키기 위해 기술적 지식을 이전하여 보급하겠다는 약속에는 거의 관심이 없었다. 2001년에 들어서야 도하 각료회의에서 WTO 회원국들은 고가의 특허 보호 의약품 문제를 해결함으로써 개발도상국의 가장 시급한 요구에 부응하는 TRIPS협정과 공중보건에 관한 선언문을 채택했다.[34] 의약품 구매 계약 사항에는 특허권의 법적 면제 협상, 분배 및 모니터링 시스템 구축, 개발도상국의 의약품 구매 자금조달에 대한 대체 매커니즘 등 한 가지에 국한되지 않은 복잡한 조건들이 포함되었다. 그러나 이 선언문은 기술 이전 문제에 대한 해결책을 제시하지 않았다. 결국 GMO와 같이 지식재산권 소유자가 높은 가격으로 책정한 사항들은 WTO 회원국 간에 합의가 이루어지지 않고 있다.

비평가들은 WTO 회원국 중, 선진국에 거주하는 소유주들의 권리를 보호하는 것에 지나치게 집중함으로써 많은 개발도상국들에 직결되는 상품들에 대한 보호를 등한시 하였다고 비판한다. 예를 들어, 최빈국인 바누아투는 몇 년 동안 WTO의 가입 절차를 완료할 수 없었는데, 이는 WTO의 지나친 자유화 요구와 IPR체제의 즉각적인 수립 요구를 바누아투가 저항하고 있기 때문이다. 그리고 무역관련 지식재산권에 관한 협정(TRIPS) 지침에 따른 새롭고 정교한 IPR 법체계 구축 비용은 막대할 것으로 예상되나 이에 대한 이익 발생 여부는 불확실한 실정이다. 바누아투는 뿌리 작물 '카바(kava)'의 생물학적 원산지이다. 카바는 바누아투의 전통 음료로 바누아투 사람들은 유럽인들이 도착하기 훨씬 이전부터 이를 섭취해 왔다. 그러나 현재 미국과 EU의 대형 제약회사들은 카바 알약을 생산하여 특허를 얻었다.[35] 이로 인해 바누아투는 가공되지 않은 카바 뿌리를 수출하면서 작은 이득만 얻을 뿐 천연 진정제로서 점점 인기를 얻고 있는 카바의 국제적인 판매에서는 거의 수익을 내지 못하고 있다. TRIPS협정은 바누아투가 카바에 대해 주장하는 토착 전통 권리를 보호하지 않는다. 또한 이 협정은 토착지식, 토착 제조법, 또는 전통적인 토착 예술 디자인을 보호하기 위한 국제표준을 제공하지도 않는다.

토착지식이 다수의 현대 농업과 의학 발달의 기초가 되어왔다는 사실에도 불구하고, 현재의 원주민과 토착민들은 그러한 지식에서 파생되거나 공동체에서 재배된 식물에 기반을 둔 특허 제품의 사용에 대해 비용을 지불해야 한다. 이와 관련하여 TRIPS가 전통적인 지식 및 공동의 권리자들에게 법적 권한을 허용해야 한다고 주장하는 학자도 존재한다. 이러한 비판에도 불구하고, TRIPS에는 이에 대한 기준이 규정되어 있지 않으며 토종 식물 품종을 보호해야 하는 의무가 포함되어 있지 않아 선진 제약회사들은 개발도상국의 생물자원을 착취하고 있다. TRIPS는 자연에 존재하는 물질, 생물 및 식물을 찾아냈을 뿐 기술개발이 아니므로 특허를 받을 수 없다고 명시하고 있으며, 자연에 존재하는 물질, 생물 및 식물을 단순히 판매용 상품으로 여긴다. 하지만 TRIPS협정 제27조 3항은 이러한 천연성분으로 생성된 약제,

종자 및 미생물이 특허로 완전하게 보호될 수 있으며 라이센스 비용을 지불한 후에만 접근할 수 있도록 보장한다. 생물다양성협약(Convention on Biological Diversity)은 국가가 국내 생물자원에 대한 주권을 행사할 수 있도록 허용하나, 이 협약이 법적 구속력을 갖기 위해서는 관련 내용이 TRIPS 프레임워크에 포함되어야 한다. TRIPS협정 입안자들이 생물다양성협약의 원칙을 고려하지 않았다는 점은 개발도상국에게 큰 실망을 안겨 주었다.

개발도상국이 협정의 모든 조항을 준수하는 것이 행정상 어렵다는 사실은 그들의 불만을 더욱 가중시킨다. 예를 들어, TRIPS의 시행 조항은 모든 WTO 회원국이 IPR을 위반할 경우 형사처벌 뿐만 아니라 민사상 구제책을 제공할 것을 요구한다. 많은 국가들이 TRIPS의 이러한 측면을 준수하려면 사법 제도, 규제 및 행정 체계, 집행 절차를 개발하거나 현대화해야만 한다. 많은 IPR 원칙의 기술적 복잡성은 판사, 세관원 및 그 외 소관부처 관계자들을 대상으로 추가적인 기술 훈련을 필요로 한다. 또한, 시행 조항들은 회원국들로 하여금 위조품 수입을 막기 위해 세관 당국의 협조를 얻을 수 있는 방안을 제공하도록 의무화하고 있다. 하지만 문제는 개발도상국의 경우, 계약 이행에 필요한 과도한 비용과 행정적 요구 사항으로 인해 지식재산권을 보호하고자 하는 WTO의 요구 사항을 충족시키기 어려운 실정이다.

생물 다양성에 관한 협약이 WTO의 법적 범위에서 벗어나 있기 때문에 개별 국가들은 자발적으로 그 조항에 의해 통보된 정책을 적용할지 여부를 결정한다. 그럼에도 불구하고 생물다양성협약은 토착 공동체의 세계적인 보호와 그들의 자연환경을 위한 시스템 개발의 필요성에 대한 논쟁을 촉발시켰다. 또한 이 협약은 제8조에서 "토착 지역 및 지역사회의 지식, 혁신 및 관행을 존중, 보존, 유지할 의무"를 규정하였다. 협약의 조건에 따라 상호 합의된 조건에 근거하여 '원산국(country of origin)'의 허가 하에 유전적 자원에 대한 접근이 가능하다. 제2조는 "유전적 자원의 원산지는 현 상태에서 해당 유전적 자원을 보유하고 있는 국가를 의미한다"고 명시하고 있다. 그리고 현장조건(in-situ conditions)은 생태계와 자연 서식지 내에 유전자원이 존재하는 상황 그리고 길들여지거나 재배된 종들의 경우 그들이 독특한 특성 형성에 기여한 주변 환경을 의미한다.[36]

생물다양성협약은 중요한 개념인 농민들의 권리 또한 인식하고 있다. 농부의 기여, 예를 들어, 기존 종자에 대한 수호자, 새로운 식물 품종의 창조자 및 야생종을 길들인 개척자 등을 반영하여 그들의 권리를 인정한다. 예를 들어, 토마토는 수 세기에 걸쳐 다른 나라의 농민들이 만든 모종 옮겨심기와 더불어 보존 및 질병에 대한 면역력을 높이지 않았더라면 전 세계적으로 대중화되고 상업적으로 재배될 수 없었을 것이다. 1989년 농민들의 권리를 공식적으로 인정하는 국제협상이 FAO에서 타결되었는데 그 결과 농부들과 지역사회가 식물유전자원의 사용으로 얻어진 이익을 동등하게 보장 받는 결의안이 도출되었다. 이 결의안은 농민들의 권리를 다음과 같이 규정한다.

> 식물유전자원, 특히 원산지 및 다양성의 관점에서 식물 유전자의 보존, 개선 및 이용 가능성은 농부들의 과거, 현재 및 미래의 노력과 기여가 있었기에 가능하였다. 이러한 권리는 현재 및 미래 세대의 농민을 위한 관리위원회 역할을 하는 국제 공동체에 귀속되어 있으며, 이는 농민에게 모든 혜택을 보장하고 농민의 기여가 지속되도록 지원하기 위한 것이다 (FAO 결의안 5/89).[37]

위의 정의는 식물유전자원과 거래 가능한 상품으로 취급하는 원자재 간 결정적인 차이를 강조한다. 그럼에도 불구하고 이 차이는 농부가 자신의 권리를 주장하는 데 있어 문제를 발생시킨다. 본 정의는 어떤 유전적 자원이 포함되고 누가 소유권을 주장할 수 있는지를 명시하지 않음으로써 권리의 의미에 대한 농부들의 혼란을 가중시킨다.[38] 그 예로 FAO 결의안 본문에는 GMO에 대한 특허 관행에 반대하는 내용이 존재하지 않는다. 그러나 식물유전자원의 혁신적인 구성요소 또는 변화를 통해, 새로운 GMO 생성으로 만들어진 신제품(novel *product*)은 IPR 법에 따라 특허를 보호받게 되고 상업적으로 사용이 제한될 수 있다. 따라서 농부가 기존의 특허를 받고 라이센스로 판매된 유전 공학 씨앗을 재사용하거나 강화하고자 한다면 이는 특허법에 위반될 가능성이 높다. 결국 씨앗을 사용하기 위해서는 항상 이에 대한 라이센스를 구입해야만 한다. 농부들은 이 접근법이 특허 소유자로 하여금 종종 필수 식품의 가격을 통제할 수 있게 해주기 때문에 불공정하며 생물 다양성 협약과도 모순된다고 생각한다. 이 문제에 대해 개발도상국 농부들은 대부분의 현대 농작물에서 발견되는 유전적 다양성이 전통적인 농촌 지역사회에 의해 재배되고 개량되었기 때문에 더욱 불합리하다고 여긴다.

또한, 74개 회원국에 대한 상호 재배자의 권리를 증명하는 또 다른 협약으로는 국제식물신품종보호연맹(UPOV: International Union for The Protection of New Varieties of Plants)이 있는데,[39] 이 동맹은 1961년 파리에서 체결된 국제식물다양성보호협약을 기반으로 한다. 불행하게도 토착 농민들이 과거에 만든 식물 품종은 인증서가 부여되는 UPOV 기준을 충족할 수 없다. 생물다양성협약과 마찬가지로 UPOV는 자발적으로 운영되기 때문에 효과가 제한적이다. 그러나 법적 구속력이 있는 WTO 회원국들이 두 협약을 준수하게 강요함으로써 이에 대한 효과를 높일 수 있다. 이를 실현하기 위해 WTO 회원국들은 이 두 가지 협약을 기구의 법적 보호 아래에 두는 것을 동의해야 하나, 현재로서는 이를 구현하기가 어렵다. 현재 WTO의 TRIPS협정은 생물다양성협약의 원칙을 포함하지 않으며 UPOV와도 느슨한 관계를 맺고 있다.

개발도상국의 입장에서 봤을 때 현대 농업생산과 무역의 국제적 관행 사이에는 큰 불균형이 존재한다. 식량안보가 지속적으로 문제가 되고 있는 상황에서 국제협정은 농업무역의 공정성을 도입하는 데 도움이 되지 못하고 있다. 특허를 위한 상업적 목적으로 비양심적인 기업들이 생물학적 자원과 고대 약제 제조법 같은 전통적인 지식을 개발하면서 이를 제공해준 공동체에 보상하지 않거나 알리지 않는 **생물자원 수탈**(*bio-piracy*)에 대한 비난이 일어나고 있다. **생물자원 수탈**에 대한 논쟁은 부유한 선진국이 개발도상국의 생물 다양성에 대한 소유권을 모색함으로써 개발도상국을 계속해서 착취하고 있다는 것이다. 이와 같은 관계는 유럽 열강이 식민지에서 생물자원을 통제하여 자국을 풍요롭게 하고 면화, 설탕, 차, 고무 및 향신료로 세계 무역을 통제했던 식민지시대로 거슬러 올라간다고 볼 수 있다.

전통적인 지식에 대한 또 다른 우려는 TRIPS 제27조 1항에 따라 '모든 기술분야에서' 특허를 부여해야 하는 의무와 관련이 있다. 이 조항은 새로운 발명에 대한 개발 및 복잡한 특허출원을 작성하는 법적인 전문 지식을 보유한 개발자 또는 기업에 권한을 부여한다. 대조적으로 개발도상국의 많은 지역 사회들은 특허제도하에서 그들의 보호받아야 할 권리를 인지하지 못하고 있으며 보호 받을 역량 또한 가지고 있지 않다. 개발도상국에서 발견된 종에 대한 토착 지식의 활용은 일반적으로 법적 권리가 아닌 공공의 영역에 해당한다는 주장이 존재한다. 이 가운데 비정부기구들이 법정에서 생물자원 수탈에 대한 이의를 제기하기 위해서는 지역 토착공동체와의 협력을 고무시키며 지식재산권법원에서 전통적인 지식을 보호해야 한다는 필요성이 제기되었다. 이러한 노력의 결과 체계적인 협의, 보급 및 보상을 위한 혁신적인 구조적 분류 시스템인 전통지식자원분류안(TKRC: Traditional Knowledge Resource Classification)이 확립되었으며, 이는 기존에 약제와 관련된 국제특허분류(IPC: International Patent Classification) 상 하위 몇 개의 분류에만 의존하던 관행에서 벗어나 약 5,000개의 하위분류 체계를 정립하는 발전을 이루었다. 전통 약제 지식의 남용을 막기 위해 만들어진 인도의 전통지식디지털도서관(TKDL: Traditional Knowledge Digital Library)은 이러한 방법이 실제로 어떻게 작동하는지 보여주는 좋은 예이다.

인도의 TKDL은 법원에서 생물자원 수탈의 퇴치 시도를 위한 성공과 실패 사례들을 기록하고 있다. 한 가지 성공적인 사례는 인도 요리에 사용되는 전통적인 향신료로 잘 알려진 '강황'에 대한 것이다. 강황은 의학용 조제법 및 화장품 응용 분야에서 인기 있는 재료로서, 특별한 특성을 가지고 있다. 1995년 미국 미시시피 대학의 학자들은 상처를 치료하기 위한 약으로 강황을 사용하는 특허를 미국에서 승인받았다. 인도정부는 즉시 미국특허청(USPTO: United States Patent and Trademark Office)에 이 사건에 대한 재심사를 요청하며 소송을 제기했다. 인도는 다음과 같이 주장했다. "강황은 상처와 발진을 치료하기 위해 인도에서 수천 년 동안 사용되어 왔으므로 약용은 새로운 발명품이라 할 수 없다."[40] 이 주장을 뒷받침하기 위해, 인도는 고대 산스크리트어 텍스트와 1953년 『인도의학협회저널(*Journal of the Indian Medical Association*)』에 발표된 논문과 전통 지식에 대한 증거서류를 제출했다. 비록 미국 학자들이 인도의 주장에 이의를 제기했지만, 1997년 이에 대한 특허가 취소되었다. 이것은 전통 지식의 옹호자들에게 중요한 승리였다. 처음으로 개발도상국에서 세대에 걸쳐 사용된 전통적인 제조에 기초한 특허 의약품에 대해 미국 법원에 효과적으로 이의를 제기한 것이었다.

TKDL의 체계적인 법적 캠페인에도 불구하고 실패한 사례도 있다. 예로부터 남미 처방에 사용되었던 아야화스카(ayahuasca, 환각작용을 가진 수액이 채취 되는 식물)란 식물이 그 사례이다. 아야화스카는 남미(페루, 콜롬비아, 에콰도르, 브라질)의 아마존 분지 전역에서 자라는 바니스테리오시스 카피(*Banisteriopsis caapi*)의 껍질이다. 이 지역의 원주민들은 아야화스카를 의식용 음료(ceremonial drink)의 용도 뿐만 아니라 의학적 용도로도 사용하고 있었다. 1986년 미국특허청은 아마존 지역에서 채취한 표본을 바탕으로 식물에 대한 새롭고 뚜렷한 여러 가지 특성에 대해 IPR을 주장한 과학자에게 특허를 부여했다. 이 특허를 통해 그는 아야화스카로 만든 제품을 상업적으로 생산할 수 있게 되었으며, 이는 전통적 공동체들로부터 격렬한 항의를 불러일으켰다. 아마존 지역에서 400개가 넘는 토착 아마존 부족을 대표하는 아마존 분지의 조정기관(Coordinating Body of Indigenous Organizations of the Amazon Basin)은 국제환경법센터와 아마존 민족과 환경을 위한 연합의 도움으로 특허에 이의를 제기했다. 그들은 아야화스카가 전통 의학에 널리 사용되었으며, 이러한 목적으로 수 세대 동안 재배되었기 때문에, 특허를 신청한 자가 원래의 재배자가 아니라고 주장했다.[41] 수년간의 법적 논쟁 끝에, 미국특허청(USPTO)은 다빈(Da Vine)이라는 이름으로도 알려진 이 식물의 품종이 다르지 않고 참신하지 않다는 점을 이해함에 따라 1999년에 특허를 취소했다. 하지만 이 과학자는 이 결정에 항소하였고, 결과적으로 2001년에 특허권을 회복할 수 있었다.

2009년과 2011년 사이에 TKDL팀은 미국, 영국, 스페인, 이탈리아 및 중국의 기업들이 제출한 특허 출원에 대해 571개의 외부 독립 검토 결과를 제출했다. 이러한 법적 이의제기를 통해 특허 신청 중 53건이 유보되거나 철회 또는 취소되었다. 이를 통해 인도의 TKDL은 다른 나라들에 모범이 되었다.[42] 개발도상국의 정부가 다국적 기업의 전문 법률팀을 상대로 소송하는데 많은 비용과 시간을 수반하기 때문에 정부는 점점 더 시민사회 단체들과 함께 전통적인 지식과 지역 식물들을 보호하기 위한 구상들에 대해 협력하고 있다.

멕시코는 2008년 4월에 미국특허청이 라틴아메리카 농민들이 흔히 재배하는 콩인 에놀라 빈(*Enola Bean*)를 특허로 인정한 것을 취소시키는 데 10년이 걸렸다.[43] 국제열대농업센터(International Tropical Agriculture, 스페인어로 CIAT으로 불림)는 이 특허에 대한 법적 이의 제기를 옹호했다. 그 과정이 오래 지속되었음에도 불구하고 국제열대농업센터와 멕시코는 법정 다툼을 포기하지 않았는데 이는 단지 그들이 에놀라 빈의 특허 취소가 미칠 경제적 영향만을 우려해서가 아니었다. 국제열대농업센터와 멕시코는 "이 특허가 유기체의 유전적 특성을 구성하는 유전적 물질인 식물의 생식질에 대한 일반인의 접근을 광범위하게 위협하는 선례가 될 것"에 대해 우려하였기 때문이다.[44] 전 세계적으로 11개의 유전자은행이 존재하는데 여기에는 UN FAO에 신탁한 씨앗, 줄기 및 덩이줄기와 같은 농작물도 포함된다. 전체적으로 이 유전자은행들은 농업생물 다양성을 보존하고 세계 식량안보를 유지하기 위한 목적으로 총 약 60만 가지 식물 품종을 보유하고 있다.

WTO 도하개발회의 개최 의제는 TRIPS협정이 만들어낸 불균형적인 맥락에서 TRIPS협정의 재검토를 위한 계획이 포함되었다. 특별 각료선언은 공중보건에 대한 중요성을 밝히고 특허 의약품의 높은 비용과 관련하여 이 문제를 다룰 것을 공표하였다. TRIPS 구현에 관한 특별선언은 이러한 맥락에서 공중보건과 관련한 조항의 일부를 유연하게 적용함으로써 최빈국에 대한 특허 의약품 사용의 수혜를 확대시켰다.[45] 이 선언문은 또한 개발도상국들이 바스마티 쌀(basmati rice)과 같은 지역 고유의 품종을 보유하고 있다는 것을 인정하면서, 포도주나 증류주 이외의 상품에도 지리적 명칭에 대한 보호체계를 확립하였다. 일례로 TRIPS협정은 프랑스의 요청에 따라 프랑스의 한 지역 이름을 딴 샴페인이라는 제품명 사용을 보호하는 데 기여하였는데, 이에 따라 타 국가의 기포 와인은 샴페인이 아닌 스파클링 와인 등의 다른 이름을 붙이도록 하였다. 현재 TRIPS협정은 다른 상품에 이 같은 지리적 표시 보호를 제공하지 않는다.[46]

또한, 도하선언은 개발도상국의 요구에 대응하기 위해 TRIPS와 생물다양성협약, 토착 지식의 보호, 전통문화 및 관련 WTO 회원국들이 제기한 다른 문제들 간의 연관성을 조사하는 작업을 시작하였다.[47] 불행하게도 후속 WTO 각료회의에서도 IPR과 TRIPS와 관련된 문제는 느린 진전을 보였으며, 이러한 문제들은 2005년 홍콩선언에서도 거의 언급되지 않았다.[48] 또한, 발리선언은 직접적인 약관 위반이 없더라도 TRIPS과 관련된 무역분쟁 발생시 '일시적' 모라토리엄을 발동함으로써 그 권위를 실추시키는 모습을 보여주었다.[49] 2015년 나이로비선언도 동일한 절차를 반복한다.[50] 요약하자면 다자간 포럼으로서 WTO는 주요한 문제에 대한 최빈국 회원국들의 요구에 대처하는 데 실패하였다. 10년 넘는 지지부진한 협상에도 불구하고 농업에 대한 무역 규정은 국내 지원책과 수출보조금을 선진국들이 유지하게 함으로써 개발도상국으로부터의 농산물 수입을 제한하는 선진국에게 유리한 방식으로 계속 왜곡되고 있다. 비록 WTO의 상황을 고려할 때 협정의 법적 구속력은 다소 약할 수 있으나 IPR의 국내체계 수립에 있어 TRIPS는 국제적 표준으로서 역할을 한다. 이는 향후 농업정책과 개발도상국 피해에 대한 IPR의 보호의 양자 간 분쟁이 증가될 수 있음을 의미한다.

4. 식품 및 국내 농업정책 접근법

비록 과거에는 빈곤과 영양실조가 불충분한 식량생산의 문제로 인식되었지만, 아마티아 센은 이러한 견해에 대해 반박하였다. 센은 식량 불안정에 대한 담론을 충분한 양의 식량을 생산하지 못하는 국가의 실패로 보는 접근에서 통치 실패로 보는 접근법으로 전환하였다. 센은 정부가 토지, 식량 접근 및 스스로를 유지할 수 있는 역량에 관해 지역 사회의 다양한 요구에 대응하지 못할 때 기근이 발생한다고 결론지었다. 센은 "문제가 발생한 국가의 절대적인 식량 양뿐만 아니라 충분한 식량을 사기 위한 개인, 가족의 경제적 힘과 실질적인 자유에 초점을 맞추어야 한다고 주장하였다."[51] 즉 해당 정부가 충분한 식량 공급을 기대한다고 해도 공정한 분배와 비용 부담을 보장하는지의 여부 또한 중요한 요소가 된다는 것이다.

센은 에티오피아의 월로(Wollow) 지역에서 1984년부터 1985년까지 발생한 기근을 광범위하게 연구함으로써 정부정책 및 민주적 감독의 부재가 식량 위기에 직접적으로 기여를 했음을 입증했다. 100만 명 이상의 사람들이 죽었으나 에티오피아에는 재난을 피할 수 있는 충분한 식량 공급이 있었다. 에티오피아의 비극은 충분히 예방될 수 있었던 것이다. 그러나 대기근에 대한 정부의 대응은 약 60만 명에 달하는 사람들을 피해 지역에서 남부 지방으로 이동시키는 것이 전부였다. 사람들은 군대에 의해 강제 이주되었고 많은 사람들이 강압적 정착 과정에서 희생당했다. 그러나 월로 지역의 가뭄 상황이 악화되자 타 지역의 부유한 지주들은 식량 가격을 인위적으로 높게 책정하여 경제적인 이득을 보았다. 월로 지역의 가난한 농부들은 충분한 식량에 대한 접근권리를 박탈당한 것이다. 그들은 땅을 잃었기 때문에 노동력을 생산적인 방법으로 사용할 수 없었고 불공정한 교환 조건에 직면하게 되었다.[52]

　기근에 대한 센의 분석은 역설적 상황으로부터 시작한다. 즉 국제 식량생산량이 세계 인구증가를 앞선 지 오래지만 여전히 수백만 명이 굶주림으로 인해 고통 받고 있다는 것이다. 1943년 벵골 기근, 1973년 에티오피아 기근, 1974년 방글라데시 기근 동안 실제로 이들 나라에서 식량생산량은 증가하고 있었다.[53] 당시 기근을 부추긴 국가정책들은 기아에 허덕이는 사람을 막기 위한 농업 제품 공급이 부족했거나 적절한 양의 식량 수송이 비효율적이었거나 혹은 단순히 부유한 농부들이 식품 가격을 높이기 위해 자행한 식량비축을 묵인할 만큼 국가가 부패했기 때문이다. 이는 센이 식량 위기를 막는 데 있어 국가의 역할과 기능이 왜 중요한지 보여주는 사례들이다. 따라서 센은 모든 국민이 식량에 충분한 접근할 수 있는 안정적인 국가를 구축하기 위해서는 인권을 존중할 책임이 있는 민주적인 정부만이 중요한 필요조건이라고 본다.

　센은 사람들이 식량 획득권한을 확보하지 못할 때 굶주림으로부터 고통받는다는 사실을 관찰했다. 그는 이러한 식량권을 3가지의 결정적 개념으로 나누어 분류했다. 첫째, 식량권은 노동력과 토지와 같은 생산적 자원에 대한 소유권으로 정의되는 기본 재산의 문제이다. 둘째, 생산 가능성과 그 사용은 유전자 변형 씨앗과 같은 새로운 세대의 기술을 포함한 전반적 기술의 관점에서 중요한 고려 사항이 된다. 셋째, 교환조건(exchange conditions) 역시 권리를 보장하는 데 있어 중요한 역할을 한다. 시시각각 변화하는 외부 환경에도 불구하고 농산물을 공정한 가격으로 자유롭게 판매하고 구매할 수 있는 능력은 법의 규정에 따라 보호되어야 한다. 이 세 가지의 영향을 함께 고려했을 때, 식량안보를 둘러싼 문제를 대처할 수 있는 더 완벽한 시나리오가 제공될 수 있다. 기아와 굶주림의 원인을 이해한다는 것은 단순히 식량 공급과 생산이 아닌 전체 경제학적 구조에 대한 분석을 요구하기 때문이다.[54]

센은 개인이 인간의 잠재력을 자유롭게 사용하기 위해서 어떠한 사회·정치적 환경이 조성되어야 하는지에 대한 연구에 집중해 왔다. 이를 바탕으로 센은 빈곤문제의 원인분석에 있어 권리기반접근법(entitlement approach)을 제시하였다. 이 접근법은 사회에서 이용 가능한 합법적 수단을 통해 식량을 획득할 수 있는 역량에 중점을 둔다.[55] 이는 소유권, 계약상의 의무, 법의 규정에 따라 투명하게 운영되는 법률 교환의 내용 그리고 기타 관련 요소를 포함한 법적 권리를 강조한다.[56] 한편, 센은 이 접근법을 저해하는 요인으로 약탈과 식량의 불법 유통, 질병과 전염병, 그리고 가족 간 분배 시스템을 언급한다. 물론 평가에 영향을 끼치는 예기치 못한 상황 발생의 가능성은 항상 존재한다. 센의 연구결과는 가난한 사람들이 부적절한 경제·정치 시스템 속에서 그들의 권리와 능력이 발휘하기 어려운 환경에 처할 때 영양실조, 기근 그리고 기아가 주로 발생한다고 말한다. 반면에 기근은 민주주의 사회에서는 발생할 가능성이 낮은데 그 이유는 민주주의 정부의 경우 국민에 대한 책임이 있으며 위기가 닥쳤을 때 문제해결의 성과를 국민에게 입증해야 하기 때문이다. 또한 민주주의 사회는 정책결정 과정에 대해 철저히 조사하는 언론의 자유가 있기 때문에 정부가 책무성을 가질 수 밖에 없다고 본다.

기근 발생의 원인을 조사함에 있어 센의 주장은 충분한 설득력을 갖는다. 동시에 센은 민주주의가 만성적인 기아에 대한 완전한 해결책이 될 수 없음을 인식하고 있으며, 이러한 이유로 취약계층을 위한 비용을 줄이고 식량 비축을 위해 식량을 수입해야 한다는 데 동의한다. 예를 들어, 센의 고향인 인도는 민주주의 사회가 된 이후로 기근을 겪은 적이 없다. 그러나 여전히 인도 인구의 상당수는 여전히 만성적 굶주림으로 고통 받고 있다. 1980년대 인도의 경우 대략 3억 명의 가난한 사람들이 부족한 식량안보로 인해 고통 받았다.[57] FAO가 발간한 식량안보 보고서인 'FAO 식량 불안정(FAO Food Insecurity)'에 의하면 인도는 2014~2016년 동안 인구의 15.2퍼센트인 1억 9,460만 명이 영양실조를 겪었으며, 이는 세계에서 두 번째로 높은 수치다. 반면 2005~2007년 동안에는 인구의 20.5퍼센트에 달하는 2억 3,380만 명이 영양실조를 겪었는데 이 수치가 꾸준히 감소하고 있다는 점은 긍정적이다.[58] 인도, 중국, 그리고 파키스탄은 같은 문제의 해결을 위해 식량 비축을 위한 목적으로 정부 조달 비율이 높은 것으로 알려져 있다. 실제로 이들 국가에서는 전체 밀 생산량의 20퍼센트 이상이 비축된다. 인도 또한 국내 쌀 생산량의 30퍼센트를 비축하였다.[59] 인도는 취약인구에 대한 식량안보를 보장하기 위해 이와 같은 종류의 비축이 이루어졌다고 주장하면서, 이전에 논의되었던 것처럼 개발도상국이 이러한 프로그램을 계속 유지할 수 있도록 하는 WTO 예외 규정을 연장하기 위해 노력하였다.

인도는 지난 20년간 빈곤퇴치에 있어 주목할 만한 진전을 이뤘으나 지역 간 불균형 발전과 같은 문제점이 여전히 존재한다. 인도는 28개의 주로 나뉘어져 있으며 각 주마다 규모, 자원, 경제적 성과 그리고 지역 역량 면에서 차이가 존재한다. 빈곤퇴치에서 성공한 지역은 아이들의 영양실조 비율이 가장 낮은 케랄라(Kerala), 안드라 프라데시(Andhra Pradesh), 카르나타카(Karnataka) 등의 남부 지역들이다. 반면 비하르(Bihar), 오리사(Orissa), 우타르 파르데시(Uttar Pardesh) 그리고 서벵갈(West Bengal) 지역처럼 같은 기간 동안 빈곤층이 증가한 실패 사례도 존재하는데 이는 인도 내 지역 간 개발 수준의 차이에 기인한다.[60]

인도 독립 이후 정부는 식량안보 문제에 대한 주된 대응으로 가난한 사람들이 기본적인 식량을 지속적으로 접할 수 있도록 대규모 공공배급제(PDS:

public distribution system)를 시행하였다. 프로그램은 1947년에 처음 시작된 이래 여러 해 동안 많은 개혁을 거쳤는데, 이는 불균등하고 때때로 비효율적인 분배 시스템 등의 문제들을 해결하기 위함이었다. 예를 들어, 인도의 가장 성공적인 주 중 하나인 케랄라 지역은 1986년부터 1996년까지 PDS로부터 연간 1인당 63kg의 식량을 배급받았지만, 가장 가난하고 열악한 비하르 지역의 경우 국가로부터 연간 1인당 6kg 정도의 식량을 배급받았다.[61] 이러한 차이로 인해 결국 1997년 PDS 시스템은 가장 지원을 많이 필요로 하는 사람들에게 집중할 수 있는 표적프로그램(targeted program)으로 전환하였다. 새롭게 개편된 프로그램은 인도의 모든 주에서 빈곤층을 식별하기 위한 투명한 계획을 세우도록 의무화하였으며, 식량분배에 있어 더 큰 책임감을 요구하였다. 현재까지도 90퍼센트의 자금을 지원하는 '안트요다야 안나 요자나(AAY: Antyodaya Anna Yojana)' 프로그램은 2000년에 중앙정부의 배급제도를 더욱 강화하였다. 이 프로그램은 수혜 가정수를 늘림으로써 만성기아를 근절시키겠다고 약속하였다. 또한, 가난한 사람들에게 배급되는 쌀과 밀의 양 역시 증가시켰으며, 2002년 이후로 이 프로그램은 추가로 3번 더 연장되었다. 그 결과 2017년 5월, 인도의 소비자부(Ministry of Consumer Affairs)는 AAY 프로그램이 2,500만명의 극빈 가구에 지원되었다고 보고하였다. 2013년에 인도는 모든 시민들에게 식량안보를 보장하겠다는 정부의 약속을 공식화하기 위해 국가식량안전법(National Food Security Act)을 제정하였다.[62] 인도의 PDS 프로그램이 비효율적이라는 비판이 일각 제기되지만, 수백만 명의 사람들이 생명을 유지하기 위해 동 배급 프로그램에 의존하고 있으며 70년에 달하는 명맥을 이어오고 있다. 하지만 안타깝게도 2015년의 FAO 보고서에 따르면 인도는 여전히 영양실조 인구가 세계에서 두 번째로 많은 지역으로 평가되고 있다.[63]

　중국 농업정책의 특징은 농업과 타 정책과의 융합을 시도해 왔다는 점이다. 지난 20년 동안 중국은 식량 불안정성을 감소시키는데 상당한 진전을 이루었다. 1990년대 초, 2억 8,900만 명(전체 인구의 23.9퍼센트) 정도가 굶주림에 시달렸지만 2005~2007년 동안에 그 수가 2억 730만 명으로 감소하였다.[64] 더 나아가 중국은 2014~2016년 동안 취약계층의 인구를 전체 인구의 9.3퍼센트 정도인 1억 3,380만 명까지 감소시키는 데에 성공하였다. 하지만 중국 역사에서 식량정책의 실패 시기가 있었는데 공식적으로 1958~1962년 중국 대기근으로 인해 4,500만 명 이상이 조기 사망한 것으로 알려지고 있다. 이러한 참사는 마오쩌둥의 농업집단화정책 (collectivization of farms), 경제실책과 규제에 기인한 것으로 알려졌다.[65]

끔찍한 실패에 대한 교훈을 통해 중국의 식량정책은 크게 변화 하였다. 중국정부는 자유화 개혁의 첫 번째 단계부터 지역 발전을 우선시하기 위해 1978년 농부들에게 15년간 국유지를 계약적으로 임대하는 프로그램을 시행하였다. 개혁은 성공적이었고 농업 생산량이 매우 증가했으며 본 토지 계약은 1990년 후반부터 30년 추가 연장되었다. 정부는 개혁과 함께 모든 농업 생산물에 대해 평균 수입관세를 1992년 42.2퍼센트에서 2001년 21퍼센트, 2004년 17퍼센트로 점차 낮춤과 동시에 정부의 직접 개입 프로그램을 대부분 폐지했다. 중국 농부들은 시장가격에 기반을 둔 배당 효율의 향상(increased allocative efficiency)으로 인해 점진적인 이득을 보기 시작했으며, 2000년대 중반에는 중국 대부분 농산물의 물가가 국제 물가를 반영하게 되었다. 중국은 또 다른 장기적인 정책 계획으로 국내 농부들의 이익을 위해 유전자변형 씨앗과 기타 생명공학 기술 발명품에 관한 연구를 지원하는 데 초점을 맞추었다. 전반적으로 수도 관개시설, 토지개선, 농업 기술 그리고 교통 인프라에 투자가 집중되었다.[66] 이러한 중국의 경험은 저소득 개발도상국의 발전과 경제성장을 위해 농업정책의 중요성을 강조하는 주장을 뒷받침하는 근거가 되었다.

그러나 최근 몇 년간 중국정부는 지속 가능한 농업 발전과 식량안보 보장이라는 관점에서 많은 도전 과제에 직면하고 있다. 한 예로, 1997년과 2003

년 사이에 도시와 지방 간 소득 격차가 급격히 증가한 것이다. 이러한 추세
는 도시의 제조업 성장에 힘 입어 도시와 농촌 간의 2015년 소득 격차가 약
2만 위안(미화 약 3,200달러)에 달해[67] 거의 6,000만 명의 사람들이 농촌
지역에서 가난하게 살고 있음을 보여주었다. 중국은 2004년 식량 수출국에
서 식량 수입국으로 전환하였고, 그 결과 중국정부는 세계에서 가장 큰 규
모의 농업지원 프로그램을 시작할 수 있었다. 농업지원 프로그램은 농업분
야의 세금을 없애고 곡물, 종자, 기술에 대한 직접적인 곡물보조금 지원 뿐
아니라 신용대출, 보험, 토지 보존 서비스도 함께 도입하였다. 또한 중국은
가격정책 지원을 도입하였는데, 이는 2012년이래로 국내 및 국제시장 간의
가격 불일치를 증가시켰다. 아울러 시장 왜곡과 가격 하락을 막기 위해 정
부는 막대한 양의 농산물을 구매하여 비축하기 시작했다. 이러한 정책 개입
은 소득이 정체된 중국 농부들의 경쟁력을 더욱 약화했으며, 환경파괴가 심
해지면서 자원의 지속가능성에 대한 우려 또한 커지고 있다.[68]

　농업정책은 사회·경제적 발전이라는 맥락에서 점점 더 중요하게 인식되
고 있다. 최근 세계에서 가장 가난한 농촌 지역에 통합된 프로그램들이 도입
되었다. 이는 농업에서의 개입(신용 보조, 투자 보조금, 시장 접근, 천연자
원 관리, 종자 분배, 장비 보조, 기술 지원 등)과 사회적 보호(현금 지원, 의
료 서비스 접근, 공공 일자리 등) 프로그램들을 하나로 통합한 것이다. 프로
그램의 주요 목표는 극빈 가정을 절대빈곤층에서 벗어나게 해주고 소액금
융 프로그램에 참여시켜, 그들 스스로 자립할 수 있도록 만들어 주는 것이다.
첫 번째 통합 프로그램은 방글라데시, 파키스탄, 온두라스, 가나, 에티오피
아, 페루, 레소토, 그리고 인도에서 시작되었다. 다양한 결과가 도출되었지
만, 모든 유형의 프로그램들은 생산자산에 대한 투자, 저축 및 공식적인 신
용 대출에 대한 접근, 보다 안정적이고 영구적이며 수익성 높은 소득원천, 특
히 여성층/여성 대상의 자영업, 수익성 있는 양질의 고용, 식량안보, 소득 증
가 그리고 소비 수준과 빈곤퇴치 등의 부분에서 긍정적인 효과를 보여주었

다.[69] 레소토에서는 채소 종자를 제공하고 정원 가꾸기와 적절한 영양 섭취에 대한 종합적인 교육을 시행함으로써 빈곤 가정의 식량안보의 향상을 목표로 하여, 식량안보와 사회적 보호프로그램 연계(Linking Food Security to Social Protection Program)시범 프로그램이 시행되었다. 수혜 가정들은 아동 보조금 지원 프로그램에 따라 사회적 현금이전(social cash transfer)을 받는 가정이기도 하였다. 결과적으로 채소 생산량의 증가와 식량안보의 강화라는 점에서 긍정적인 성과를 달성할 수 있었다. 그러나 이 연구는 제한적인 노동력 공급으로 인한 가정 내 아동 노동력 의존이라는 현상을 야기했고, 이는 곧 프로그램들이 잠재적으로 의도치 않은 결과를 초래 할 수 있다는 점 또한 보여주었다.[70]

중국정부는 농업 생산의 지속가능성에 대한 우려가 커짐에 따라, 이를 대처하기 위해 2016년 옥수수 시장 개혁을 도입했다. 이 개혁은 옥수수 가격을 결정하는 시장 원리와 농부들에게 제공되는 소득 지원을 결합하는 것이다. 신기술 개발과 지속가능한발전을 지향하는 정부정책과 더불어 농부에 대한 사회적 보호가 필요하다는 인식은 개발도상국의 많은 부분에서 식량안보를 보장하는 중요한 요소로 인식되고 있다.[71]

2016년 인간개발보고서(Human Development Report)는 농촌 지역 빈곤 문제로 인해 전 세계 농촌 공동체의 박탈적 시스템이 고착화 되는 것을 우려하며 이에 대처하기 위한 효과적인 조치를 요구하고 있다. 지역마다 편차가 있지만 평균 빈곤비율은 농촌에서 29퍼센트와 도시에서 11퍼센트의 비율을 나타내는 등 농촌 지역은 도시 지역과 비교했을 때 여러 차원에서 빈곤한 경향이 있다. 예를 들어, 위생 시설에 대한 접근성을 봤을 때 도시 지역의 5/6 정도가 개선된 위생시설에 접근할 수 있는 반면, 농촌 지역은 오직 절반만이 개선된 위생시설에 접근하는 것으로 알려져 있다. 또한 도시 지역 아이들보다 시골 지역의 아이들이 학교에 결석하는 비율도 2배 높다는 것은 도시와 농촌 지역간의 격차를 보여주는 또 다른 사례이다.[72]

주

1) Jenny Clover (2003) "Food Security in Sub-Saharan Africa," *African Security Review*, Vol. 12, No. 1, p. 5.
2) Fabio Veras Soares, Marco Knowles, Silvio Daidone, Nyasha Tirivayi (2017) *Combined Effects and Synergies between Agricultural and Social Protection Interventions: What is the Evidence So Far?*, Rome, Italy: FAO.
3) FAO (2015) *The State of Food Insecurity in the World 2015*, Rome, Italy: FAO.
4) FAO (2005) "Voluntary Guidelines – to Support the Progressive Realization of the Right to Adequate Food in the Context of National Food Security" 2004년 11월 로마에서 열린 제127차 FAO회의에서 채택.
5) Ibid.
6) Fabio Veras Soares, Marco Knowles, Silvio Daidone, Nyasha Tirivayi (2017) *Combined Effects and Synergies between Agricultural and Social Protection Interventions*, op. cit.
7) FAO (2015) *The State of Food Insecurity in the World 2015*, op. cit., p. 1.
8) 더 많은 정보는 FAO 온라인 웹사이트 참조. www.fao.org/.
9) FAO (2004) *The State of Food Insecurity in the World 2004*, Rome, Italy: FAO, p. 8.
10) Per Pinstrup-Andersen (2003) "Food Security in Developing Countries: Why Government Action is Needed," *UN Chronicle*, Vol. 40, No. 3, September/November, p. 65.
11) FAO (2015) *The State of Food Insecurity in the World 2015*, op. cit., pp. 9–10.
12) Ibid.
13) Lisa C. Smith, Amani E. El Obeid, and Helen H. Jensen (2000) "The Geography and Causes of Food Insecurity in Developing Countries" *Agricultural Economics*, Vol. 22.
14) Jenny Clover (2003) "Food Security in Sub-Saharan Africa," op. cit., p. 9.
15) Howard Handelman (2000) *The Challenge of Third World Development* (2nd edition), Upper Saddle River, NJ: Prentice Hall, p. 105.
16) Ibid., p. 106.
17) Jane Kennan, Sheila Page (2011) *CAP Reform and Development: Introduction, Reform Options and Suggestions for Further Research*, London, UK: ODI (Overseas Development Institute), May 14.
18) Economist Intelligence Union (2017) *A Future for the EU's Common Agricultural Policy*, February.
19) UNDP (2003) *Human Development Report 2003 – Millennium Development Goals: A Compact among Nations to End Human Poverty*, New York NY: UNDP, pp. 154–155.
20) Anna Lanoszka (2009) *The World Trade Organization*, Boulder, CO: Lynne Rienner Publishers, pp. 81–95.
21) WTO (2001) *Doha Ministerial Declaration* (WT/MIN(01)DEC/1), November 20.

22) Ruosi Zhang (2004) "Food Security: Food Trade Regime and Food Aid Regime" *Journal of International Economic Law*, Vol. 7, No. 3, p. 569.

23) Ibid., p. 566.

24) Oxfam (2009) *Broken Promises – What Happened to "Development" in the WTO's Doha Round?* Oxfam Briefing Paper 131, July 16.

25) WTO (2005) *Hong Kong Ministerial Declaration* (WT/MIN(05)DEC), December 22.

26) International Center for Trade and Sustainable Development (ICTSD) (2005) *Bridges* (WTO/MC6), December 19.

27) WTO (2013) *Bali Ministerial Declaration* (WT/MIN(13)/DEC), December 11.

28) ICTSD (2016) *Public Stockholding for Food Security Purposes: Options for a Permanent Solution*, Geneva, November 21.

29) Theresa Phillips (2008) "Genetically Modified Organisms (GMOs): Transgenic Crops and Recombinant DNA Technology," *Nature Education*, Vol. 1, No. 1, p. 213. 생물다양성협약의 자세한 내용과 전문은 다음의 온라인에서 참조. www.cbd.int/convention/.

30) Anne Ingeborg Myhr (2007) "The Precautionary Principle in GMO's Regulations," in T. Traavik and L.C. Lim (eds.), *Biosafety First*, Trondheim, Norway: Tapir Academic Publishers.

31) Nicholas A. Ashford (2007) "The Legacy of Precautionary Principle in US Law: The Rise of Cost-Benefit Analysis and Risk Assessment as Undermining Factors in Health, Safety, and Environmental Protection," in Nicolas de Sadeleer (ed.), *Implementing the Precautionary Principle: Approaches from the Nordic Countries, the EU and the USA*, London, UK: Earthscan, pp. 352–378.

32) TRIPS 제1조 3항은 파리협약(특허), 베른협약(저작권), 로마협약(방송), 워싱턴조약(통합회로)을 나열하고 있다.

33) Keith E. Mascus (2000) *Intellectual Property Rights in the Global Economy*, Washington, DC: Institute for International Economics.

34) WTO (2001) *Declaration on the TRIPS Agreement and Public Health* (WT/MIN/[01]/DEC/W/2), November 14.

35) Roman Grynberg and Roy Mickey Joy (2000) "The Accession of Vanuatu to the WTO –Lessons for the Multilateral Trading System," *Journal of World Trade*, Vol. 34, No. 6, pp. 159–173.

36) Convention on Biological Diversity (2017). 생물다양성회의에 대한 지문은 온라인 참조. www.cbd.int/convention/.

37) FAO (1989) *Report of the Conference of FAO – Twenty-Fifth Session* (C/1989/REP), Rome, November, 11–29.

38) Stephen B. Brush (2005) *Farmers' Rights and Protection of Traditional Agricultural Knowledge*, CAPRi Working Paper 36, Washington, DC: International Food Policy Research Institute, January, p. 26.

39) 2017년 3월 기준.

40) Traditional Knowledge Digital Library (2017). Online, available at: www.tkdl.res.in.

41) Ibid

42) Samir K. Brahmachari (2011) *Traditional Knowledge Digital Library (TKDL) — An Effective and Novel Tool for Protection of India's Traditional Knowledge Against Bio-Piracy*, Document (SS-132/SF-132/12.08.2011), New Delhi, India: Department of Scientific and Industrial Research.

43) Sam Savage (2008) "Enola Bean Patent Claim Rejected by US Patent Office," *redOrbit*, May 1.

44) Ibid.

45) WTO (2001) *Declaration on the TRIPS Agreement and Public Health* (WT/MIN(01)/DEC/2), November 20.

46) 지리적 표시는 특정 지리적 기원을 가지고 있고, 그 기원으로 인해 품격이나 명성을 가지고 있는 제품에 사용되는 표시이다. WIPO 온라인 웹사이트 참조. www.wipo.int/geo_indications/en/.

47) WTO (2001) *Doha Ministerial Declaration* (WT/MIN(01)DEC/1), November 20, paragraphs:17–19.

48) WTO (2005) *Hong Kong Ministerial Declaration* (WT/MIN(05)DEC), December 22, paragraph: 29.

49) WTO (2013) *Bali Ministerial Declaration — Decision on TRIPS Non-violation and Situation Complaints* (WT/MIN(13)/31_WT/L/906) December 11.

50) WTO (2015) *Nairobi Ministerial Declaration — Decision on TRIPS Non-violation and Situation Complaints* (WT/MIN(15)/41_WT/L/976) December 21.

51) Amartya Sen (1999) *Development as Freedom*, New York, NY: Random House p. 161.

52) Ibid., pp. 164–170.

53) Amartya Sen (1998) "Ingredients of Famine Analysis: Availability and Entitlements," in *Resources, Values and Development*, Cambridge, MA: Harvard University Press, pp. 452–484.

54) Amartya Sen (1999) *Development as Freedom*, op. cit., p. 164.

55) Amartya Sen (1998) "Ingredients of Famine Analysis: Availability and Entitlements," op. cit., p. 452.

56) Ibid., p. 480.

57) Lisa C. Smith, Amani E. El Obeid, and Helen H. Jensen (2000) "The Geography and Causes of Food Insecurity in Developing Countries," op., cit., p. 204.

58) FAO (2015) *The State of Food Insecurity in the World 2015*, op. cit., Annex, table A1, p. 46.

59) ICTSD (2016) *Public Stockholding for Food Security Purposes: Options for a Permanent Solution*, op. cit., p. 8.

60) UN (2009) *Rethinking Poverty — Report on the World Social Situation 2010* (ST/ESA/324), p. 41.

61) Jos Mooij (1999) "Food Policy in India: The Importance of Electoral Politics in Policy Implementation," *Journal of International Development*, Vol. 11, No. 4, pp. 626–628.

62) Government of India (2017) Ministry of Consumer Affairs, Food, and Public Distribution Department of Food and Public Distribution Website. Online, available

at: http://dfpd.nic.in/public-distribution.htmm accessed May 10, 2017.

63) FAO (2015) *The State of Food Insecurity in the World 2015*, op. cit., p. 15.

64) FAO (2015) *The State of Food Insecurity in the World 2015*, op. cit., Annex, table A1, p. 46.

65) Frank Dikotter (2011) *Mao's Great Famine: The History of China's Most Devastating Catastrophe, 1958–1962*, London, UK: Bloomsbury.

66) Jikun Huang and Guolei Yang (2017) "Understanding Recent Challenges and New Food Policy in China," *Global Food Security*, Vol. 12, p. 122.

67) ¥ − 중국 위안 인민폐. 2017년 5월 현재 1달러는 6.9위안이다.

68) Jikun Huang and Guolei Yang (2017) "Understanding Recent Challenges and New Food Policy in China." op. cit., p. 125.

69) Fabio Veras Soares *et al.* (2017) *Combined Effects and Synergies between Agricultural and Social Protection Interventions*, op. cit.

70) Silvia Daidone *et al.* (2017) "Linking Agriculture and Social Protection for Food Security: The Case of Lesotho," *Global Food Security*, Vol. 12, pp. 146–154.

71) Jikun Huang and Guolei Yang (2017) "Understanding Recent Challenges and New Food Policy in China," op. cit., p. 125.

72) UNDP (2016) *Human Development Report 2016 − Human Development for Everyone*, New York NY: UNDP, pp. 54–55.

추가 읽을거리

R. Ford Denison (2012) *Darwinian Agriculture: How Understanding Evolution Can Improve Agriculture*. Princeton, NJ: Princeton University Press.

Thomas DuBois and Huaiyin Li (eds.) *Agricultural Reform and Rural Transformation in China Since 1949*, Leiden, The Netherlands: Brill.

Tukumbi Lumumba-Kasongo (ed.) (2017) *Land Reforms and Natural Resource Conflicts in Africa: New Development Paradigms in the Era of Global Liberalization*, New York, NY and London, UK: Routledge.

Njoki Nathani-Wane (2014) *Indigenous African Knowledge Production: Food-Processing Practices among Kenyan Rural Women*, Toronto, Canada: University of Toronto Press.

Prabhu Pingali and Gershon Feder (eds.) (2017) *Agriculture and Rural Development in a Globalizing World: Challenges and Opportunities*, London, UK: Routledge.

Matin Qaim (2016) *Genetically Modified Crops and Agricultural Development*, New York, NY: Palgrave Macmillan.

Katar Singh and Anil Shishodia (2016) *Rural Development: Principles, Policies, and Management* (4th edition), New Delhi, India: Sage Publications.

도시의 개발과 이주의 과제

9장

1. 도시화의 개념화

역사적으로 도시화는 산업화와 밀접하게 연관되어 왔다. 한 국가의 경제가 발전하고 다양화됨에 따라 핵심적인 도시들의 성장도 동시에 이루어진다는 것은 일반적으로 알려진 사실이다. 도시는 경제활동의 중심이며 안정적고용의 원천이다. 글로벌 경제가 변화하면서 점점 더 많은 농촌 인구가 도시로 이동했다. 도시화라는 현상은 아마도 20세기 경제발전의 가장 주목할만한 특징일 것이다. 1800년에는 세계 인구의 3퍼센트만이 도시에 살았다. 1900년에 이 통계는 거의 14퍼센트까지 올라갔고, 당시 12개 도시는 이미 인구가 100만 명 이상을 기록하였다. 1950년에는 인구 100만 명 이상의 도시가 83개로 늘어났고 세계 인구의 30퍼센트가 도심에 거주했다. 2007년에 인류는 특유한 한계점에 도달했는데 그것은 세계 도시 인구가 글로벌 농촌인구를 처음으로 넘어섰던 때이다. 2014년에는 글로벌 인구의 약 54퍼센트가 도시에 살았고 400개 이상의 도시가 100만 명 이상의 인구를 가지고 있었다. 같은 해에 인구 1,000만 명을 넘어선 28개 메가시티도 나타났다. 유엔 경제사회처(UNDESA) 연구진은 2050년까지 전 세계 인구의 약 66퍼센트가 도시에 살고 있을 것이며, 대부분의 도시 성장은 개발도상국에서 일어날 것이라고 예측하였다.[1]

오늘날 대부분의 대도시들은 글로벌 남반구 국가들에 위치해 있다. 중국에만 여섯 개의 메가시티가 있고 거주자가 500만 명 이상인 도시가 열 개 있다. 인도의 큰 도시들 중 다섯 곳이 앞으로 메가시티가 될 것으로 예상된다. 그러나 가장 빠르게 성장하는 도시들의 밀집도가 높은 곳은 아프리카와 아시아의 중소 도시들(50~100만 명)이다. 도시 인구 규모를 측정할 때는 여러 정의가 사용될 수 있기 때문에 분석을 위해서는 한 가지의 접근방식을 중점적으로 활용할 필요가 있다. 이 장에서는 서아프리카의 도시화 역학을 평가하는 경제협력개발기구(OECD) 보고서에 최근 사용된 두 가지 기준에 근거하여 도시화를 정의한다. 이 두 가지 기준은 토지 이용과 인구의 수와 연관이 있다. 1. 집적지(agglomeration)란 두 건물 사이의 거리가 200m 미만으로 건설되고 개발된 지역을 말한다. 2. 집적 인구가 최소 1만 명 이상일 경우 집적지는 도시로 간주된다.[2] 표 9.1의 데이터는 유엔 보고서에

표 9.1 2014년 기준 5대 집적도시 – 1990년 비교 수치 및 2030년 예측 수치

(단위: 만 명)

1990		2014		2030	
1. 도쿄, 일본	3,250	1. 도쿄, 일본	3,780	1. 도쿄, 일본	3,720
2. 델리, 인도	970	2. 델리, 인도	2,490	2. 델리, 인도	3,610
3. 상하이, 중국	780	3. 상하이, 중국	2,290	3. 상하이, 중국	3,070
4. 멕시코 시티, 멕시코	1,560	4. 멕시코 시티, 멕시코	2,080	4. 멕시코 시티, 멕시코	2,380
5. 상파울루, 브라질	1,470	5. 상파울루, 브라질	2,080	5. 상파울루, 브라질	2,340

실린 내용이다. 데이터는 1990년의 비교 수치(100만 단위)와 2030년의 예측 수치를 포함하여 2014년의 5대 도시의 집적 현황을 보여준다.[3]

유엔 보고서에 따르면 인도 뭄바이(봄베이)의 인구는 2,070만 명으로 6위, 일본 오사카 2,010만 명, 중국 베이징 1,950만 명, 미국 뉴욕-뉴웍 1,850만 명, 이집트 카이로 1,840만 명으로 10위를 차지한다.[4] 이 도시들은 거대한 만큼 계속 확장하고 있다.

최근 몇 년 동안 개발도상국에서는 침체된 지방으로부터 도시로의 대규모 이주가 가속화되었다. 도시가 성장함에 따라 높은 수준의 삶의 질을 위한 도시생활 비용은 상승하는 반면 사회적 요구는 확대되고 있다. 선진국에서도 많은 도시들은 충분한 서비스를 제공하기 위해 고군분투하는데, 이는 지방정부가 대개 한정된 자원으로 인해 제약을 받기 때문이다. 서구의 대부분 도시들은 더 이상 농촌에서 유입되는 인구를 흡수해야 하는 어려움은 없지만, 여전히 다른 종류의 새로운 이주 문제에 직면해 있다. 이 도시들은 국제적인 경제 이민자와 정치적 난민들을 수용하기 위해 노력하고 있다. 일반적으로 모든 도시들은 증가하는 인구에게 적절한 수준의 공공 안전, 주거지, 교통 및 에너지안보를 보장하기 위해 애쓰고 있는 반면, 의료 보건, 교육, 음식, 깨끗한 물의 접근성 등에 대해 증가하는 요구에 직면하고 있다. 이러한 문제들은 대기오염, 깨끗한 물의 부족, 범죄, 불법활동, 노후된 사회기반시설 등으로 인해 악화된다. 어떤 도시들은 너무 빨리 성장하는 나머지 기존의 비옥한 농지들이 도시개발로 흡수되고 있으며, 이는 지속가능성의 장기적 문제를 더욱 심화시키고 있다.

도시화라는 막을 수 없는 글로벌 흐름과 연관된 문제들로부터 자유로울 수 있는 도시는 세계 어느 곳에도 없다. 기업 및 지역사회 지도자들은 도시생활의 질을 향상시키기 위해 다양한 수준의 정부와 협력한다. 균형 잡힌 도시개발을 향한 움직임은 꾸준히 탄력을 받고 있다.[5] 도시마다 우선순위와 딜레마가 다르기 때문에 도시화의 개념은 정의하기 어렵다. 그러나 미래의 도시인들의 복지를 훼손하지 않고 도시화의 여러 가지 과제를 해결해야 하는 필요성은 전 세계 도시들이 폭넓게 공유하고 있다.

선진국과 개발도상국에서 도시는 더 나은 삶을 찾는 빈곤층의 주요 목적지가 되었다. 이촌향도의 형태이든 국제이주이든 관계없이 고향을 떠나는 대부분의 사람들은 새로운 중심인 도시로 이주한다. 도시의 수용력에 대해서 많은 논의가 있었지만, 이주의 변형력(transformative force)을 고려할 때 새로 온 사람들은 도착하자마자 적응해야 하는 심리적 비용을 포함한 여러 가지 어려움에 직면한다. 이러한 문제에도 불구하고 도시화는 많은 사람들이 빈곤에서 벗어날 수 있는 기회를 여는 데 필수적인 것으로 여겨진다.[6]

2. 발전의 힘이자 결실인 도시들

개발도상국에서 심화되는 도시 집중은 개발과 도시화 사이의 연계와 이러한 경향의 지속가능성에 대한 의문을 제기한다. 도시 중심의 성장은 발전 사다리의 불가피한 단계로 널리 간주되고 있다. 삭스(Jeffrey D. Sachs)는 새천년이 시작되던 시기 가난한 나라에는 인구의 대부분이 농촌에 살고 있다는 것을 강조하면서 이 주장의 핵심을 보여준다. 이는 선진국들과의 뚜렷한 대조를 보였다.

> 말라위에서는 인구의 84퍼센트가 농촌에 살고 있고, 방글라데시에서는 76퍼센트, 인도에서는 72퍼센트, 중국에서는 61퍼센트가 농촌에 살고 있다. 반대로 선진국으로 여겨지는 미국에서는 농촌에 살고 있는 인구가 단지 20퍼센트에 불과하다.[7]

삭스에 따르면 현대 경제성장은 영국의 산업혁명과 함께 시작되었다. 이는 다섯 가지의 주요 변화로 이어졌는데, 주요한 전환으로서의 도시화 외에

도, 사회이동, 젠더 역할 변화, 가족구조의 변화, 그리고 노동분업의 증가가
이에 해당된다.[8] 경제발전의 경로는 자급농업에서 경공업과 도시화로의 변
화, 그리고 첨단기술 경제로 끝맺음되는 일련의 자연스러운 진전을 나타낸
다. 삭스는 세계에서 가장 가난한 나라 중 한 곳에서 성장하고 있는 도시에
대해 다음과 같이 묘사한다.

> 어느 이른 새벽 나는 방글라데시 다카에서 놀라운 광경을 목격하였다. 수
> 천 명의 사람들이 다카 외곽과 가장 빈곤한 동네에서부터 길게 줄을 서서
> 출근하기 위해 걸어갔다. 좀 더 자세히 보니 이 노동자들이 거의 18세에
> 서 25세 사이의 젊은 여성이라는 것을 알게 되었다. 이들은 급성장하는
> 다카의 의류산업 노동자들로서 미국과 유럽으로 매달 수송될 수백만 점
> 의 의류를 자르고 꿰매어 포장한다. … 이 여성들은 그들 대부분이 태어
> 난 방글라데시 마을에서 큰 성장세를 보이는 핵심적 경제적 활동의 기반
> 을 갖고 있다.[9]

이러한 견해와 일관되게 신흥 경제국 정부들은 도심지의 경제 활동을 국
가에 필요한 것으로 보고 있으며, 심지어 이러한 이유로 사람들이 도시로
이주할 수 있도록 계획을 제시하기도 한다. "정책 입안자들은 대도시의 근
로자 1인당 생산량에 집중하며 노동력과 토지에 대한 높은 기회비용을 무
시하는 경향이 있고, 이는 대도시에 중요하면서도 종종 오염을 일으키는 산
업을 추진하는 정책적 편향을 낳는다."[10] 중국은 이런 종류의 도시 중심 편
견의 흥미로운 예이다. 1970년대 후반부터 시작된 중국의 경제 자유화 개
혁은 지난 30년간 눈부신 경제성장을 이룩하였으나 동시에 지역불균등을
심화시키고 거대한 도시지역의 심한 오염을 야기하였다.

중국의 도농격차는 해안과 내륙 지역 사이에서 발생한다. 해안 지역의
지리적 이점은 교통 측면에서 뚜렷하게 나타난다. 초기 개혁과정의 일환으
로 정부는 개발전략을 수립하고 연안기반 정책을 시행하여 경제특구 설립
을 추진하였다. 그 중 첫 번째는 1980년 선전(深圳)에 설립되었다. 중국정

부는 산업화와 외국인 투자를 더욱 활성화하기 위해 경제기술개발지구와 연안도시 내외의 자유무역지역을 조성하고, 연안 지방에는 세금 우대 혜택을 주었다.[11] 이 개방 지역은 '금빛 해안선(golden coastline)'으로 알려진 동부지역을 구성하였다.

해안 지역에 관한 중국의 구체적인 개발전략과 관련하여 여섯 개의 정책이 강조되었다. 해안 지역은 국가로부터 더 많은 보조금을 받고 있었고, 그들은 더 높은 외환 보유율을 자랑하고 있었으며, 더 높은 재정 자치권을 가지고 있었다. 노동자들은 더 높은 임금을 받았으며, 이 지역들은 또한 1차 생산품을 낮은 가격으로 제공받으며, 통화 유통에서 더 큰 자유를 얻고 있었다. 이 여섯 가지 정책 중 가장 논란이 되는 것은 1차 생산품의 가격 인하에 관한 것이다. 국가 주도의 우대가격정책은 해안 지역의 개발을 더욱 도왔는데, 이는 내륙 지역이 1차 상품 판매에 의존하였음에도 불구하고 낮은 우대가격으로 상품을 팔도록 했기 때문이다. 그러나 해안 지역으로부터 판매되는 완제품을 구입할 때에는 가격이 지나치게 높게 책정되었고, 내륙 지역은 이를 구입하기 위한 그 어떠한 보조금도 지원받지 못하였다.[12] 이러한 유형의 정책들은 해안 지역에서의 무역과 투자의 경이로운 성장을 이룩하였으며 이 지역에 번영을 가져왔다. 그러나 이러한 정책들은 또한 중국 해안과 내륙 지역 사이의 불평등을 야기하였다.

주로 해안 지역에 존재하는 경제적 성공과 기회 때문에 동부 해안선으로 이주하기 위해 많은 사람들이 이동했다. 선전을 예로 들면, 1990년 87만 5,000명에서 2014년 거의 1,100만 명으로 총인구가 증가하였다.[13] 1990년대 중반에만 약 1억 5,000만 명이 해안 도시 지역으로 이주했으며, 이러한 움직임은 현재까지 계속되고 있다. 실제 숫자는 대부분 대도시에서 일자리를 찾기 위해 농촌에서 온 불법이주 노동자들이었기 때문에 정확히 추정하기 어렵다. 중국은 공식적으로 거주지를 바꾸기 위해 정부의 허가가 필요한 후커우(hukou)라는 거주등록 시스템을 유지해왔다. 비슷한 제도가 한국에도 존재했지만 2008년에 폐지되었다. 중국 내부의 이주는 주로 중앙정부에 의해 억제되었지만 최근 몇 년 동안에 이러한 현상은 암묵적으로 인정되었고 합법적이지 않은 이주는 더욱 빈번하게 발생하였다.

중국 도시에는 교육, 국영 의료 및 기타 사회 서비스에 대한 접근이 오랫동안 거부되었음에도 불구하고 수백만 명의 불법체류자들이 살고 있다. 종종 '유동인구(*floating population*)'라고 불리는 불법이주자들은 도시자원의 유출원인으로 간주되며 차별의 대상이 되어왔고, 영구거주권을 가진 도시민들로부터 하층민으로 취급되어 왔다.[14] 더 나아가 교육받은 젊은 이들이 더 발전하는 지역으로 이동하면서 해당 지역에 인적 자본이 집중되고 기이한 **두뇌유출**(*brain drain*) 현상이 나타나고 있다. 따라서 중국의 해안 도시들은 정부의 지원을 받는 것으로 이득을 얻었을 뿐만 아니라 내륙 지역으로부터 가장 유능한 인재들도 얻게 되었다. 1990년대 말 경 해안과 농촌지역 간의 차이는 충격적인 수준에 이르렀다. 2003년 기준 약 1억 7,000만 명의 농촌주민들이 빈곤 속에 살아가며, 일부 학자들은 증가하는 불평등이 중국에서의 전반적인 경제성장이 가져올 긍정적인 효과를 반감시킬 수 있다고 경고한다.[15] 더욱이 번영을 이룬 지역과 빈곤 지역 간, 그리고 영구거주권을 가진 도시민들과 불법거주자들 간의 깊어지는 격차는 반목을 불러일으키고 폭력적 적대행위로 이어질 것이다.

긍정적인 측면에서는 국내 이주민들의 도시를 향한 대규모 이주가 중국 경제의 변혁적인 힘이 되었다. 그들은 중국에서 점점 더 다각화된 제조업의 증가에 기여했다. 대부분의 경제학자들은 개발도상국에서의 소득 불평등이 일어나는 주요 원인 중 하나가 불안정한 제조업 분야라는 데 동의한다.[16] 이와는 대조적으로 중국의 도시 편향은 제조업 성장과 임금 상승에 매우 긍정적인 영향을 미쳤다. 이렇게 도시에서 얻은 수입은 고향에 남겨진 가족들과 나눌 수 있는 정도였다. 도시에서 일하는 가족구성원이 농촌지방으로 보내서 유입된 상당량의 송금액은 농촌 수입을 대체하였다. 실제로 농업에서 한계 노동생산성이 낮은 가구 중 일부는 도시로 이주한 후 농촌 소득의 증가로 이어졌다고 볼 수 있다. 국내 이주는 불평등을 줄이는 효과를 가져올 수 있다. 그러나 여러 조건들이 충족되어야 한다. 이주하는 사람들은 농업 노동자로서 일하거나 수익을 올릴 수 없으며, 가장 중요한 것은 도시로 이주하여 일자리를 구하면 농촌에 남아 있는 가족에게 꾸준히 돈을 보내줘야 한다.[17]

도시 이주의 긍정적인 효과를 촉진하기 위해 2015년 12월 중국정부는 대대적인 개혁을 발표했다. 후커우제도는 이주 노동자들이 유효한 고용 계약에 따라 공공 서비스와 자녀 교육에 대한 접근과 함께 도시에서 살 수 있는 허가를 신청할 수 있도록 함으로써 완화되었다. 이러한 움직임은 2014년 3월에 발표된 새로운 도시화정책을 따른 것이었는데, 이 정책은 2026년까지 추가적으로 가난한 농촌 지역의 2억 5,000만 명의 사람들을 도시로 공식 이주시킬 계획이다. 이 야심찬 프로젝트는 건물의 철거와 재건, 새로운 주택·사무공간·사회기반시설을 구축함으로써 농촌 주민들을 도시로 대규모 이주시키고자 하는 계획이었다.[18] 2017년 5월 중국정부가 설계한 또 다른 광범위한 개발프로젝트가 출범했다. 아시아·아프리카·유럽을 잇는 '일대일로 프로젝트'는 대규모 글로벌 인프라 네트워크 구축과 여러 국가 간 연계·교역을 촉진하는 데 초점을 맞추고 있다.[19]

도시화에 초점을 맞춘 중국의 경제개혁은 중국에 막대한 부와 발전을 가져왔고, 이는 중국을 글로벌 강국의 지위로 끌어올렸다. 그러나 경제발전은 중국 시민들 사이에서 사회·경제적 불평등을 심화시키는 결과를 낳았고 그에 대한 대가도 치뤘다. 현재 중국은 심각한 환경 문제에 직면해 있는데, 여기에는 인간의 건강에 해로운 수준의 도시 대기 오염을 포함한다. 세계에서 가장 오염이 심한 도시 30곳 중 20곳이 중국에 위치해 있고, 오염은 그 곳에 거주하는 시민들의 평균 수명을 단축시키고 있다. 2013년 10월 1,000만 명이 넘는 하얼빈 시는 대기 오염 입자가 WHO에서 안전하다고 여겨지는 수치의 40배에 달해 며칠 동안 도시를 통제했다. 또한, 수질 오염은 중국

의 강, 호수, 그리고 도시 지하수의 절반 이상에 영향을 준다고 한다. 2014
년 중국 국가해양국(SOA)의 보고서에 따르면 바다로 흐르는 71개 강 중 38
개의 수질 수준이 가장 낮은 범주로 평가되어, 사람이 강물을 만지기에도 부
적합한 것으로 평가되었다. 또한, 삼림 벌채, 침식, 사막화, 토양 오염, 염류
화, 경작지 손실, 산성비, 생물다양성 손실, 깨끗한 물 부족과 같은 다른 고
착화된 문제들도 있다. 1970년대 후반 이후 중국의 발전에도 불구하고 환경
문제의 심각성을 감안할 때 핵심 문제는 이러한 경제발전이 지속가능할 것
인가에 있다.[20]

　도시에 대한 전반적으로 긍정적인 견해와는 대조적으로 카플란(Robert
D. Kaplan)은 도시화에 대한 그의 생각을 다음과 같이 밝히고 있다.

　도시들은 계속 성장하고 있다. 공항에서 기니의 수도인 코나크리 시내까
　지 차를 몰면서 미래에 대한 전반적인 느낌을 얻었다. 45분간의 교통체
　증 속에서 여행은 끝없는 판자촌을 통과하며 이루어졌는데, 그것은 디킨
　스 자신도 결코 믿지 않았을 법한 악몽 같은 광경이었다. 골판지 금속판
　과 흉물스러운 벽은 검은 점액으로 코팅되어 있었다. 상점들은 녹슨 컨테
　이너, 폐차, 철망으로 된 잡동사니로 지어졌다. 거리는 떠다니는 하나의
　쓰레기 덩어리였다. 모기와 파리가 바글바글 했다. 배가 많이 튀어나온
　아이들은 개미처럼 수없이 많아 보였다. 썰물 때에는 죽은 쥐와 자동차의
　뼈대가 더러운 해변에 노출되었다. 현재의 속도대로라면 기니의 인구는
　28년 안에 두배로 증가할 것이다. 견목 벌목은 미친 듯이 빠른 속도로 계
　속되고 사람들은 코나크리를 향해 기니 시골에서 도망친다.[21]

　기니에서의 여행 경험을 통해 카플란이 묘사한 것과 같은 불행한 환경
은 글로벌 남반구 여러 지역에서 계속 발견되고 있다. 기니는 17개국을 포
함하는 지역인 서아프리카에 위치해 있다.[22] 2010년에 서아프리카의 1억
3,300만 명의 사람들이 적어도 1만 명의 주민이 사는 1,947개의 집적 도
시에 살았으며, 이는 2001년보다 530개 더 많은 것이다. 1970년 서아프리

카에는 493개의 이러한 집적지가 있었다. 2000년에 100만 명이 넘는 인구가 살고 있는 도시는 10개였다. 현재는 22개의 도시가 있다. 이 22개의 도시에는 5,440만 명의 주민이 살고 있는 것으로 추정된다.[23] 서아프리카의 총 인구는 1950년 6,200만 명에서 2010년 3억 2,900만 명으로 늘어났다. 2000~2010년 동안 이 지역은 세계에서 가장 높은 연평균 인구증가율 3.2퍼센트를 기록하였다. 서아프리카의 도시화에 대한 인구통계학적 압력의 영향은 두 가지 이유로 중요하다. 1. 서아프리카 대도시의 성장은 주로 그들의 자연적인 인구증가에 의해 결정된다. 2. 가장 강력한 도시 성장은 가장 인구 밀도가 높은 지역에서 일어난다.[24]

그러므로 도시화가 개발의 길에 필요한 단계라고 가정하더라도, 일단 도시가 강력한 인구증가 또는 농촌 마을로부터의 이주를 동반한 도시화의 과정을 성장시키기 시작하면 이전에 예측할 수 없었던 결과를 초래할 수 있다. 환경문제와는 별도로 때로는 이원론(dualism)으로 지칭되는 지역주의도 문제가 될 수 있다. 이 개념은 같은 지리적 영역 내에서 동일하지 않은 수준의 경제발전을 설명한다. 저개발국가들은 내부 분열이나 이중경제가 작동하는 지역에 대해 조정을 할 수 없기 때문에 심각한 문제가 발생한다. 이원론은 수익을 창출하는 도시경제와 대체로 최저생활 위주의 농촌경제로 구성된다. 중국과 같은 경제대국은 자원을 보유하고 있으며 국가 내 여러 지역 간 불평등을 줄이기 위해 적극적으로 노력한다. 이에 반해 작고 빈곤한 국가들의 경우 불평등 문제는 지속되며 이러한 내부 분열은 가난한 농촌을 절실하게 탈출하고자 하는 이들의 이주로 인해 더욱 악화될 수 있다.

과거 농업 노동자들이 도시로 이주하여 제조업이나 서비스업에서 일자리를 찾았을 때 그들은 국가의 높은 경제성장률에 기여한 고생산성 노동자가 되었다. 그러나 최근 전 세계적으로 많은 이재민들이 어디에서도 양질의 일자리를 확보하기 어렵다는 것을 알게 되었다. 국제노동기구의 보고서는 가용 자본과 노동자들을 고용하기 위한 점점 더 많은 어려움들을 지적하고 있다.[25] 2008년 금융위기 이후 불균형적 경기회복 때문에 전 세계적으로 실업자가 늘어난 것으로 나타났다. 2013년 실업자 수는 2억 2,000만 명으로 동아시아와 남아시아에서 가장 큰 증가율을 기록했고 사하라 이남 아프리카가 그 뒤를 이었다. 현재 추세대로라면 2018년까지 전 세계적으로 2억 1,500만 명이 넘는 구직자가 생길 것으로 추산된다.[26] 국제노동기구(ILO)는 전 세계적으로 고용시장이 경직된 것을 감안하면 2013년 총 2,300만 명이 일자리를 잃고 노동시장에서 떠난 것으로 추산하고 있다. 이 보고서는 글로벌 일자리 전망이 가까운 미래에 거의 변하지 않을 것이며, 2018년까지 영구적으로 노동시장을 떠나는 노동자의 수가 3,000만 명으로 증가할 것이라고 예측하고 있다.[27]

전 세계적으로 많은 수의 이재민, 실직자들과 가속화된 도시화는 현대 도심지의 생활방식에 막대한 영향을 끼쳤다. 2016년 세계도시보고서는 "현재 도시들이 20세기의 구식 도시 모델과는 근본적으로 다른 경제, 사회, 문화적 생태계에서 운영되고 있다"고 지적한다.[28] 이 보고서는 지난 20년 동안 나타난 가장 중요하고도 시급한 현안들을 파악해 이를 지속적인 문제 또는 새로운 문제로 분류하고 있다. 지속적인 문제는 도시의 막을 수 없는 성장, 부적절한 사회 및 공공 서비스와 연계된 지배와 자금의 문제, 그리고 빈민촌과 임시거주지에 사는 사람들의 증가를 포함한다. 새롭게 대두되는 도시 문제들로는 환경 문제, 배제와 불평등 증가, 불안 상승, 그리고 국제이주의 급증 등이 있다.[29]

도심지로의 대규모 이주와 더불어 인구증가는 개발도상국들 중 많은 곳에서 일어나고 있으며, 이로 인해 국가가 감당하지 못할 악몽 같은 상황으로 이어지고 있다. 도시민들은 스스로 식량을 재배할 수 없기 때문에 전 세계의 도시로 이주하는 경제적·정치적 이주민들은 사회적 배제와 극심한 빈곤을 겪으면서 노숙자가 되거나 공공부문의 지원에 의존하게 되는 경우가 많다. 경제적 기회를 찾아 도시로 오는 모든 사람들 중에서 몇몇만이 안정적 직장을 구함으로써 더 나은 삶을 살 수 있는 반면, 나머지는 살아남기 위해 비공식적인 고용에 의존해야 한다. 개발도상국가에는 사회적 편익이 드물지만, 공식 경제(formal economy)에 고용된 사람들은 보건복지 프로그램에 대한 접근이나 최저임금 보장과 같은 일정한 권리를 갖는다. 비공식 경제(informal economy)에서 생존하는 사람들에게는 이러한 권리들이 존재하지조차 않는다. 도시의 일부가 빈민가로 변하면서 인간의 기본욕구는 충족되지 않게 된다. 도시 빈민가로 인해 나타나는 또 하나의 중요한 결과는 바로 건강과 질병예방 관련 문제이다. 개발도상국에서는 비위생적인 시설, 절박한 생활환경, 공해, 기타 환경적 요인이 많은 질병의 원인이 되고 있다. 여기에는 전염병(홍역 등), 기생충병(말라리아 등), 호흡기 질환(결핵 등) 등이 포함되며 아마도 가장 심각한 것은 에이즈의 확산일 것이다. 이러한 사실은 이주민들이 빈민가에 거주하는 도시 빈민층으로 불균형적 표본이 된다는 것을 드러낸다.[30)]

도시의 놀라운 성장은 지방정부가 충분한 재정수입을 확보할만한 제도적 발전을 이룩하지 못한 상태에서 이루어졌다. 많은 국가들에서 지방분권에도 불구하고 도시들은 여전히 필수적인 자금을 정부의 지원에 의존한다. 정부가 경험하는 일관된 예산 문제는 종종 자금 조달 방식을 정치화하는 것으로 이어진다. 국가의 선거에서 전략적으로 중요한 위치에 있는 도시들은 정부 예산이나 자금을 다른 지역보다 불균형적으로 더 많이 받는 경향이 있다. 빈민촌이나 임시거주지에 살고 있는 사람들에 관해서도 일부 긍정적인 소식이 있다. 최근의 추계에 따르면 개발도상국의 임시거주지에 사는 도시 인구의 비율은 2000년 39.4퍼센트에서 2014년 29.7퍼센트로 감소했다. 그러나 절대수치로 따지면 실제로는 그 수가 증가했다. 2000년에는 약 7억 9,100만 명이 빈민가에 거주한 반면, 2014년에는 8억 8,100만 명이 살았다. 빈민가 거주자들과 나머지 도시 인구 사이의 큰 격차는 많은 국가들에서 나타나고 있다. 지역적 차이는 개발도상국에서 물, 위생과 같은 기본적인 서비스 부문에서 더욱 두드러지게 나타난다. 사하라 이남 아프리카와 남아시아의 상황은 특히 심각하다. 공간과 담수의 부족으로 인한 문제들은 공기오염으로 더욱 악화되는데, 이는 도시에서의 높은 에너지 소비와 온실가스 배출로 인해 주로 발생한다.[31]

푸른 자연의 감소 가속화는 많은 도시의 생태적 환경 악화의 주요 원인 중 하나이다. 경제발전의 예시로서 앞서 언급된 메가시티인 방글라데시의 수도 다카를 다시 살펴보면, 개발정책과 도시계획의 부재, 정치적으로 추진된 건설계약 등의 요인으로 인해 다카에는 녹지공간 대부분이 파괴되었다. 1960년대에는 다카 지역의 약 80퍼센트가 도시가 아니었으며, 초목, 탁 트인 공간, 습지, 경작지로 이루어져 있었다. 2005년까지 이 수치는 40퍼센트로 줄어들었다.[32] 가장 최근의 추정치는 해당 수치가 10퍼센트 이하로 낮아지고 있는 것으로 나타났다. 급속도로 줄어드는 녹지공간은 대기오염, 전염병 증가, 수계 악화, 건물 냉방을 위한 에너지 비용 상승 등 여러 가지 결과를 낳았다.

일부는 현재 1,500만 명의 다카 거주자 중 거의 절반이 도시 공유지 어디서나 흔히 찾아볼 수 있는 비공식적인 판자촌에 살고 있다고 추정한다. 다카에서 태어난 한 도시 지리학자는 그것을 '빈민들의 메가시티'라고 부르며 대부분의 거주자들이 한 달에 미화 200달러 미만을 벌고 있다고 주장한다.[33] 다카는 깨끗한 물의 부족, 열악한 기반시설, 수준 이하의 위생, 열악한 교통 서비스로 악명이 높다. 2013년 4월 24일 다카 외곽 사바르의 라나 플라자 건물이 붕괴되어 끔찍한 환경에서 일하던 섬유 노동자 1,138명이 사망했다. 이 공장은 글로벌 섬유공급망 내 현지 하도급 업체 중 한 곳에서 사용하는 공장이었다. 정부가 공장 안전과 노동기준에 대한 조치를 취하겠다고 약속했음에도 불구하고 진전은 더디었다. 이 사고는 2016년 1분기 방글라데시 미화 97억 달러 수출의 76퍼센트를 차지했던 의류업계에 종사하는 노동자들이 처한 끔찍한 상황을 부각시켰기 때문에 개선은 주로 그쪽에 집중됐다. 2016년 9월 다카 외곽의 포장 공장에서 또 다른 산업재해로 수십 명의 사망자가 발생했다.[34] 방글라데시의 경제적 발전의 표상이었던 도시화는 무거운 대가를 치뤄야만 했고, 그 지속가능성에 대한 의문을 낳게 되었다.

3. 전례없는 이주시대에서의 강제이주

2016년 세계도시보고서는 국제이주의 확대를 떠오르는 도시문제로 보고 있다.[35] 개발도상국의 많은 지역에서 발생한 빈곤과 경제적 기회의 부족, 무력분쟁 및 정치적 박해는 더 나은 삶을 살 수 있는 곳을 찾는 이들의 국경을 넘은 이주 증가로 이어졌다. 경제적 요인들이 국제이주에 가장 직접적으로 영향을 미치는 것처럼 보이지만, 폭력과 권위주의는 강제이주의 중요한 결정요인이었다. 2015년 통계에 따르면, 5명 중 1명에 가까운 이주자들이 세계에서 가장 큰 20개 도시 중 한 곳에 살게 되었다는 것을 보여준다. 같은 해에 런던(영국), 싱가포르, 오클랜드(뉴질랜드), 시드니(호주)는 전체 인구의 3분의 1 이상이 국제이주자였고 브뤼셀(벨기에), 두바이(아랍에미리트)는 전체 인구의 절반 이상을 차지했다. 캐나다의 680만 명의 해외 출생 인구 중 46퍼센트가 토론토 대도시권에 살고 있다. 2015년 기준 프랑크푸르트, 파리, 암스테르담 주민 4명 중 적어도 1명이 외국 태생이었다. 그러나 63개 중저소득국가 중 45개국 이민자의 약 70퍼센트가 분쟁, 재난, 기타 폭력을 피해 이웃 국가의 도시로 탈출한다.[36]

국제적 이동에 대해 쉽게 정의를 내리기 어려운 이유는 몇 가지가 있다. 한 가지 논쟁적인 개념은 강제이주(forced migration)와 관련이 있다. 빈곤, 환경 악화, 무력분쟁은 종종 서로를 악화시켜 분쟁의 장기화로 이어진다. 이주 분야 연구자 블랙(Richard Black)은 이러한 연계가 강제이주의 근본적 원인이 무엇인지에 혼란을 가져오고, 따라서 개발의 관점에서 상황을 이해하는 데 더 큰 어려움을 초래한다고 말한다. 흥미롭게도 개발 자체가 강제적 이주의 근원이 될 수 있다. 블랙은 난민과 개발의 연관성을 조사하면서 다음과 같이 설명하고 있다.

> 첫 번째 단서는 빈곤, 폭력, 그리고 강제이주의 '하향적 나선형(downward spiral)' 가설, 즉 소위 '개발에 의한 강제이주(development-induced displacement)'라고도 불리는 가설에 명확하게 들어맞지 않는 강제적 이주의 한 형태에 의해 제공된다. 댐과 다른 주요 공공사업으로 인해 이재민이 된 이들은 난민들의 특징 중 많은 부분을 공유하고 있다. 그들은 종종 갑작스럽게 그리고 보상도 거의 받지 못한 채 그들의 집과 땅을 떠나도록 강요받는다. 그러나 그들의 이주는 개발의 부족이 아니라 '개발' 그 자체에 의해 야기된다. 비록 개발이 무엇인지에 대한 특별한 비전이 있더라도 말이다.[37]

블랙이 제시한 이 흥미로운 점은 보상도 거의 받지 못한 상태로 '예고없이 갑자기' 집을 떠나도록 강제된 이들이 난민이라고 불릴 자격이 있는지에 대한 의문을 불러일으킨다. 새로운 정부사업의 건설로 '이주'를 요청받은 사람들 중 일부는 강제적으로 지역사회에서 퇴출되기 때문에 완전한 경제적 박탈과 개인적 불안 상황에 놓일 가능성이 있다. 그들은 목숨을 잃을 수 있기 때문에 머물 수 없다. 결과적으로 그런 사람들이 난민이라는 기준에 부합한다고 주장할 수 있다.

1951년 난민의 지위에 관한 협약은 '난민(refugee)'을 다음과 같은 사람이라고 정의하고 있다.

> 인종, 종교, 민족, 특정 사회 집단의 구성원 신분, 또는 정치적 의견을 이유로 박해를 받을 합리적 근거가 있는 공포로 인해 자신의 국적국 밖에 있는 자로서 국적국의 보호를 받지 못하거나 그러한 공포 때문에 국적국의 보호를 받길 원하지 않는 자, 혹은 과거 상주하던 국가 밖에서 머물고 있는 무국적자, ⋯ 혹은 이러한 공포로 인해 해당 국가로 돌아갈 수 없거

나 돌아갈 의지가 없는 사람을 뜻한다.[38]

이 법률적 정의는 처음에는 모호해 보이지 않을 수 있다. 그러나 박해와 보호의 결여라는 두 가지 개념은 정치인과 법조인들의 해석에 의존할 수밖에 없다. 법적인 기소로 인해 어떤 사람이 해외로 도피하고 있는 경우, 두 개념의 정의에 대한 사유로 인정되는지 여부를 규명하기 어려울 때가 있다. '난민'이라는 용어에 내재된 또 다른 개념은 그의 고국에서 개인에게 제공되는 보호의 부족이다. 그러나 여기서 국가 보호가 의미하는 것은 명확히 해야 한다. 이 개념에 대한 일반적인 정의는 국가가 개인이 두려워하는 박해로부터 그를 보호하는 것을 의미한다는 것이다. 그러한 보호가 없는 것은 국가의 무능함이나 무의지에 기인한다. 실제로 이 국가들은 정부에 적대적인 것으로 간주되는 시민들에 대한 보호 책임을 의도적으로 포기할 수도 있다. 반면, 국가는 영토 내에서만 개인에 대한 안전과 보호를 제공하는 것 뿐 아니라 국제법과 쌍무협약을 통해 해외에 있을 때 시민의 권리를 보장함으로써 외교적 보호도 제공하려고 한다. 결과적으로 정치 엘리트와 연관된 개인에게는 불균형적으로 보호가 제공되는 반면, 정치 엘리트들에게 적대적인 사람들에게는 보호가 거부된다. 그 후 난민들은 국제법에 의해 법적 고아가 된다.[39]

난민들은 지난 세기 동안 이재민들의 상당 부분을 차지했으며 이러한 현상은 계속 진행되고 있다. 그러나 이주의 경제적 원인은 사회적 위기와 정치적 폭력의 맥락과 분리되기 어려운 경우가 많다. UNHCR 2015 글로벌 트렌드 보고서에 따르면 우리는 현재 기록상 가장 높은 수준의 강제이주를 목격하고 있다. 사상 유례 없는 6,530만 명의 사람들이 강제적 이주를 당했고, 그 중 2,130만 명이 난민이다. 전체 난민 중 53퍼센트가 소말리아(110만 명), 아프가니스탄(270만 명), 시리아(490만 명)[40] 세 국가에서 배출되고 있다. 전쟁, 이주, 심지어 문화 적응이 난민들에게 미치는 정신적 영향에 대한 많은 연구들은 난민들이 외상 후 스트레스 장애와 정서 장애를 겪는 비율이 높다는 사실을 보여주었다. 트라우마와 우울증은 전쟁과 잔혹성을 직접 경험하고 출신국 밖에서 새로운 삶의 환경에 적응하는 끊임없는 노력의 결과로 나타날 수 있다. 난민수용소마다 상황은 모두 다를 수 있으며, 어떤 수용소들은 식량과 기본 약품을 충분히 공급받지만 안타깝게도 다른 수용소들에 제공되는 공급품들은 형편없을 수 있기 때문이다.

난민수용소에서의 생활은 특히 아프가니스탄 여성들에게 힘든 일이었다. 아프가니스탄 난민 여성들의 실태에 대한 연구는 이 상황을 다음과 같이 묘사했다.

> 갈등의 결과로 난민 여성들은 전쟁의 트라우마, 성폭력, 빈곤의 심화, 그리고 커지는 가계 부담을 경험했다. 그들은 또한 고국에서 그들의 법적 및 사회적 지위가 악화되는 것을 목격했고, 이는 난민수용소 조직에서의 지위에도 직접적인 영향을 끼쳤다. 난민수용소는 … 매우 정치화되었고, 궁극적으로 여성의 권익에는 해로웠다.[41]

파키스탄은 많은 아프가니스탄 난민들이 입국을 시도한 초기 이주 대상 국가였으며, 점차 상황을 감당할 수 없는 지경에 이르렀다. 결국 아프가니스탄과의 국경은 공식적으로 봉쇄되었다. 그런데 아프가니스탄과 국경을 꼭 공유하지 않더라도 국가들은 아프가니스탄 난민문제를 체감할 수 있었다. 2001년 8월 MV 탬파라는 노르웨이 화물선이 인도네시아에서 호주로 망명을 시도했던 400명 이상의 사람들을 인도양에서 구조했다. 대부분이 아프가니스탄인들로 구성된 망명 신청자들의 지위를 둘러싼 외교적 분쟁 끝에 난민들을 뉴질랜드나 나우루로 이송하는 데에 합의가 이루어졌다. 이 사건에 대응하여 퍼시픽 솔루션(Pacific Solution)이라고 불리는 호주정부의 정책이 도입되었는데, 이에 따르면 난민들은 호주에서 난민 지위에 대한 신청이 진행되는 동안 태평양 인근 국가에 있는 해상구금센터에 수용되

도록 하였다.[42)

처음부터 이 퍼시픽 솔루션을 둘러싸고 많은 논란이 있었다. 구금센터를 운영하는 데 드는 비용도 엄청난 데 반해, 구금센터의 상태는 기준 미달상태 혹은 형편없는 상태라는 것이 개인 연구자들에 의해 밝혀졌다. 2008년에 새로 출범한 정부는 증가하는 비판에 대응하여 이 정책을 폐지했다. 그러나 그 후 몇 년 동안 세계는 선진국에서 피난처와 경제적 기회를 찾는 이재민들의 수가 증가하고 있다는 것을 목격하였다. 호주정부는 자국 해안에 도달하려고 시도한 많은 망명 신청자들을 수용하는 데 있어 해결하기 어려운 더 많은 문제들에 직면하였다. 2012년 8월 정부는 태평양 섬나라 나우루와 마누스에 있는 두 구금센터를 다시 열어 망명 신청자들의 해외억류심사(offshore processing)를 위해 퍼시픽 솔루션과 유사한 정책을 발표했다. 정책이 재도입되기 전에 수천 명의 사람들이 바다에서 익사하자 이를 억제하기 위해 해외억류심사가 필요하다는 주장이 제기되었다. 2017년 봄, 미국 트럼프 행정부는 오바마 대통령 시기에 협상된 그들의 난민정책에 대해 호주와 재협상을 벌였다. 이러한 수정된 합의에 따라 미국 국토안보부 관리들은 최대 1,250개의 망명 신청에 대한 피난처를 제공하겠다는 약속을 지키기 위해 호주 구금센터에서 '재정착 난민선발을 위한 추가심사' 인터뷰를 시작했다. 그 대가로 호주는 코스타리카에 있는 미국 구금센터에서 난민들을 이송해가는 데 동의했다.[43) 미국과 호주에 의해 시행된 이러한 조치들은 선진국 정부들이 증가하는 이주자들의 대규모 이동을 성공적으로 처리할 수 없다는 것을 증명한다.

시리아전쟁에 의해 유럽에서도 가장 어려운 난민 위기가 전개되기 시작했다. 2015년 첫 7개월 동안 34만 명의 이주민이 유럽으로 이주하려 했던 것으로 추정되는데, 이는 2014년에 비해 3배 증가한 것이다. 많은 수의 시리아인들 외에도 현재 진행 중인 내전을 피하려는 아프가니스탄인들, 코소보에서의 차별에 직면한 로마족들, 그리고 폭력과 처참한 상황을 피하고자 북아프리카의 에리트리아, 소말리아, 리비아와 같은 나라들에서 망명을 신청하는 이들이 포함된다. 기존 제도에도 불구하고 유럽연합 회원국들은 공동 망명제도에 합의하지 못했다. 예를 들어, 그리스는 몇몇 섬에 망명 신청자들을 배치하는 한편 마케도니아로 가도록 장려하였고 그 과정에서 난민 위기가 초래되었다. 프랑스와 네덜란드는 난민법을 강화하기로 결정했고 독일은 더 개방적이기 위해 시도는 했지만, 헝가리는 대부분의 난민들을 낙후된 구금센터에 몰아넣거나 법이 그들을 아직 '경제적 이주민'으로 분류할 때 돌려보내버렸다.[44] 영국은 다른 유럽국가에서의 통제할 수 없는 이주 흐름에 대한 두려움에 휩싸였다. 이로써 2016년 6월 국민투표 이후 현실화된 EU 탈퇴론이 한층 강화되었다. 같은 해에 리투아니아와 폴란드의 총선에서는 반이민 정당들이 권력을 장악하였다.

정치인들이 위기에 대처하기 위해 노력한 결과 유럽 대부분의 논의는 어떻게 하면 수십만 명의 새로운 이민자들을 EU 전역에 공평하게 분배할 것인가에 초점이 맞춰졌다. 역설적이게도 대부분의 시리아 난민들은 결국 요르단, 레바논, 터키로 가게 되었다. 시리아 이재민들의 4퍼센트 정도만이 유럽으로의 이주를 시도했고, 난민 유입을 감당하지 못한 요르단과 레바논이 사실상 국경을 폐쇄한 2014년 이후 60퍼센트(600만 명 이상)가 시리아에 남게 되었다.

20세기 대부분의 기간동안 가난한 이민자들이 빈곤을 탈피하여 새로운 세계로 나아가는 것과 마찬가지로 농촌에서 신도심 지역으로의 이동은 경제성장을 촉진시켰다. 예를 들어, 1871년에서 1915년 사이에 3,600만 명의 사람들이 유럽을 떠났다. 이민자들의 유입은 빠르게 발전하고 있는 수용국들, 특히 미국에 실질적인 경제성장을 가져왔다. 이민자들이 떠나고 남겨진 국가들도 잉여 노동력이 없어지면서 생산성 향상을 경험했다.[45] 그러나 이런 접근법은 더 이상 작동하지 않는 것으로 보인다. 현재 이주민의 수는 역사적으로 유례없는 규모이며, 이는 평화롭고 풍요로운 삶을 누릴 수 있는 경제적 기회를 가진 사람들과 그렇지 않은 사람들 사이의 지속적인 글로벌 불평등을 잘 보여주고 있다.

국제이주는 임금, 노동시장 기회, 생활양식 등 글로벌 불평등을 나타내는 강력한 상징이다. 수백만 명의 노동자와 그들의 가족들은 매년 국경과 대륙을 가로질러 이동하며, 그들은 자신의 지위와 다른 부유한 지위에 있는 사람들과의 차이를 줄이려고 노력한다.

결국, 개발 분야에서는 이주가 세계 최빈국의 많은 사람들에게 중요한 생계 다양화 전략을 나타낸다는 데 의견이 모아지고 있다. 이것은 국제적인 이주뿐만 아니라, 더 가난한 나라들에서 발생하는 영구적, 일시적, 그리고 계절적 이주를 포함하는데, 이것은 아프리카, 아시아 그리고 라틴아메리카의 많은 지역에서 상당히 중요한 현상이다.

그러나 이주가 ─ 그리고 어쩌면 특히 국제적인 이주가 ─ 상당한 위험과 비용을 수반하는 활동이라는 것 또한 분명하다. 이와 같이, 이주가 이민자를 보내고 받는 지역 간의 소득과 부의 불평등에 적어도 부분적으로는 뿌리를 두고 있지만, 그렇다고 하여 이주자들이 의도한 방식으로 불평등을 특별히 감소시키는 것은 아니다.[46]

현재 폭력과 빈곤을 탈피하고자 하는 이주자들의 대부분은 매우 암울한 미래의 시나리오에 직면해 있다. 적정 탑승인원을 초과한 불법 선박을 타고 바다를 건너 생존한다고 할지라도, 그들은 형편없이 운영되는 난민수용소와 낙후된 구금센터에 수년간 갇혀 있을 것이다. 다른 절박한 이주민들은 대도시 빈민가에서 비공식적이고 종종 고위험이 있는 직업을 구한다. 경제적 이주자에 대한 법적 보호의 결여는 인신매매와 같은 활동으로 귀결되기도 한다. 국제조약에 의해 금지된 행위인 인신매매는 매년 수천 명의 사람들에게 발생하는 현실이다. 인신매매 방지, 억제 및 처벌을 위한 유엔 의정서(United Nations Protocol to Prevent, Suppress and Punish Trafficking in Persons)에 따르면, 인신매매란 다음을 의미한다.

위협, 무력의 사용, 혹은 다른 형태의 강제, 납치, 사기, 기만, 권력 남용, 취약한 지위 또는 착취 목적으로 다른 사람을 통제하는 권한을 얻기 위해 지불 또는 혜택을 주고 받는 것이다. 착취에는 최소한 다른 사람의 매춘이나 다른 형태의 성적 착취, 강제노동 또는 서비스, 노예 제도 또는 이와 유사한 제도, 종속 또는 장기 제거등의 행위가 포함된다.[47]

인신매매는 사회에 부정적인 영향을 많이 끼친다. 사회적으로 인신매매는 가족이나 지역사회와 같은 사회적 구조를 파괴한다. 심지어 인신매매와 착취의 희생자들이 그들의 지역사회에 돌아올 때조차도, 그들은 종종 외면받고 오명을 쓰게 될 수도 있다. 2010년과 2012년 사이에 발견된 피해자의 53퍼센트가 성적 착취로, 40퍼센트가 강제노동을 위해 인신매매되었다. 이 문제에 관한 가장 최근의 유엔 보고서는 지난 10년간 제조업, 건설업, 청소업, 식당, 급식업, 가사 노동, 섬유 생산업을 포함한 강제노동을 위한 인신매매의 꾸준한 증가를 보여주고 있다.[48]

강제노동은 국제이주와 관련된 경제 활동의 문제 영역이며 인신매매 문제와도 점차 더 관련이 깊어지고 있다. 그것은 새로 정착한 일부 합법적인 외국인뿐만 아니라 불법적으로 유입된 이주자들이 스스로를 부양하기 위해 일하는 곳의 비인간적인 환경과 관련이 있다. 소위 말하는 **노동 착취업체**(*sweatshops*)는 선진국과 개발도상국 모두에 존재한다. 미국 노동부는 **노동 착취업체**를 두 개 이상의 노동법을 위반한 공장이라고 정의하고 있다. 이러한 공장에서는 근로조건이 열악하고 노동자에 대한 관행이 착취적이어서 노동시간이 길고 생활임금이 지급되지 않는다. 노동자들에게는 노동기준이나 인권이 부여되지 않기 때문에 종종 학대의 대상이 되지만, 두려움으로 인해 이에 대한 시정을 요구하는 것을 자체적으로 검열한다. 노동 착취업체는 아이들을 고용하는 것으로 알려져 있다. 위험한 환경에서 일하는 암울한 현실에 직면하여, 일부 불법 이주자들은 무장 범죄조직에 의해 조직된 불법적인 활동에 참여하기도 한다. 결과적으로, 성장하는 도시를 지속가능하도록 만들기 위한 정책들은 노동시장 계획을 중심으로 이재민들을 위한 도시 개발 모델을 포함해야 한다.

4. 균형있는 포용적 도시개발 모델의 탐색

도시로 향하는 이주민들의 증가하는 글로벌 추세는 국제이주기구(IOM: International Organization for Migration)가 최근 발표한 "이주와 도시: 이주 관리를 위한 새로운 파트너십(Migrants and Cities: New Partnerships to Manage Mobility)"이라는 보고서 제목에 영감을 주었다. 이 보고서는 도시 수준의 이주를 조사하고 이주와 도시개발 사이의 연관성을 연구하였다. 구체적으로는 최근의 이주 패턴에 비추어 도시 환경의 다양성을 살펴보고 도시 이주자들이 경험하는 취약성의 구체적인 유형과 상황을 조사하였다. 이주자들을 국제개발의 행위자로 보는 이 연구는 도시와 다양한 민족들의 상호이익을 위한 이동을 관리하기 위한 몇가지 도시 파트너십 전략을 제안한다.[49] 우리는 또한 세 집단을 고려해야 하는데, 이는 바로 이주자 자신, 출신국에 남겨진 이들, 그리고 수용국의 정주민들이다.[50] 이 집단들은 도시 개발에 관한 효과적인 정책이 고안되기 전에 고려해야하는 세 가지 독특한 상호 연계된 시각들을 구성한다.

정책적 측면에서는 이미 IOM에서 상당한 양의 작업이 이루어졌다. 십여년 전에 불법 이주와 이주자 착취 방지를 위한 국가 간 협력강화를 목적으로 IOM 프레임워크하에서 일련의 회의가 개최되었다. 이 회의를 통하여 몇 가지 주요 주제들을 확인할 수 있었다. 1. 이주의 차원, 역사적 유대, 근본 원인, 그리고 출신국과 목적국의 사회적, 경제적, 문화적 결과를 고려한 이주에 대한 포괄적인 접근법의 필요성, 2. 이주노동자와 그 가족의 권리를 포함하여 이주자의 지위에 관계 없이 모든 이주자들의 인권에 대한 완전한 보장과 존중의 필요성, 3. 비정규 이주, 밀수, 인신매매에 대한 지속적인 대응, 4. 비정규 이주를 포함한 이주의 흐름의 형태와 방법을 분석해야 할 필요성, 5. 이주를 쉽게 하기 위해 모든 노력을 기울여야 한다는 점을 강조하며, 많은 국가들의 중요 소득원으로서 송금의 중요성, 6. 이주민들이 출신국과 목적국의 경제발전과 사회·문화 생활에 대한 기여에 대한 인정이 주제에 해당한다. 과거에는 출신국에서 국제이주를 촉발하는 요인을 조사하고, 이주자들이 정착하게 되는 국가에 미칠 정책적 영향은 간과하는 경향이 있었다. 앞서 제시된 주제들은 국제이주의 문제들이 어떻게 보다 더 균형 잡힌 방법으로 다루어질 수 있는지에 대한 가이드라인을 제공할 수 있다.

최근의 국제이주가 급증하는 추세를 고려할 때, 난민 재정착에 대한 새로운 접근법이 제안되었다.[51] 그것은 구역발전모델(zonal development model)이라고 불리며 국내의 무력 충돌과 정치적 억압에서 탈출하고자 하는 정치적 난민들을 포함한 모든 이주자들이 안전을 추구할 뿐만 아니라 더 나은 경제활동 가능성을 희망한다는 전제에서 출발한다. 이들은 대개 숙련되고 능력있는 젊은 사람들이다. 2016년 6월 유엔난민기구(UNHCR: United Nations High Commissioner for Refugees)는 약 2,130만 명의 난민 중 절반 이상이 18세 미만이라고 보고했다. 이 이재민들은 그들 삶의 다음 단계가 난민수용소이거나 해외 도시에서의 불법체류자로서 생활할 때 대부분 포기되는 잠재적 노동력이 될 수 있다.

최근 시리아 난민 사례를 생각해 보자. 그들 중 대다수는 난민수용소나 유럽에 가지 않고 암만, 베이루트, 그리고 다른 중동 도시들에서 불법적으로 일하고 있다. 요르단에 거주하는 모든 난민 중 약 83퍼센트가 도시에 집중되어 있으며 수도 암만에는 약 17만 명의 난민들이 살고 있다.[52] 이 난민들을 수용국의 사회로 통합하라는 요구는 저항에 부딪혔다. 많은 정부들은 난민을 국내 고용에 대한 위협이자 이미 과다한 재정지출에 추가적인 투입을 필요로 하는 사회적 부담으로 여긴다. 대안적 접근법은 난민들에게 일자리와 자치권을 제공하는 경제특구를 만드는 것이다.

요르단의 성공적인 경제특구는 내전 종식 후 시리아의 사업과 기술 발전에 도움이 될 것이며, 요르단의 산업 발전 프로그램에 활력을 불어넣을 수 있을 것이다. 현재 요르단의 경제는 규모의 경제 혜택을 누릴 수 있는 기업이 집적되어 있지 않기 때문에 제조업 부문이 취약하다. "산업화를 이룩하려면 요르단은 제조 클러스터 이전을 위해 소수의 주요 사업체들과 많은 숙련된 노동자들이 필요하다."[53] 난민위기는 이런 맥락에서 기회를 제공한다. 난민수용소는 특정 도시 지역과 함께 산업경제 지역으로 재편될 수 있으며, 난민들은 합법적인 일자리와 훈련을 받을 수 있다. 개발기구들은 서로 다른 기업들이 경제특구 내에서 사업을 운영할 수 있도록 재정 지원 및 기타 우대조치를 제공하여야 한다. 비록 요르단이 이미 몇몇 경제특구를 설립했지만 그 중 일부는 사업체들을 이전시킬만한 장려책이 부족하기 때문에 상대적으로 활용도가 떨어진다.

이재민들을 위한 이런 종류의 구역발전 및 수출지향적 발전모델과 관련된 문제 중 하나는 기업과 근로자들을 수용하기 위한 토지가 필요하다는 것이다. 주요 개발 도시 외곽의 경제특구는 도시화의 부정적인 영향 그리고 도시와 관련된 경제활동 영역의 확대로 인해 농촌이 잠식되는 현상을 초래한 것으로 알려져 있다. 선전(중국), 자카르타(인도네시아), 방콕(태국) 등 도시 외곽 경제특구의 경제적 기회에 이끌려 이주자들은 저소득 비공식 정착촌을 이루며 경제특구 주변에 정착하는 경향을 보인다.[54] 도시 근교 정착지에 대한 기본 서비스의 제공과 관련된 문제와는 별개로 도시 근교의 농업 토지의 손실은 도시가 안정적으로 의존할만한 식량 공급원을 훼손하는 결과를 초래할 수 있다.[55]

난민을 위한 경제특구를 만들자는 발상에 대해 인권운동가들은 노동 수준이 낮아져 난민들의 노골적인 착취로 이어질 가능성이 있다고 비난한다. 그러나 이 지역 근로자들이 윤리적이고 합법적으로 대우 받을 수 있도록 하기 위해서 일부 수용국 정부는 이러한 지역에 대한 통제를 강화하기도 한다. 시리아 난민 사태 때문에 요르단은 구역발전모델을 출범시킬 수 있는 독특한 위치에 놓여 있었다. 그러나 이 모델은 다른 나라에서도 작동할 수 있다. 불법 이주자의 수가 많은 도시에서의 불법 노동과 강제 노동 문제가 증가하고 있는 것을 감안할 때, 개발 단체와 함께 정부는 난민들에게 합법적인 기회를 제공하기 위해 모델을 수정할 수 있다. 예를 들어, 디아스포라 지역사회는 본국 출신 난민들과 이주민들을 위한 경제특구의 설립과 운영을 쉽게 하는 데에 도움을 줄 수 있다.

대규모 강제이주 및 국제이주의 결과 중 하나는 디아스포라(*diasporas*)의 생성이다. 고대 그리스어로 '씨앗의 파종'을 뜻하는 디아스포라는 그리스인들에게 영토의 확장, 사실상 식민지화를 의미하는 것으로 호의적으로 여겨졌다. 현대적 용법에서 이 단어는 공통의 역사적 기억을 공유하고 그들의 문화를 계속 발전시키고 실천하는 고국의 문화에 대한 연대를 느끼는 사람들이 자발적 혹은 강제적으로 분산된 것을 의미하게 되었다.[56] 발전의 맥락에서 본국에 남겨진 친지들에게 지적, 경제적, 정치적 지원을 할 수 있기 때문에 디아스포라에 의해 사회경제적 진전이 이뤄지는 데에 도움을 줄 수 있다는 주장이 제기된다. 디아스포라 공동체는 종종 본국 가족들이 받은 송금(공식 및 비공식)을 통해 본국의 외부 수입원이 된다.

디아스포라는 공식적, 비공식적 제도와 비정부기구를 결성할 수 있으며, 출신국의 홍보와 발전을 위한 활동을 주로 수행한다. 아프리카개발재단(AFFORD: African Foundation for Development)은 어떻게 NGO가 출신국의 발전을 돕기 위해 디아스포라 공동체의 매개 역할을 할 수 있는지를 보여주는 좋은 예다. AFFORD는 1994년 아프리카의 부와 일자리 창출을 장려하기 위한 발전계획의 일환으로 아프리카의 지위를 상승시키기 위해 영국에 사는 아프리카인들에 의해 결성되었다. AFFORD의 금융 부문은 관련 투자 기회를 활용하기 위한 다수의 프로그램, 기여금 및 서비스를 통합

한다.[57]

그러나 무엇보다 디아스포라 공동체는 사회적, 문화적 조직뿐만 아니라 기업들 사이에 네트워크를 만드는 것으로 알려져 있다. 디아스포라는 역사적으로 새로운 도시지역에 이주자들과 난민들이 정착할 수 있도록 도왔던 많은 지원 단체들을 포함한다. 기존의 디아스포라 네트워크는 이재민들을 위한 경제지역 개발을 촉진하는 데 있어 식견있고 문화적 민감성을 고려할 수 있는 동반자가 될 수 있다. 디아스포라와 이주자 공동체는 도시 통합 문제에 대해 캐나다와 미국 여러 도시의 시 공무원, 기업 및 시민사회 지도자들과 긴밀하게 협력한다. 최근의 시책은 신규 이주자들의 대거 유입을 경험하는 이러한 도시에서의 참여적 경제성장이 촉진될 수 있도록 하기 위해 강구되고 있다.

사회경제적으로 불평등하고 환경적으로 지속가능하지 않은 도시의 관리 불가능한 성장을 막기 위해 2016년 세계도시보고서는 모든 정부의 국가정책이 새로운 도시 의제에 더 많은 관심을 가질 것을 요구하고 있다. 이 새로운 의제는 다섯 가지 원칙에 기초하여 새로운 도시화 모델로 패러다임이 전환될 수 있도록 도시정책 부문에서 사고의 전환을 요구한다. 1. 새로운 도시화 모델이 인권과 법치를 보호하고 촉진하는 방법과 절차를 포함하도록 보장, 2. 공정한 도시개발과 포괄적 성장을 보장, 3. 시민사회 역량 강화, 민주적 참여 확대 및 협력 강화, 4. 환경의 지속가능성 촉진, 5. 학습과 지식의 공유를 가능하게 하는 혁신을 촉진하는 것이 포함된다.[58]

이 보고서는 새로운 보편적 도시 의제의 세 가지 기본 요소를 더욱 명확히 제시하고 있다.[59]

1. 도시 입법과 거버넌스 체계를 강화하기 위한 규칙과 규제 수립
2. 미래의 확장을 고려한 도시계획과 도시설계의 활성화
3. 도시 인구의 변화하는 요구에 맞춘 금융 및 경제적 구조

이 세 가지 프레임워크들은 지속적인 도시화로 인해 야기된 상호연관된 도전과제들을 반영한다. 이것의 핵심은 책무성 있는 통치의 과정과 포용적 제도를 통해 보다 더 효과적인 법적 틀을 만들어 가는 데에 있다. 미래를 위한 전략은 더 포괄적이고, 사회적으로 통합되고, 지리적으로 연결된 도시를 구상하는 것이다. 이것은 적절한 법과 투명한 규제가 좋은 계획의 실행을 보장할 때에만 가능하다. 이 과업은 도시를 유기적으로 발전하고 잘 관리된 체계로서 보는 긍정적인 시각을 필요로 한다. 이는 모든 도시인들의 삶을 향상시키는 지속가능한 방법을 통해 경제적 잠재력을 확장하는 것으로서 도시를 보는 것이다.

이러한 프레임워크의 실행 여부는 개별 정부에 달려 있을 것이다. 개발도상국에서 빠르게 확장되는 도시들은 증가하는 인구에게 일자리 기회를 제공하는 데 초점을 맞추고 있기 때문에 새로운 도시에서 발생하는 도전과제들을 다루는 것이 어렵다고 느낄 것이다.

개발도상국의 도시에서 구할 수 있는 고용 형태는 사람들이 희망하는 안전하고 많은 보수를 받는 고용과는 극명한 대조를 이룬다. 많은 임시직 근로자들은 혹독한 환경에서 거주하며 장시간 노동한다. 이러한 근로자들은 사회적 보호를 거의 받지 못하며 안전기준이 일상적으로 지켜지지 않는 환경에서 일을 한다. 이를 반박하는 주장은 그러한 직업이라도 가질 수 있는 것이 극심한 빈곤의 상황에 처하는 것보다 낫다는 것이다. 그러한 주장은 대개 경제적 요인을 고려한 것이지만, 이보다 더 광범위하고 포괄적인 발전에 대한 개념은 이러한 논지에 커다란 의문과 비판을 제기한다.

모든 노동자들에 대한 수준 높은 노동기준을 보장하는 국제 합의에 도달하는 것은 매우 어렵다. 게다가 보편적 노동 권리에 관한 장려책의 대부분은 선진국에서 제시된 것으로 해당 장려책들은 대개 개발도상국에서는 큰 효력을 발휘하지 못한다. 문제의 일부분은 해당 장려책의 진정한 동기에 대한 개발도상국 내의 부정적 인식에 놓여있다. 많은 빈곤국들은 수준 높은 노동기준과 아동 노동 금지에 대한 선진국들의 우려를 개발도상국들의 희생으로 선진국의 산업을 보호하려는 시도로 보고 있다. 그들은 선진국들이 협정을 위반하는 것으로 판명된 빈곤국들과의 거래를 중단하기 위해 노동기준에 대한 합의를 도출할 것이라고 우려한다. 이에 따라 개발도상국들은 이 같은 정책에 크게 분노하며 보호무역주의를 겨냥한 위선으로 보고 있다.

선진국은 노동권을 국제적으로 확장하려 하지만 개발도상국들은 방글라데시의 사례에서도 나타나듯 그러한 기준을 발전시키는 데 소극적이다. 현재 노동 문제의 상당 부분이 1919년 전 세계의 노동 여건 개선을 목표로 설립된 국제노동기구(ILO)의 감시하에 있지만, ILO는 해결책을 제공하는 데 필요한 집행 기제를 갖추지 못하고 있다. 가장 중요한 것은 일부 학자들이 지적했듯이 국제 노동기준을 보편적으로 적용해야 하는지에 대한 이견이 있다는 점 뿐만 아니라 어떤 노동 관행이 그러한 합의에 포함되어야 하는지에 대한 동의가 기본적으로 결여되어 있다는 점이다.

> 우리에게는 강제노동을 금지하는 것에 찬성하는 일반적 합의만이 있을 뿐이다. 단체교섭권 보장, 아동노동 혹은 차별을 규제하기 위한 적절한 규칙 등을 수립하는 문제에 있어, 우리는 선한 의도, 소름끼칠만큼 극단적인 학대 사례, 그리고 적절한 노동기준이란 무엇이어야 하는지에 대한 불확실성이 한 데 뒤섞여 있는 것을 볼 수 있다.[60]

이렇게 의견이 불일치되는 좋은 예는 글로벌 섬유 산업의 끔찍한 근로조건 문제에 관한 것이다. 이러한 종류의 산업에서 근로조건이 끔찍하다는 것은 일반적으로 인정되지만, 이 직업들이 한 나라의 발전에 좋은 영향을 미치는지 혹은 나쁜 영향을 미치는지에 대해서는 학자들과 실무자들의 의견이 분분하다. 삭스를 포함한 몇몇은 경제발전에 있어서 틀림없이 중요한 역할이기 때문에 어떤 고용기회도 중요하다고 옹호한다. 이와 반대의 입장을 취하는 이들은 최악의 노동 조건을 정당화함으로써 우리가 그것을 지속시킬 수 있다고 믿기 때문에 즉각적으로 그러한 주장에 대해 반박한다. 이러한 비평가들은 모든 직원들이 공정하고 인간적으로 대우받을 자격이 있다고 주장하면서 종종 권리 측면을 들먹인다. 2013년 다카의 공장 붕괴는 이 논쟁을 재점화하였다. 노동운동가들의 입장은 "세계 각국은 모든 국가에 적용되는 노동 조건에 관하여 보편적으로 수용되는 인권에 대해 합의할 수 있어야 한다"는 것이다.[61] 이 주장은 노동기준에는 자연권과 인도주의 원칙의 일부로 여겨져야 할 특정 측면이 있다는 믿음에 기반을 두고 있다.

다수의 개발도상국 정부들의 견해는 높은 노동 수준에 대한 글로벌 협정의 이면에 있는 계획들이 그저 빈곤국의 수출을 제한하기 위해 부유한 국가들로부터 고안된 또 다른 형태의 보호주의에 불과하다는 것이다. 이 국가들이 값싼 노동력의 상대적 우위에 의존해 서서히 빈곤에서 탈피하고자 하는 것이며, 이 때문에 선진국이 더 높은 수준의 노동과 근로 환경 등의 기준 도입을 요구해 이들을 막아서는 안 된다는 주장이다. 그러한 국제규칙이 발효되더라도 시행이 매우 어렵다는 것을 인식하는 것이 중요하다. ILO는 어떠한 효과적인 집행 기제도 갖추고 있지 않기 때문에 그러한 표준을 시행할 수 없을 것이다. 세계무역기구(WTO)는 노동 문제를 다루는 것을 꺼리며, 사실상 WTO는 해당 문제를 다룰만한 제도적 준비가 되지 않은 기구이다. 글로벌 노동기준이 필요하다고 인정하다는 사람들조차도 이를 제도화하기에 WTO는 적합한 기구가 아니라고 말한다.[62]

낮은 정치적 동기 때문인지 노동기준에 대한 강제적인 합의를 이끌어 내기 위한 다자간 노력이 주춤하고 있다. 역설적으로 글로벌 경제의 취약성이 계속 나타나고 소득 격차 확대가 지속되는 것은 양질의 일자리가 갖는 중요성을 강조한다. 오늘날 전체 고용의 46퍼센트 이상(15억 명에게 영향을 미치는)은 높은 수준의 불안정성을 특징으로 하는 취약한 형태의 고용이다.[63] 일자리의 질이 나쁘면 많은 근로자들이 사회보호 프로그램에 제한적 접근만 가능하고, 임금은 낮게 유지되며 고용 안정성이 없다는 것을 의미한다. 개발도상국과 선진국의 도시들도 비공식 고용의 급증을 경험했다. 2016년 세계 도시보고서에 따르면 로스앤젤레스에서 불법 노동자들은 도시 노동력의 65 퍼센트를 차지했고, 아랍에미리트에서는 민간 부문의 95퍼센트가 이주자들로 구성되어 있다.[64] 도시와 이주자들은 상호 이익을 얻을 수 있다. 그러나 지역분권형 파트너십을 포함하는 도시 거버넌스를 위해서는 지속가능성의 원칙을 고려한 다층적 도시화정책이 연계되어 함께 개발되어야 한다.

2015년 세계이주보고서는 도시이주와 경제발전에 관한 주요 쟁점 중 일부를 요약하고 있다. 해당 보고서의 주요 연구 결과는 더 나은 삶을 찾아 외국 도시로 이주하기로 결정한 이주자들의 경우 특히나 취약하고, 또 배제의 위험에 놓여 있다는 사실을 우리에게 일깨워준다. 수용국의 지역사회는 다수의 신규 이주자들에 대한 대응을 일상적으로 잘하지 못하는데, 이는 특히 도시에서의 경제상황에 경쟁이 심한 경우 기존 주민들과의 긴장을 유발시키기도 한다. 도시들이 경제적으로 활기차더라도 이주자들은 일상적으로 "특정 장벽과 장애물을 직면하는데, 이는 특수한 소외 패턴을 낳는다. 결과적으로 그들은 종종 도시 공동체 내에서 가장 약하고 가장 취약한 사회집단 중 과도하게 대표되기도 한다."[65]

이주자들의 소외를 막기 위해 도시들은 새로 유입된 사람들에 대한 훈련 및 교육을 목표로 한 포괄적인 정책을 설계하는 것이 필요하며, 다양한 수준의 정부들과 함께 그리고 수용국의 지역사회의 지도자들과 협력해야 한다. 이러한 정책들은 적절한 수준의 재정적 지원이 수반되어야만 한다. 이주자들의 잠재력과 기술을 이용하는 것은 매우 유익한 결과를 가져올 수 있다. 역사적으로 이주는 신흥 도시들의 범세계적인 구성을 풍요롭게 하는 데 기여했다. 이주자들은 수그러들지 않는 활기, 문화적 다양성, 그리고 경제 산업적 추진력을 가져왔다. 그러나 이 보고서가 지적한 바와 같이 새로운 정착지의 활력과 이주자들의 긍정적인 통합을 보장하기 위해서는 성장하는 도시의 역동성이 다층적인 국가 전략의 일부가 되어야 한다. 생산적 전략은 도시 확장에 따른 지역적 영향을 고려하고 노동력 이동의 증가에서 발생하는 문제를 예측한다. 이러한 맥락에서 지속가능성의 정신에 기반하여 행해지는 도시계획의 책무성 있고 포괄적인 과정은 중요하다. 따라서 이러한 긍정적인 지역 도시 전략과 "효과적인 이동 관리를 위한 국가정책은 도시로의 이동과 연계된 잠재적 취약성을 예방할 뿐만 아니라, 이주자의 회복 탄력성을 구축하고 복지를 증진시킬 수 있는 잠재력을 활용하기 위해 필수적이다."[66]

이 보고서는 또한 지속적인 '도시 전환'을 초래하는 노동과 사회이동의 변화된 글로벌 패턴을 알리는 데 있어서도 유용하다. 팽창하는 도시들은 이주에 의해 가속화되는 더 큰 국제적 역동성의 일부분을 잘 보여주는 사례이다. 이것이 합법적인 노동시장에 이주자들을 성공적으로 통합하는 것이 중요한 이유이다. 결국 '도시 전환'에는 다음이 포함된다.

> 이주의 증가를 통해 밀접하게 연계된 도시와 농촌 발전의 동시 발생. 따라서 정책적 차원에서는 국내·국제이주 및 도시화 추세가 농촌과 도시개발 모두에 영향을 미치기 때문에 노동시장 전략에 반영할 필요가 있다.[67]

주

1) UN (2014) *World Urbanization Prospects – The 2014 Revision*, New York, NY: UN DESA Population Division.

2) François Moriconi-Ebrard, Dominique Harre, and Philipp Heinrigs (2016) *Urbanization Dynamics in West Africa 1950–2010 – Africapolis I, 2015 Update*, Paris, Franc: OECD, p. 20.

3) UN (2014) *World Urbanization Prospects – The 2014 Revision*, op. cit., Annex, table II, p. 26.

4) Ibid.

5) Basant Maheshwari, Vijay P. Singh, Bhadranie Thoradeniya (eds.) (2016) *Balanced Urban Development: Options and Strategies for Livable Cities*, Basel, Switzerland: Springer International Publishing.

6) Paul Collier (2015) *Exodus: How Migration is Changing Our World*, Oxford, UK:

Oxford University Press, p. 175.

7) Jeffrey D. Sachs (2005) *The End of Poverty: Economic Possibilities for Our Time*, op. cit., p. 18.

8) Ibid., pp. 35-37.

9) Ibid., p. 11.

10) Vernon Henderson (2002) "Urbanization in Developing Countries," *World Bank Research Observer*, Vol. 17, No. 1, p. 96.

11) Xiaobo Kanbur and Kevin H. Zhang (2003) "How Does Globalization Affect Regional Inequality Within a Developing Country? Evidence from China," *Journal of Development Studies*, Vol. 39, No. 4, p. 96.

12) Cindy C. Fan (1997) "Uneven Development and Beyond: Regional Development Theory in PostMao China," *International Journal of Urban and Regional Research*, Vol. 24, No. 1, pp. 624-627.

13) UN (2014) *World Urbanization Prospects – The 2014 Revision*, op. cit., Annex, table II, p. 26.

14) Nancy E. Riley (2004) "China's Population: New Trends and Challenges," *Population Bulletin*, Vol. 59, No. 2, p. 28.

15) Ibid.

16) Alice H. Amsden (2007) *Escape from Empire – The Developing World's Journey through Heaven and Hell*, Cambridge, MA: The MIT Press, p. 140.

17) Nong Zhu and Xubei Luo (2008) *The Impact of Remittances on Rural Poverty and Inequality in China*, Policy Research Working Paper 4637, Washington, DC: The World Bank.

18) 해당 정책계획은 "국가 신형 도시화계획(2014-2020년)"이라고 불린다. Chris Weller (2015) "Here's China's Genius Plan to Move 250 Million People from Farms to Cities," *Business Insider*, August 5 참조.

19) Zhao Bingxing (2017) *China's "One Belt, One Road" Initiative: A New Silk Road Linking Asia, Africa, and Europe*, Quebec City, Canada: Centre for Research on Globalization, May 10.

20) Judith Shapiro (2016) *China's Environmental Challenges* (2nd edition), Cambridge, UK: Polity Press, chapter 1.

21) Robert D. Kaplan (2000) *The Coming Anarchy: Shattering the Dreams of the Post-Cold War*, New York, NY: Vintage Books, pp. 17-18.

22) 기니비사우, 가나, 차드, 나이지리아, 감비아, 부르키나파소, 라이베리아, 말리, 베냉, 카보베르데, 토고, 세네갈, 코트디부 아르, 마우레타니아(모리타니), 니제르, 시에라리온, 기니

23) François Moriconi-Ebrard, Dominique Harre, and Philipp Heinrigs (2016) *Urbanization Dynamics in West Africa 1950-2010*, op. cit., p. 37.

24) Ibid., p. 52.

25) ILO (2014) *Global Employment Trends 2014: Risk of a Jobless Recovery?* Geneva, Switzerland: International Labor Organization (ILO).

26) Ibid., p. 11.

27) Ibid., p. 17.

28) UN-Habitat (2016) *World Cities Report 2016 - Urbanization and Development: Emerging Futures*, Nairobi, Kenya.

29) Ibid.

30) IOM (2015) *World Migration Report 2015*, Geneva, Switzerland: International Organization for Migration (IOM), pp. 44-46.

31) UN-Habitat (2016) *World Cities Report 2016 - Urbanization and Development: Emerging Futures*, op. cit., pp. 1-6.

32) Talukder Byomkesh, Nobukazu Nakagoshi, and Ashraf Dewan (2012) "Urbanization and Green Space Dynamics in Greater Dhaka, Bangladesh," *Landscape and Ecological Engineering*, Vol. 8, pp. 45-58, February.

33) Erik German and Solana Pyne (2010) "Dhaka: Fastest Growing Megacity in the World," *Global Post*, September 8.

34) Simon Mundy (2016) "Bangladesh Factory Fire Kills 25 and Injures Dozens," *Financial Times*, September 11.

35) UN-Habitat (2016) *World Cities Report 2016 - Urbanization and Development*, op. cit.

36) IOM (2015) *World Migration Report 2015*, op. cit.

37) Richard Black (2002) "Refugees," in Vandana Desai and Robert B. Potter (eds.), *The Companion to Development Studies*, New York, NY: Arnold and Oxford University Press, p. 438.

38) UNHCR (1951). 협약 원문은 유엔난민기구(UNHCR) 온라인 웹사이트 참조, www.unhcr.org.

39) Antonio Fortin (2001) "The Meaning of Protection in the Refugee Definition," *International Journal of Refugee Law*, Vol. 12, No. 4, pp. 548-558.

40) UNHCR (2017). UNHCR 통계 데이터베이스 온라인 참조, http://popstats.unhcr.org/en/overview.

41) Ayesha Khan (2002) "Afghan Refugee Women's Experience of Conflict and Disintegration," *Meridians*, Vol. 3, No. 1, p. 96.

42) Penelope Mathew (2002) "Australian Refugee Protection in the Wake of the Tampa," *American Journal of International Law*, Vol. 96, No. 3, pp. 661-663.

43) Colin Packham (2017) "Exclusive: US Starts 'Extreme Vetting' at Australia's Offshore Detention Centers" *Reuters*, May 23.

44) Lukas Kaelin (2015) "Europe's Broken Borders: How to Manage the Refugee Crisis," *Snapshot Foreign Affairs*, September 2.

45) James Harold (2002) *The End of Globalization*, Cambridge, MA: Harvard University Press, Electronic Edition, Location 166 of 3454.

46) Richard Black, Claudia Natali, and Jessica Skinner (2005) *Migration and Inequality*, World Bank Background Paper, Washington, DC: The World Bank.

47) UNODC (2000). 의정서 원문은 유엔마약범죄사무소(UNODC) 온라인 웹사이트 참조, www.unodc.org/.

48) UNODC (2014) *The Global Report on Trafficking in Persons*, New York, NY:

United Nations Office on Drugs and Crime (UNODC), p. 9.

49) IOM (2015) *World Migration Report 2015*, op. cit.

50) Paul Collier (2015) *Exodus: How Migration is Changing Our World*, op. cit., p. 22.

51) Alexander Betts and Paul Collier (2017) "Help Refugees Help Themselves – Let Displaced Syrians Join the Labor Market," *Foreign Affairs*, Vol. 94, No. 6, pp. 84–92.

52) Ibid., p. 85.

53) Ibid., p. 86.

54) IOM (2015) *World Migration Report 2015*, op. cit., pp. 42–43.

55) Basant Maheshwari, Vijay P. Singh, Bhadranie Thoradeniya (eds.) (2016) *Balanced Urban Development: Options and Strategies for Livable Cities*, op. cit., pp. 591–593.

56) Giles Mohan (2002) "Diaspora and Development," in Robinson, Jenny (ed.), *Development and Displacement*, New York, NY: Oxford University Press, pp. 80–82.

57) AFFORD (2017). 아프리카개발재단(AFFORD) 온라인 웹사이트, www.afford-uk.org/.

58) UN-Habitat (2016) *World Cities Report 2016 – Urbanization and Development: Emerging Futures*, op. cit., p. 36.

59) UN-Habitat (2016) *World Cities Report 2016 – Urbanization and Development: Emerging Futures*, op. cit., p. 38.

60) Drusilla K. Brown (2003) "Labor Standards: Where Do They Belong on the International Trade Agenda?," *Journal of Economic Perspectives*, Vol. 15, No. 3, p. 96.

61) Ibid., p. 89.

62) Jagdish Bhagwati (2000) *The Wind of the Hundred Days – How Washington Mismanaged Globalization*, Cambridge, MA: The MIT Press, pp. 273–283.

63) UN-Habitat (2016) *World Cities Report 2016 – Urbanization and Development: Emerging Futures*, op. cit., p. 16.

64) Ibid., pp. 15–16.

65) IOM (2015) *World Migration Report 2015*, op. cit., p. 104.

66) Ibid.

67) Ibid., p. 150.

추가 읽을거리

Tom Angotti (ed.) (2017) *Urban Latin America: Inequalities and Neoliberal Reforms*, Lanham, MD: Rowman & Littlefield.

Michael A. Burayidi (ed.) (2015) *Cities and the Politics of Difference: Multiculturalism and Diversity in Urban Planning*, Toronto, Canada: University of Toronto Press.

Karen Chapple (2015) *Planning Sustainable Cities and Regions: Towards More*

Equitable Development, London, UK: Routledge.

Niko Frantzeskaki, Vanesa Castan Broto, Lars Coenen, and Derk Loorbach (eds.) (2017) *Urban Sustainability Transitions*, London, UK: Routledge.

Partha S. Ghosh (2016) *Migrants, Refugees, and the Stateless in South Asia*, New Delhi, India: Sage Publications.

Steve Kayizzi-Mugerwa, Abebe Shimeles, and Nadege Desiree (eds.) (2016) *Urbanization and Socio-Economic Development in Africa: Challenges and Opportunities*, New York, NY and London, UK: Routledge.

Florence Padovani (ed.) (2016) *Development-Induced Displacement in India and China: A Comparative Look at the Burdens of Growth* (foreword essay by Michael M. Cernea), Lanham, MD: Lexington Books.

결론

이 책은 다양한 사회의 사회경제적 개발에 관한 복합적인 주제들을 소개하려는 희망에서 시작되었고, 이러한 희망으로 이 책을 나의 모든 학생들에게 바치고자 한다. 억압적이고 역기능적인 정치레짐하에서 유년 시절을 보낸 나의 경험은 미래 가능성에 대해 기대를 할 수조차 없다는 것이 어떤 의미인지를 깨닫는 데 도움이 되었다. 그러나 내가 처한 상황이 전 세계에 만연하는 극심한 빈곤과 불평등에 비하면 하찮아 보일 수 있다는 것을 나중에서야 알게 되었다. 이 책을 쓸 때, 나는 개발이라는 분야의 복합성을 내가 잘 설명할 수 있을지에 대해 끊임없이 걱정했다. 공간과 시간의 제한으로 인해 많은 주제가 포함되지 못했고 많은 이슈가 적절한 깊이로 다루어지지 못했다는 것을 나는 알고 있다. 더 많은 탐험은 독자들의 몫이다.

독자들 중 일부는 앞으로 주요 국제개발기관에서 일을 할 수도 있을 것이며, 다른 일부는 정부 자문관과 정치지도자가 될 수도 있다. 빈곤과 박탈의 문제를 다룰 때, 지원을 받는 이들 개개인의 관점에서 상황을 이해하는 것이 가장 첫 번째 목표가 되어야 한다. 작은 마을 또는 대도시 거리의 버려진 모든 이들이 지식에 대한 권리와 접근권을 통해 역량이 강화되는 과정을 보장하기 위해 우리가 노력할 때, 비로소 빈곤종식이 진전될 수 있는 것이다. 이렇게 역량이 강화된 개인은 커뮤니티의 집합적 웰빙에 기여할 수 있는 인센티브를 얻게 된다. 기본권과 기초교육은 충만하고 품위 있는 삶을 영위하는 데 필수불가결한 전제 조건이다.

이러한 방식의 진보는 해외원조 프로그램을 이행하는 데 있어 투명성(transparency)과 책무성(accountability)이 요구됨에 따라 이루어진다. 민주주의운동은 언제나 환영받을 대상이다. 자의적인 정책결정이 사리사욕의 파벌에 의해 이루어지는 독재국가에서는 그 누구도 살기를 원치 않을 것이다. 권위주의 레짐조차도 자신의 장기적인 전망을 걱정하기 때문에 적절한 인센티브를 제공함으로써 제도개혁 추구가 장려될 수 있다. 그럼에도 불구하고, 민주화 과정은 유기적으로 전개되어야 한다. 민주적 제도는 공여국들 간 탁상공론을 통해 환원주의 방식으로 기획될 수 없다.

본서의 집필을 마무리하면서 몇몇 학자 및 활동가의 중요한 관찰과 경험을 차용하고자 한다. 빈곤층이 가난을 탈피할 수 있도록 돕는 일에 일생을 바치고 있는 이들의 경험은 우리가 개발의 다양한 측면을 잘 이해할 수 있도록 가르침을 줄 것이다.

왕가리 마타이(Wangari Maathai): '민주주의'라는 단어는 사람들에게 기초 서비스를 제공하고 그들이 개발의 적극적인 파트너가 될 수 있도록 지원해주는 정부제도와 비정부제도의 역량제고 수단이 아닌, 흔히 선거철에만 유행하는 상투적인 문구로 전락하였다.

모든 정치체제, 국가제도, 그리고 문화적 가치(경제성장의 진로와 지표와 함께)는 인권과 개인·집단의 웰빙을 포함한 기본자유권을 권장할 때에만 정당화가 가능하다. 이러한 맥락에서, 민주주의는 단순히 '1인 1표'를 의미하지 않는다. 민주주의는 소수자 권리보호, 효과적이고 대표성이 있는 의회, 독립적인 사법부, 시민의 참여, 언론의 독립성, 집회의 권리, 종교의 자유, 보복 및 임의체포 없이 평화롭게 개인의 의견 개진, 그리고 위협없이 가동되는 권한 있는 시민사회 등을 의미한다. 이 정의에 따르면, 많은 아프리카 국가들이 — 그리고 개발도상국과 선진국 모든 사회 중 많은 경우가 — 진정한 민주주의에 미치지 못한다.

책임 있는 재원의 관리와 공평한 분배는 권리가 존중되는 민주적 공간에서만 달성 가능하다. 정치 지도자가 그들의 정실인사와 지지자들에게 재원을 배분하기 때문에 독재 또는 일당지배체제에서는 재원이 공평하고 지속 가능하게 분배될 수가 없다. 엘리트층만이 국가의 부에 접근할 수 있기 때문에 국민의 절대다수가 배제되어 있고 반대의 목소리가 변화를 끌어낼 만큼 힘을 동원할 수가 없다. 그러나 민주적 공간이 형성되어 온 곳에서는 평화의 문화가 조성될 가능성이 높다. 그러한 공간이 통제되거나 존재하지 않을 경우, 평화는 사라지고 갈등이 찾아올 것이다.[1]

무하마드 유누스(Muhammad Yunus): 세상에서 빈곤을 종식시키는 일은 의지의 문제이지 수단과 방법을 찾는 문제가 아니라고 나는 줄곧 생각해 왔다. 심지어 오늘날에도 우리 자신이 개인적으로 빈곤과 관련이 되어 있지 않으면 빈곤이슈에 귀 기울여 주목하려고 하지 않는다. 우리는 가난하지 않다. 빈곤층이 열심히 일을 하면 가난하지 않을 것이라고 말하면서 우리 자신과 빈곤문제 간의 거리를 유지한다. 우리가 빈곤층을 돕길 원할 때 우리는 흔히 자선을 베풀려고 한다. 우리는 대부분 빈곤문제를 인지하고 해법을 찾는 것을 회피하기 위하여 자선 기부를 활용한다. 자선은 우리를 책임으로부터 자유롭게 만드는 하나의 방법이 된다. 자선은 빈곤의 해결책이 아니다. 자선은 빈곤층의 자주성을 손상시킴으로써 빈곤을 영구하게 만들 뿐이다. 자선을 통해 우리는 다른 사람들의 삶을 걱정하지 않고 우리의 삶에 집중할 수 있게 된다.

  그러나 진정 필요한 것은 바로 모든 사람에게 공평한 경쟁의 장을 만들어 주는 것이며, 이를 통해 모든 이들이 공정하고 평등한 기회를 부여받는 것이다. 수없이 많은 방법을 통해 인간사회는 동등한 기회를 보장하기 위해 노력해 왔으나, 빈곤문제는 아직까지도 해결되지 못하였다. 빈곤층은 국가가 돌봐야 하는 대상으로 아직 남아있다. 국가는 빈곤층을 보호하기 위하여 규정과 절차를 통해 거대한 관료제를 만들어내었다. …

  변화는 엄청난 노력의 산물이다. 노력의 강도는 변화를 얼마나 필요로 하는가와 변화유발을 위하여 동원이 가능한 재원에 달려 있다. 탐욕에 기반한 경제에서는 변화가 분명히 탐욕에 의해 초래될 것이다. 이러한 변화가 사회적으로 항상 바람직한 것은 아닐 수 있다. 사회적으로 바람직한 변화는 탐욕의 측면에서 보면 그다지 매력적이지 않을 것이다.

  이것이 사회의식 중심의 조직이 필요한 이유이다. 국가와 시민사회는 이러한 사회의식 중심의 조직에게 재정적 지원과 그 이외의 지원을 제공해야 한다.[2]

장하준(Ha-Joon Chang): 기회균등을 제한했던 수많은 공식 규정들은 지난 몇 세대 동안 폐기되었다. 기회의 불평등에 저항하는 데 있어 시장은 대단히 큰 도움이 되었다. … 여기까지만 보면, 능력이라는 기준 이외에 작용할 수 있는 어떠한 공식적 차별에서도 벗어나, 기회의 평등이라는 것이 보장되기만 한다면 경쟁이란 메커니즘을 통해 시장이 잔여적 편견을 제거할 것이라고 주장하고 싶은 유혹에 빠질 수도 있다. 그러나 이것은 단지 시작일 뿐이다. 진실로 공정한 사회를 구축하기 위해서는 훨씬 더 많은 것들이 필요하다. … 우리가 모든 사회구성원에게 최소한의 소득·교육·의료서비스 보장을 통해 최소한의 역량을 보장하는 환경을 창조하지 않는 한, 우리는 공정한 경쟁을 하고 있다고 말할 수 없다.[3]

윌리엄 이스털리(William Easterly): 독재자가 한 순간 자혜롭게 보일 수 있을지라도, 제한되지 않은 권력은 항상 개발의 적으로 돌변하게 된다. 마침내 지금까지 결코 없었던 논쟁을 시작할 때이다. 드디어 빈부 간의 불평등한 권리에 대한 침묵을 끝낼 때가 왔다. 이제는 모든 남성과 여성이 동등하게 자유로울 때가 되었다.[4]

아마티야 센(Amartya Sen): 근래 수십 년간 다양한 국가들이 달성한 성공, 그리고 이들이 마주한 어려움의 일부 결과들을 토대로, 개발에 관해서는 광범위하고 다각적인 접근법이 활용되어야 한다는 논거가 최근 몇 년 사이 더 명확해졌다. 이러한 이슈들은 정부의 역할과 ― 또한 다른 정치적·사회적 제도의 역할을 포함해서 ― 시장의 역할 간 균형을 잡는 것과 밀접히 관련되어 있다.

또한, 이러한 노력은 '포괄적 개발 프레임워크(comprehensive development framework)'의 타당성을 제안한다. 이 프레임워크는 개발과정의 분절화된 시각을 거부한다(예를 들어, '자유화' 또는 다른 하나의 거대담론만 강조하는 경우). 하나의 만능적 처방('공개시장' 또는 '정당한 가격' 등)을 추구하는 것은 과거의 전문화된 사고에 지나치게 의지하는 결과로 이어진다. …

개인은 제도의 세상에서 살고 움직인다. 우리가 갖고 있는 기회와 전망은 어떤 제도가 구비되어 있는가 그리고 어떻게 작동하는가에 따라 큰 영향을 받게 된다. … 다른 논평자들이 각각 특정 제도(시장, 민주적 시스템, 언론매체, 정부배급제 등)를 다르게 선택할지라도, 각 제도가 다른 제도들과 결합되어 운영될 수 있는지를 확인하기 위해 우리는 이 제도들을 통합적으로 분석해야 한다. 다른 제도들이 합리적으로 평가되고 분석되기 위해서는 이러한 통합적 시각이 필요한 것이다. …

일반적인 개발도상국 맥락에서, 사회적 기회를 제공하는 데 정부 공공정책의 필요성은 지극히 중요하다. 오늘날 선진국의 과거를 보면, 우리는 교육·보건의료·토지개혁 등을 다루는 정부의 공적인 개입이 대단히 효과적으로 추진되었다는 역사적 사실을 조우하게 된다. 이러한 사회적 기회의 광범위한 공유를 통해 많은 사람들이 직접 경제발전 과정에 참여할 수 있게 된 것이다.[5]

주

1) Wangari Maathai (2009) *The Challenge for Africa*, New York, NY: Pantheon Books, pp. 55-57.
2) Muhammad Yunus with Alan Jolis (2001) *Banker to the Poor – The Autobiography*, Dhaka, Bangladesh: The University Press Limited, pp. 283-284.
3) Ha-Joon Chang (2012) *23 Things They Don't Tell You About Capitalism*, New York, NY: Bloomsbury Press, pp. 213, 220.
4) William Easterly (2013) *The Tyranny of Experts: Economists, Dictators, and the Forgotten Rights of the Poor*, New York, NY: Basic Books, p. 351.
5) Amartya Sen (1999) *Development as Freedom*, New York, NY: Random House, pp. 126-127, 142, 143.

찾아보기

Anna Lanoszka

Carleton University 정치학과 경제학 학사
Dalhousie University 국제관계학 석사
Dalhousie University 국제관계학 박사

현 캐나다 University of Windsor 사회과학대학 교수

강의과목
국제관계론 입문/ 경제발전의 정치문제/ 국제무역의 정치경제/ 국제관계 이론/
  국제정치경제

주요 논저
*The World Trade Organization: Changing Dynamics in the Global Political
  Economy* (Lynne Rienner Publishers)
"Energy and Trade in the Time of Destabilized Multilateralism: Innovative
  Economic Policies for the WTO" (*Journal of Economics and Public Finance*)
"Multinationals, International Arbitration, and the World Trade System:
  Confronting the Inconvenient Issues at the WTO" (*International Journal
  of Business and Economic Development*)
"The Promises of Multilateralism and the Hazards of 'Single
  Undertaking': The Breakdown of Decision Making within the WTO"
  (*Michigan State Journal of International Law*)
"Global Politics of Intellectual Property Rights, WTO Agreement, and
  Pharmaceutical Drug Policies in Developing Countries" (*International
  Political Science Review*) 외 다수

역자 소개

김태균 (oxonian07@snu.ac.kr • 서론, 1, 2, 3, 10장 번역)

서울대학교 사회학과 졸업
서울대학교 국제대학원 석사
옥스퍼드대학교 국제관계학 석사
옥스퍼드대학교 사회정책학 박사
존스홉킨스대학교 고등국제학대학원 박사

현 서울대학교 국제대학원 교수
　서울대학교 기획처 협력부처장
　한국국제협력단 민간 비상임이사
　국가지속가능발전위원회 위원
　법무부 정책위원회 위원
　외교부 무상원조시행계획 민간전문가
　국무조정실 국제개발협력위원회 위원

주요 논저

『한반도 평화학: 보편성과 특수성의 전략적 연계』(편저, 서울대학교출판문화원)
『한국 비판국제개발론: 국제開發의 發展적 성찰』(박영사)
『대항적 공존: 글로벌 책무성의 아시아적 재생산』(서울대학교출판문화원)
The Korean State and Social Policy: How South Korea Lifted Itself from Poverty and Dictatorship to Affluence and Democracy (Oxford University Press, 공저) 외 다수

문경연 (kymoon@jbnu.ac.kr • 5, 8장 번역)

중앙대학교 정치외교학과 졸업
오슬로대학교 평화분쟁학 석사
크렌필드대학교 국제개발협력학 박사

현 전북대학교 국제인문사회학부 부교수
　국제개발협력학회 편집위원장
　한국국제정치학회 국제개발협력분과 위원장
　북한연구학회 북한개발협력분과 위원장
　외교부 무상원조관계기관협의회 민간전문가
　한국국제협력단(KOICA) 평화분야 전문위원
　통일부 남북교류협력추진협의회 위원

한국수출입은행 부연구원
고려대학교 국제대학원 연구교수
연세대학교 빈곤문제국제개발연원 연구원 역임

주요 논저

Introduction to International Development Cooperation (공저, 고려대출판부)
『공공외교 이론과 사례』(편저, 오름출판사)
South Korean Civil Society Organizations, Human Rights Norms, and
　North Korea (Critical Asian Studies)
NGO Influence on State Aid Policy (Asian Perspective)
『잉여식량과 국제무역체제: 한국 잉여 쌀의 해외원조 정책에 대한 함의』(공저,
　국제개발협력연구) 외 다수

송영훈 (younghoon.song@gmail.com • 6, 9장 번역)

서울대학교 윤리교육과 졸업
서울대학교 교육학 석사
사우스캐롤라이나대학교 정치학 박사

현 강원대학교 정치외교학과 교수
   한국정치학회 연구이사
   『국제정치논총』 총괄편집위원
   『담론201』 편집위원장

한국국제정치학회 연구이사
한국이민학회 연구이사
한국인권학회 부회장 등 역임

주요 논저
"제주 예민 난민신청과 난민담론" (국제이해교육)
"수의 정치: 난민인정률의 국제비교" (문화와정치)
"장기화된 난민위기와 국제개발협력" (담론201)
『한반도 세계시민 담론연구』 (유네스코한국위원회)
『재난과 평화』 (아카넷) 외 다수

최규빈 (gbchoi@kinu.or.kr • 4, 7장 번역)

한동대학교 국제어문학부 졸업
맨체스터대학교 국제개발학 석사
리즈대학교 국제정치학 박사

현 통일연구원 부연구위원

주요 논저
『한반도 평화학 : 보편성과 특수성의 전략적 연계』 (공저, 서울대학교출판문화원)
"Peaceful Coexistence and Sustainable Development on the Korean Peninsula
   during COVID-19: Non-Traditional Security Threat and the Prospect of Inter-
   Korean Cooperation" *International Journal of Korean Unification Studies*
『평화의 여러 가지 얼굴』 (공저, 서울대학교출판문화원)
"긍정적 관여를 통한 한반도 평화 : 남북경협의 진화와 전망" 『담론 201』
"유엔의 지속가능발전목표(SDGs)에 대한 북한의 인식과 대응" 『북한연구학회보』
   외 다수

김보경 (bk.kim@snu.ac.kr • 1, 6장 번역)

이화여자대학교 국제학부 졸업
서울대학교 국제학 석사
서울대학교 국제학 박사

현 서울대학교 국제대학원 4단계 BK21 사업단 연수연구원
　국제개발협력학회 연구부위원장

연세대학교 정경대학 글로벌행정학과 연구교수 역임

주요 논저

"Enhancing Mixed Accountability for State-Society Synergy: South Korea's
　Responses to COVID-19 with Ambidexterity Governance" (공저, Inter-Asia
　Cultural Studies)

"From Humanitarian Relief to Democracy Aid: U.S. Foreign Assistance
　Towards North Korea, 1996−2016" (공저, Pacific Focus)

"지속가능발전목표 이행의 글로벌 경향성 분석: UN 자발적국별리뷰(VNR)를 중
　심으로" (공저, 국정관리연구)

"Transforming the Stunted UNESCO-Korea Development Partnership? The
　Case of UNESCO Bangkok's Strategic Framework for the Korea Funds-
　in-Trust" (공저, Korean Social Science Journal)

"Closing Accountability Gaps: A Conceptual Analysis on Mutual
　Accountability in International Development" (국제개발협력연구) 외 다수

명인문화사 정치학 관련 서적

정치학 분야

정치학의 이해 Roskin 외 지음 / 김계동 옮김

정치학개론: 권력과 선택, 15판 Shively 지음 / 김계동, 민병오, 윤진표, 이유진, 최동주 옮김

비교정부와 정치, 제10판 Hague, Harrop, McCormick 지음 / 김계동, 김욱, 민병오 외 옮김

정치학방법론 Burnham 외 지음 / 김계동 외 옮김

정치이론 Heywood 지음 / 권만학 옮김

정치 이데올로기: 이론과 실제 Baradat 지음 / 권만학 옮김

민주주의국가이론 Dryzek, Dunleavy 지음 / 김욱 옮김

신자유주의 Cahill, Konings 지음 / 최영미 옮김

정치사회학 Clemens 지음 / 박기덕 옮김

복지국가: 이론, 사례, 정책 정진화 지음

포커스그룹: 응용조사 실행방법 Krueger, Casey 지음 / 민병오, 조대현 옮김

문화로 읽는 세계 Gannon, Pillai 지음 / 남경희 외 옮김

거버넌스의 정치학: 한국정치의 새로운 패러다임 모색 김의영 지음

한국현대사의 재조명 한국전쟁학회 편

성공하는 리더십의 조건 Keohane지음 / 심양섭 외 옮김

여성, 권력과 정치 Stevens 지음 / 김영신 옮김

국제관계 분야

국제관계와 세계정치 Heywood 지음 / 김계동 옮김

국제정치경제 Balaam, Dillman 지음 / 민병오 외 옮김

국제관계이론 Daddow 지음 / 이상현 옮김

국제기구의 이해: 글로벌 거버넌스의 정치와 과정, 제3판 Karns, Mingst, Stiles 지음 / 김계동, 김현욱 외 옮김

현대외교정책론, 제3판 김계동, 김태효, 유진석 외 지음

외교: 원리와 실제 Berridge 지음 / 심양섭 옮김

세계화와 글로벌 이슈, 제6판 Snarr 외 지음 / 김계동, 민병오, 박영호 외 옮김

세계화의 논쟁: 국제관계 접근에서의 찬성과 반대논리, 제2판 Haas, Hird 엮음 / 이상현 옮김

현대 한미관계의 이해 김계동, 김준형, 박태균 외 지음

글로벌 환경정치와 정책 Chasek 외 지음 / 이유진 옮김

핵무기의 정치 Futter 지음 / 고봉준 옮김

비핵화의 정치 전봉근 지음

비정부기구(NGO)의 이해 Lewis 외 지음 / 최은봉 옮김

한국의 중견국 외교 손열, 김상배, 이승주 외 지음

자본주의 Coates 지음 / 심양섭 옮김

지역정치 분야

동아시아 국제관계 McDougall 지음 / 박기덕 옮김

동북아 정치: 변화와 지속 Lim 지음 / 김계동 옮김

일본정치론 이가라시 아키오 지음 / 김두승 옮김

현대 중국의 이해, 제3판 Brown 지음 / 김흥규 옮김

현대 미국의 이해 Duncan, Goddard 지음 / 민병오 옮김

현대 러시아의 이해 Bacan 지음 / 김진영 외 옮김

현대 일본의 이해 McCargo 지음 / 이승주, 한의석 옮김

현대 유럽의 이해 Outhwaite 지음 / 김계동 옮김

현대 동남아의 이해, 제2판 윤진표 지음

현대동아시아의 이해 Kaup 편 / 민병오, 김영신 외 옮김

미국정치와 정부 Bowles, McMahon 지음 / 김욱 옮김

한국정치와 정부 김계동, 김욱, 박명호, 박재욱 외 지음

미국외교정책: 강대국의 패러독스 Hook 지음 / 이상현 옮김

세계질서의 미래 Acharya 지음 / 마상윤 옮김

일대일로의 국제정치 이승주 편

중일관계 Pugliese, Insisa 지음 / 최은봉 옮김

북한, 남북한 관계 분야

북한의 외교정책과 대외관계: 협상과 도전의 전략적 선택 김계동 지음

북한의 체제와 정책: 김정은시대의 변화와 지속 체제통합연구회 편

북한의 통치체제: 지배구조와 사회통제 안희창 지음

남북한 체제통합론: 이론·역사·경험·정책, 제2판 김계동 지음

한국전쟁, 불가피한 선택이었나 김계동 지음

한반도 분단, 누구의 책임인가? 김계동 지음

한류, 통일의 바람 강동완, 박정란 지음

안보, 정보 분야

국제안보의 이해: 이론과 실제 Hough, Malik, Moran, Pilbeam 지음 / 고봉준, 김지용 옮김

전쟁과 평화 Barash, Webel 지음 / 송승종, 유재현 옮김

국제안보: 쟁점과 해결 Morgan 지음 / 민병오 옮김

전쟁: 목적과 수단 Codevilla 외 지음 / 김양명 옮김

국가정보: 비밀에서 정책까지 Lowenthal 지음 / 김계동 옮김

국가정보의 이해: 소리없는 전쟁 Shulsky, Schmitt 지음/ 신유섭 옮김

테러리즘: 개념과 쟁점 Martin 지음 / 김계동 외 옮김